# 大賢人たちと死の受容

東海大学前教授

医学博士 泉 義雄

医薬出版

# まえがき

「知らず、生まれ死ぬる人、いづかたより来りて、いづかたへか去る」は、世俗を離れた隠者の鴨長明の方丈記（ほうじょうき）の一節です。寂寥（せきりょう）とした鄙（ひな）びた草庵での感慨です。人生を精力的に生きようとする人々にとっては、この記載は必ずしも仔細な点で正確ではありません。ブロニー・ウェアの言葉を借りれば、人は孤独では生きていけないのです。人は両親の熱望に答える形で祝福されてこの世に生を受けます。夫婦の間に天から子供を授かります。子供は祝福され、両親から無償の愛を浴びるように注がれて成長します。家族は喜怒哀楽を共にし、孔子でいえば親子兄弟の間の愛情である血縁の孝悌（こうてい）という自然な情愛となります。孔子は家族を何よりも大切にすべしと説いています。キューブラー・ロスによれば死の床にあって絶望に対する最も効果的な薬は、家族から大切に思われていることを感じることであると言います。ある人は、死のあとは無になるといいます。東洋では無は無心や無我など比較的ポジティブな言葉として使われますが、西洋では身の毛がよだつ恐ろしい虚無ニヒリズムと解釈され、全ての価値の喪失を意味するからです。しかしこの考え方は日本人の死生観とは一致しません。

それは、「生物的生命」を理性的に見た事実でしかありません。西田幾多郎（にしだきたろう）によれば、その奥にある「人格的生命」を霊性的に思惟することができます。それが哲学者西田幾多郎（第23章：西田幾多郎と善の研究）の始点であり、終着点でありました。

死によって肉体、物理的な存在は全く失われ、言葉による意志の疎通は出来なくなります。しかし受け入れる側の客体の心には「心残り」があります。これが西田の言う「人格的生命」に相当します。人格的生命は死んでいく主体と親しければ親しいほど、また客体が老いて、家族や他に友人、知人がいなければいないほど、悲哀を伴って心残りとなります。遠く離れた場所にいる大切な人を思う時、相手はどこまでも遠いところにいるのに、誰よりも近くにいると感じます。

人間の知性は言語の発達により思考能力を高め学術を習得し、精神の発

達により内省的に自己の人生を考え、その中に人生の喜びや生きる目的を見出してきました。エリクソンは、人の発達は年齢の軸に沿って表れて来る身体の発育や老化といった量的な成長を単に示すのではなく、生涯発達の過程であると考えました。人間の一生を8つの段階に分け、生涯発達の特徴を記述しました。人生に関するこの決定的な時期が、青年期です。吾十有五にして学に志す、三十にして立つ。若き血に燃ゆる者に闘志漲る時が訪れるのです。若き血はそのまま煮えたぎらせておけばよいのです。自ら目標と目的を持って、青雲の志を抱いて雄飛していきます。これを支えるのがマズローの自己実現欲求と知的好奇心です。

　一生を貫く仕事を持ち、人生の喜びと生きる目的を果たした後、老年期には老いを受容し死の自覚が訪れます。いい人生であったと満足できると幸福に人生を終えることができます。この世に生を受けたことに感謝できます。

　セネカによれば人生は長さではなく質で評価されます。「長生きをした」と思えるような生き方はただ一つ、人生を生き尽くすことです。人生とはいつまでもしがみつくようなものではなく、命とはどんな犠牲を払ってでもすがるものではありません。財産や地位、名誉に対する執着を捨てることが大切です。ストア派の哲学者によれば富や社会的な地位は「アディアフォラ、重要ではないこと」とされ、それ自体は幸福も不幸ももたらさないとされました。生きることへの愛着を徐々に減らしていくことが必要です。アリストテレス（第26章：アリストテレスと万学の祖）のいう享楽的生活やキルケゴール（第34章：キルケゴールと死に至る病）の美的実存の中に幸福はありません。セネカによれば人間の快楽や身体的な経験は、ある時点で「満足した」「もう十分だ」と感じる段階に達するといいます。

　禅の世界に一円相というのがあり宇宙そのものを描いているといいます。森羅万象は宇宙の中で生まれ、宇宙の中で死んでいきます。森羅万象は宇宙に秩序と調和をもたらす理法、法ダルマによって支配されています。この一円相からは出ることは出来ません。この中で生きてゆき、一円相の真理そのものと一体とならなければなりません。

　釈迦（第15章：般若心経の現代的注釈）は宇宙を支配する法則ダルマの

本質を究めました。この世に生も死も存在しない者、彼らは何を恐れよう、何を欲しよう。我に死の恐怖は存在しない。生への愛着も存在しない。修行者は生を欲しない。また死を喜ぶのでもない。生死の苦悩を越えること、つまり、死をいかに受容していくかが仏教の究極的課題です。

　自分がどこにも存在しなくなる、ということは恐怖を感じるものです。しかし死ぬことも、人生に課せられた義務の一つです。勇敢に死ぬことが人間の精神のなし得る最も立派な行いの一つとして尊ばれます。従容として死出の旅に赴かなくてはなりません。

目次

# 【目次】

## 【著者紹介】

**学歴・職歴**

昭和53年3月　慶応義塾大学医学部卒業（57回生）、慶応義塾大学病院内科勤務

昭和57年3月　慶応義塾大学大学院医学研究科（神経内科学専攻）卒業。慶応義塾大学医学部助手、慶応義塾大学病院神経内科勤務

平成1年10月　パリⅦ大学ラリボワジエール病院神経内科留学。Michel Haguenau（ミシェル・アグノー）教授に師事、臨床神経学を研鑽。フランス国立科学研究所CNRS UA641に留学。Jacques Seylaz（ジャック・セーラーズ）教授に師事、脳循環代謝の研究に従事。

平成5年4月　フランスより帰国、東海大学医学部専任講師、東海大学病院神経内科勤務

平成11年9月　上海中医薬大学附属曙光医院短期留学

平成14年4月　東海大学医療技術短期大学助教授

平成17年4月　東海大学医療技術短期大学教授

平成29年3月　東海大学医療技術短期大学教授 定年退職

平成29年4月　小田原　小林病院非常勤医師、現在に至る

**主な著書**

①医学フランス語会話（医薬出版、A4判　409頁）

②神経内科のスピード学習と専門医学習
　（医薬出版、改訂第二版、B5判　813頁）

③合格国試看護学（医薬出版、B5判　878頁）

④現代漢方医学（医薬出版、B5判　358頁）

⑤医療の哲学散歩（医薬出版、A5判　296頁）

⑥大賢人たちと死の受容（医薬出版、A5版　456頁）

# 第1章　キューブラー・ロスと死ぬ瞬間

## ［1］死の受容モデルの誕生

　エリザベス・キューブラー・ロス（Elibabeth Kübler-Ross, 1926-2004）はスイスのチューリッヒに生まれる。1957年チューリッヒ大学医学部を卒業して、1958年アメリカ人のエマニュエル・ロスと結婚してニューヨークに渡る。1963年コロラド大学で精神科医となり、1965年シカゴ大学医学部の講師となる。

　1965年キューブラー・ロスはシカゴ大学のビリングス病院で「死とその過程」に関するワークショップを開始する。病院の医師たちからは、「死体を漁るタゲタカ」と呼ばれ忌み嫌われる。牧師が同席して死病の末期患者200人との面談内容を録音し、死に行く人々の心理を分析し、要約・編集をせずに文面に表す。1969年43歳の時、大勢の患者と家族への感謝の気持ちの中で終末期医療の古典的作品「**死ぬ瞬間On Death and Dying**」を発表する。死の意味を哲学的に探ろうとした内容ではない。瀕死患者の悩み・期待・不満を語ってもらい彼らが人生の最後の時間を過ごす手伝いが出来るように執筆したと、「死ぬ瞬間」の前書きには書かれている。死の過程には５つの段階があり、この過程を経過するのに適切な援助があれば、終末期にある患者は抑うつや怒りを伴うことなく死を受容する段階に入ると述べている（ホスピス ケア システムの構築に尽力した）。彼女が「死ぬ瞬間」でインタビューした200人余りの人は「平和と尊厳」のうちに死んだという。死を覚悟することは辛いことであり、頻繁な感情の浮き沈みを伴う。しかし大抵の人にとって、死を覚悟することは、新たな理解に達し成長することでもある。過去の痛みを忘れ関係を修復することにより、死に行く人と家族は心の平安を得ることが出来るという。絶望に対抗する最も効果的な薬は、他者から大切に思われていると感じることである。

　1970年代になると死後の世界に関心を持ち、1977年、カリフォルニアに

**19**

末期患者のためのワークショップ施設であるシャンティ・ニラヤ（平和の家）を作る。1995年脳梗塞で片麻痺となり、2004年アリゾナの施設にて78歳で没する。

## ［2］死の恐怖と死の過程に対する姿勢

　人間は無意識の中に「自分に限って死ぬことは絶対にありえない」と思っている、自分の命が本当にこの世で終わるとは無意識のうちには思っていない。この点を念頭に置かなければ、患者が何を言おうとしているのかが理解できない。幼児は死を永久的なものとみなさない傾向があるので、親の死と離婚との違いがよく分からない。古代エジプト人が死者に食べ物や品物を供えて、死後も幸せでありますようにと願い、アメリカ先住民が近親者を死者と身の回りのものと共に埋葬したのと同じ気持ちである。古くから行われてきた神や死者の怒りを鎮め、下される罰を軽くする習慣や儀式、破れ衣・ベール・泣き女は、悲しみに沈んでいる人びとに哀れみをかけてほしいという願いの手段であり、悲しみ・嘆き・恥を表している。

　死を無視したり否認したりする社会に生きる人間はどうであるか。心理学的には、自分が死ぬという現実は少しの間なら否認できる。無意識の中では**自分の死**を予測できず不死身を信じている。しかし隣人の死は想像できる。私たちは個々の人間に立ち返り、一から出直して自分自身の死について考え、むやみに恐れることなく、悲しいが避けることの出来ないこの出来事を直視する術を学ばなければならない。キリスト教では人びとは来世を信じ、来世に行けば苦しみや痛みはなくなると考えた、天国に行けば全てが報われた。現在では、死後の生を本気で信じる人はいなくなった。死後の生への信仰はある意味で死を否認する一つの形態である。

　シカゴ神学校の学生４人が「死こそ人生最大の危機」と考え、研究論文の作成の相談にやってきた。毎週一人の末期患者にインタビューを行った。患者には対話を録音する許可をもらい、医師と牧師と私、さらに学生一人と患者に会いにインタビュー室に行く。マジックミラーで時には50人

の聴講者がいる。歩ける人はほとんどいなかった。会話は順調に進み一般的な話題から個人的な事柄へと進む。患者の帰った後、全員で討論を行い、最後に精神分析の観点から患者の話を理解しようとする。

　討論は死を他人事と考えるのではなく、自分にも現実に起こりうるのだということを学生に気付かせるのに役立った。人が死という危機に対してこれほどの落ち着きをもって臨めることは学生には思いもよらなかった。自分を患者と同一視し始める参加者もいた。

　人間はこの世における自分の命の終わりに、すすんで目を向けようとはしない。ただ時折、それも仕方なく、自らの死の可能性をちらりと垣間見るだけである。そうした機会の一つが自分が致命的な病気だと知った時である。**一番大事なのは、これで一切を失うわけではないし、診断が出たからといって、医師は患者を見放しはしないこと、そして結果はどうであれ、これは患者・家族・医師が共に挑む戦いであるということを医師が患者にはっきりと伝えることである。**あと何ヶ月とか何年とか具体的な数字を示すのは最悪の対応で、どんなに精神的に強い患者に対しても行うべきではない。自分はいつでも死ぬ覚悟ができていると公言する者も含めて、患者なら誰でも希望を捨てていない。インタビューで明らかになったことは、すべての患者がもっと生きられるという可能性を信じていたことだった。どんな時でも、もう生きる望みはない、という者は一人もいなかった。医師が死を冷静に直視することができなければ、患者を助けることなどできるはずがない。患者は事実を知りたがらないし、必要ともしない、全てが順調だと信じている。

　問題は「患者に告げるべきか」ではなく「患者にどのように告げるべきか」である。医師は過度の不安を持たずにこの重大な問題について話ができるようになるべきである。ほとんどの患者ははっきり告知されるかされないかに拘わらずいずれ気付く。痛ましい知らせを患者に伝えることは、ひとつの技術である。伝え方が簡潔であればあるほど、患者にとってはそれだけ受け入れやすくなる。小部屋でそっと告知されることを好む。**重要なのは告知という当面の悲劇よりも患者への共感である。**あらゆる手段がとられること、自分たちが「放り出されない」こと、まだいろいろな治療

法があること、病状が進んだ場合でもかすかな希望があること。これらによって患者は自信を取り戻せるのである。

## ［3］第一段階：否認・孤独Denial

　予期しなかった死の告知がなされると患者に大きな衝撃が走る。自分が死ぬことはないはずだ、と否認する。**ほとんどの人は不治の病であることを知った時、はじめは「いや、私のことじゃない。そんなことがあるはずがない。」と思ったという。余命がわずかであると頭で理解しようとしても、感情的にはその事実を否認する。診断を受け入れても時々否認が現れたり消えたりする。誰にでも最初に訪れるのがこの否認である。**別の医師にセカンドオピニオンを求めようとする。だが同時にいつでも助けてもらえるよう医師との接点を持っていようとする。

　否認が顕著に見られるのは、告げられるべき時が来ていないのに突然知らされた患者の場合である。少なくとも部分的な否認はほとんどすべての患者に見られ、病気の初期や告知の後だけでなくその後も時折見られる。「我々は、太陽をずっと見続けていることができないのと同じように、ずっと死を直視していることもできない」。**強調したいのは、否認は不快で苦痛に満ちた状況に対する健康的な対処法である。患者は否認によって自分を落ち着かせ、時間が経過するにつれ、別のもっと穏やかな自己防衛法を使うようになる。**患者が事実を直視することができなかったり、かつて抱いていた否認の気持ちがまた出てきたなら、会話を終わらせなくてはならない。実際に死が訪れるまでかなりの時間があっても、もし本人が望むなら、死やその迎え方について話し合うのはよいことだと思う。比較的元気で体力のある患者は、さらにうまくこの事態について対処できるようになり、迫りくる死におびえることも少ないだろう。患者が比較的元気でよい状態の時に、死やその迎え方といったことを話し合っておく。こういった話し合いを先送りにすることは患者のためというよりも医師自身を守るために行われることが多い。

　否認は一時的な自己防衛に過ぎず、じきに部分的受容へと移行してい

く。その否認を最後まで持ち続けたとしても、それで余計に苦悩が増すという事はない。**自分の置かれた現実について話している最中に、突然もう現実として見つめていくことが出来なくなる場合がある。**死や死後の生について何か重要な空想を語っていたのに、数分後にはその話題を変えようとし、自分の言ったことをほとんど否定する場合がある。**こういう場合にはもっと明るい、もっと楽しいことを見つめていたいのである。**それがどんなに非現実的なことであっても、**患者にもっと幸せなことを夢みさせてあげるべきである。**否認はいつでもどんな患者にも必要なものであり、重い病気の末期よりもむしろ初期に必要である。患者が否認よりも孤立を選ぶのはずっと後のことである。この段階では、健康と死、死と不死、それらがまるで双子の兄弟みたいに並んでいるかのように話す。つまり死を直視しながらも、まだ生への望みを持ち続けている。**要約すれば、患者が最初に見せる反応は一時的なショック状態だが、患者はそこから次第に回復していく。最初の麻痺したような感覚は消えていき、ふたたび落ち着きを取り戻すと、「いや、私であるはずはない」と思うようになる。**これが普通の反応である。

　死ぬまで否認を続ける人もいるが、稀であり多くは自分が死に行くことを部分的にせよ受け容れていく。周囲の人は本人と接しにくくなり、接する人の数や時間は減っていく。**本人の孤独はますます深まっていく。**医師・看護師・ソーシャルワーカー・牧師が落ち着いて話を聞いてあげれば、また一回や二回の面会では患者が話す気になれなくても訪問を繰り返していれば、そのうちに、**ここには自分のことを気にかけ、そばにいて何時でも会ってくれる人がいるという信頼感のような感情が患者に芽生えてくる。**患者は自分の孤独感を伝えてくる。患者が自分は健康であるという時には反論はしない。一緒になって否認する訳にはいかない。はっきりと告げないのは、この段階では患者が真実に耐えられないからである。死に対する自分自身の強迫観念にきちんと対応してきたセラピストだけが、患者に迫りくる死に対する不安と恐怖を克服するのを粘り強く愛情を持って助ける役目を果たす。

# ［4］第二段階：怒りAnger

　絶望的な知らせを聞かされた時の反応は、「いや、私の事ではない、そんなことはありえない」というものだった。真実を理解し始めた時、「ああそうなんだ、私だ、間違えではない」という反応に取って代わられる。自分は健康で元気だという偽りの世界を死ぬまで持ち続けられる患者はほとんどいない。否認を維持できなくなると、次にやってくるのは**怒り・激情・羨望・怨み・嫉妬**である。「なぜ自分だけがこんな目に会わなければならないんだ」「どうしてあの人じゃないんだ」と思うようになる。自分だけが死に選ばれた強い怒りを覚える。医師や看護師、見舞いに来た元気な人を心の中で羨ましく思い、「自分が苦しんでいるのに、なぜあんなに平然としていられるんだ」と思う。

　**否認の段階とは対照的に、怒りの段階は、非常に対応が難しい。**この怒りは見当違いにあらゆる方向へと向けられ、あたりかまわず周囲に投射される。まず医者がよくない。看護師はそれ以上に患者の怒りの標的になる。見舞いに来た家族に対しても愛想が悪く、来なくてもいいような態度しかとらないので、家族は面会も辛くなってしまう。そんな時家族は悲しそうに涙ぐんで罪悪感や恥かしさを表すか、もう患者を訪ねなくなるかのいずれかである。何でもかんでも八つ当たりし怒り散らす。一挙手一徒足がシャクの種で無意味な言い争いを始める。孤立化はさらに深刻になる。

　**患者の怒りが理解できるものであろうと不合理なものであろうと、周囲はそれを容認していくように努めることが大切である。**周囲は恐れることなく、過剰に自己防衛をしないように努力しなければ容認することはできない。**患者は怒りを表すことで安らぎを感じ、そうすることで最期の時をよりうまく受け入れられるようになろうとしている。それを頭に入れて、周囲は患者の話をよく聞き、時には不合理な怒りを受け止めることすらも学ばなければならない。**大切にされ、理解され、気にかけてもらい、僅かな時間でも割いてもらえる患者は、次第に声をやわらげ、怒って何かを要求することも少なくなる。自分が価値のある人間であり、愛されているこ

とを知る。癇癪を起さずとも自分のいう事を聞いてもらえるし、頻繁にベルを鳴らさなくても訪ねて来てもらえる。

このような状況に置かれた時に一番惨めなのは、金持ち・成功をおさめた人・支配欲の強いVIPである。今まで他人を自分の言いなりにしてきた人は、今度は医師や家族の言うことを聞かなければならなくなる。腹を立て最後まで戦おうとするが、死を人生の最終結果として受け止めるチャンスを逃してしまう。拒否と怒りを爆発させるが、それによって誰よりも絶望的になってしまう。勝つことはできない。**絶望的な孤独を感じる。**

## ［5］第三段階：**取引・交渉**Bargaining for Time

第三の段階は取り引きを試みる段階である。短い期間とはいえ、患者にとって助けになることに変わりはない。第一段階では悲しい事実を直視することが出来ず、第二段階では自分以外の人間や神に対して怒りを覚える。そしてその後、この「避けられない結果」を先に延ばすべく何とか交渉しようとする段階に入っていく。

過去の経験から善行が行われて特別に願いを叶えてもらった経験がある。大抵の場合、願うのは延命であり、その次に2、3日でも痛みや苦痛なしに過ごさせてほしいということである。顔面の悪性腫瘍のあったオペラ歌手の場合は、抜歯をして放射線治療を受けなければならず、これから先ずっと顔を隠さなければならないので、その前にもう一度歌いたいという事であった。別の患者は息子の結婚式があり、せめてその結婚式に参列するまで生き延びることが出来たら何でもしますという事であった。この取引は自分で期限を設定することであり、「もしそのための延命が叶ったならそれ以上は望まない」という暗黙の約束をすることである。しかし約束を守った患者は一人もいない。オペラ歌手の場合はもう一度歌おうとした。歌えない人生など考えられなかったからだ。結局抜歯する前に退院してしまった。長男の結婚式に参列した患者は次男の結婚式にも参列させてくれなければスタッフに会うのはいやだといった。

ほとんどの場合、取り引き相手は神であり、大抵は秘密にするが、言外

**25**

にほのめかしたり、牧師にだけ話すこともある。「少しでも命を延ばしてもらえるならば人生を神に捧げる」「教会に奉仕する」という内容である。

## ［6］第四段階：抑うつDepression

　神に祈っても回避できない死を悟り、それらが無駄であることを知って、患者は悲観と絶望に打ちひしがれ、うつ状態に陥る。手術をしなくてはならない。再入院を余儀なくされる。今までなかった症状がいろいろ出てくる、体力がなくなって身体も痩せてくる。そうしたことによって、もはや自分の病気を否定できなくなると、末期患者が楽天的な態度を取り続けることはできない。無気力さや冷静さ、苦悩や怒りは、すぐに大きな喪失感に取って代わられる。更に患者はもっと多くのものを失うことに堪えなくてはならない。入院費と治療費の経済的な負担が加わる。仕事を失い老後のために建てたマイホームを売り、子供の学費も出せなくなる。妻が生活費を稼ぎ子供を預けることになる。**死期の近い患者には、この世との永遠の別れのために心の準備をしなくてはならないという深い苦悩がある。**

　キューブラー・ロスは抑うつ状態を2つに分けている。

　一つは既に失われたものによる「**反応的抑うつ**」

　一つはこれから失われるものによる「**準備的抑うつ**」である。

　**反応的抑うつでは、患者は他者の介入を必要とし、話し合うことや、時にはいろいろな分野の人たちの積極的な介入を必要とする。**思いやりのある人なら難なく抑うつの原因を聞き出して、しばしば抑うつに伴う非現実的な罪悪感を軽減してあげることができる。

　準備的抑うつでは過去に失ったことが原因となるのではなく、これから失うことが気にかかる。もうすぐ愛する者たちと別れなくてはならないことへの準備段階であって、その事実を受容するためのものだったならば、**励ましたり元気付けることはよくない。患者に向って「悲しむな」などと絶対に言ってはならない。**愛する者を失うのはこの上なく悲しい。悲しむことを許されれば、目前に迫った自分の死をもっと楽に受け入れることができる。**準備的抑うつでは、全くあるいはほとんど言葉を必要としない。**

感覚でお互いを理解し合える。髪を撫でたり手を触れればより通じるものがあり、黙って一緒にいるだけで十分なこともある。この時期には患者は祈りだけを望むかもしれない。今までのことよりむしろこれから起こることに専心しようとしている。この時期に見舞い客が来て元気づけようとすれば、患者の心の準備が整うどころか、かえって乱されてしまうことになる。

　ある患者の場合は、死ぬ準備をする覚悟ができているのに、もっと頑張って生きろと言われることが悲しかった。患者の意思と覚悟と患者を取り巻く人たちの期待感とが食い違い、患者に深い苦悩と混乱をもたらした。**患者が死を受け入れて安らかに旅立っていくためには、このタイプの抑うつは必要なのであり、患者のためになるのだということを皆が分かっていなければならない。**

　この段階では、自分の人生を振り返り、一体どんな意味があったのだろうと生きる意味の探求を始める。これは**スピリチュアル・ペインspiritual painと呼ばれる、生きる意味についての苦しみ**である。

## ［7］第五段階：受容 Acceptance

　次に患者は、来るべき自分の終焉を静かに見つめることの出来る段階に入る。死を拒絶するのではなく、自らの怒りを吐き尽くし、すっかり衰弱し切って、自分の運命に怒りも抑うつも覚えない。絶望でもなく、幸福でもない。**「長い旅の前の最後の休息」**の時が来たかのようである。誰かの訪問を喜ばず、話したい気分でもなく、そっと一人きりにして欲しいと思う。放棄や諦めのような状態である。受容とは感情がほとんど欠落した状態である。希望ともきっぱりと別れを告げ、安らかに死を受け入れる。

　キューブラー・ロスはこの状態を**「デカセクシスDecathexis」**と呼んだ。自分自身を周囲の世界との関わりから引き離すというような意味である。精神分析では特定の対象に心のエネルギーが向けられた状態をカセクシスCathexisといい、それから離れたことをデカセクシスDecathexisという。

　死に瀕した患者は、幾ばくかの平安と受容を見出すが、同時に周りに対

する関心が薄れていく。一人にして欲しい、せめて世間の出来事や問題には煩わされたくないと願う。面会人が訪れることを臨まなくなり、誰か訪ねて来ても患者の方はもはや話をする気分ではない。テレビを見ることもない。患者は手招きをして私たちを呼び、しばらく掛けていてくれと伝える。ただ私たちの手を握り、黙ってそばにいて欲しいと頼む。無言のひと時は意義のあるコミュニケーションとなる。患者は私たちがそばにいるだけで最後まで近くにいてくれるのだと確信する。何も言わなくてもいいと患者に知らせるだけで、患者は何も話さなくとも一人ぼっちではないという確信を取り戻す。夕刻の面会はほんのわずかな時間であってもよい。患者はこの訪問によって、もう手が打ちようがない状態の時でも、自分の事が忘れ去られてはいないのだと気付き、慰められる。面会者にとってもよかったという気持ちになれる。

　あるタイプの患者は、周囲からの助けをほとんど借りることなくゴールに到達する。それでも周囲が黙って理解し干渉しないことは必要である。このタイプに当てはまるのは、苦労を重ねて働き、子供を育て上げ、務めを果たして、人生も終着に近づいたと感じている高齢の患者だった。彼は自分の人生の意味を見出していて、働きづめだった一生を振り返って、充足感を感じていたに違いない。

## ［8］希望、患者の家族

　死に至る五段階を通じてずっと存在しているものは希望である。末期患者の話を聞いていつも心を動かされるのは、どんなに現実を認め、受け入れることのできる人でも、新しい治療法や新薬の発見、あるいはぎりぎりで間に合う研究プロジェクトの成功などの可能性をあきらめていないことである。こうした一筋の希望が、何日も何週間も、時には何か月も続く苦痛の中で患者たちを支えている。ある朝目が覚めたら、「期待の持てそうな新薬がでたので、あなたに使ってみることにした」と告げられる。自分が特に選ばれたのだ。ちょうど初の心臓移植を受ける患者のように、特別の大役を果たすような気分になる。こういった期待が末期患者に特別の使

命感のようなものを与え、気力を維持させている。**患者たちは、このような希望を持たせてくれる医師を、それが現実的なものであれ非現実なものであれ、最も信頼していた。** 悪い知らせを伝えながらも同時に希望を与えてくれる医師に感謝していた。

最終の受容の段階に到達して希望を捨てた時には、無理にまた希望を持たせることはしなかった。希望を持つことを巡る葛藤は二つの原因で起こる。一つは患者がまだ希望を必要としているのに、医療スタッフなり、家族なりが、もう希望がないことを伝える場合で、これが一番困難である。もう一つは、患者の家族が、患者が最終段階に来ているという事実を受け入れられない場合である。家族は、患者自身が死を受け入れる気持ちになっているのに、必死で希望にしがみつこうとする。

**末期であるとないとにかかわらず、どの患者に対しても決して匙を投げたりしてはいけない。**「私の知識の及ぶ限り、なし得ることはすべてやったつもりです。今後もあなたができるだけ楽に過ごせるように努力を続けます。」こう言われた患者は一筋の希望を失うことなく、その後も医師を、最後まで苦難を共にしてくれる友人のように思う。そうすれば、医師にたとえ治る見込みがないとみなされたとしても、見放されたとか見捨てられたと思うことがない。**死について語ることを避けることは患者にとってより有害である。** 時間を割き、時を見計らって患者の傍らに座り、話を聞いてあげたり気持ちを分かち合ったりすることの方が、患者にとってずっと助けになる。時を見計らうというのは、患者が健康な人と同様、辛い話について話したい時もあれば、現実的であれ非現実的であれ、もっと明るいことを考えたい時もあるからである。**ほとんどの患者が自分の不安を他の誰かと分かち合いたいと願っていて、話をすることでほっとして、希望を見出す様子が見て取れるのである。** 死に臨む患者の暗黙の訴えかけにもっと敏感にならなければならない。患者には死について語りたいと思う日があり、翌日には人生の楽しい側面についてだけ語りたいと思う日がある。

闘病中、家族は重要な役割を果たし、家族の言動は、病気に対する患者の姿勢に大きく影響する。夫が重病にかかり入院すれば、家庭の状況はすっかり変化し、妻はそれに慣れなければならなくなる。安定した状態が

失われ、夫を頼れないため妻はとても不安になる。夫のことが心配な上に、仕事や責任も増し、孤独が深まりしばしば怒りが込み上げてくる。妻が病気になった場合、夫の喪失感はさらに強い。**家族の誰かが常に病人に付き添っているのが当然だ、と考えるのは酷である。家族もたまには病室を出て充電し、時々は普通の生活をする必要がある。**患者の家族が週末に行楽に出掛けたり、芝居や映画に行くのを止めないといって非難する人がいる。家に末期患者がいるのに楽しく過ごすなんてとんでもないと非難する。患者の病気のせいで、家族が完全に崩壊したり、家族の楽しみがすべて奪われてしまわないように気をつけることが大切である。**末期患者が常に死を直視してはいられないように、家族も患者に付き添うためだけに、他のあらゆる関わりを排除することはできないし、してはならない。**本当に患者のそばにいる必要がある時に、現実にきちんと向き合えるように、家族も時々は悲しい現実を否認したり、避けたりする必要がある。家族が必要とするものは、病気が始まった時から変化し始め、患者の死後もいろいろな形でずっと続いていく。

　患者と家族の間に精神的な仲介者がしばしば必要である。末期患者の男性は、「もう大して生きられないでしょう。でも妻には言わないでください。きっと耐えられませんから。」という。妻も同じようなことを言う。二人とも病状を知りながらどちらも相手に伝える勇気がなかった。彼らを励まし、病状を理解していることを互いに相手に伝えさせたのは若い牧師だった。二人ともだまし合いゲームをする必要がなくなりとてもほっとし、どちらか一人ではできなかった身辺整理もできた。幼稚なゲームのことを笑顔で語れるようになった。第三者の助けがなければいつまでもゲームを続けていた。

　**死に直面した患者は、家族が自分の死を直視するように手助けをすることが出来る。**やり方はいろいろあるが、一つは、**患者が自分の考えや気持ちを家族に伝えれば、それによって家族も自分の考えや気持ちを口に出して言えるようになる。**また、**患者が自分の悲しみを乗り越え、人間は穏やかな気持ちで死ねるということを身をもって示すことが出来れば、家族はその強さを思い出して、冷静に悲しみに耐えられるようになる。**配偶者を

なくした夫や妻は、悲しみや罪悪感を乗り越えられないことが多く、身体的症状が表れて診療所や開業医のところに診察を受けに来ることがよくある。配偶者が生きている間に二人の溝を埋める手助けが得られていたら、このような苦しみは半分は乗り越えられる。死にかけるような危機を経験したことのある人たちは、こういった話をするのが難しいのは初めのうちだけで、慣れるに従って容易になっていくことを知っている。疎外感や孤独が増す代わりに、いつの間にか夫婦はもっと意味のある心からの話し合いをすることが出来るようになり、苦しみを共有することによってのみ得られる親密さと共感を覚える。

　家族が自分の感情を患者と分かち合えれば、家族は別れが来るという現実を次第に直視し、患者と共にその現実を受け入れるようになる。患者は家族を含めた自分の世界から、徐々に自分を引き離していく。しかし**死期が迫り、死に安らぎと受容を感じるようになった患者は、最も愛するものを含めた周りの世界から少しづつ自分を切り離していかなければならないのだという事を、家族はなかなか理解できない**。しばしば家族は、自分が拒絶されていると誤解することがある。死に至る過程を通って来た者だけが、こうしてゆっくり穏やかに自分を切り離していけるのだ。それを家族に分からせることが必要である。受容と虚脱の段階に入った患者は、人間関係では普通ほとんど何も必要としない。この切り離しの意味が家族に理解されなければならない。

　家族が患者を「逝かせる」覚悟が出来ずに、患者がこの世との関わりを断とうとするのを、言外にあるいはあからさまに邪魔をすると、患者は目の前に迫った死を直視することが難しくなる。ある患者は痛みや肉体的不快感よりも、自分は家族の期待に応えられなかった後悔の念に苦しめられていた。**そっと眠らせてほしい、という強い欲求と周囲からの絶え間ない期待の狭間で苦しんでいた**。看護師が来て、食べないと衰弱すると言い、医者が来てこれから始める新しい治療の話をして患者が喜ぶことを期待する。妻が来て、退院したらする予定の用事のことを言い、娘が患者を見て、元気にならなくちゃ、という。こんな状況でどうして安らかに死ねるだろうか。妻や娘がそのことを直視してくれれば患者はずっと楽に死ぬこ

31

とが出来る。他人と話すときは現実を直視していても、患者の前では否認する。ところが患者の方こそ、家族から「あなたの病気の重さは知っている。それを受け入れることが出来る。」と言ってもらいたいのである。家族がこのことを理解していないと、患者は目覚めている間じゅう苦しむことになる。患者は周りの大事な人たちが、患者の延命を口にするよりも、死期が迫っているという現実を直視できるようになってほしいのである。死を先延ばしにしても、患者からは感謝のことばより恨み言を聞くことが多い。患者には安らかに尊厳を持って死を迎える権利がある。

　家族の誰かを失ったとき、特に覚悟する時間がほとんどなかった場合、人は怒り絶望する。このような感情は表に出させてやらなければならない。遺族が話をしたり、泣いたり、わめきたければわめいたり出来るようにしてあげるべきである。話をさせ、感情を表に吐き出させてあげ、いつでも話し相手になってあげなければならない。遺族には、患者の問題が終結した後も、長い悲しみが待っている。患者の病気が悪性だという診断が下った時から、死後何か月後までも助けや心の支えが必要である。理由がどうであれ、家族の欲求を理解し、それらを建設的な方向に向け、罪悪感や恥の感情、罰に対する恐怖を解消させてやらなければならない。**一番いいのは、家族が子供であれ、大人であれ、患者が生きている間に、合理的であろうとなかろうとその感情を表に出させて乗り越えさえてやることである。**家族は**死の受容**へと一歩を踏み出すことが出来る。

## ［9］**死の伝道者**のその後

　1969年キューブラー・ロスは「死ぬ瞬間」を発表する。同年11月雑誌ライフは彼女と死が間近かに迫った患者との記事を取り上げる。病院側の教授と指導医師たちは激怒する。「我々は何年もかかって、この病院が癌治療で優れていることを知らせようとして来た。キューブラー・ロスは死んで行く患者で我々を有名にしようとしている。」病院では除け者になり、彼女のセミナーも空席となり、孤立無援の状態になった。しかしライフ社に数多くの末期患者からの感謝の手紙が届けられた。やがて科学では表現

できない神秘的な内容を語るようになり、宗教家や神秘主義者のようになり多くの同僚を失う。しかし週10万人に講演をし、月平均3000通の手紙が届けられた。「死ぬ瞬間」で、死のプロセスを提唱したキューブラー・ロスは、生涯で1万人以上の死に行く人に寄り添い、愛によって、死はもっとも素晴らしい経験になりうると主張した。

1970年代になると、幽霊を目撃したり自ら臨死体験をして死後の世界に関心を持ち、輪廻転生を積極的に語る。夫とは離婚する。1977年、カリフォルニアに末期患者のためのワークショップ施設であるシャンティ・ニラヤ（平和の家）を作る。このワークショップには末期患者も来るが、むしろ家族の死を看取り、後に残った傷を癒すために来る者の方が多かった。キューブラー・ロスによれば、残された家族が精神的に社会復帰するのは、同様の五段階のプロセス、否認・怒り・取引・抑うつ・受容の経過を辿るという。

転機は1995年脳梗塞で半身不随になってからのキューブラー・ロスに訪れる。自分が寝たきりの終末期患者になると自分の仕事は間違っていたと自覚し始める。ドイツの新聞社シュピーゲルのインタビュー取材はショッキングなものである。死んで行く自分を受容することは、実に難しい。それには「真実の愛」が必要だが、自分にはそれがない。インタビュアーがあなたは長い精神分析を受けたのでそれが役に立っているだろうと問いかけると、精神分析は時間と金の無駄であった、とにべもない返事が返ってくる。彼女の言葉は厳しい。自分の仕事、名声、沢山届けられるファンレター、そんなものは何の意味もない。今何も出来ずにいる自分など一銭の価値もないという。ＮＨＫのインタビューもある。苦しむ患者を助けてきたのに、何故自分を救えないのですか、あなたは自分を愛するべきと本に書いてますよね。気分が悪くなる、自分自身を愛せって、よく言ったものだ、大嫌い、私の趣味じゃない。

今日ではキューブラー・ロスに色々な反対意見が出されている。五段階は非常に狭い主観的な解釈で、受容をいいものであるとしてそこに向わせようとしている。死に行く人の反応は、観察する人の接し方を反映している可能性が高いため、他の人には確認できない。さらに一番には彼女自身

が晩年になって、自分の業績を時間の無駄だと言っていることである。キューブラー・ロスは死を受容することは出来ず、自分のモデルに意味はないと自らを否定している。「死ぬ瞬間」はいつも周りの人として、他人の死を観察してきたのであり、**他人の死**は**自分の死**とは全く異なっていた。キューブラー・ロスが**生涯をかけて、自分の死とは別のものを研究していたので、いざ自分が死んでいかなければならなくなった時、彼女にとってそれは何の役にも立たなかった。**死とは生の終着点であり、死の向こう側にあるものは無のみであった。しかし死後の生や輪廻転生を信じると信じないとに関わりなく、「死ぬ瞬間」は死へと至る人間の心の動きを研究した書物としての価値は今も失われていない。

# 第2章　エリクソンと人間の生涯発達段階

## ［1］エリクソンの生い立ち

エリク・ホーンブルガー・エリクソンErik Homburger Erikson, 1902-1994）は、ドイツ帝国のフランクフルトに生まれる。母親のカーラ・アブラハムセン（Karla Abrahamsen）はユダヤ系デンマーク人の名家の出で、父親は定かでない。3歳の時、母は小児科医のテオドール・ホーンブルガーと再婚している。エリクソンは実の父親似で北欧系の金髪の青い目の風貌からユダヤ系社会やユダヤ教の教会では「異邦人」と呼ばれ差別を受け、ドイツ人コミュニティからは「ユダヤ人」と呼ばれて差別を受ける。子供時代の経験は、「自分は何者なのか」と、**自我同一性アイデンティティ**に苦しみ、エリクソンに悩むきっかけを与えた。画家を志すが挫折し、ウィーン精神分析研究所の分析家の資格を取得する。ジョアン・セルソンと知り合い後に結婚する。

1933年ドイツでナチス政権が誕生すると、ウイーンからコペンハーゲンへ、さらにアメリカに渡り、1939年アメリカ国籍を取得する。当初問題行動を起こす青年たちへの心理療法に従事し、高い治癒率を上げ注目される。学位を持たずに発達心理学者として知られ、イェール大学、カリフォルニア大学バークレー校、ハーバード大学の教員を歴任する。

アメリカ合衆国の発達心理学者で、アイデンティティや**モラトリアム**の概念、**心理社会的発達理論**psychosocial developmentを提唱した、精神分析家である。エリクソンの発達段階説にはエリクソン自身の人生が大きく影響しているという。

## ［2］心理社会的発達段階

**生涯発達**とは、人間の発達が、加齢による身長体重増加などの生物学的

な成熟、体力的な衰えや記憶力の低下などの衰退のみを基礎としたものではなく、年齢の時期に応じて、社会的文化的な誕生から死までの生涯をかけて「発達する存在」であることを前提として、出生から、子供・大人・老人に至るまでの発達を包括的に見ていくことをいう。

　人の発達は、年齢の軸に沿って表れて来る身体の発育や老化といった量的な成長を単に示すのではなく、個々人の置かれている環境との能動的な関わりを通して人間として社会化していく**生涯発達**の過程である。**人間の一生を八つの段階に分け、その段階ごとに心理的課題と危機、課題達成により獲得する要素などに分類している。**

　生涯発達の特徴として次の点が挙げられる。①連続的な現象である、②方向性がある、③順序性がある、④連続しているが速度は一定でない、⑤**決定的な時期、最適な時期がある**、⑥成長・発達は相互作用によって促される、⑦個人差がある。

　**エリクソンは人間の発達段階を、人間の心理・社会的な危機状況から8つの時期に分けた。**夫々の段階で人は各時期の発達段階において**発達課題development task**もしくは**心理社会的危機psychosocial crisis**に直面しそれをクリアすることによって**力virtue**を獲得し人間は精神的に成長してゆく。身体の発達のみならず心理的発達をなし、各時期の心理・社会的危機を克服すること（**課題達成**）で徐々に発達が進む（漸成）のである。

　それぞれの発達段階には成長・健康に向けてのポジティブな力と、退行・病理に向うネガティブな力が拮抗しておりその両者の関係性が正常な発達に関係している。ポジティブな力がネガティブな力よりも強くなれば、より健康的な発達をしていくことになる。その結果、自我の強さである**人格的活力**、換言すれば**よりよく生きていくための力**が生まれる。ネガティブな力の方が勝って経験すると、今後の人生が全てうまくいかないという訳ではない。全ての発達段階において重要なのは、ポジティブな力のみが備わればいいという訳ではなく、ネガティブな力とのバランスの結果、ポジティブな力が勝っている形での経験のプロセスが大切である。ポジティブな力の方が勝るような体験・経験をすることによって、自分自身の人生をよりよく生きていく力を蓄えていく。

①**乳児期**：生後から18ヶ月まで

②**幼児前期**：18ヶ月から3歳まで

③**幼児後期・遊戯期**：3歳から5歳まで

④**学童期**：5歳から12歳まで

⑤**青年期**：13歳から19歳まで

⑥**成人期**：20歳から39歳まで

⑦**壮年期**：40歳から64歳まで

⑧**老年期**：65歳から

## ［3］乳児期 infancy

　乳児期は生後から18ヶ月までを指す。基本的信頼の獲得の時期で、人見知りの危機がおとずれ、**発達課題として基本的信頼と不信 trust vs. mistrust** が交錯する。**人間の強さは希望 hope** である。

　乳児期の子供が望むのはとても単純で、お腹が空いたらミルクをもらえること、オムツを取り替えてもらえること、寂しくて泣いたら抱っこしてもらえることである。**欲求を十分に満たされた子供は「きっと誰かに助けてもらえる」と信じ希望 hope の力を身につけられる。** 無力でひとりでは生きていけない赤ちゃんは、日々の生活の中で母親がしっかりと不快や不安のような負の感情を取り除くことにより、母親に対する**基本的信頼感**を得ることが出来る。

　**誰からも望みを叶えてもらえなければ「誰も助けてくれない」という不信感**や自分に対する、無力感・自己不全感を身に着ける。基本的信頼感を得られなかった場合、負の感情は消えず、**基本的不信感**を持ち続けることになる。

　不信感も経験しておくことが大切であるという。母親は赤ちゃんの欲求を全て満たすことは容易ではない。また多少は不信感を経験した方が、悪い人まで信じ過ぎることがないという。基本的不信感よりも基本的信頼感の方が勝って体験することによって、希望というよりよく生きていくための力が備わるという。

赤ちゃんは母親に対して、様々な言動や表情を発信し、母親が読み取って赤ちゃんに母親の言動や表情を返していく。そのような相互交流によって赤ちゃんと母親の間に良好な愛着関係が生まれる。しかし未熟児や言語・表情の発信する力の弱い赤ちゃんや、知的障害・心身的問題・虐待体験を持つ母親の場合には相互交流が阻害され、**関係性障害**が生じる。

## ［4］**幼児前期** early childhood

幼児前期は18ヶ月から3歳までを指す。第一次反抗期と愛着行動の時期で、被虐待と分離不安の危機がおとずれ、**発達課題として自律性と羞恥心autonomy vs. shameが交錯する。人間の強さは意志willである。**

幼児前期は言語の獲得が急速に起る。これまで、母親→赤ちゃんという一方的なやり取りであったものが、母親→赤ちゃん→母親→赤ちゃん、といったやり取りに変化してくる。今までハイハイしていた赤ちゃんが歩き始め、お喋りをするようになる。「魔の2歳児」「いやいや期」に突入する。親の言うことを素直に聞かず、癇癪を起こして抵抗する第一次反抗期で手がかかる年頃となる。**自律性とは、衝動をコントロールし、自らを律する力のこと。**乳児期に自分や人への信頼感をしっかり育めた子ほど、自律的な活動に取り掛かりやすい。親が赤ちゃんにチャレンジの機会を与え、適切なタイミングで手伝ってあげれば、子供は自信をつけて、さらにいろいろやってみようという気持ちになれる。その結果、**意欲will**という力を獲得する。

トイレや食事のトレーニングなど最初のしつけが始まる。**しつけを通して子供の自律性を育てるのに大切なのは、**やり方を繰り返し教え、自分で出来るようになるまで待ってあげること。**いつからできるか子供任せにすることで、子どもは意志willという力を獲得できる。**親がやってしまえば「自分でやってみよう」という自律性は育たない。**頑張っても失敗するたびに叱られ続けたら、「またダメだったらどうしよう」という羞恥心を覚**え、チャレンジする意志を失ってしまう。失敗しても自分自身を受け入れてくれる環境が自律性を育む。ここでのポイントは母親の見守りである。

失敗するかも知れないけれども、うまくできた時には誉められるといった体験が重要である。失敗しつつも、成功体験をより築いていくことが幼児前期のテーマである。

## ［5］幼児後期・遊戯期 play age

　幼児後期・遊戯期は3歳から5歳までを指す。自己統制と排泄・食事・着衣の自立の時期で、チック・多動・夜驚症の危機がおとずれ、**発達課題として積極性と罪悪感 initiative vs. guilt が交錯する。人間の強さは目的意識 purpose である。**

　幼児前期の自律性が育まれていくと、あれもしたい・これもしたいといった自分で考え、行動する積極性が出てくる。言語的にも動作的にも発達し、大人との会話も成立する。大人の真似や子供自身で考えた遊びをするようになる。**自律心を身につけた子供は、遊戯期に自発性や積極性が育ちやすくなる。**「どうして」と質問攻めにしてくる好奇心旺盛な子供もいる、保育園や幼稚園で子供の輪が広がり、危険なイタズラもするようになる。同年代の子供の交流の中では、各家庭での出来事を子供同士で真似てみたり、ごっこ遊びと呼ばれる遊びが見られるようになり、社会性やルールを身につけていく。好奇心のままに挑戦を繰り返すことで、子供は**自分の体力・知力・能力を確認している。「あれもダメ、これもダメ」と親に止められては罪悪感を覚えてしまう。**

　色々なことに興味を示す時期であるが、親に注意される、これをやってはいけないだろうと思いながらも、**積極性が勝つと自分がそれをしたい理由が分かり目的を持てるようになる。**子供は自発性と罪悪感のバランスをうまく取れるようになり、自分が何のためにその行動を取るのかが分かる**目的意識 purpose という力を獲得できる。**このような子供らしい様子に対して、親がうっとうしがる態度を見せたり、過度に厳しいしつけを施したりすると、子供は**罪悪感 guilt を覚えてしまう。**罪悪感よりも積極性の方が勝って体験することにより、目的意識という、人格的活力・よりよく生きていくための力が備わる。その目的意識は今後の人生において希望や夢の

土台となる。

## ［6］学童期 school age

　学童期は5歳から12歳までを指す。仲間意識と自己の目覚めの時期で、いじめと不登校の危機がおとずれ、**発達課題として勤勉性と劣等感industry vs. inferiority**が交錯する。**人間の強さは適格意識・能力competency**である。

　この時期は小学校入学と卒業の時期と重なり、生活の場所が家庭から学校へと移っていく。同年代の友人に興味や関心を抱き、行動を共にするようになる。学校という環境の中で、同年代と関わりながら、自分の得意不得意を感じ取っていく。そのための原動力が**勤勉性industry**であり、学童期に獲得される。勤勉とは社会的に期待される活動へ、自発的・習慣的に取り組むことで友人関係の中で磨かれる力である。やがて自分には**能力competency**があるのだと分かる。小学校に通い始め、勉強の楽しさを知る時期である。学期中や夏休みにこなすべき宿題が次々と出され、「計画的に課題を仕上げ、提出する」事を覚える。それを繰り返すことにより自信が付き自分には**能力competency**があると理解するようになる。

　勉強が得意な子供ばかりではない。数の概念が理解できなかったり、計画的な勉強のやり方がわからない場合もある。時に努力した結果が伴わず、悔しい思いをすることや落ち込むことも出てくる。その時に必要となるのは、他者からのねぎらいや「よくなったね」という優しい言葉で、それが自信となる。「自分はやればできるんだ」という**自己効力感**となっていく。周囲の大人が適切にサポートせず、ただ叱るだけだと問題は解決されない。子供は**劣等感inferiority**を抱きのちの人生にも暗い影を落とす。適度にほめたりアドバイスをする必要がある。友人と助け合ったり共感したりといった経験が不十分だと、**ほかの子供との優劣ばかりを意識**するようになる。自分なりの頑張りや努力をけなされたり、認められなかったりすると「自分はダメなんだ」「頑張っても意味がないんだ」という**劣等感**を抱えてしまう。自分よりも優れている人に劣等感を、自分の方が優れていれば優越感を抱くようになる。**互いに認め合い、力を合わせて困難を乗**

り越え、共に成長していくことが好ましい。

## ［7］青年期 adolescence

青年期は13歳から19歳までを指す。自我同一性、性への目覚め、第二次反抗期の時期で、非行・家庭内暴力・思春期やせ症の危機がおとずれ、**発達課題として自我同一性の確立と同一性の拡散 identity vs. identity confusion が交錯する。人間の強さは忠誠心 fidelity** である。

親に対して子供である自分や、部活動の中での部員としての自分、異性との交際において男性・女性である自分といったさまざまな場面や文化の中で異なる役割を担うことになる。理想とする先輩や先生に「自分も近づきたい」「あの人のようになりたい」という思いで、自分もその人のように振舞ったり、考えを真似たりといった言動をとるようになる。エリクソンはこれを**同一化 identification** と呼んだ。理想化と失望・発見の経験のプロセスを通じて自分独自のスタイルを獲得していく。「本来の自分」「求めていた自分」を獲得していく。このような言動をエリクソンは自我同一性 identity の確立と呼んだ。その反面、「自分は属する集団や周りの人びとに受け入れられているのだろうかといった孤独感や迷い・動揺」といった葛藤と向き合わなければならない。その葛藤の結果、「自分はこの集団にいていいんだ」「この人びとに所属しているんだ」という、**忠誠心 fidelity** や帰属意識を獲得する。

青年期には自分を客観視し、自分は何者かを考えるようになる。**自分の本質と他者との違いを知ることにより、自我同一性 identity を確立**する。客観的な自己認識に必要なのは、自分を理解し評価してくれる深く付き合える友人である。「君らしいね」と仲間から認められることで、「そうか、自分はこういう人間なんだ」と自覚でき、**自分らしさに忠実に生きようとする忠誠心 fidelity** の力を獲得する。

将来、どうやって生きていこうと思い悩む時期である。「自分はこういう人間だ」とある程度確信できるようになれば、アイデンティティが確立され、**忠誠心 fidelity** という力が得られる。自分で選んだ価値観を信じ、そ

れに貢献しようとする。

　乳児期から学童期までの発達課題をクリアしていなければ、仲間との心理的距離を測れず、共感的なコミュニケーションが取れない。精神的な居場所を見つけられず、「**自分は何のために存在しているのか分からない**」といった自我同一性の混乱が生じてしまう。共同体の中に自分の居場所を見つけられれば、アイデンティティを確立しやすくなる。

　**青年期は思春期（13-15歳）から19歳までの時期で、身体的には急激に成長し発育を完了する。**運動機能は青年期に最高になりその後加齢と共に低下する。**第二次性徴の発現**があり、男子は変声、体毛の発生、射精能力の獲得がある。女子では乳房の肥大、体毛の発生、初潮をむかえる。生殖機能は思春期に急速に発達し、青年期に最高になる。

　**身体的成長と精神的成長のアンバランスによる情緒不安定がみられ、自我が発達する。**青年期の発達課題として**アイデンティティの確立**を目指す。青年期は衝動的な行動や他集団への反抗が多いが理性の発達によって安定してくる。また同輩グループとの新たな交際を学ぶ時期である。豊かな対人関係を築くための学習は青年期の自我同一性獲得と関連が深い。アイデンティティを獲得するまでの社会的猶予期間を**心理的モラトリアム**という。**モラトリアムとは**「大人にも子供にも属さない猶予期間」という思春期特有の特性を指す。自分のあるべき姿が明確化されず情動が不安定な状態にある。社会に出発するのをためらっているかのように見える状態をいい、大学生に見られやすい。

## ［8］成人期 young adult

　成人期は20歳から39歳までを指す。生殖の時期である。**発達課題として親密性と孤立 intimacy vs. isolation が交錯する。人間の強さは愛情 love** である。生まれた家庭や学校を離れ、多くの人と関係を築く時期。社会に出て独り立ちして恋愛を経験して結婚する人も多い年齢層である。新たな家族や友人との長期的・安定的な関係を通し、**愛情 love** という力を獲得する。幸福な人生を送ることに繋がる。

親密性は自己をしっかり確立した上で、他者と親密な関係を結ぶ能力をいう。エリクソンによれば、「**親密性は相手に自分を賭（か）けても自分を失わない関係**」と表現している。親密性を育むには青年期に自我同一性を確立できたかどうかが大事になる。人と積極的に関わることをためらったり、長期的な人間関係を築くことを怠ったりすると、人間は**孤独isolation**になる。自分の家庭を築くことが難しくなる。

**友人・恋人・配偶者などと、互いに信頼できる安定した関係を長く続ければ、愛情loveの力を得ることができる。**青年期までの発達課題を順調に克服できなかった場合、自己を確立できておらず、自分を失う恐怖に支配されるため、他者と積極的に関わることができない。**表面的な付き合いしか出来なかったり、人との関わりを拒絶したりして、孤独isolationに陥ってしまう。**

サンドイッチ症候群・燃え尽き症候群・ワーカホリック・アルコール依存症の危機がおとずれる。**サンドイッチ症候群**は中間管理職と呼ばれる中高年層にみられるストレスによる身体的精神的症状。**燃え尽き症候群**とは医療教育従事者に多く、心身に過重な負担がかかる状況に長く置かれ、期待した成果が得られずに精神的に追い込まれ、疲弊してしまったりうつ状態に陥ったりしてしまう。**ワーカホリック**は成人期に見られる仕事中毒で、仕事をしていないと落ち着かない状況になり、休日が不安になる状態。うつ状態やうつ病の前段階であることが多い。**アルコール依存症**はアルコールを摂取しないといられなくなる状態で、意志の弱さや特定の性格傾向が原因ではない。適量であれば、程よい高揚感をもたらし健康を害することはない。アルコールへの欲求が強まると朝から飲酒する、仕事中も飲酒する、家事をせずに飲酒する、目が覚めていれば飲酒する連続飲酒となり、肝機能・脳機能に障害をもたらす。

## ［9］**壮年期adulthood**

壮年期は40歳から64歳を指す。**発達課題として次世代育成能力と停滞generativity vs. stagnationが交錯する。人間の強さは世話careである。**次

**世代育成能力**とはエリクソンの造語で、子供を育てたり、職場の後進を育成したりなど、のちの世代に貢献することをいう。前の世代の文化を引き継ぎ、自分の代で新たな創造を加え、次の世代に譲り渡すことを意味する。

　これまで自分の世代を中心として家族内役割や社会内役割を培ってきた。自身の社会的地位の向上や体験の蓄積、家族内での立場の決定といった出来事がなされ、働き盛りの時期を過ぎ、肉体的にも精神的にも高原状態ともいえる時期となる。自分自身の特性や属性が確立し、変化に富むことが少なくなってくる。自分の時間やエネルギーを子供や若者に使うことに生甲斐を感じる。次世代への貢献により、**世話care**という力を獲得する。

　時代の流れによる価値観の多様化を避け、自身の価値観や考え方に意固地になり、後輩や後進の者たちに伝えることを避けると**停滞stagnation**となる。共同体に関与せず常に自分の事だけを考える状況は**停滞stagnation**と呼ばれる。次の世代を支え育み、次の世代の人生にも責任を持ち良き物を次世代に託していくといった**世代性**のほうが上回ると、**世話care**という人格的活力・よりよく生きていく為の力が備わる。

　壮年になると「世界に自分の足跡を残せただろうか」と考える人もいる。壮年期は、子供が成長して手がかからなくなり、少しづつ時間にゆとりが出てくる。子供に触発されて、自分でも習い事を始めたり、自分磨きとして語学をやり直したりなど、生涯学習をスタートさせたりする。**家庭や職場などで上の世代から学んだことを、子供の世代に伝えていけば世話careの能力が得られる**。壮年期の後半で孫の世話を頼まれると、孫の子守りは創造的で生き生きと次の世代に関われるチャンスであり、精神の健康のためにも非常に大事であるという。

　**世代間のつながりを持たなかったり、自分の世代・時代のことだけを考えていると停滞stagnationに陥ってしまう**。次世代に何を残すかを自覚した生き方が出来ていないと、老年期で自分が存在していた意味を見出せなくなってしまう。

　**中年期は40歳代後半から60歳代を指す**。運動能力で瞬発力・持久力・敏捷性が低下し、作業能力は30歳後半まで増加し、それ以降は低下する。中年期には外観の変化として、毛髪減少、白髪、皮膚弾性の低下、脂肪組

織の配分変化、さらに心肺機能の低下、性的機能の低下が起こる。中年期には身体のバランス能力の低下、刺激に対する反応の低下がみられる。栄養代謝機能は出生してから25歳までは下降線をたどり、その後は安定して壮年期・老年期には徐々に低下する。加齢と共に体力は低下し疲労回復は遅延するが、**情緒的には安定してくる。知力・記憶力・記銘力は低下するが、言語・認知機能の低下はあまり起きない。総合的判断力はむしろ高くなる。**

空の巣症候群・初老期うつ病の危機がおとずれる。**空の巣症候群**とは中年の特に専業主婦に多く、子育てが終了して子供が巣立ち、夫の退職などに伴う役割の喪失感から虚無感を呈して孤独感やうつ病に陥る。**初老期うつ病**とは初老期に入ってから発症するうつ病で、多くの場合、不安焦燥感や喪失体験などの心因が認められる。融通が利かない、状況に順応しにくい、完全癖がある、内向的、敏感といった傾向の人に多い。

壮年期には感覚機能の低下がみられる。視覚調整力の低下があり、40歳以後は急速に鋭敏さが減退する。暗順応、聴力特に高音域が低下する。**生活習慣病**が発現し、30歳代から、高血圧・心電図異常・網膜血管硬化・腎機能障害が増加し、**三大死因の悪性新生物・心疾患・脳血管障害が増加**する。45-55歳には女性では**更年期障害**がみられる。卵巣機能の低下に伴い、自律神経失調症・骨粗鬆症・泌尿生殖器障害・高脂血症を来たす。

壮年期には生活様式が多様化し、子どもの自立後は、夫婦は生き方や生活観を共有できるよう再調整する。更年期、定年を迎える時期には心身の衰えを覚え自己像（獲得してきた自信、達成感）に揺らぎが生じる。

## ［10］老年期mature age

老年期は65歳からを指す。自我の統合の時期で、自殺・喪失体験・健康不安の危機がおとずれ、**発達課題として自己統合と絶望ego integrity vs. despairが交錯する。人間の強さは英知wisdomである。**

人は常に老いを自分とは関係のない異質なものとして否認してきているから、老いを自覚するのは突然ふっとした出会いによることが多い。向老

期には老いることが確信に変わり、老年期には老いが現実のものとなる。**老いを受容するのは難しいが、それでも老いは緩やかに確実にやってくる。先ずは心身機能の低下、老化の兆候が出てくる。それは死の自覚である。**この新しい自己像を受け入れることは困難な課題であり、**思秋期**と呼ばれることもある。思春期が人生の旅立ちに当たって自己像を受け入れていくのに対して、思秋期は旅の終わりに当たって新しい自己像を受け入れていくのである。**エリクソンによれば、「老いつつある自分」を全体的に受容できた人には英知・知恵という力が現れるという。英知とは死に直面しても、人生そのものに対して「執着のない関心」をもつことである。**

　エリクソンによれば、老年になってからは、自分が一生の間に世話をし、守り育ててきたものを相対化し、客観化しなければ、人間の諸問題を全体的に眺めるような**統合**に達することが出来ない。一生をかけた事業・学問があれば執着も大きいだろうが、自分の過去についての見方も、突き放してみる習慣を養っておかなければ心の安らぎは得られないだろう。自分の過去についてこそ判断停止が必要とされている。**自分の人生を振り返り満足できると危機感を感じないで幸福に人生を終えることが出来るといい、すなわちそれが統合と完成であるが、それには宇宙という大きな秩序の中で自分を捉えることで達成されるとエリクソンはいう。**健康に幸福に生きてきた人の心は、そういう満足と感謝の境地に至るもので、死んでも死にきれないという人や、未だ人生に感謝できないと言う人は、きちんと老年期を迎えていないのだ、という。最後に問われるのは、「人生に感謝できるか」が課題となる。感謝できる人は危機感を持たずに死んでいける。感謝できる人は年を取ることを受け入れることが出来る。

　老年期になると、多くの人が退職し、子育てを終え老後の生活が始まる。肉体的・身体的な衰えがあり避けることが出来ない。これまでの経験や知識・人徳が集大成される時期である。死を前にしてこれまでの人生を振り返ることもある。**人生の総決算ともいえる発達課題は自己統合性（完全性）。**人生の歩みの中で、よいことも悪いことも、上手くいった事も上手くいかなかったこともある。良いことも悪いことも全て、自己を形成していくが為の人生として受け入れたなら、**統合性、つまり自己を肯定でき**

る心を育（はぐく）ませてきたことになる。エリクソンによれば「自我の統合とは秩序を求め、意味を探す自我の動きを信頼する確信である」という。分かりやすく言えば、家族や地域を超えた、より大きな世の中や人類の秩序や意味の伝承と、肯定的にも否定的にも、自分自身の人生を振り返った際に、「よい人生だった」と確信を持って受け入れられる力ということである。宇宙・地球・人間のように大きな歴史の流れのなかで、**自分の人生の意味を見出す**。壮年期までの課題をクリアしていれば、**満足のいく人生だったか、自分の死後に残るものはあるのだろうか。これらの質問にうなづければ老年期で英知wisdomを獲得できる。**思うようにいかなかった人生だったとしても「人生は山あり谷ありだから面白い」などと、うまく折り合いをつけられる。

　自分が存在した意味を感じるには、世代間のつながりの中に自分を位置づけるのがいいという。自身の死に直面しても、自分の人生には意味があったのだと納得し、次世代に希望を託しつつ、安らかに死を受け入れられるという。「**よい人生だった**」という確信は、統合性の取れた状態で自己を肯定できる心を育ませてきたのであり、最終的な**死の受容**に大きな影響を与えるという。

　この宇宙観について神谷美枝子は言っている。自分の一生の時間も悠久たる永遠の時間から切り取られた極小さな一部分に過ぎない。しかし生まれたからには与えられた時間を精一杯生きてきた、時間を充実させて、なるべくよく生きようと努めてきた。人間として生きることが許され、多くの力や人によって生かされてきた。生きる苦しみもあったが、また美しい自然や優れた人に出会う喜びも味わえた。そしてこれからも死ぬ時まで許され、支えられて行くのだろう。永遠の時間は自分の生まれる前にもあったように自分が死んだ後にもあるのだろう。自分は元々その宇宙的時間に属していたのだ。人間は流れそのものの一部なのだから。

　これまでの自分の人生全てにおいて、**職業的な意義・社会的な意義・家庭的な意義・個人的な意義**の全てにおいて自分自身の納得感を持ってそれぞれの段階の課題を克服してこられたかどうか。それらが獲得出来ていない場合にはどうしても絶望的にならざるを得ない。

それぞれの発達段階に対して、「こんなはずじゃなかった」という気持ちが強いと人生をやり直したくなる。時間を巻き戻すことは出来ず、死が迫っている。**前の世代から受け継いだものも次世代に残せるものもないと、自分が存在した意味が確認できず、絶望despair**に陥ってしまう。この絶望の力が強すぎると自殺することになる。

この時期に必要とされるのは**自分の人生の聞き手との出会いである**。エリクソンの老年期の課題である統合は、死を受け入れ、乗り超えることが一つの条件になっている。それまでの7つの段階を踏まえて統合感は形成される。同時に、無限の歴史的継続の中で自分の場所を受け入れることが出来たということで、超越の感覚も含まれる。小さく限定した自己を乗り越えていくことが超越で、超越は死に向けての準備であり、自己実現の姿であるという。自分や自我を忘れて物事に没入する姿、無我となり自分を忘れた精神的無意識の状態こそが自己実現の現実的形態である、という。しかしかなり修行を積んだ禅僧でも無の境地を体験するのは難しいという。

ほとんどの人が壮年期を過ぎると直ちに老年期の課題に取り組む訳ではない。老いた自分と向き合い、前向きに生きようとする。健康な高齢者はほとんど死を恐れないという。自我の統合性とは人生のよい面も悪い面も含めて見つめ直し、一度限りの人生に意義を見出すことである。**回想法ライフレビュー**は高齢者が自分の人生を振り返り他者に語り、人生の新たな意義を見出すことをいう。効果として5つある。①人生に意義を見出す。②心が落ち着く。③自分を肯定的に受け止める。④生活が活性化する。⑤訪れる死への恐怖が弱まる。

**生甲斐とはその人にとっての人生の意味や目的である**。生甲斐はその人が自分らしく生きるために必要なものだと言える。退職や子供の自立を迎えると生甲斐を感じる人が減るという。心豊かに過ごすために生甲斐は欠かせないもので、生甲斐を得るために仕事以外の人間関係を広く築いていくことが大切だと言える。カルチャーセンターや社会人大学で学んだり、サークル活動に参加して生甲斐を見出す人もいる。生甲斐を感じるのは、内閣府の調査では、①趣味やスポーツをしているとき、②孫など家族との団欒のとき、③友人や知人と食事や雑談をしているときである。

**ＳＯＣ理論とは補償を伴う選択的最適化**という意味で、代表例としていつも89歳まで現役ピアニストであったルビンシュタインが挙げられる。彼は加齢に伴って身体機能が低下する中で、補償とは楽曲を全体的に遅く弾くことで、早いパートを少し早く弾くだけでも、そのコントラストによって聴衆に早く弾いているように感じさせる。選択とはコンサートの演奏曲を絞り込むことで曲目を減らす。最適化とは一曲の練習時間を増やして曲の完成度を高める、ということである。幸せな老後を過ごすためのＳＯＣ理論は人生の最後の瞬間まで、周りの人に迷惑をかけずに自立した生活を送る理論である。

　老年期を若々しく過ごすために次の項目を挙げる学者もいる。①学び続ける姿勢を持つ。②責任ある仕事をする。③本を読む、新聞を読む、文科系的な活動をする。④現状維持に満足しない。⑤くよくよしない。

# 第3章　マズローと人間の欲求階層

## ［1］マズローの生い立ち

　アブラハム・ハロルド・マズロー(Abraham Harold Maslow, 1908-1970)
は、アメリカに移住したユダヤ系ロシア人移民の長男としてニューヨー
ク・ブルックリンに生まれた。貧困家庭で、幼少時から個人的不完全感の
うちに成長し、青年期は内気で不幸であった。知的好奇心が旺盛で、読書
とクラシック音楽鑑賞を趣味にしていた。1928年ニューヨーク市立大学に
入学、ウィスコンシン大学に転校、1934年心理学博士号を取得する。1937
年ニューヨーク市立大学ブルックリン校から教授として招聘される。1951
年以降はユダヤ系の大学として有名なボストン郊外のブランダイス大学教
授となる。その後の研究は目覚しく、「動機付けと人格、人間性の心理学」
などを発表し、名声を高め1967年アメリカ心理学会の会長となる。

　**人間性心理学の創始者**で、それまでの行動心理学はイワン・パブロフ
(1849-1936) の犬の条件反射などと同様に人間も動物の一種であり、人間
の心理はすべて刺激に対する反射という単純な図式で説明されると考えら
れていた。動物との違いにこだわって人間を考えると、精神の大部分は人
間に意識されない無意識によって占められており、無意識下の深層心理を
探るジークムント・フロイト (1856-1939) による精神分析学が生まれた。
ヒューマニスティック心理学は第三の心理学で、主観的に体験される意欲
や感情などの心の動きを重視して人間心理を理解しようとする心理学であ
る。ビジネスの分野、モチベーションのコントロール、消費者意欲の高
揚、恋愛や目的達成などに幅広く応用されている。1970年心臓発作により
62歳で他界した。

## ［2］欲求と行動の原理

　人間の行動には、そうせざるを得ない原因や理由があり、この原因や理由を**欲求**と呼ぶ。**欲求は人間が行動を起こすための動機付けモチベーションである**。欲求には必ず具体的な行動を起こすための目標があり、その目標のために行動する。この目標を**誘因**という。欲求が満たされれば、気持ちいい・心地よいという感覚が起る。

　人間の基本的欲求には、生理的欲求と社会的欲求がある。生理的欲求は人間の**恒常性ホメオスターシスの維持**に不可欠なもので、恒常性の維持が出来なくなった場合に生じる。具体的には食欲・呼吸・睡眠・性欲などを指す。社会的欲求は精神的な欲求で愛情や自分の集団で認められたいという社会的承認欲求などがあり、自我欲求は独立・成就・優越支配などの欲求を指す。社会的欲求も自分の状態を一定に保ちたいという恒常性が係わり合いを持っているとされる。例えば「お金や財産が欲しい」と感じるのは、お金がないと感じるからであり、「他人よりも優れていたい」と感じるのは、他人よりも劣っていると感じるからだという。

　「結婚したいが相手がいない」「海外旅行に行きたいがお金がない」など、本来の目的が叶えられない時、ほかの何かで自分を満足させる対処法を**代償的満足**という。異性関係の場合には映画や小説の世界に浸る。海外旅行の場合にはテレビの旅行番組を観るなどがある。しかし代償的満足では一時的には不満や緊張から開放されるが、自分の意思で行動を決定したいという**自己決定感**を満足させることは出来ない。欲求が阻止されると高まった緊張が解消されないため、**欲求不満フラストレーション**となる。欲求不満には、自分自身に関する内的原因と環境に関する外的原因とがある。内的原因には、生まれつきの虚弱体質などの欠陥、交通事故の怪我などによる損傷、道徳的なブレーキをかける抑制などがある。外的原因には空腹であるが食べ物がないなどの欠乏、失恋・友人の転校などの喪失、校則などの社会的慣習によって欲求が妨害される社会的障壁などがある。

　フラストレーションの強さは、当人にとって阻止された欲求がどんな重

要な意味を持っているかに関係する。これを**要求水準**といい、個人差が大きい。フラストレーションを解消するには、現実可能な目標を設定し、そこから一歩づつ目標に向っていくように欲求をコントロールする必要がある。そのようにして欲求不満を意欲に変えていく。精神分析では無意識の防衛機制として、**合理化**によってフラストレーションを回避して自分の行動を正当化し、一時的にせよ嫌な問題や解決困難な事柄から逃れようとする。合理化にはすっぱいブドウ型と甘いレモン型があるという。**すっぱいブドウ型**は欲求不満の苦々しさや失望から逃れるために、欲しいものには価値がないとするもので、就職試験に失敗した人が採用しなった会社に原因があるとするものである。**甘いレモン型**は、自分の行動を最善のものであったと評価し、今回の失敗は今後の利益につながるとして納得させるもので、第二志望の会社に入った人が、そこの会社のよさを強調したりするものである。

## ［3］マズローと人間の欲求階層

　動物は基本的に本能に根ざす欲求を充足させるためにのみ行動し、獲物を獲って満腹になれば休息する。人間は空腹が満たされても、あるいは空腹であっても別の行動に集中することが出来る。その最大の要因が**知的好奇心**に代表される**内発的動機付け**である。人間は自分を取り巻く環境に対応するために、必要な情報を積極的に取り込もうとする。人間は知性によって欲求行動をコントロールすることが出来、人間の欲求は生理的欲求から自己実現欲求へと高まっていく。

　マズローは人間の欲求を五段階に分けて考えた。人間は自己実現に向かって絶えず成長する動物であるということを前提として組み立てられている。1つの欲求が満たされると、次の欲求に向って努力する動物である。欲求は低次のものほど強力で、低次の欲求が満たされると高次の欲求を感じるようになる。**生理的欲求**は本能的なレベルの欲求で、食欲・睡眠欲・性欲などを指す。次の**安全・安楽の欲求**は本能的な欲求が満たされると、生命を脅かす危険を回避する欲求が生まれる。これらの欲求が満たさ

れると、自分を受け入れてくれる仲間や集団を求める**所属と愛情の欲求**が生まれる。さらに他人に認められたい、尊敬されたいという**承認・自尊の欲求**が生まれる。最も高次の欲求が**自己実現の欲求**である。マズローは人間には自己を実現させることに喜びを感じるという**成長動機**があると仮定している。この成長動機が働くためには、基本的な欲求の充足が必要で、基本的な欲求に満足していない人は成長動機を働かせることが出来ない。マズローは人間の欲求は五段階に分かれており、一つの欲求が満たされると次の欲求を求めるといった階層になっていると提唱した。さらに自己実現欲求の上に見返りのない慈善的な欲求である**自己超越欲求**があるという。マズローの理論は分かりやすく説得力もあり実際に多くの場面で役立っているが、理論構築の際に、被験者が１人しかいなかったため、リンカーンやアインシュタインといった歴史的人物の生涯を参考にして構築されたので、実証性について批判もある。

＿＿＿自己実現の欲求＿＿＿
才能、能力の開発・利用
（美の追求など）

＿＿＿承認・自尊の欲求＿＿＿
他人に認められたい、
尊敬されたい（名誉欲など）

＿＿＿所属と愛情の欲求＿＿＿
社会・集団に帰属、
愛し愛されたい

＿＿＿安全・安楽の欲求＿＿＿
身の安全を求める欲求
（安全・安楽な環境、クーリング）

＿＿＿生理的欲求＿＿＿
動物的本能による欲求
（食欲、性欲、休息など）

図　マズロー、A.の欲求の階層

中国の禅宗の開祖である達磨大師は**五欲五蓋**を制するのは坐禅しかないと考えていた。五欲とは財欲、色欲、飲食欲、名誉欲、睡眠欲を指す。五蓋とは煩悩（衆生の心身をわずらわし悩ませる一切の妄念）、特に三毒とは、貪（満足を知らない貪欲にむさぼる心、欲望）、瞋（瞋恚、心にたがうものに対する怒りの心）、痴（愚痴、真理から目をくらませる無知迷妄）の３つをいう。我執（実体のない自己への執着）、渇愛（渇して水をほしがるように凡夫が五欲に愛着すること、自己を苦しめる欲望）も五蓋を指す。五欲五蓋はあらゆる苦悩の原因となる。しかし欲求の全てを否定してしまうことは、西洋哲学では行動の全否定になってしまう。

## ［4］**生理的欲求** physiological need

　生理的欲求とは動物で言えば、本能による欲求である。本能の目的は生存と生殖である。一般的な動物がこのレベルを超えることはほとんどない。動物の本能とは、その種の動物に共通の生まれつき備わっている性質・能力・行動様式のことで、DNAに書き込まれている遺伝子情報である。動物の本能の目的は生きることである生存と子孫を残すことである生殖を指し、本能にだけ従っていれば生きていける。人間の本能は少し壊れていてフロイトによれば欲動libidoと呼ばれる。動物の場合は、生存の為に必要なものだけを本能に従って食べる。人間は生存に必要なものだけを食べるわけではない。栄養価の高い物を好むとは限らないし、毒になるようなものでも好んで食べる。美食家グルメの存在もそうである。性欲も動物では発情期だけ性交渉を行う。子孫を残すために生殖能力の高い相手を選ぶ。人間には発情期がなく、言い換えれば一年中発情している。一年中性交渉を行い、子孫を残すためにのみ性交渉をしているのではない。人間は性交渉の相手を選り好みする。動物も性交渉の相手を選ぶが、これは生存能力の高い子孫を残すためである。現代人のほとんどは子供をつくる為に性交渉をするのではない。さらに「自分の子供を可愛がることは出来ない」「子供は欲しくない」という本来の母性本能とは合致しない女性もいる。
　これらの中で動物としての根幹の本能は「生き残りたい」という強い執

着の**生存欲求**である。生存欲求は生き残り、人生を楽しみ、長生きしたいという欲求である。極端なまでに生活のあらゆるものを失った人間は、生理的欲求が他のどの欲求よりも重要な動機付けとなる。

　性的欲求も生理的欲求であるが、性欲は分泌されるテストステロン量に依存し男性の方が女性よりも多く、10代から20代に最高に達する。性交渉はキリスト教では神聖なものと捉えられ、婚前交渉や結婚外での性交渉は禁じられている。モーセの十戒では、**姦淫してはならない**、とされる。釈迦の五戒では在家信者は**不邪淫戒**があり、みだらな行いをするなとされている。性欲は性交渉だけではなく、異性からチヤホヤされたい、性的な喜びを味わいたいという欲求も含まれる。結婚の交際相手・配偶者の存在は社会的欲求、相手から愛されるのは承認の欲求に含まれる。女性にとって高所得の男性と結婚することはお金の力によって安全の欲求が満たされるし、それによる優雅な生活・優秀な子供は承認の欲求も満たしてくれる。

　**睡眠欲**は欲求と言うよりも脳の生理的機能を正常に保つために必要であるとされる。生理的欲求は人間が生存の為に体の状態を一定に保ち続けようとする**恒常性の維持ホメオスターシス**が意識下で働いているために起る。**怠惰欲**とは「楽をしたい、サボりたい、ダラダラしたい」という欲求で、人間にとっては非常に強い欲求で動機付けがなされなければ、人間は何もしない。するべきことを怠けて、無関心で、だらしなく、いつまでも悲しみ、絶望していることは精神的な罪だとされる。**暴食**は度を越して食事を人生の楽しみとすることで、暴食は歪んだ執着で、食べ物を喜びの対象とすることは堕落した欲望になるとされる。

## ［5］安全の欲求safety need

　安全な環境にいたい、金銭的に安定した生活を送りたい、良い健康状態を維持したいなどの欲求を**安全欲求**という。安全性、経済的安定性、良い健康状態の維持、良い暮らしの水準、事故の防止、保障の強固さなど、予測可能で秩序だった状態を維持しようとする欲求。病気や不慮の事故などに対するセフーティネットなども含まれる。

この欲求が単純な形ではっきり見られるのは幼児だけで、健康な大人は脅威や危険に対する反応の仕方を知っており、文明圏の人はこの欲求に十分な満足を得ているので、真の意味で一般的な大人がこの安全欲求を実際の動機付けとして行動することは余りない。生理的欲求と安全欲求をあわせて**物質的欲求**という。

3

## ［6］社会的欲求、所属と愛の欲求
social need/love and belonging

　生理的欲求と安全欲求が十分に満たされると、**社会的欲求**が現れる。**帰属の欲求**ともいわれ、友人や家庭、恋人から愛されたいという欲求、集団に入りたい、仲間や恋人が欲しいといった欲求を指す。家族や仲間を大切にしたいという**関係欲求**である。物質的満足だけではなく、自分を受け入れてくれる親密な他者の存在が不可欠である。孤独から解放され、安心感を得るために何処かのグループに所属したいと考える。これは哺乳類にも見られる衝動的な感情である。自分が社会から受け入れられている、自分が社会に必要とされている、果たせる社会的役割があるという感覚。情緒的な人間関係を築いている感覚、他者に受け入れられている、どこかに所属しているという感覚。

　社会に必要とされているという感覚を得たいと思う欲求で、これが満たされないと社会的不安を感じる。愛を求め、孤独・追放・拒否・無縁状態であることにひどく苦痛を感じるようになる。不適応や孤独感や社会不安、うつ状態の原因となる。生理的欲求・安全欲求・**社会的帰属欲求**は自分が係わる外部環境を満たそうとする欲求で**外的欲求**と言う。承認欲求と自己実現欲求は自分の内面を満たそうとする欲求であることから**内的欲求**といわれる。

## ［7］承認の欲求esteem

　**承認欲求**は単に集団に所属するだけでなく、所属する集団の中で高く評

価されたい、自分の能力を認められたいという欲求である。承認欲求はサルなどにも認められる。自分が集団から価値ある存在と認められ、尊重されることを求める欲求。低いレベルの**他者承認（尊重）欲求**は他者からの尊敬・地位への渇望・名声・利権・注目を得ることによって満たされる。高いレベルの**自己承認欲求**は、自己尊重感・技術や能力の習得・自己信頼感・自立性などを得ることで満たされ、他人からの評価よりも、自分自身の評価が重視される。他者依存的な評価軸から自立し、あくまで自分の中で立てた基準や目標に従った欲求である。

　この欲求が妨害されると劣等感や無力感などの感情が生じる。他人から認められたい、自分を価値ある存在として認められたいという承認欲求は、子供から大人まで誰もが持っている欲求である。**自己尊重感**とは、「価値ある存在でいたい、特別な存在でいたい」という欲求で、マズローによれば真の自己尊重感とは、自分自身が誇りを持てるようになり、他者を思いやる能力であるという。

　現代人は承認欲求が高くなっていると言われる。かつて日本の社会は社会的ステータスとして、有名大学を卒業して一流企業に就職して高い給料をもらえれば、他者承認の得られる分かりやすい社会であった。現代では肩書きや地位よりも人間性の部分が評価され、新しい価値を提供するベンチャー企業や個人の実力が問われる社会に変貌している。

　家庭環境も変わり、かつて乳児期・幼児期においては無償の絶対的な親子の愛情が存在していたが、現代では幼少期に両親から褒められずに過ごした子供は愛情を浴びることなしに成長する。共働きの家庭では、母子関係の常在化と無条件の承認だったものが「もし～できたら愛してあげる」という条件付きの承認に変わった。若者は友人関係の間でも承認される条件がないと自分が受け入れられるかどうか不安を感じる。周囲の人たちから受け入れられようとする承認欲求は、みんなから好かれようとする**賞賛獲得欲求**よりも、みんなから嫌われたくないという**拒否回避欲求**に変貌する。承認拒否回避欲求の場合は、自分の意思で行動を決定したいという自己決定感を満足させることは出来ないので、周囲から肯定的な評価が得られても必ずしも居心地の良いポジティブな感情にはならない。若者は**表面**

的関係に終始し、**内面的関係**は持たない。拒否されてしまう不安から、自分からわざわざ「恥ずかしい思い」をするような内面の告白を避けて、表面的な付き合いに留めて置くことを選択する。相手の気持ちを汲んで寄り添う優しさよりも、相手の気持ちにむやみに立ち入らない優しさを選ぶ。どちらかというと、相手を喜ばせるよりも、相手を傷つけない気遣いを重視する。

　**自己顕示欲**とは、人気者になりたい、自分の存在を周囲にアピールしたい、大勢の人から注目されたい欲求のこと。承認欲求は他者から自分の存在を認められたい欲求である。自己顕示欲は、他人からの注目を得られれば自分の欲求が満たされるという自分中心的な要素を持つが、承認欲求は他者中心的な考えである。**嫉妬心**とは他者が自分より恵まれていたり優れていることへの怒りである。他人が持っているものを欲しいと感じ、他人が失うことを望む。嫉妬は野心があることで生まれ、自分にないものを嘆くことで冷静さを失う。

　**承認欲求の高い人の特徴**は、自信がない、周囲からの評価が気になる、目だ立ちがり屋、寂しがり屋、人の話を聞かない、自分の自慢話が多い、などである。メリットとして、モチベーションが高く、人から褒められたい、認められたいという思いが強いので結果を残そうと無我夢中で打ち込むことができる。常に仕事に真面目に取り組むので、ノルマ達成や成績アップなどの成果をもたらし、仕事ではどんどん昇格し収入も上がっていく。自分に自信のない人が多いので他者から自分を認めてもらうと自己肯定感が高まりやすい。承認欲求の高い人のデメリットとして、他者から褒められたい認められたいがために、周囲から煙たがれたり、扱いにくいなどと思われて人間関係がうまくいかない、が挙げられる。誰も自分を評価してくれない、承認してくれないと感じた場合には、自己肯定感やモチベーションが下がりやすくどんどんやる気をなくしてしまう。人に認めてもらいたいために見栄を張ったり、必要以上に自慢話をする。その結果、友人や知人、取引先や顧客との人間関係が円滑に行かず、仕事が上手くいかないこともある。頼まれ事を断れない性格で、ただの都合のいい人になってしまう。

マズローの欲求五段階説では、低次の欲求が満たされない限り、高次の欲求はないように説明されているが、実際には多くの人が低次の欲求を満たしていないにも拘わらず、高次の欲求を望んでいる。また多くの人の欲求はより低次のものであることがある。旅行に出掛けたいという欲求は、社会的欲求を達成できていないからだと考えることが出来る。さらに日常生活から抜け出してリフレッシュしないと危ういという安全欲求を求めた行為とも捉えられる。

## ［8］自己実現欲求 self actualization

　自己承認欲求までの段階を全て満たしても人間には新しい欲求不満が生じてくる。自分にしか出来ないことを成し遂げたい、自分らしく生きたいという欲求が生じる。**理想的自己イメージとの同一化**を目指し、現在の自分が一致していない時には少しでも理想に近づきたいと思う。或いは理想と現実のギャップに悩み、どこかに満足しきれないものを感じてしまう。自分の持つ能力や可能性を最大限に発揮して、具現化して自分が成り得る者にならなければならないという欲求が生じてくる。自分の世界観や人生観に基づいて、あるべき自分になりたいと思う欲求で、自分の可能性や能力を引き上げ、自分の限界に挑戦して自己実現の欲求に突き動かされる状態を指す。

　**知識欲**とは「もっと新しいことを知りたい、もっと深く知りたい」という探究心で、**内発的動機付けとしての知的好奇心**などに該当する。人間は、古来分からない事に熱心で、物事の本質を洞察する哲学、数学、物理学などが誕生した。**達成欲**とは「何かを成し遂げたい、難しいことを上手くやりたい」という欲求で、困難に立ち向かい乗り越えることで満足感を味わうことが出来る。

　マズローによれば自己実現者には以下の15の特徴があるという。①現実をより有効に知覚しより快適な関係を保つ。②自己・他者・自然に対する受容。③自発性・素朴さ・自然さ。④課題中心的。⑤プライバシーの欲求からの超越。⑥文化と環境からの独立、能動的人間、自律性。⑦認識が絶

えず新鮮である。⑧至高なものに触れる神秘体験がある。⑨共同社会感情。⑩対人関係において心が広くて深い。⑪民主主義的な性格構造。⑫手段と目的、善悪の判断の区別。⑬哲学的で悪意のないユーモアセンス。⑭創造性。⑮文化に組み込まれることに対する抵抗、文化の超越。

　マズローは最初の４つ、つまり生理的、安全、社会的、承認欲求を**欠乏欲求deficiency needs**と呼び、自己実現欲求を**存在欲求being needs**と呼んだ。**成長欲求**とは、人間に本来備わっているとされ、自分自身が成長を続けたいという欲求である。欠乏欲求が全て満たされた上でさらに自分を高めていこうとする欲求であり、自己実現欲求である。自己実現欲求や自己超越欲求を満たした人は極めて少ないという。欠乏欲求を十分に満たした人は欠乏欲求に対してある適度耐性を持つようになる。一部の宗教者や哲学者、慈善活動家は成長欲求実現のため、欠乏欲求が満たされなくても活動できるようになるという。

## ［9］ 自己超越欲求self transcendence

　マズローが晩年に提唱した欲求階層で自己超越は、目的の遂行・達成のみを純粋に求めると言う領域を指し、見返りを求めず、自我を忘れてただ目的にのみ没頭する様子を指す。自己超越欲求は「社会をよりよいものにしたい」「世界の貧困を無くしたい」など自分のエゴを超えたレベルでの理想を実現したいという欲求である。自己実現欲求は「理想的な自分になりたい」と自分にベクトルが向いているが、自己超越欲求は他者や社会など自分以外の或るものに対する貢献が志向されている。

　マズローによればこのレベルに到達する人は人口の２％ほどであるという。自己超越者には以下のような特徴があるという。①「在ること」beingの世界について、よく知っている。②「在ること」beingのレベルにおいて生きている。③統合された意識を持つ。④落ち着いていて、瞑想的な認知をする。⑤深い洞察を得た経験が今までにある。⑥他者の不幸に罪悪感を抱く。⑦創造的である。⑧謙虚である。⑨聡明である。⑩多視点的な思考が出来る。⑪外見は普通であるvery normal on the outside。

個人の利益を超えて同胞や社会のために貢献したいという思いで、自分だけの利益を求めるのではなく、純粋に国やコミュニティの為に何らかの目的を達成しようという欲求を指す。マザーテレサが貧困や病気に苦しむ人たちの救済活動に生涯を捧げたような見返りのない慈善的な欲求を指す。セレブや富豪が熱心に慈善活動をしたり、大規模な寄付をしたりするのは自己超越欲求の発露である。物質的な豊かさに恵まれると心の豊かさや精神的な幸福に価値を置くようになる。休日を利用して災害被災地へボランティア作業に行く人、恵まれない環境の子供たちの為に活動する大学生、孤児院や養護施設への匿名の寄付、これらは人口の２％に留まってはいない。

　**アリストテレス**（BC384-BC322、第26章：アリストテレスと万学の祖）**のニコマコス倫理学**によれば、人生の目的とは幸福エウダイモニアであるという。幸福とは決してほかの目的の手段となることはなくそれ自体が最高善である。生き方には３種類あり、快楽を善と捉えてそれを追求する享楽的生活、名誉を追及する政治的生活、真理を知りそのことに喜びを見出す観想的生活がある。**観想的生活こそが最高の生き方であり、人は幸福になれる**といっている。アリストテレスによれば、**人間は生まれつき知ることを欲する動物である**。アリストテレスは万学の祖といわれ、特にプラトンの死後、ヘルミアス王に寄寓して姫を妻にした時に、生物学に造詣が深く、「自然の力はなんと偉大なことか。自然の仕組みは実に上手くできている。」と自然観察の成果に嘆息している。マズローの言葉を借りれば**知的好奇心**であり、この内発的動機付けによってアリストテレスは**万学の祖**となる。アリストテレスの知的体系は網羅的で完成度が高く、ヨーロッパ中世世界で1000年以上も無批判に受け入れられ、またアリストテレスを超える存在も現れなかった。アリストテレスの頭で作り上げられた思弁的理論は近代科学の出現まで続いた。

# 第４章　般若心経と死の受容

## ［１］釈迦の誕生と仏陀への道

　釈迦（BC563-483）はインドとネパールの国境に近いキサヤ王国に生まれる。スッドーダナ国王、浄飯王は喜び、シッダールタ（望みがかなえられた者）と名づける。カーラ・デーバラという予言者が、王子は国王にはならず偉大な仏陀になると言う。仏陀（真理に目覚めた者）とは苦しい修行をして、この世の本当の姿を解き明かし、大勢の人びとを救う聖者のことである。八人の僧侶を集めて教えを請うと、王子は悲しい四つの出来事に会い、王子を捨てて仏陀になるという、もし出来事に会わなければ偉大な国王になるという。僧侶の一人は釈迦の尊い教えを受けるまで自分は長生きできないと言って涙を流したという。国王は決心し、シッダールタが悲しい出来事に会わないようにする。

　シッダールタの生後７日目に母親のマーヤーが亡くなり、王妃の妹が母親代わりになって育てる。16歳のとき国中の娘が集められ、いとこのヤショーダラー姫と結婚する。29歳の時に、ラーフラという男の子が生まれる。

　29歳のとき、酒宴に紛れて城を抜け出す。東の城門を出ると、歯が落ち腰が曲がり杖を頼りに歩く枯れ木のような老人を見て、人間誰にも訪れる老いの苦しみを痛感する。翌日南門を出ると病人を見て病苦の現実を深く実感する。西門を出ると葬式の行列を見る。王子の目の前は真っ暗になる。最後に北門を出ると出家した修行僧に出会う。修行僧は苦しい修行をして、世の人びとを苦しみから救う道を一生懸命に探しているようであった。これを四門出遊といい、シッダールタ王子が出家を志す機縁になる。出家は自らの道を求める沙門と呼ばれる修行者のことで、バラモン教とは異なる新しい教えを広める指導者のことである。

　シッダールタは二人の師について深い山中にこもって苦行をする。しば

らく息を止める修行、太陽の直射日光を浴びる修行、片足立ちの修行。断食修行で一日に米一粒とゴマ一粒だけを食べた。食欲を抑制しても健康な身体を維持する強い精神力があったとされる。針のむしろの上に寝たり体を火で炙ったりもした。ガンジス川の支流ナイランジャナー河の畔（ほとり）で六年間の修行をして、痩せ衰え骸骨のような姿になるが悟りは得られなかった。村娘**スジャータ**から乳粥の供養を受ける（乳粥供養）。苦行からは悟りは得られなかった（苦行放棄）。この時乳粥を入れた金の器を水に浮かべると川上に流れた。沐浴をして、ブッダガヤの菩提樹の下で禅定と瞑想を行うと21日目に悟りを得た。35歳であった。**初転法輪**（しょてんぼうりん）という最初の説法を行う。この時から**ゴーダマ・ブッダ（釈迦）**と呼ばれ、以後45年間教えの旅を続け、80歳のとき沙羅双樹（さらそうじゅ）の木の下で入滅した。

# 般若心経と現代語訳

摩訶般若波羅蜜多心経（まかはんにゃはらみったしんぎょう）

唐三蔵法師玄奘訳（とうさんぞうほうしげんじょうやく）

観自在菩薩 行深般若波羅蜜多時 照見五蘊皆空 度一切苦厄 舎利子 色不異空 空不異色 色即是空 空即是色 受想行識 亦復如是 舎利子 是諸法空相 不生不滅 不垢不浄 不増不減 是故空中無色 無受想行識 無眼耳鼻舌身意 無色声香味触法 無眼界 乃至無意識界 無無明 亦無無明尽 乃至無老死 亦無老死尽 無苦集滅道 無智亦無得 以無所得故 菩提薩埵 依般若波羅蜜多故 心無罣礙 無罣礙故 無有恐怖 遠離一切顛倒夢想 究竟涅槃 三世諸仏 依般若波羅蜜多故 得阿耨多羅三藐三菩提 故知般若波羅蜜多 是大神呪 是大明呪 是無上呪 是無等等呪 能除一切苦 真実不虚 故説般若波羅蜜多呪 即説呪曰 羯諦羯諦 波羅羯諦 波羅僧羯諦 菩提薩婆訶 般若心経

**般若心経現代語訳：**

## 大いなる智慧の完成の真髄の経典

唐三蔵法師玄奘訳

観音菩薩（かんのんぼさつ）は深遠な智慧の完成を行った時、人を構成する五蘊（ごうん）は全て空であると明らかに見た。全ての苦しみと災いの河（かわ）を渡った。シャーリープトラよ。あらゆる存在は実体のない空である。空であるからこそ存在し現象となって現れる。色は即ち空である。空はすなわち色である。人の精神作用である受想行識（じゅそうぎょうしき）もまたかくの如しである。シャーリープトラよ。一切の物の存在のあり方は空であり、固定された永遠の実体ではなく常に変化し流転している。生まれもしなければ滅びもしない、ただ変化しているだけである。全ての存在は本来清浄であるとも不浄であるともいえない。万物は増えることも減ることもない。故に空という真理の中には何も無い。人の精神作用である受想行識もない。人に備わっている眼耳鼻舌身意（げんにびぜつしんい）という主観的感覚器官である六根（ろっこん）は空であり何も無い。六根が感覚作用を起こす客観的対象である色声香味触法（しきしょうこうみそくほう）の六境（ろっきょう）も空であり何も無い。六根が六境を認識する作用である六識（ろくしき）、即ち眼識（見る）、耳識（聞く）、鼻識（嗅ぐ）、舌識（味う）、身識（触る）意識（知る）があり、眼識から意識（認識）の領域までが、ことごとくない。六根、六境、六識を合わせた十八界全てがない。過去から永遠に続いてきている迷いの根本である煩悩（ぼんのう）、無明（むみょう）はない。また無明が尽きることもない。十二因縁（じゅうにいんねん）の無明から老死にいたるまでの全てがない。また老死が尽きることもない。悟りに至るための人生の真理である四諦（したい）、すなわち苦集滅道（くしゅうめつどう）もない。教えを知ることも無く、悟りを得ることもない。もともと得られるべきものは何も無いからである。求道者でもあり救済者でもある菩提（ぼだい）たちは故に智慧の完成によってあるがままに見ることができるから心を覆（おお）うものがない。心を覆うものが無いから恐れもない。転倒した認識によって世界を見ることから遠く離れている。平安な心の涅槃（ねはん）である。過去現在未来の永遠の時の流れの中にいる無数の仏たちは故に智慧の完成によって限りなくすぐれ正しく平等である完全な目覚め、悟りを得る。ゆえに智慧の完成を知る。これは偉大なる呪文（じゅもん）であ

る。これは大いなる無明を打ち破る呪文である。これは無上の呪文である。これは比類なき呪文である。すべての苦しみを除くことができる。真実であり偽りがない。故に智慧の完成の呪文を説く。即ち呪文を説いて曰く。執着を取り除いて空の彼岸に行こう。彼岸に行こう。彼岸に皆で一緒に行こう。仏の悟りあれよかし。智慧の真髄の経典。

# ［2］縁起の教えと四法印

　釈迦が体得した真理は法ダルマdharmaといわれ、宇宙の原理、摂理を指す。宇宙の宇とは無限の広がりを持った空間で十方世界をいう。四方とは東西南北でこれに東南・西南・西北・東北の四方を加える。さらに上下の二方を加えて十方世界となる。宇宙の宙とは無限に続く時間をいう。過去世・現在世・未来世のことで、仏教で宇宙とは十方三世をいう。先ず苦しみの真理を究める。四苦とは生老病死のことで、生まれる苦しみとは、古代のカースト制度の厳しい身分の中ではスードラ、不可触民の卑しい身分は、生まれたあとはどうにもならない苦痛の生涯となる。八苦は四苦に次の4つを加える。

①愛別離苦：愛する者と別れる苦しみ。
②怨憎会苦：憎む者と出会い接していかなくてはならない苦しみ。
③求不得苦：欲しいものが手に入らない苦しみ。
④五蘊盛苦：心も肉体も盛んで、刻一刻様々な執着のために苦しんでいる。

　これらの苦の原因は縁起の道理（すべての物事には原因があるという道理）を通して苦の原因を探求し、真理に対する無知（無明）、自分や自分の所有物に執着する我執、そこから生まれる欲望や怒りなどの煩悩が苦しみの原因であるとした。煩悩の根本的なもので特に三毒とは、貪（満足を知らない貪欲にむさぼる心、欲望）、瞋（瞋恚、心にたがうものに対する怒りの心）、痴（愚痴、真理から目をくらませる無知迷妄）の3つをいう。

　釈迦は、あらゆるものごとは相互に依存し、因果関係・縁起によって条件が寄り集まれば起こる、流転すると考えた。これを十二因縁という。過

去に原点を置き、無明（煩悩、生命の持つ生存本能、過去世から無限に続いてきている迷いの根本である無知）から始まり行（行為、長年に渡って染まった心の習慣・癖、過去世の無明によって作る善悪の行業）、識（認識、意識活動、過去世の行によってうけた現世の受胎の一念）、名色（肉体と精神、ものごと、胎中における心と体）、六入（感覚器官、胎内で整う眼などの六根）、触（接触、生まれてしばらくの間は苦楽が識別できず物に触れる働きのみがある）、受（感受、苦楽不苦不楽好悪を感受する感覚）、愛（渇愛、愛欲、苦を避け常に楽を追求する根本欲望）、取（執着、こだわり、自己の欲するものに執着する働き）、有（生存、我の自覚、愛取によっていろいろな業を作り未来の結果を引き起こす働き）、生（生まれる、迷いの上に迷いを重ねる）、老死（老いて死ぬこと、それ相応の苦悩や不安、次々と変遷する果報のありさま）で終わる。これらは連続しており、どれか一つがなくなると全てがなくなる。過去の因（無明・行）と現在の果（識・名色・六入・触受）、現在の因（愛・取・有）と未来の果（生・老死）があり、三世両重の因果という。

　釈迦が生前に説いたのはいかにして苦の原因を知り、これを滅却して涅槃に至るかということだけであった。悟りに至るための人生の真理は四諦（四聖諦）、すなわち苦諦（人生は苦しみである、一切皆苦）、集諦（苦の原因を考えることで、苦の原因は煩悩にある）、滅諦（苦の原因を滅する、苦の原因を滅ぼせば涅槃に至れる）、道諦（苦を無くすための正しい修行方法である八正道によって苦の原因を滅ぼせる）である。諦はサンスクリット語のサテイヤの意訳で真理のこと。諦めることではない。

　釈迦の縁起の教えは四法印（仏教を特徴付ける四つの教え）にまとめられる。

①一切皆苦
②諸行無常
③諸法無我
④涅槃寂静

　一切皆苦とは現実世界の生老病死の四苦は避けられないもので、現実世界は苦であるという真理をいう。諸行無常とはあらゆる存在と現象は生成

と死滅を繰り返しているということ。肉体をはじめ、この世で作り上げられたものはやがて滅するという教えで、生を受けた者は必ず死に帰す。この事実を繰り返し見つめることで、今という時のかけがえのなさが自覚される。釈迦は「今日成すべき事を熱心になせ。死は明日に来るかもしれないのに、誰もこれを知る者はいない。」と説いている。**諸法無我**とは、いかなる存在も永遠の実体を持たないこと、因果関係によりすべてのものは我ひとりでは存在せず多くの条件によって流転して存在することをいう（**因縁生起の法**）。我々が執着しているあらゆるもの（諸法）は実際には自我やその所有物ではない。地位や名誉、財産や家族、自分の身体などを自己の所有物であるかのように執着し、それを失うことに不安を感じる。時にはそれらを守るために、他者を傷つけ自らも苦しむ。釈迦は執着を断ち切るためにはその根本に在る自我への執着を無くすことが大切であると説く。**涅槃寂静**とはこのように無常や無我の真理を繰り返し確認していくことで、苦しみが消えた心の平安、涅槃（ニルヴァーナ）を得ることができるという。涅槃は煩悩の炎が吹き消された状態で無上に安らかで喜びに満ちた平安な心のこと。涅槃の意訳語は寂滅、寂静。涅槃寂静は同語反復。涅槃には二つあり、有余涅槃は悟りによって到る心の涅槃、無余涅槃は死によって訪れる平安をいう。有余涅槃は生者の悟りで、瞬間的に「そうだ」と大悟（大きく悟る、決定的に悟る）したもので、身心脱落によって得られる。煩悩がまた現れないように悟後の修業を続ける必要がある。

　**苦の原因である煩悩は八正道によって滅ぼせるという**。八正道の修行法は、中道で快楽と苦行の両極端を避けている。王子としての快楽の安逸な生活からも厳しい苦行に励んだ生活からも悟りを得られなかった実体験によるものである。八正道は仕事や家庭などを捨てて仏門に入って修行する出家者のためのものである。八正道の教えをその通りに実行しても仏の悟りは開けない。最高で阿羅漢（仏弟子の到達できる最高の位で、これ以上学修すべきものがないとされた）の悟りまでで、仏の悟りまでは三生六十劫の長期間の修行が必要とされる。一劫は４億3400万年である。

①**正見**：正しくものを見る。ありのままに見る。
②**正思惟**：正しくものを考える。欲、怒り、妬み、怨みを離れて正しい意

志を持つ。

③正語(しょうご)：正しく言葉を語る。お世辞、二枚舌、悪口、誹謗中傷、ウソを離れ、優しいあたたかい言葉をかける。

④正業(しょうごう)：正しい行いをする。生き物を殺す殺生、他人の物を盗む、よこしまな男女関係である邪淫(じゃいん)をしない。

⑤正命(しょうみょう)：正しい生活をする。戒律を守り正しい生き方をする。

⑥正精進(しょうしょうじん)：正しいところへ向って努力する。生きる目的達成に向って努力する。

⑦正念(しょうねん)：常に仏道に思いを凝らす。

⑧正定(しょうじょう)：正しく心を集中安定させる、正しい瞑想。

社会生活を営み仏教に帰依(き え)（信心）した**在家信者**には、**仏・法(ほう)（仏の教え）・僧の三宝**に帰依することに加え、**五戒を守る**ことを宣言すればよいとした（**三帰五戒**）。

在家信者の五戒とは5つで、男性出家信者には250、女性出家信者にはその倍近くの戒律があった。

①**不殺生戒**(ふせっしょうかい)：殺すな。

②**不諭盗戒**(ふちゅうとうかい)：盗むな。

③**不邪淫戒**(ふじゃいんかい)：みだらな行いをするな。

④**不妄語戒**(ふもうごかい)：うそをつくな。

⑤**不飲酒戒**(ふおんじゅかい)：酒を飲むな。

である。

**菩薩**(ぼさつ)とは釈迦と同じ悟りを求める者をいい、**成仏を目指す者**を指したが、大乗仏教では苦悩する衆生を救済する修行者を意味するようになり、仏ではないが菩薩そのものが信仰の対象になった。菩薩が目指すのが**六波羅蜜**(ろくはらみつ)で、彼岸に到達するための、悟りを得るための方法である。

①**布施波羅蜜**(ふせはらみつ)：施しをする。布施は清浄なもので、施す物を施物という。布施をする者を施者、受ける者を受者という。

②**持戒波羅蜜**(じかいはらみつ)：戒律を守る。戒律を授かって初めて得度者(とくどしゃ)となる。出家者の儀式を得度式、在家者の儀式を受戒会(じゅかいえ)という。信じることを帰依(き え)（信心）という。サンスクリット語のナマステで南無(なむ)は音写である。

③忍辱波羅蜜：恥辱・迫害に耐える。何事においても耐え忍ぶことが大切で、我慢をする教えである。

④精進波羅蜜：修行に励む。修業にも辛抱が大切で、修業は一面ではどのような素晴らしい師と出会うことが出来るかが大事である。師から何を盗み取るかというくらいの真剣に学び取る心構えが大切である。

⑤禅定波羅蜜：精神を統一する。釈迦は禅定によって悟りを得た。禅定は止観ともいい、心を落ち着けて自分の考えを全て停止すると、奥から観えてくるものがあるという。禅は坐禅もその一つであるが、禅には立禅、臥禅、行脚、乞食、作務などすべての行為が含まれる。

⑥般若波羅蜜：真実を極める。深い智慧を学ぶ。


　著者の既刊書である「医療の哲学散歩―宇宙の原理と人間の生き方―」（医薬出版）に「般若心経の現代的注釈」「般若心経の原文解釈とサンスクリット語の発音」を掲載した。


## ［３］仏説　摩訶般若波羅蜜多心経


　「仏説　摩訶般若波羅蜜多心経」とは般若心経の解題でタイトルのこと。仏説とは釈迦が直接お説きになった経典という意味である。摩訶は摩訶不思議の摩訶で大きいさま、優れたさまをいう。般若はパンニャー、プラジュニャーの音訳で智慧の意味。波羅蜜多はパーラミターの音訳で此岸から彼岸に到達する、悟りの境地に至るという意味。心経（フリダヤ・スートラ）は大切な心の経典と言う意味で、インドのウパニシャド哲学では自我アートマンの宿る場所が心臓である。釈迦のお説きになった彼岸に到達するための真実を極める智慧の大切な心の呪文という意味である。

　人間は無病息災で長く生きたいという願いと、最期は苦しみも痛みもなく安らかに死にたいという願いを抱いてきた。仏教は生老病死という人間の宿命的苦悩を心の問題とした宗教で、彼岸に至るとは生死の苦悩を越えること、つまり死をいかに受容するかが仏教の究極的課題である。安楽死とは、末期状態にある患者の肉体的苦痛を緩和除去し患者に安らかな死を

迎えさせる治療行為である。**尊厳死**とは末期状態にある患者に、延命の生命操作措置をせずに人間の尊厳をもって死に至らしめる治療行為である。

　宇宙の原理、宇宙を支配する法則に従って人間は生きるべきであるという考え方は、文明の黎明期、紀元前の遥か昔に文明の発祥地の幾つかに起こった。古代ギリシアではこれを**ロゴス**といった。**ストア派のゼノン（BC335-263）**は、自然と一致して生きることを説き、自然の理法と調和して生きることを理想とした。自然や人間を包み込む宇宙には大いなる理性ロゴスの法則が支配しており、人間も宇宙の一部としてその理法を分有している。したがって人間は欲望や快楽をおさえて宇宙の秩序と調和をもたらす理法に従えば、自然の全体と一致して生きることができ、心の安らぎが得られる。外部から影響されて生じる感情や**情念パトス**に、決して心を動揺させることのない**不動心アパティア**を理想の境地とした。死は宇宙を支配する法則、理法ロゴスに裏づけられた自然法則で生命の必然の帰結である。古代ギリシアの快楽主義者、**エピクロス（BC341-270）**は「死を恐れるな」と説いている。死を経験したことのある人は誰もいないのだから、死がどのようなものであるかは知るすべもなく、そんなものについて心配しても仕方ない。そしていざ死んだら原子の集まりに過ぎない人間はチリのように離散してしまうのだからもはや死を考えることも出来ない。だから、どのみち、死に煩わされる必要はない、という。

　禅の世界に**一円相**<ruby>（<rt>いちえんそう</rt>）</ruby>というのがある。南陽慧忠（?-757）がその祖だという。いろいろな解釈があるが、宇宙そのものを描いているという。森羅万象は宇宙の中で生まれ、宇宙の中で死んでいく。宇宙に秩序と調和をもたらす理法、法ダルマによって支配されている。この一円相からは出ることは出来ない。この中で生きていき、一円相の真理そのものと一体とならなければならない。**諸行無常**とはあらゆる存在と現象は生成と死滅を繰り返しているということ。**諸法無我**はいかなる存在も永遠の実体を持たないこと、因果関係によりすべてのものは我ひとりでは存在せず多くの条件によって流転して存在する。これが宇宙の摂理であり、自らの心と身体への執着を捨て、おのれを忘れて一切の計らいを振り捨てて無心になる時、仏の命と出会うことが出来る（**身心脱落**）。小さな自己にこだわる我執を捨て

ることは、自らが大きな生命に生かされていることが証されることである。人は誰もが生かされているのである。一休禅師は「人は病気になる時は病気になるがよろしかろ死ぬる時は死ぬるがよろしかろ」と詠んでいる。

　生物の種という全体の立場に立つならば、個体の死はむしろ次世代につながる世代交代として、人間全体の生命を維持するものとして受け取られる。個体の死は人間特有の現象で、死が自分の死として、主体の死として自覚されるのは人間のみである。遡上してくる鮭は産卵を終えると鮭の生命は終焉を迎える。無常とは死のことである。生あるものは必ず滅する。無常を無常と知り、死を死と受け止めるところに、生を離れ死を離れることが出来るという。その境地を涅槃と言う。インドでは涅槃即ち不死とされてきた。不死の世界、即ち神々の世界はどこに在るかといえば、地上ならぬ天界、火神アグニの力で煙と共に上昇してやっと到達できる世界であり、その時はこの世における死後のことでなければならなかった。つまりインド人の不死の願いは、この世における永生ではなく、死を前提とするものであった。同時に死んでなお生き残るもの、肉体の死後それを捨てて天上に上昇し、不死の生を生きるもの、**アートマン（Atman、個体の本質）**と呼ばれるものが、この身の内にあることが要求される。ことはすべて死後の他界のこととされている。釈迦の得た解答は、渇愛・煩悩の滅としての涅槃である。

　初期仏教では死体の腐敗の観想が行われたという。死の観念を積み重ねることによって生命への執着を捨て、正知を得るのであって、死想が死を超越し、不死を得る修行法の一つであるとみなされた。真実の理法を体得して究極の境地に達した修行者は、生死を超越した境地に立っている。願い求める者には欲念がある。働きのある時にはおののきがある。この世に生も死も存在しない者、彼らは何を恐れよう、何を欲しよう。我に死の恐怖は存在しない。生への愛着も存在しない。正しく認知し、正しく念い、我は疑惑を捨てるであろう。修行者は生を欲しない。また死を喜ぶのでもない。正しく識識し、正しく念い、死時の至るのを待つ。心の執着をすでに断じ、何らのとらわれるところがなく、この世についてもかの世についてもとらわれるところがない完人。これが理想である。解脱した人には現

72

世もなく来世も存在しない。**初期仏教で解脱というのは、「この世における生と老とを捨て断ずること」**である。**解脱の境地においては、死生が存在しない。修行を完成した者は、生死を明察せる者である。**名称と形態に対する欲望を全く離れた者には、死に支配されるべきもろもろの煩悩は存在しない。この究極の境地を「不滅の境位」「不死の領域」「不死」「不老」という。「これは不老である。これは不死である。これは老と死とに触れられないのである。憂い無きものである。敵なく圧迫なく過失なく恐怖なく悩みがない。」仏教はこのような最高目的に達することを教えているものであるから、仏教は「不死の門」「不死に至る門」「不死の獲得」であり、修行者の実践法である八正道は「不死に至る道」であり、修行者は「不死の境地を見る」のである。仏教は釈迦の出家の直接の動機でも分かるように、人の死をもっとも直接的な課題としている。従って、生死の苦悩を越えること、つまり、死をいかに受容していくかが仏教の究極的課題である。

　日本に伝えられた大乗仏教は最澄により、「**一切衆生悉有仏性**」（誰もが成仏の素質を持つ）といった。衆生は、この宇宙の原理に従うことを既に悟っていて、この事実を認識できないことが迷いであるという**本覚思想**が説かれた。さらに「**山川草木悉皆成仏**」自然物でさえも成仏するとまで説かれた。


## ［4］ 般若心経の経典解釈


　釈迦は、人間は宇宙の原理、宇宙を支配する法則に従って生きるべきであるという考え方を持っていた。仏教はブッダの悟った真理（法、ダルマ）を教えの中心にする。**ブッダの悟った真理そのものが仏とされた。**宇宙の真理そのものをあらわす仏が無始無終の**法身仏**（教えを身体とする仏）として信仰の対象とされた。マハバイローチャナ「万物をあまねく照らす偉大な覚者」は音訳で奈良東大寺の**毘盧遮那仏**、意訳で真言密教の本尊である**大日如来**である。そこから生まれた考え方が、**諸行無常、諸法無我**である。また現世の姿婆世界の生老病死の苦は**一切皆苦**と考え、煩悩を

滅却すれば**涅槃寂静**に至れると考えた。古代ギリシアの自然哲学は固定観念にとらわれず、自然ピュシスをありのままに観察し、**アルケー（万物の根源）**を探求するものである。ヘラクレイトス（BC535-475）は、アルケーは火であるという。生成変化するものの象徴が火であり、「万物は流転する」と説く。この考え方は釈迦の考え方に似ている。

　**菩薩**ぼさつとは釈迦と同じ悟りを求める者をいい、成仏を目指す者を指したが、大乗仏教では苦悩する衆生を救済する修行者を意味する。観世音菩薩は上求菩提下化衆生じょうぐぼだいげけしゅじょうで上に向っては自分自身の悟りを求めて精進し、下に向っては人間を一人残らず救済する菩薩行をする。この観自在菩薩が般若心経276文字の中で釈迦の十大弟子の一人、**舎利子シャーリープトラ**しゃりしに教えを説くが舎利子は衆生のことである。五蘊は五つの集まり。人間は五蘊ごうんがたまたま寄せ集まったもので、色（肉体、形あるもの全て）受（感覚作用、感受する）想（表象作用、そのものが何であるかを見極める）行（意志作用、心がある方向に働く）識（認識作用、自らの状態を知る）。**照見五蘊皆空**しょうけんごうんかいくうとは五蘊はすべて空であると明らかに見た。仏教では紀元200年にインドの大乗仏教の哲学者である**ナーガールジュナ竜樹**りゅうじゅ（AD150-250頃）が形而上学上に**空の哲理**くうを大成した。空の哲理は現代物理学の真理と一致している。水が個体の氷から液体の水となりさらに気体の水蒸気になることは知られていた。また水蒸気を含んだ、見た目には何もない空気から雲が起り雨を降らせることも知られていた。しかし全ての物質に個体・液体・気体の三体が在ることは知られていなかった。また質量保存の法則も知られていなかった。また恒常性ホメオスターシスを持つ生命体を除いてエントロピーは常に増大するので、死体を火葬すれば煙となって昇り、地上には骨のみが残る。熱力学的に木を燃やせば灰だけとなり、エネルギー的にもっとも単純で安定した分子構造物に変わってしまう。初期仏教では不浄と見なされていた腐敗した死体の観想も行われていたという。このような観点から空の思想と諸行無常と諸法無我の考え方が導き出された。空の真理は現代物理学では数学の問題をアラビア数字で解くように簡単であるが、空の哲理は数学の問題を漢数字で説くほどに難しい。しかしそこには仏教哲学が内包されている。

**度一切苦厄**とは、煩悩を滅却することにより全ての苦しみと災いの河を渡った。迷悟を超越した空の真理にはあらゆる物事にとらわれることがない。こだわりを捨てなさいという意味。釈迦が生前に説いたのはいかにして苦の原因を知り、これを滅却して涅槃に至るかということだけであった。**色即是空空即是色**は、色はすなわち空であり、空はすなわち色である。**受想行識亦復如是**は受（感覚作用）想（表象作用）行（意志作用）識（認識作用）の精神作用もまたかくのごとしである。**是諸法空相**とは、一切の物の存在のあり方は空である、固定された永遠の実体ではなく常に変化し流転している。**是故空中無色無受想行識**とは、ゆえに空という真理のなかには色はないし、受想行識もない。

　**眼耳鼻舌身意**は人間に備わっている主観的感覚器官のことで六根という。重要な順に眼界、耳界、鼻界、舌界（味覚）、身界（皮膚による触覚）、意界（思考する器官の意）があり、死んで無余涅槃になればこれらはなくなるので煩悩は消えてしまう。**色声香味触法**は眼耳鼻舌身意の六根が感覚作用をおこす客観的対象を色声香味触法といい、六境という。眼によるのが色境、耳によるのが声境、鼻によるのが香境、舌によるのが味境、身によるのが触境、意識によるのが法境。六根と六境を合わせて十二処という。十二処は妄想邪念の温床となり、人間に欲望を起こさせ、煩悩を生む元凶だという。十二処がなくなれば煩悩は消えてしまう。

**眼界乃至無意識界**は六根が六境を認識する作用を六識という。眼識（見る）、耳識（聞く）、鼻識（嗅ぐ）、舌識（味う）、身識（触る）意識（知る）があり、眼識から意識（認識）の領域までが、ことごとくない。眼界から意識界にいたる十八界はすべてない。無余涅槃の境地である。

　**十二因縁**は人間の肉体生成を十二種の法則に分類し、心の変化にも十二に分かれた因縁の法則が在るという教えである。その内容は我々の人間の肉体がどのような過程で生まれ成長し、老死に至るかを過去・現在・未来の三世に渡って千変万化する人間の心の有様を示したものである。釈迦は、あらゆるものごとは相互に依存し、因果関係・縁起によって条件が寄り集まれば起こる、流転すると考えた。これを十二因縁といい、無明、行、識、名色、六処、触、受、愛、取、有、生、老死をいう。過去に原点

を置き、無明（煩悩、生命の持つ生存本能、過去世から無限に続いてきている迷いの根本である無知）から始まり老死（老いて死ぬこと、それ相応の苦悩や不安、次々と変遷する果報のありさま）で終わる。これらは連続しており、どれか一つがなくなると全てがなくなる。過去の因（無明・行）と現在の果（識・名色・六入・触受）、現在の因（愛・取・有）と未来の果（生・老死）があり、三世両重の因果という。無明を無くさない限り、親や祖先の無明が子や孫に受け継がれ、束縛から逃れることなく、苦楽の意識を継続して最後に老死を迎える。

依般若波羅蜜多故心無罣礙無罣礙故無有恐怖遠離一切顛倒夢想とは、ゆえに智慧の完成によってあるがままに見ることができるから心を覆うものがない。心を覆うものが無いから恐れることもない。悟りの境涯では生死のこだわり、生老病死という四苦のこだわりが無いので恐怖がなくなる。生きたいという欲望がなくなり老死のこだわりもなくなる。顛倒は道理をその通りに見ず真理を間違えること。四顛倒とは、無常を常とする、不楽を楽とする、無我を我とする、不浄を浄とすること。夢想は無常の世の中にありながら永遠なものを求めようとする無理な要求を心に描くこと。転倒した認識によって世界を見ることから遠くはなれていること。

究竟涅槃はニルヴァーナの音訳で涅槃のこと。涅槃は煩悩の炎が吹き消された状態で無上に安らかで喜びに満ちた平安な心のこと。涅槃には二つあり、有余涅槃は悟りによって到る心の涅槃、無余涅槃は死によって訪れる平安。得阿耨多羅三藐三菩提はサンスクリット語の音訳でアヌッタラサムヤックサンボーディ。無上正等正覚。限りなくすぐれ正しく平等である完全な目覚め、悟り。是大神呪是大明呪是無上呪是無等等呪能除一切苦真実不虚とは、神は不思議な霊力を意味する。呪は真言マントラ（真実の教え）のことで真理を表す秘密の言葉。これは偉大なる呪文である。明は無明の対義語で、これは大いなる無明を打ち破る呪文である。これは無上の呪文である。これは比類なき呪文である。すべての苦しみを除くことができる。真実であり偽りがない。故説般若波羅蜜多呪即説呪曰とは、ゆえに智慧の完成の呪文を説く。即ち呪文を説いて曰く。呪文には人智の及ばない霊力が秘められている。

**羯諦羯諦波羅僧羯諦菩提薩婆訶般若心経**とは、羯諦羯諦は音訳でガテーガテー。取り除く意味。執着を取り除いて空の彼岸に行こう。音訳でパーラサンガテー。僧は和合の意味。彼岸に皆で一緒に行こう。菩提ボーディは仏の悟り。薩婆訶スバーハーは願いの成就を祈ってマントラの最後に唱える秘語。あれよかし。智慧の真髄の経典。

釈迦入滅の時に弟子の阿難に説いた最後の教えは、**自燈明法燈明**で、己を頼りに己の道を進み、正しき法を頼りにして正しき方向に進み、他者を頼らず自らを救うことであった。この自らが進むべき道を自らが悟るためには、必ず戒律・禅定・智慧などの仏道修行が要求される。

西洋哲学は論理学で書物と思索で真理に到達できるが、東洋哲学は実践哲学で必ず修行と実体験を伴う。釈迦が体験した無我の境地を追体験することは、釈迦の後継者たちにとって容易なことではなかった。般若心経の最後の部分は呪文を唱えることで、この人智の及ばない霊力が秘められている呪文、**マントラ**によって神秘体験が会得できるのである。釈迦自身は呪文のような神秘的なものは否定的であったといわれる。しかし釈迦の追体験にはどうしても呪文による神秘体験が不可欠である。

玄奘訳の音読みでも構わないのであるが、サンスクリット語は母音の響きが素晴らしいので、映画音楽でもしばしば英語をサンスクリット語に翻訳してコーラスで使われる。現在ではyou tubeでサンスクリット語の般若心経を聞くことができる。空海は口で真言を唱える時（口密）、サンスクリット語でなければ功徳がないとして、常にサンスクリット語でマントラを唱えたという。法悦の境地にいざなう仏様の有難い呪文である。

# 第5章　ハイデガーと死への存在

## ［1］ハイデガーの生涯

　マルティン・ハイデガー（Martin　Heidegger, 1889-1976）は現象学的存在論、実存主義哲学者で南西ドイツの小村メスキルヒに生まれる。フライブルク大学で神学、哲学を学ぶ。34歳の時、妻子がありながら17歳の教え子ハンナ・アーレントと不倫関係になる。アーレントはハイデガーのいいなりであった。主著は1927年38歳の「**存在と時間**Sein und Zeit」で20世紀最大の哲学書とされる。ほかに1953年「形而上学入門」など。現象学のフッサールに師事し、1928年フライブルク大学教授になる。ナチス政権獲得後、1933年フライブルク大学総長に就任。一時ナチスに入党した。戦後フランス軍政当局より無制限の教職禁止令を受ける。ナチス党員だったことに口を閉ざし、反省の言葉を語ることはなかった。晩年は山荘で執筆活動に専念した。86歳没。

## ［2］**現存在**と**世界内存在**

　ハイデガーの哲学は、存在とはなにかという難しい問題から始まる。モノは対象として存在する**事物的存在**で、見たり触ったり使ったりするただ存在するモノである（存在範疇）。心とは対象を捉えるものとして存在するモノとして存在し、対象を捉えるという独自の性質を有している。心を持つ人間は、存在の意味を問うモノであり、モノをある観点によって捉え、モノを規定しながら現在を生きる存在であり、**現存在**（ダーザイン Dasein）と呼ばれる（実存範疇）。現存在である人間は生きるとは何か、何のために生きているのか、自分とは何か、というような存在の意味を問うことが出来る。人間は単に存在している事物ではなく、決断により自己を自由に選び取るものである。

デカルトのような世界を世界の外部から客観的に眺め、まず世界の秩序が存在し、その中に人間が存在しているというような**内世界的存在**は否定し、人間は我思う故に我あり、というようなはじめからなにかを認識する自我を持っているわけではない。世界は人間の意識の中に徐々に姿を現し、やがて確固とした客観的秩序がつくられる、時間と世界の中に投げ込まれた**世界内存在**である。人間は常に世界の内側から世界を解釈して生きているのである。ごく普通の日常生活のなかの体験を通して考え、ある時、自我をはっきりと所有する。世界は人間にとって徐々に開かれてくる**開示性**を持っている。そこで世界の内に投げ入れられ、モノや他人とともに生きる自分を見出す。社会は人間の体験のプロセスとして現れてくる。

人間が存在する一番基本的な事実は「**気遣い、関心、配慮、ゾルゲ Sorge**」である。人間は周囲のものに気遣いをして、それと係わり合いながら生きる**世界内存在**である。気遣いを通して自分というものを理解し、気遣いに応じて現れてくる世界の中に自分というものが現れてくる。自分というものが先に存在してそこから世界を理解しているということではない。

世界内存在とは、自分が今いるこの世界、つまり環境や運命といった今現在の状況の中に放り込まれ、その状況に縛りつけられて、逆らうことが出来ない人間のあり方である（被投性）。自分を取り巻く世界は変えられない。理性の力では、自分を取り巻く世界の改変は望めない。人間は自分が今いる世界の中に取り込まれ、理由も必然性もなく、ただ偶然今の自分にされてしまい、その運命に翻弄される世界内存在である。

## ［3］ ダス・マンと頽落

ハイデガーは、従来は宗教でしか取り扱わなかった**人間の死**というテーマを哲学で真正面から取り組んだ。自分は何のために存在しているのか、という疑問を投げかけることの出来る唯一の存在が人間であり、こういう**存在の意味を問う人間の在り方を現存在**という。しかし人間は存在の意味を問うことなしに無為に日々を過ごしている。有意義に過ごしていない。

自分の死を意識すれば、人間はそれがかけがえのない自分の人生の終わりであることに気付き、慌てて自分がこの世に存在する意味を考え、もっと日々を有意義に過ごさなければならないと考えるようになる。しかし自分の死を意識することは恐ろしい。死に勝る暴力はない。死は人間からすべてを奪い、積み上げてきた全ての成果を無にする。死は人生最大の悲劇である。

　この死の可能性は、人間を不安の気分（情状性）で覆ってしまう。死と正面から向き合うことなく、死を出来るだけ目立たない所に置こうとする。ハイデガーによれば、人間が形づくる社会・文化・宗教などのさまざまな制度には、死の不安を共同的に隠そうとする無意識のモチーフがあるという。人間は日々その現実を見ないようにしながら生きている。すべての人が、まるで真ん中にあるシリアスな真実（自分の死）から目を背けるかのように、みんな他者と同じように、人との関わりやモノとの関わりに気を散らす。他人のことに関心を向け、世間のうちに埋没する。誰もが迫り来る現実を直視しようとはしない。不安に耐え切れずに周囲の人びとに同調するだけの、だれでもないひと、没個性的な平均化した人、**ダス・マン（das Man、世人）へと頽落**する。これは存在を問うという現存在の本来のあり方を見失った、環境に影響されて自己の固有の存在を忘れている**存在忘却した非本来的生き方**である。人は平均化し、せっかく自分の存在の意味を考えられる現存在であるにも拘わらず、誰もそれをしようとしなくなる。人間は世界が存在することの真理を忘れており、あらゆるものが利用されるべき材料として見なされている（故郷の喪失）。他人の死は悲しみと動揺と喪失感をもたらすが、自分の死と結びつけたりしない。つい**根拠なく、「自分はまだ死なない」という漠然とした確信に逃げてしまう。**「だが、自己は、差しあたってたいてい非本来的であり、世人なのである。世界内存在は、つねにすでに頽落しているのである。（ハイデガー）」

## ［4］死への存在と本来的生き方

　日常性に埋没したあり方に疑問を抱き、自分が「**死への存在Sein zum**

Tode」であることを自覚することがある。「死への存在」とは、人間が死を避けられないという根源的事実のことで、多くの人はこれを直視せずに生きている。この事実を本当に直視することが出来れば、人間は**本来的生き方**（自分だけの固有の生き方）に目覚めることができる。人間の本来的なあり方は、単に存在するだけの事物とは異なり、個々の状況で自ら決断することによって、自己を自由に選び取っていくことにある。人間は死の可能性と向き合うことで、真の自己に目覚める（死への存在）。

　世人である人間が死という運命から逃れられないなら、そんな人間が充実した生を過ごすには何が必要か。それは**自分が「死への存在」であることを常に強く意識しながら生きる**ことである。それができて初めて人間は本来あるべき自分の姿を取り戻し、生をより充実させることができる。自分の死を意識したとき、人は不安になると同時に、初めて自分の存在の意味を考え、生を強烈に実感し、死の持つ不条理さ・無意味さに恐怖する。自己の有限性や個別性を取り戻す。死と向き合い、死を意識して初めて自分になれる。

　人間はある瞬間に自分の死を意識する。大概は自分が死にかけた時である。自動車事故にあった時、入院した時、自分は死ぬのかなと考える。その瞬間に胸中には、「自分の人生とは何なのか」という思い、「自分は生きている」という実感、「死ぬのは嫌だ」という焦燥感、「もっと生きたい」という欲求が一気に吹き出してくる。この瞬間に今まで稀薄で漠然としていた自分の生が初めてリアルなものとなる。

　死を自覚すると具体的にはどういう生き方が可能になるのか。人間はいつか死ぬ、だからこそ現実を懸命に生きる。ハイデガーによれば、「**良心の呼び声**」がやってくるという。良心とは端的なよきものという意味である。倫理的に良いものというより、素晴らしいもの、美しいもの、豊かなもの、およそ人間の心を魅惑するもの、と考えられる。自分にとっての、この上ない可能性（欲望）に気付くという。頽落として、本来の自分とは違う姿で生きる日常から、普段は考えないようにしていた死を自覚することで、自分本来の姿へ向い、自分の本当の関心や欲望が見えてくる、という。死から不安を感じるのではなく、死によって初めて生を躍動させるこ

とができる。人は死から目を背けているうちは自己の存在に気を遣えない。死というものを自覚できるかどうかが、自分の可能性を見つめて生きる生き方につながる。没個性化を抜け出すのは周りと違う道を歩むのと同義である。それまでよりも孤独・不安・恐怖を担うことになる。それらをひっくるめて積極的に生きることが大切である。

# 第6章　セネカと死ぬ時に後悔しない方法

## ［1］ セネカの生涯

　ルキウス・アンナエウス・セネカ（Lucius Annaeus Seneca, BC 1 - AD65）はローマ帝国のスペインのヒスパニア・バエティカ州都コルドバで生まれた。騎士階級に属する裕福な地主であった。父は雄弁術にたけ大セネカと呼ばれたが、家系からは元老院議員になった者はいなかった。12-13歳の頃、父母と共にローマに移住した。雄弁術や修辞学を学び、哲学を専攻する。AD20年頃肺結核と喘息を患い、一事は自殺も考えた。本格的な療養も兼ねてエジプトへ向う。31年ローマへの帰路に着く。33-35年まで財務官となり、その後元老院議員となる。雄弁術と哲学者としての知名度から元老院内での存在感を示す。

　41年皇帝**カリグラ**が暗殺される。クラウディウスが皇帝に即位する。皇后の**メッサリナ**はカリグラの妹のリウィッラとセネカが不義の関係にあったとしてセネカをコルシカ島に追放する。48年メッサリナは皇帝暗殺を企て、**クラウディウス**によって処刑される。**アグリッピナ**がクラウディウスの皇后となる。49年アグリッピナはセネカをコルシカ島からローマへ復帰させる。アグリッピナは前夫との間の子**ドミティウス**（AD37-68）を皇帝（のちの皇帝ネロ）にすることをセネカに託する。50年皇帝クラウディウスはドミティウスを養子とする。アグリッピナはセネカをドミティウスの家庭教師に起用し執政官にも就任させる。

　54年皇帝クラウディウスが毒キノコで中毒死して、ドミティウスが皇帝ネロとして即位する。「ネロの5年間」「5年の良き時代」が行われる。その後、ネロが次第に精神に混乱を来たし、自分の地位に対する脅威と見なした身内に殺意を抱く姿を目のあたりにした。**ネロ**の側近を務めた15年の間、セネカは論考的な文章を出版し続け、困難な時代を生き抜くために必要な視野の広い人生哲学を、友人や仲間の政治家たちに提供し続けた。62

年セネカはローマ帝国から得た財産全てをネロに返却し今後は研究の為に生涯を捧げたいと申し出る。ネロは政治のアドバイザーをセネカに要請するが、政治の第一線からは退くこととなった。65年ネロはネロの暗殺計画（**ピソ事件**）にセネカが加担したとして、セネカに自害を命ずる。セネカは年の離れた妻**パウリナ**を抱きしめると、パウリナは自分も自殺覚悟だという。２人で腕の血管を切る。衰弱したセネカは失血死できない。互いの苦しみを見ないよう妻は別室に移される。セネカはソクラテスと同じ毒人参を飲むが、手足が冷えきっており毒が効かない。セネカは熱湯を張った風呂に入り浴場の発汗室に運ばれ、蒸気によって息絶えた。葬儀は行われず、遺体は火葬された。ネロの残忍な性格であれば、弟を殺し、母を殺し、妻を自殺に追い込めば、あとは師を殺害する以外に何も残っていない（**タキトゥス**、年代記）。

## ［２］倫理についての書簡集―恐れを手放す

**生きることは死に向う旅に過ぎず、人は生まれた瞬間から、日々死に向ってゆくものだ、というのがセネカの考え方である。**死の受容の重要性を訴え、その意識の中には常に死の概念があった。その思想はおおむね次の５つのテーマからなる。

①死の普遍性
②人生の最後に訪れ、かつ人生に決定的な影響を及ぼす死という経験の意義
③自然の摂理における死の役割
④死によってもたらされる、肉体からの魂の開放
⑤肉体的な苦痛や隷従（れいじゅう）によって価値を失った人生、或いは道徳を脅かす残
　忍な君主から、自己を開放するための自殺

セネカは**ストア派**の哲学者であった。富や社会的な地位は「**アディアフォラAdiaphora、重要ではないこと**」とされ、それ自体は幸福も不幸ももたらさないとされた。当時は皇帝の命令一つで人の命が奪われ人生を破滅させられることがしばしばであった。セネカは多くの人びとが権力者に強いられて、自ら命を絶つ姿を目にしてきた。したがって残虐な君主によって

個人の自由が脅かされたり、病魔によって健康が永続的に損なわれたりすることで、宇宙の摂理であるロゴスとの調和が失われる場合には、生よりも死を選ぶ方が望ましいと考え、**自殺や尊厳死を正当化した**。死は恐れるようなものではなく、詩人が語る冥界ハデスの怪物や地獄の苦難もただの作り話に過ぎない。苦痛に満ちた死や処刑を待つより、自ら命を絶つことを選んだ者を肯定的に語ることもあれば、自殺を踏みとどまった者の強い精神力を褒め称えることもあった。セネカにとって「よい死を遂げること」が何よりも重要であった。人が死を迎えるのは一度限りであり、その時は何の前触れも無く訪れる可能性が大きい。だからこそ、あらかじめ死について考え、常に備えておくことが、必要不可欠である。人生の最後に訪れる死との向き合い方が、人の生き様を大きく左右する。

　**我々を縛りつけている鎖は、ただ一つ、生きることへの愛着である**。たとえそれを手放せないとしても、減らしていくようにすべきである。そうすれば、しかるべき時が訪れても、未練にとらわれたり、覚悟を邪魔されたりせずに、なすべき事を直ちになせるだろう。死とはあらゆる苦しみからの解放であり、この世の不幸がそこで途切れる終着点である。**生きることに過剰な価値を置くのはやめて、命は取るに足らないものだと考えなくてはならない**。現実には命を落としかけたことがある者や、迫り来る死を一度でも受け止めようとしたことがある者が、死に対する人間の心の揺らぎを最も的確に語ってくれる。死を恐れるなど、老いを恐れるのと同じくらい、愚かなことだ。若さの後には老いがやって来て、老いの後には死がやってくるものなのだから。死にたくないという者は、生きることをも拒んでいるのだ。命とは果てることを条件に授けられており、最後にたどり着くところは、誰もが皆同じなのである。ならば死を恐れることは道理に合わない。なぜなら恐怖とは不確実なものに対して抱くものなのだから。確実に起る出来事については、それが起るのをただ待てばよいのだ。

　私は人生を恨むことなく死を迎える者、死を受け入れようとする者にこそ心を打たれる。死を苦しみだと感じる原因は我々自身にある。人は、死が間近に迫っているのを確信している時にしか、恐怖を感じないのだ。確かに死はあらゆる時に、あらゆる場所で待ち構えている。死が間近に迫っ

ていない者などいない。死を恐れる原因は、死そのものではなく、人が死についてあれこれと巡らせている考えにある。死と我々の距離は、常に相変わらず一定なのだ。もし死を恐れるのであれば、たえず恐れていなくてはならない。人間が死を免れている時など、一瞬たりともないのだから。決して死を恐れぬよう、常に死について考えておくこと。

　人間の心には、消滅することを嫌がる感情だけでなく、自己愛や自分を守りたいという欲求が、深く植えつけられている。それゆえに、**自分が消えてしまうと、多くの素晴らしいものが奪い取られて、慣れ親しんできた様々な事柄から、引き離されるように感じる**。また我々は今いるところについては知っているが、その後に辿り着くのがどんなところかを知らず、未知のものに恐怖を抱く。これもまた、人が死を敬遠する理由であろう。さらに人間は本能的に暗闇を恐れるが、死はまさしく暗闇の中へ連れて行かれることだと考えている。死を見据え、それが目前に迫っても耐えられるようになるには、修練を重ねて、強い心を養う必要がある。人は地獄へ行くのを恐れるものだが、それと同じくらい、**自分がどこにも存在しなくなる、ということに恐怖を感じるものである。勇敢に死ぬ、ということが人間の精神のなし得る最も立派な行いの一つとして尊ばれるのは当然であろう**。死そのものが善悪とは無関係だからこそ、人は死を通じて徳をなそうとするのである。死の扱い方さえ心得ていれば、我々を縛りつけるものは何もないのだ。賢人の精神を持てば死から自由になれる。肉体が精神を支配するのではなく、精神が肉体に対して責任を持つようになる。自由な心をもった人間は、決して己の体に縛られることはない。死が訪れると、道理をわきまえた者の魂は静かに体を離れてゆき、偉大な精神をもつ者の魂は軽やかに飛び出してゆく。残された肉体がどうなるかなどとは、振り返りもしない。


# ［3］未練を残さない


　「息子の死は、あまりに早すぎた。まだ、あんなに若かったのに。」とあなたはおっしゃるかもしれない。我々はこの世に生れ落ちた、と思ったの

も束の間、すぐにまた次にやって来る者のために、道を空けてやらねばならない。人の世で起る出来事は、どれもはかなく、瞬く間に過ぎてゆく。とどめない時間の流れのなかでは、すべてが無に等しい。万物は、人知を超えた無限の時の広がりの中で、循環しながら月日を重ねているに過ぎない。「長生きをした」と思えるような生き方はただ一つ、人生を生き尽くすことである。早逝にも長寿にも違いはない。人生は長さではなく、質で評価されるべきであり、長生きすること自体が望ましい訳ではない。**人間の快楽や身体的な経験は、ある時点で「満足した」「もう十分だ」と感じる段階に達する。**セネカは、人生においてもそうした充足感を得られるように務めるべきであり、また自分自身はそのように生きてきた、と述べている。今までのように欲を持つのをそろそろ止めにしよう。少なくとも、私はそう務めている。年老いてまで、子供時代と同じものを欲しがりたくはない。**私は、毎日が人生の縮図となるように生きている。今日が最後になってもよい、と思えるように過ごしている。**あとどの位生きられるのか、などという思いに気をとられたりしないということは、私はすでに、人生を十分に生きられたのだろう。**歳をとる前は、よい生き方をするように心がけてきた。歳をとった今は、よい死に方ができるように心がけている。よい死に方とは、死を快く受け入れることである。**なによりも、自分の最後を悲観的にとらえてはならない。そのためには、生きる覚悟よりも先に、まずは死ぬ覚悟を決めなくてはならない。

　人は、人生に必要なものがすでに十分に与えられているというのに、それでもなお貪欲に求め続ける。絶えず何かが欠けている、と感じる者にとって、その感覚が消えることはないだろう。なぜなら、**満ち足りた人生かどうかは、生きた年月の長さではなく、自分の心のあり方によって決まる**からである。ルキリウスよ。私は「生き尽くした」と言えるほど十分に生きた。死を待つわが心に、何も悔いはない。生きていること自体は、大したことではない。君の奴隷たちだって生きているし、動物だって皆生きている。**大切なのは、穏やかな心で、堂々と立派に死んでゆくことだ。**今までどれだけの時間、同じ事を繰り返してきたのかを考えてみてごらん。食事、睡眠、色事、それ以外には何もないのではないかね。かつて存在し

なかったように、君はいずれ存在しなくなる。過去も未来も、君には関係がないのだ。限られた時の中に産み落とされた命を、どこまで引き延ばそうというのか。何を泣くことがあるのか。何を望むというのか。どれも、無意味な抵抗に過ぎない。大いなる力によって決められているその定めを、自らが選んだ定めにしてしまえばよい。堂々と死ぬことのできない生き方は、隷従そのものなのだ。

**自分を堕落させて足を引っ張るような快楽を君はすべてやり尽くしている。** もはや、その目に新鮮に映るものなど一つもない程、何もかも嫌というほど味わったではないか。**葡萄酒（ぶどうしゅ）の味も蜂蜜酒（はちみつしゅ）の味も君は知り尽くしている。牡蠣（かき）や鰡（ぼら）の味だって、よく知っている。欲望のまま、ありとあらゆるものに手を出してきた君には、向こう数年は目新しいものなど現れないだろう。** 結局のところ、君がこの世を去る時に手放したくないと思っているのは、こうしたものに過ぎない。君が死ぬのを拒むのは、元老院の議場や、公共広場やこの自然界を去るのが、名残り惜しいからではない。食料市場に未練を感じているだけだ。しかしそこでやり残したことなど、一つもないではないか。君は生きたがっている。ならばどう生きるべきかを知っているのか。君は死を憂えている。いったい何故だ。その人生は、死そのものだというのに。君は死を恐れている。だが、はたして君は今、生きているのか。**死ぬことも、人生に課せられた義務の一つである。** 君は何も途中で放り出したりはしない。果たすべき務めの数などももともと定められていないのだから。**人生は芝居のごとし。どれほど長いかではなく、どれほど素晴らしく演じられたかが肝心なのだ。どこで終わりにするかは、問題ではない。**

親愛なるリキリウスよ。人は毎日のように、運命にむかって文句を言っている。「いったいどうしてあの人は道半ばにして逝ってしまったのか。どうしてこの人は、自分自身が他人のお荷物になりながら、生き続けているのか。」君が自然の摂理に従うのと、自然の摂理が君に従うのでは、どちらが理にかなっているだろうか。必ず去らねばならない場所をいつ立ち去ろうと、大した違いはない。長く生きるには運命の手を借りる必要があるが、満たされた人生になるかどうかは自分の心掛け次第である。**生き尽**

くせば人生は十分に長い。他人に心を預けるのを止めて自分にとって本当に良いものを取り戻せば、人生は満ち足りたものとなる。80年の月日を無為に過ごしたとして、いったい何になるというのか。それは、生きたというよりも、人生に長く居座っていただけであり、年老いてから死んだのではなく、死ぬまでに長い時間がかかっただけである。肝心なのはいったいどの時点から死んでいたかということである。80年も生きた人がいる、違う。その人は80年間そこにいただけなのだ。寿命があと数年延びる、というなら、私も拒みはしない。しかし、たとえ早々と死ぬことになっても、欠けているものなどない幸せな人生だった、と言うだろう。それは、自分が死ぬのはまだ先のことだなどと、欲張りな希望を抱いて悠長に構えずに、毎日を人生最後の日のように思って生きてきたからである。寿命というのは、人間の力が及ばぬところで操られており、自分がどれほど長く生きるかを、自分自身が決めることはできない。しかし、本来あるべき生き方で、どれほど長く生きられるかは、自分自身なのだ。暗闇の中を進んでいくような惨めな一生を送るな。己の人生を素通りせずに行きつくしてみよ。

**完全なる人生**とはどのようなものか。それは叡智(えいち)を手にすることのできる人生である。それを成し得る者とは、ただ時間をかけて、遠くに辿り着く者ではなく、時間と関係なく最も気高い理想を体現できる者である。剣闘士は試合の最終日に殺されるほうが、途中の試合日に殺されるよりも幸せだなどとは思ってはいないだろう。ある者は死に、またある者が死ぬまでの時間の差も、同じことである。死はどの人間にも訪れる。人を殺(あや)めた者も、殺められた者のすぐ後に続いてゆく。つまり我々は、きわめて些細なことに対して、きわめて大きな不安を抱いている。決して避けて通れぬ出来事を、いつまで避けていられるかなど、意味のないことではないかね。明日という日さえ意のままにならない我々が、人生を計画通りに進めようとするのは、浅ましいことである。物事を始める時、先の先まで思い描こうとする者は、大きな思い違いをしている。「これを買おう。あれを建てよう。貸付をして、取り立てよう。名声を手に入れよう。年老いてくたびれたら、のんびりと余生を過ごそう。」どれほど幸運に恵まれた人間でも、確実なものは何もない。誰一人として、一切未来のことを当てにし

てはいけないのである。死は常にすぐそばにある。しかし我々は、死を
他人事（ひとごと）のようにしか考えていない。そのせいで、人の命のはかなさを思い
出させる出来事が何度繰り返されても、我々は驚きこそすれ、それに心を
留めようとはしないのだ。ルキリウスよ。のんびりとしてはいられない。
その日その日を、一度切りの人生で在るかのように精一杯過ごすのだ。希
望にすがって生きている者に忍び寄って来るのは、貪欲さと、それ自体が
哀れであるばかりか、あらゆる卑しさの原因となっている、死への恐怖な
のだ。

## ［４］自己解放としての**自殺**―苦しみを断ち切る

　セネカは皇帝ネロに15年間仕えた執政官である。カリグラやネロは非常
に強い猜疑心の持ち主で、権力の乱用に異を唱えた者には自殺を命じ、背
徳を疑われた大勢の市民が自殺を命じられ、従わない場合には処刑され財
産まで没収された。権力による命令を逃れた自らの決断に基づく自殺は、
セネカにとって特に重要な意味を持っていた。

　**大切なのはよく生きることであり、長く生きることではない。そして、
よく生きるためには、長生きをしないほうが良いことも往々にしてある。
死とは幸福に終止符を打つこともあれば、不幸を遠ざけることもある。**老
人の疲れや退屈を終わらせることもあれば、前途洋々たる若者の青春を奪
い、人生の厳しさすらまだ知らぬ少年を、生まれる前の状態へ引き戻すこ
ともある。断言しよう。この世に生まれることが、単なる苦しみにならず
に済むのは、死のおかげである。迫り来る危険を前にして、気丈さを保て
るのも、他人に支配されることなく、汚れなき精神を保てるのも、死の存
在があってこそに他ならない。私が生きることを愛（いと）おしく思えるのも、死
という恩恵のおかげである。

　**自殺とは自分を解放することである。**冷酷な人殺しの命令に甘んじて従
え、とはいわない。私が示したいのは、どのような支配を受けていようと
も、自由への道は開かれているということだ。

　その苦しみを終わらせる術なら、あたりを見回せば、そこかしこに在る

だろう。

あの険しい崖をみよ。落ちた先には自由がある。

あの海や川や井戸を見よ。水底には自由が広がっている。

あの低くしなびた不吉な木を見よ。枝からは自由が垂れ下がっている。

その首、喉、心臓をよく見てみよ。どれもが屈従から逃れる道である。

それとも、強い意志と体力を要求するこれらの道は、君が選ぶには難しすぎるだろうか。

神々は人間のために死をたやすいものにした。「とりわけ、おまえたち人間が不本意のまま生きながらえることがないよう、配慮してやったのだ。出口は常に開いている。戦うことを厭うなら逃げればよい。人間が避けて通れぬ経験のうちで、死を最もたやすいものにしてある。」この世を去る時の方が、この世にやって来る時よりも、手間取らぬようにしてある。自然界からその身を立ち切り、与えられた命をつき返すことが、いかにたやすいか、あらゆるとき、あらゆる場面で、学ばねばならない。死とは限りなく近いところにある。急所などはない。どこを選んでも、道は開かれているのだ。

肉体がその役割を果たせなくなった時には、そこでもがいている魂を、引っ張り出してやるべきではないだろうか。肉体の衰えを知らぬまま、長寿をまっとうする者などはほとんどおらず、大半の人間にとって人生とは、何の意味もなくただそこに存在しているだけである。痛みそのものに耐えられないからではなく、この世を生きるに値するすべての理由が痛みによって失われてしまうからである。

苦しみを言い訳にして死ぬ者は気概のない臆病者である。しかし、ただ苦しむために生きる者は、単なる愚か者である。**人生とは、いつまでもしがみつくようなものではない。**肝心なのはよく生きることであり、ただ生きることではないのだ。**賢人は長生きをしようとするのではなく、自分に与えられた時間を全うしようとする。**どこで、どのような人と、どのように生きるべきか、一体自分が、何をすべきかを、**慎重に考える。**思い巡らせるのは、人生の中身であり、長さではない。**賢人にとっては、自ら用意する死も、自然に訪れる死も同じことであり、死期が早まろうとも、先に**

なろうとも、違いはないのである。肝心なのは、死期が近いかどうかではなく、よい死を遂げられるかどうかである。**命とは、どんな犠牲を払ってでもすがる程のものではない。**

　年の離れた年下の妻ポンペイア・パウリナには体に気をつけるよう、常に言われている。彼女の命は、私の命にかかっているのだから、彼女のためにも自分をいたわろうと思う。**よき人間とは、自分が生きたいだけ生きるのではなく、自分が生きる必要があるだけ生きるものだ。**死のうという思いにばかり執着して、伴侶や友人のために長生きする価値はないという者は、自分の事しか考えていないのである。己の心が死を望むようになったら、もしくは己の心そのものが枯れ始めていると感じたら、ひとたびそこで立ち止まり、家族や友人に尽くさなくてはいけない。**誰かのために死を思いとどまるのは、大いなる精神を持っている証である。**

　「死にたい」という言葉ほどみっともないものはない。死にたいと言う者は、実際には死ぬことなど望んでいないのだから、むしろ生きることや健康を、神々に願うべきである。もしも本当に死を望むなら、それは叶えられるだろう。すなわち、これ以上死を願わずに済むようになる。

　この世に生まれた者には、死が約束されている。与えられたものを自らの喜びとし、それを返すように求められた時には、元の所へ帰そうではないか。道半ばにして人生に見放される者もいれば、始まったばかりの命を奪われる者もおり、そうかと思えば、老いの極みに達して、くたびれ果てて、死を願いながらようやく逝かせてもらえる者もいる。かかる時間はそれぞれだが、自然の力が万物を一つの終焉へと追いやる。存在するものはいずれ存在しなくなる。消え去るのではなく分解されるのである。生と死もまた、森羅万象のごとく、交互に繰り返されている。創造から破壊へ、破壊から創造へ、という営みのために、神がたえず、その御業で宇宙を導いている。自然と融け合い、一つの全体に還ってゆく、ということである。**生きる喜びを感じるには、死の不安を手放さねばならない。どれほど貴いものも、失う覚悟を持ち合わせていなければ、ありがたみを感じることはできない。**結局のところ、死という運命を受け入れることが、何よりも死の恐怖を和らげてくれるのだ。

# 第7章　セネカと人生の短さについて

## ［1］人生とは時間である

ルキウス・アンナエウス・セネカ（Lucius Annaeus Seneca, BC 1 -AD 65）は、皇帝ネロの家庭教師であり、執政官を15年間勤めたが、その間に悲劇・喜劇・随筆・書簡を残し、著作としては「怒りについて」「人生の短さについて」「寛容について」などが名高い。「人生の短さについて」はAD49年に書かれ50ページほどの短編であるが、多くに人に読まれ、のちのキリスト教思想にも取り入れられたという。文章は20項目に分けられ、歳の離れた妻の父親に当てた書簡で、当時父親のパウリヌスはローマの穀物管理官の要職にあった。ローマは自給自足経済が出来ず、ローマ市民へのパンの調達が滞れば暴動の起ることもあった。

　大部分の人間たちは死すべき身でありながら、パウリヌス君よ、自然の意地悪さを嘆いている。その理由は我々が短い一生に生まれついているうえ、この短い期間でさえも速やかに走り去ってしまうから、人生の用意がなされたとたんに人生に見放されてしまうというのである。医聖ヒポクラテス（BC460-375）は「生は短く術は長し」という。アリストテレス（BC384-322、第26章：アリストテレスと万学の祖）は、「寿命という点では、自然は動物たちに人間の5-10倍も長い一生を引き出せるように許して置きながら、数多くの偉大な仕事のために生まれた人間には、遥かに短い期間しか存在しない」と云っている。しかし我々は短い時間を持っているのではなく、実はその多くを浪費しているのである。**人生は十分に長く、その全体が有用に費やされるならば最も偉大なことをも完成できるほど十分に与えられている。**我々は短い人生を受けているのではなく、我々がそれを短くしているのである。なぜ人生を短いと感じるのであるか。才能や富に恵まれ、外からは充実した生活に見える生き方でさえ、それを守るために汲々としているに過ぎない。互いに他人のために時間を使いあっている

だけで、自分のために時間を使っていないからである。多くの者たちは他人の運命のために努力するか、あるいは自分の運命を嘆くかに関心を持っている。財産を守ることには吝嗇であっても、時間を投げ捨てる段になると、最大の浪費家に変わる。無意味な悲しみ、愚にもつかない喜び、尽きることのない欲望、どれだけの人生を消費したのか。諸君は永久に生きられるかのように生きている。諸君の弱さが諸君の念頭に浮かぶことは決してない。すでにどれ程の時間が過ぎ去っているかに諸君は注意しない。満ち溢れる湯水でも使うように諸君は時間を浪費している。

## ［2］多忙な人間はどのように人生を浪費するか

神皇**アウグストゥス**（BC63-AD14）は、最も大きな権力を持ち、最も高位に登った人物で、暇を求め暇を讃え暇は自分のどの幸せにも勝るといった。いつかは自分のために生きようという、偽りではあるが楽しい慰めによって自分の労苦を慰めていた。公的な人生の成功と個人としての人生の納得とは異なり、どんな偉大な人物も自分のための休息を求めたという話である。**キケロ**（BC106-43）はアントニウスと対立、追放殺害された政治家であり、自分を「半ば自由を失った者」といったが、キケロには同情を示せない。人生で敗北してもそれを超越した自己の価値観を持っていれば「安定した自由」を持っていられると思う。

**最も低い次元の例を挙げれば、飲食や性欲に耽る者たちの恥ずべき汚辱である。**それ以外の者たち、名誉への空しい夢に見せられても、その誤りは見かけが悪くない。強欲な人間とか短気な人間を挙げてくれても良い。また不当な憎悪とか不正な戦争に熱中している人間も。こういう連中はみな男らしく過ちを犯しているといえる。

**多忙な人間には何事も十分に成し遂げることは不可能である。**実際多忙な人に限って、生きること、すなわち、よく生きることは最も稀である。**生きることは生涯をかけて学ぶべきことである。**そしておそらくそれ以上に不思議に思われるであろうが、**生涯をかけて学ぶべきことは死ぬことである。**多くの大偉人は一切の邪魔物を退け、財産も好色も快楽も捨てたう

え、ただいかに生きるかを知ろうとする、このことのみを人生の最後まで唯一の目的とし続けた。にも拘わらず彼らの多くは、まだそれが分からないと白状して人生を去ったほどである。偉大な人物、つまり人間の犯すもろもろの過失を超絶した人物は自己に時間から何一つ取り去られることを許さない。それ故に、この人生は極めて長い。用いられる限りの時間を、ことごとく自分自身のために当てているからである。これに反し自分の生活から多くのものを大衆に奪われた連中には、時間の足りなかったことは全く当然のことである。

　誰も皆自己の人生を滅ぼし、未来に憧れ現在を嫌って悩む。然るにどんな時間でも自分自身の必要のためにだけ用いる人、毎日毎日を最後の一日と決める人、このような人は明日を望むこともないし恐れることもない。何故というに、新しい楽しみのひと時が何をもたらそうとも、それが何だというのだろうか。何よりも尊いものである時間が、もてあそばれている訳である。その上、時間は無形なものであり、肉眼には映らないから人々はそれを見失ってしまう。それ故にまた、最も安価なものと評価される。君は多忙であり、人生は過ぎ去ってゆく。やがて死は近づくであろう。そして好むと好まざるとを問わず、遂には死の時を迎えねばならない。彼らはますます良い生活が出来るようにと、ますます多忙を極めている。生活を築こうとするのに、生活を失っているのだ。彼らは自己の企てを遠い将来に向って整えている。多忙に追われている者たちの心は今なお幼稚であるのに、彼らの心を老年が不意に驚かせる。先が見えなかったため、用意も防備もないままに達した老年である。彼らは思いもかけぬうちに老年に陥る。老年が日々近づいていることに気がつかなかったのである。多忙に追われている者たちには、終点に至らなければそれが分からないのである。


## ［3］過去の時と現在の時と未来の時


　人生は三つの時に分けられる。過去の時と現在の時と未来の時である。このうち我々が現在過ごしつつある時は短く、将来過ごすであろう時は不確かであるが、過去に過ごした時は確かである。この過去を放棄するの

が、多忙の者たちである。彼らには過去のことを振り返る余裕がなく、ま
たたとえあったとしても、悔やんでいることを思い出すのは不愉快だから
である。あらゆる雑務から遠く離れて人生を送っている人々にはその人生
は十分に長い。怠慢ゆえに失われるものはなく、不要なものも全くない。
言ってみれば、その全部が丸々収入なのである。それ故、その人生はいか
に小さくとも十分に満ち足りており、従っていつ最後の日が訪れようと
も、賢者はためらうことなく、確固とした歩みをもって死に向うことがで
きる。

　雑務や多忙は、単に公務の中にあるだけではない。**引退して暇になり、**
**骨董や美食やらで、優雅に趣味を楽しむのも怠惰な多忙である。重箱の隅**
**を突くような研究も無意味である。将棋とか球技とか、あるいは日光で体**
**を焦がすとか、そんなことに熱中して人生を浪費する連中もいる。多くの**
**些細なことを楽しんでいる者たちも暇のある人ではない。**

## ［4］　よく生きていると言える生き方

　**万人のうちで、英知に専念する者のみが暇のある人であり、このような**
**者のみが生きていると言うべきである。**それは彼らが単に自己の生涯を立
派に守っているからだけではない。彼らはあらゆる時代を自分の時代に付
け加える。聖なる見識を築いてくれた過去の最も優れた人たちは、我々の
ために生まれたのであり、我々のために人生を用意してくれた人びとであ
ることを知るであろう。我々はソクラテスと論じ合うことも出来、エピク
ロスと共に安らぎを得ることもできる。ゼノンやピタゴラス、その他もろ
もろの学芸の巨匠たちやアリストテレスといった人たちと、毎日最も親し
い友達のように過ごしたいと望むこともできる。これらの巨匠たちは誰一
人留守をすることはないであろう。自分たちに近づく者を一層幸福にし、
自分たちに一層愛着を覚えさせずには帰さないであろう。どんな者にも手
ぶらで自分のもとを去らせないであろう。夜であれ、昼であれ、どんな人
間にも会ってもらえるのである。

　これらの学匠は誰ひとりとして君に死ぬことを強制しないが、誰もみ

な、死ぬことを教えてくれるであろう。誰ひとりとして君の年月を使い減らすことはなく、それどころか、返って自分たちの年月を君に付け加えてくれるであろう。彼らのもとに赴いて「子分」となった者には、何たる幸福が、また何たる美しい老後が待っていることか。彼らを友とする者は、大小様々の問題について一緒に考え、一身上のことについて毎日助言を求め、真実を聞き正しても軽蔑されることはなく、お世辞抜きで褒めてもらい、彼らを真似て自己を表現することも出来よう。これは死滅すべき人生を引き延ばす、否、それを不滅に転ずる唯一の方法である。**英知によって永遠化されたものは、時を経ても害されることはない。いかなる時代もそれを滅ぼさないであろうし、減らしもしないであろう。次に続く時代も、更にその次の時代も、常にそれらのものに尊敬の念を強めて行くであろう。**

## ［5］時間に向き合わない人の人生は短い

　過去を忘れ現在を軽んじ未来を恐れる者たちの生涯は極めて短く、極めて不安である。生涯の終末に至った時、何のなすこともなく長い間多忙に過ごしたことに気付いても、可愛そうに時はすでに遅い。彼らはしばしば一日を長く思ったり、約束した夕食の時間が来るまでの時のたつのが遅いといって不平を言う。剣闘士の開催日を待ち焦がれる。それからそれへと別の快楽に乗り移って、ある一つの欲望に終始することが出来ないからである。一日一日が長いのではなく、厭わしいのである。だが娼婦の腕に抱かれたり酒に過ごしたりする夜は、どんなに短く思われることか。あんなに高い値段で買った夜も、あのような者にとっては最も短い夜に思われる。夜の来るのを待ち焦がれて昼を失い、朝の来るのを恐れて夜を失う。このような者たちの快楽そのものすら不安定であり、様々な恐れから落ち着きを失い、歓喜の絶頂にある最中に、「これがいつまで続くだろう」という不安な憂いに襲われる。こんな気持ちから、かつて幾人かの君主が自己の権力に涙を流したり、また自己の幸運の大きさに喜ぶというよりも、いつかはその終わりの来ることに脅えたのである。彼らは苦労して自分の

欲しいものを手に入れようとするが、手に入れてしまうと、今度は心配しながら、それを持ち続けようとする。その間、二度と再び帰らない時間は全く計算外である。新しい多忙が古い多忙に取って代わり、希望が希望を、野心が野心を駆り立てる。惨めな生活の終わりが求められるのではなく、始めが変わるだけである。

　それ故に私の最も親しい**パウリヌス**君よ。君は自分を衆人から切り離すが良い。年齢不相応に今まであちこちへと追い回されていた君は、結局のところ、静かな港に帰るのが良い。君の生涯の大部分は既に国家のために捧げられた。君の時間のいくらかを、君自身のために使うのも良いではないか。私は君を怠惰な退屈な平穏に招くのではない。君のうちにある生き生きとした天分をことごとく、惰眠やら衆人の好む快楽やらに没入せしめようとするのでもない。自分自身の人生の利益を知るほうが、公共の穀物の利益を知るよりも、もっと有益なことである。最も重大な業務に最も適している君の精神的な活力を、たとえ名誉はあっても、幸福な人生にはなんの役にも立たない役目から呼び戻すがよい。君を待ち構えているのは、幾多の立派な仕事である。徳の愛好と実践であり、情欲の忘却であり、生と死の認識であり、深い安静の生活である。高官や名声は人生を犠牲にして獲得される。彼らが自分自身の人生の短さを知ろうと思うならば、自分だけの生活がいかに小さな部分でしかないかを考えさせれば良い。

# 第8章　シェリー・ケーガンと死とは何か

## ［1］死について考える

　シェリー・ケーガン（Shelly Kagann,1954-）は、ピッツバーグ大学、イリノイ大学を経て、1995年からイェール大学哲学教授として、25年以上続く「死とは何か」の人気講義を担当している。世界各国で翻訳され40万部以上が販売されている。道徳・哲学・倫理の専門家として「死」をテーマにしたイェール大学での講義は、17年間連続で、最高の講義に選ばれている。

　人生のゴール、全人類の共通のゴールそれが「死」であり、だからこそ死について考えることは誰にとっても重要である。それは単純に怖いからであり、ハイデガー（Martin Heidegger, 1889-1976）のいうように死と向き合うこと、例えば松下幸之助、ケネディ、孫正義などの臨死経験者は、死について考えることで人間の本来的な生き方に目覚め生をより充実させる力を得たという。死によって初めて生を躍動させることが出来る。冒頭に書かれている。どのような生き方をするべきか。誰もがやがて死ぬことが分かっている以上、この問いについては慎重に考えなければなりません。どんな目的を設定するのか、どのようにその目的の達成を目指すのか、念には念を入れて決めることです。もし、死が本当に一巻の終わりならば、私たちは目を大きく見開いて、その事実に直面すべきでしょう。自分が何者で、めいめいが与えられたわずかな時間をどう使っているかを意識しながら。

## ［2］身心二元論と物理主義

　シェリーはまず、人間の機能をP機能（person, 人格機能）とB機能（body, 身体機能）に分けて考察を始める。P機能は、考えたり、感じた

り、意思疎通をしたり、愛したり、計画を立てたりというような心の司令塔であり、身体の中で唯一、非物質的なものであると考える。一方B機能は食物を消化したり、身体を移動させたり、心臓を動かしたり、肺を広げるなどの単純な動作の機能で、身体を構成する、筋肉・血液・骨格などの働きによるものである。

　デカルト（René Descartes, 1596-1650、第30章：デカルトと方法序説）は、ただ考えている自分は精神であり、物質でも物理的存在でもない。これを**思惟実体**という。一方、物体は精神とは区別された存在、独立した実体であると考えた。物体の本質は感覚によらない別のもの、時間や空間の中で数量的な広がりをもつもの。空間的な広がりを本質とする物体や身体は**延長実体**と呼ばれる。肉体と精神は別のものであり、二つの独立した実体から世界は成り立っていると考えた。これを、**物心二元論、心身二元論**という。

　精神は考えることが本質であるから身体がなくても存在しうる。だが身体は考えるという、いわば霊的な性質を持たず、精神がなくても延長することによって存在する。この考え方は近代には支配的となり、現代にまで受け継がれている。欧米で臓器移植が定着した背景には、キリスト教の伝統や心身二元論があるといわれる。キリスト教の伝統のもとでは、一人ひとりの命は神からの贈り物であり、心身二元論のもとでは、身体はモノであり、その所有権は本人にあり、身体に関する決定を行う権利は本人にあると考えられている（**自己決定権**）。シェリーによれば、P機能とB機能の両方の機能が停止してしまえば、死が確立する。P機能の消失は人格者である人間の存在の継続を不可能にし、物理学者に言わせればB機能も失ってしまえば、この状態を死と定義し死とはただ機能が停止した状態であるという。誰もが忌み嫌う死とは、物理学者によれば死後の世界は存在せず、死を迎えると人格や思考が無になってしまうと捉える。魂が存在しないことをシェリーは切々と説く。

　シェリーによれば、死は未知のものではないという。君がいなくなった後の世界そのものは何の違いもないという。他人の死は別離の悲しみのみだという。死すべき個人について言えば、まず魂の存在を否定する。死ん

でしまえば思考も人格も無になってしまう。これは胎生期やレム睡眠時の状態と同じでそんな未知の期間でも何事もなく、毎日経験しているという。胎児の時に感情や記憶はなく感覚的には無であったが確実に生きていた。私たちは既に死を経験済みで、死とは意識のなくなる無の状態から戻って来れないだけである。恐れている無の状態を日常的にも睡眠の中でも経験しており、生まれる前にも経験しているという。人格の存在する時期は宇宙の時間からすれば刹那的で、意識できない、人格の存在しない時期の方が圧倒的に長い。死は本人にとって悪いことであるという考え方がある。死ぬことによって今後起りうる楽しい経験を奪われるという剝奪説（はくだつせつ）の考え方である。

## ［3］死が悪いという原因は剝奪説（はくだつせつ）にある

　死が未知のものではないと分かっても怖いのは、「剝奪説（はくだつせつ）」によって説明されるという。死が怖いと思ってしまうのは、**死ななかったならばもっといい人生があったはずで、その未来が奪われてしまうと思うところ**に由来する。人間は人生でやりたいことが沢山あったり、希望を持っている程、死ぬことが怖くなるという。自分は明るい未来を描いていたのに、それを奪われそうになると人間は恐れを感じる。

　**キルケゴール（Søren Kierkegaard, 1813-1855, 第34章：キルケゴールと死に至る病）**は人間が自己の本来的なあり方を取り戻す道を模索した。実存は深化してゆき自己の生成は三段階に分けることができ、まず到達したのが美的実存である。「あれも、これも」と快楽を追求することで、人生を充実させようとする。快楽や美を求め無限の可能性に浸り感覚的に生きる段階。官能的な生き方を求め、日常の表層的な部分だけで自分の人生の全てを占めようとする刹那的な生き方である。世間の苦労など自分には関わらず、自分は世間の人とは違うのだとでも言わんばかりに自由を謳歌する。けれども現実から離れてしまうことにより、かえって自分を見失い虚無感に陥ってしまう。欲望や享楽の奴隷となり、自己を見失ってしまう。**美的実存**では自分の人生に根をしっかり持つ生き方が出来ない。

自分が望むだけ生きられることが最善ではないかと思うようになる。存在しないことを悪いと考えるならば、生まれる前と死んだ後は同じくらい悪いのかという疑問がある。存在しないことが悪いのならば、死んだ後だけでなく、生まれる前の時間も悪いということになる。生まれる前と後の非存在には決定的な違いがある。それは、**喪失を伴うか、伴わないかの違いである**。人は将来手に入るものを持っていなかったことよりもかつて持っていたものを失うことの方を悪いと考える。**死のどこが悪いのかというと、死んだら人生における良いことを受けられなくなることである**、と著者は結論付けている。死を恐れないように生きるためには後悔しないようにやりたいことを全てやりきることが大切だという。何かを言い訳に諦めている夢や目標はないか。やりたいことを後回しにしてそのまま蔑ろ<ruby>蔑<rt>ないがし</rt></ruby>にしていないか。成功するか失敗するかよりも、挑戦するかしないかの方が後悔に与える影響は大きい。全力で挑戦して失敗したら諦めがつくことでも、挑戦せずにそのまま死の間際を迎えたら後悔を残すことになる。シェリーは不老不死を必ずしも良いことではないという。**最善なのは自分が望むだけ生きられることである**。獲得できる効用の質を考えた場合、不死や長生きは最善の選択肢にはならない。永遠の生の中で生に飽きてしまうよりも有限の人生の選択肢の中で生き尽すことが肝要である。死ぬことは人生の宿命であり、時間は限られている。人生で際立って価値の高いものに目を向ける必要がある。だから時間を他の人びとのために費やしてはならない。

　**「長生きをした」と思えるような生き方はただ一つ、人生を生き尽くすことである**。人生は長さではなく、質で評価されるべきであり、長生きすること自体が望ましい訳ではない。**人間の快楽や身体的な経験は、ある時点で「満足した」「もう十分だ」と感じる段階に達する**。セネカ（Seneca, BC 1 -AD65）は、人生においてもそうした充足感を得られるように務めるべきであり、また自分自身はそのように生きてきた、と述べている。今までのように欲を持つのをそろそろ止めにしよう。少なくとも、私はそう務めている。年老いてまで、子供時代と同じものを欲しがりたくはない。**私は、毎日が人生の縮図となるように生きている。今日が最後になっても**

よい、と思えるように過ごしている。あとどの位生きられるのか、などという思いに気をとられたりしないということは、私はすでに、人生を十分に生きられたのだろう。**歳をとる前は、よい生き方をするように心がけてきた。歳をとった今は、よい死に方ができるように心がけている。よい死に方とは、死を快く受け入れることである。**なによりも、自分の最後を悲観的にとらえてはならない。そのためには、生きる覚悟よりも先に、まずは死ぬ覚悟を決めなくてはならない。

## ［4］生きていれば辛い時は必ずある

人生が楽しみだともっと生きたくなる反面、未来がずっと悪くなり続けると**自殺**を考えるようになる。人間は死にたくなる。末期の病気で全く治る見込みがなく、耐えるためだけの人生に直面した時、不慮の事故で植物状態となり生き続けても回復の見込みがない場合、道徳的に、ルールだからといって生きることを強要することはできない。死ぬことを選択させないのは悪である。シェリーは死を恐れるのは必ずしも適切な反応ではないと訴える。しかし失恋・受験の失敗・リストラなどで視野が狭くなっている時に、ショックのためにそれだけで人生がずっと悪くなり続けるという考えは早計で、この勘違いによる自殺はおかしいといえる。多くの自殺の原因は、自殺したいほど状況が悪い時期は一時的で、自分自身の努力次第でいくらでも良い方向に持っていける可能性がある。自殺は特定の状況下では合理的にも道徳的にも正当化しうるのである。

## ［5］自己実現欲求と知的好奇心

動物にとって死が宿命的であるので、どのような生き方をすべきかという疑問には慎重に考える必要がある。人生にやっておきたいという人生の宿題がまだ終わっていなかったとしたら死ぬ直前に猛烈に後悔してしまい、何歳になっても死が怖いままになってしまう。死を怖がるのではなく、締め切りを意識することを生きる原動力に変える必要がある。過去の

哲学者たちは充実した人生を送るために、優れたアドバイスを残してくれている。

エリクソン（Erikson, 1902-1994）は、人の発達は年齢の軸に沿って表れて来る身体の発育や老化といった量的な成長を単に示すのではなく、個々人の置かれている環境との能動的な関わりを通して人間として社会化していく生涯発達の過程であると考えた。人間の一生を8つの段階に分け、**生涯発達**の特徴として次の点を挙げている。①連続的な現象である、②方向性がある、③順序性がある、④連続しているが速度は一定でない、⑤**決定的な時期、最適な時期がある**、⑥成長・発達は相互作用によって促される、⑦個人差がある。

人生に関するこの決定的な時期が、**青年期**（adolescence, 13-19歳）である。吾十有五にして学に志す、三十にして立つ。若き血に燃ゆる者に闘志漲る時が訪れるのである。若き血はそのまま煮えたぎらせておけばよい。自ら目標と目的を持って、青雲の志を抱いて雄飛していく。外国に留学する者もいれば、活躍の場を他に見つける者もいる。才能のある者に活躍の場所と時間が与えられれば、計り知れない情熱が彼らを導いて行く。1日は24時間しかないのに、それを惜しんで48時間勉強をしてしまう。これを知る者はこれを好む者に如かず、これを好む者はこれを楽しむ者に如かず。楽しいことが限りなく続けば、寝食を忘れて没頭してしまう。傍から見れば、人間はこのような無制限な努力と忍耐をすることが出来るのだろうかと思うが、彼らにしてみれば努力と忍耐をした覚えがない。ただ楽しみの限りを尽くしているだけである。

**北里柴三郎**（1852-1931, 現代漢方医学：近代日本医学史）はコッホ研究所でベーリングと共に血清療法に取り組む。共著論文であるが、白人社会はベーリングにだけノーベル賞を送る。帰国の時、細菌学で独仏に遅れていたイギリスのケンブリッジ大学は細菌学研究所を創設して北里を所長に招聘しようとする。ペンシルバニア大学も同じことを画策する。北里は天皇の聖恩に報いるため帰国する。**野口英世**（1876-1928, 現代漢方医学：近代日本医学史）は、ペンシルバニア大学フレクスナーの下で梅毒スピロヘータの研究に没頭する。パンと水で生命をつなぎながら一歩も研究室

を出ることはなかった。人びとは、野口はいつ眠るのだろうと噂した。ノーベル賞候補にも挙げられる。日本医学は黎明期から世界の最先端にあった。明治36年東京大学医学部の教授は全員が日本人となる。明治初期の東大卒ドイツ留学組には、結核で早逝した者が多数いる。滝廉太郎（1879-1903）など枚挙に暇がない。彼らは「人生とは何か」などを考える時間を持たなかった。しかし彼らの生き様は我々に、「人生とはこの様に生きるものである」ことを平易に教えてくれている。

　マズロー（Maslow, 1908-1970）は、人間の欲求階層について考えた。動物は基本的に本能に根ざす欲求を充足させるためにのみ行動するが、人間は知性によって欲求行動をコントロールすることが出来、人間の欲求は生理的欲求から自己実現欲求へと高まっていく。マズローは人間の欲求を五段階に分けて考えた。人間は自己実現に向かって絶えず成長する動物であるということを前提として組み立てられている。人間には**自己実現欲求**がある。自分にしか出来ないことを成し遂げたい、自分らしく生きたいという欲求が生じる。**理想的自己イメージとの同一化**を目指し、現在の自分が一致していない時には少しでも理想に近づきたいと思う。自分の世界観や人生観に基づいて、あるべき自分になりたいと思う欲求で、自分の可能性や能力を引き上げ、自分の限界に挑戦して自己実現の欲求に突き動かされる状態を指す。**知識欲**とは「もっと新しいことを知りたい、もっと深く知りたい」という探究心で、**内発的動機付けとしての知的好奇心**などに該当する。人間は、古来分からない事に熱心で、物事の本質を洞察する哲学、数学、物理学などが誕生した。**達成欲**とは「何かを成し遂げたい、難しいことを上手くやりたい」という欲求で、困難に立ち向かい乗り越えることで満足感を味わうことが出来る。**成長欲求**とは、人間に本来備わっているとされ、自分自身が成長を続けたいという欲求である。さらに自分を高めていこうとする欲求であり、自己実現欲求である。

　アリストテレス（Aristoteles, BC384-322, **第26章：アリストテレスと万学の祖**）にとって人生の目的は、**幸福エウダイモス**である。幸福とはそのものが持っている本来の能力を発揮することにある。幸福とはそれ自体でよいもの、つまり最高善ということになる。幸福は快楽・名誉・富には

存しないと考える。「人間は生まれつき知ることを欲する動物である」という。享楽的生活からは快楽が、政治的生活からは名誉が、真理を知りそのことに喜びを見出す**観想的生活からは幸福が得られる**という。人間は知を探求することにより幸福になれる。アリストテレスのいう観想的生活とは知的好奇心の事である。すべての関心が人生哲学に限らずすべての自然科学にも向けられている。現在に至る天文学・気象学・動物学・植物学・地学は万学の祖であるアリストテレスから始まっている。体系的に分類・整理し、古代ギリシア最大の学者、科学者であった。**自然の力はなんと偉大なことか！自然の仕組みは実にうまく出来ている。**ヘルミアス王に寄寓していた三年間、彼は生物学と博物学に没頭した。オスのナマズが卵の子守をすることを発見する。近づいてくる小魚を追い払う。卵が孵化するまでオスは10日間何も食べない。産卵の近いタコは自分の体よりも卵の量の方が多い。10日ほどすると孵化して、小さな子ダコが沢山生まれる。しかし魚たちが近づいてきて多くを食べてしまう。ほんの僅かだけが大人になるのである。

アリストテレスの学園であるリュケイオンで鯨を魚ではなく、牛や馬の仲間であるという。肺があり、汐を吹き、子供を生むからである。イルカやアザラシも同類である。鶏の有精卵を、日を追って解剖する。まず心臓が作られ、次に頭が、やがて体の各部分が作られ、ヒナが生まれる。アリストテレスが観察した動物の数は500種類といわれている。

福沢諭吉（1835-1901, 薬理と臨床：福沢諭吉の生涯, 2021：31⑴：7-18）が20歳で大坂緒方洪庵の適塾で蘭学を学んでいた時には、ただ知的好奇心のみの蘭学で鎖国攘夷も開国文明開化も頭にはなかった。23歳の時中津藩命により江戸で蘭学塾を開いて、24歳で修好条約の横浜に行った時、オランダ語は何の役にも立たず英語のみが共通語であることを知る。苦心して英語を学んで幕臣となり、咸臨丸でアメリカへ、その後英国のオーデン号でヨーロッパに行く。目の当たりに西洋諸強国とシナ、インドその他のアジア諸国の隷属の運命を見聞する。1866年「**西洋事情**」を出版する。大反響を呼び、大政奉還にも五箇条の御誓文にもこの考えが取り入れられる。

福沢は門閥制度による権力の偏重が、上への卑屈さと下への傲慢さが日本社会にもたらす病弊を見る。「学問のすすめ」で、一身独立して一国独立する、を説く。文明化とは学校や工場や軍備や鉄道、ざんぎり頭などの物質文明を取り入れることではない。無形の「**人民独立の気力**」こそ「文明の精神」として要になるものであることを力説する。福沢の結論は西洋文明を取り入れることによって日本の独立を守るという一事にある。知的好奇心から始まった福沢の知識欲は、明治維新には国の父と呼ばれるまでに成長した。壱万円札の肖像はほかに代わる人を持たない。中国には偉大な指導者がいなかった。物質文明は取り入れたが、今でも華夏の人民隷属の文明から脱却できない。マルクス理論によれば、資本主義が最終段階に入った帝国主義において労働者階級によって引き起こされるはずのプロレタリア革命が、**毛沢東（1893-1976）** により貧しい農村社会で引き起こされ、共産思想を持たない者は大量殺戮された。人民独立の気力は醸成されないので、数千年来の専制体制が今でも続いていく。

## ［6］**西田幾多郎**と人格的生命

　ある人は、死のあとは無になるという。しかしそれは、「**生物的生命**」を理性的に見た事実でしかない。哲学とは、その奥にある「**人格的生命**」を霊性的に思惟することである。西田幾多郎（1870-1945、第23章：西田幾多郎と善の研究）にとって愛する者の死は、耐え難い悲痛の経験でありながら人間は「生物的生命」では終わらない、という経験があった。思惟には「こころ」の奥にあるもの、世にいう「いのち」の営みがあった。**思惟によって世界を感じたいなら「いのち」の地平に立ち、他者と己が分かちがたい関係にあることに目覚めなければならない。**このことを確かに認識し、語ること、それが哲学者西田幾多郎の始点であり、終着点であった。
　古代ギリシアの快楽主義者、**エピクロス**（Epikuros, BC341-270）は「死を恐れるな」と説いている。死を経験したことのある人は誰もいないのだから、死がどのようなものであるかは知るすべもなく、そんなものについて心配しても仕方ない。そしていざ死んだら原子の集まりに過ぎない

人間はチリのように離散してしまうのだからもはや死を考えることも出来ない。だから、どのみち、死に煩わされる必要はない、という。主体の側からの考え方はこれで充分である。問題は客体、死を受け入れる側の家族、友人や知人である。主体の死によって肉体、物理的な存在は全く失われ、言葉による意志の疎通は出来なくなった。しかし客体の心には「**心残り**」がある。これが西田の言う「人格的生命」に相当する。人格的生命は主体と親しければ親しいほど、また客体が老いて、家族や他に友人、知人がいなければいないほど、悲哀を伴って心残りとなる。

　しかしこの「心残り」の感情は何も主体が死んでいなくとも、経験することが出来る。遠く離れた場所にいる大切な人を思う時、相手はどこまでも遠いところにいるのに、誰よりも近くにもいると感じる。これを実現するのは、愛である。王勃（650-676）は友人が長安から遠く離れた蜀への赴任が決まり、次の漢詩を読んでいる。**海内知己存す　天涯比隣の若し**。この国のどこかに真の友人がいると思えば、空の果て、遠く隔たった場所にいようとも隣同士みたいなものである。

# 第9章　ショーペンハウエルと生の苦悩

## ［１］ショーペンハウエルの生涯

　アルトゥール・ショーペンハウエル（Arthur Schopenhauer, 1788-1860）は、裕福な商人の長男として、ポーランド・ダンツィヒに生まれる。5歳の時ハンブルクに移住する。家族と連れ立ってヨーロッパ大周遊旅行に出かける。この時、民衆の貧困、過酷な強制労働、絞首刑など社会の底辺を見聞し衝撃を受け、**厭世主義**的な基盤を持つ。

　1809年21歳でゲッティンゲン大学に入学し哲学部でカントとプラトンを会得するよう忠告を受ける。ベルリン大学に移り、ドイツの国民的哲学者でカント哲学の継承者とされるフィヒテ（1762-1814）の下で本格的な哲学研究を始める。1812年24歳の時、フィヒテに対する尊敬が軽蔑と否定に変わる。人間固有の認識方法についての研究である博士学位論文「根拠の原理の四つの根について」をイエナ大学に提出して哲学博士の学位を得る。ゲーテはその才能を高く評価する。東洋学者フリードリヒ・**マイヤー**を通じて古代インド哲学を学ぶ。1819年31歳の時、主著「**意志と表象としての世界Die Welt als Wille und Vorstellung**」を刊行する。

　1820年32歳の時、ベルリン大学私講師となる。故意に自分の講義を当時絶大な人気のあったヘーゲル（1770-1831、第33章：ヘーゲルと弁証法）の講義と同じ時間帯に設定したので、ヘーゲルの講義は満員でショーペンハウエルの講義はガラガラであった。1833年45歳の時、フランクフルトに定住、隠遁生活に入る。1843年55歳の時、「意志と表象としての世界」の続編が完成する。1860年72歳で肺炎のため死去。

　意志を物自体として、一切自然や人生を意志闘争の場とみなし、その解脱は道徳説で全く現実の反対を理想とし、涅槃寂静を唱えた。当時支配的であった合理主義のヘーゲル哲学に圧倒され、非合理で盲目的な衝動である意志がすべての根源であると主張する、ショーペンハウエルの厭世主義

的哲学は、世間にはなかなか受け入れられなかった。ニーチェ、ワーグナー、トーマス・マンなどに影響を与え、仏教精神そのものといえる思想は森鴎外、堀辰雄、萩原朔太郎、筒井康隆などの作家に影響を与えた。

## ［2］表象としての世界

カント（第32章：カントとドイツ観念論哲学）によれば、人間には**感性**（素材の状況を捉える能力）と合理的な能力である**悟性**（分析能力）が備わっている。最終的に**理論理性**が両者をまとめ上げ、認識につなげる。感性の働きはカントによれば人間の認識能力には、先天的に経験的な能力である直観、悟性の働きを思惟と呼び、直観と思惟によって認識が成立する。経験に先立った、つまり**生得的アプリオリ**な認識の形式が必要である。生得的アプリオリa prioriとは、時間・空間・カテゴリーは経験に先立って人間が備えている認識の形式を示す。カントは因果性や同一性といった原理をアプリオリな原理と呼ぶ。理論理性は経験可能な世界しかとらえることができず、理論理性には限界がある。感性で捉えられないものは認識できない。

カントによると、認識とは心の外にある客観的な事物（物自体）をとらえることではなく、能動的な認識作用によって感性と悟性が認識の素材に働きかけ、心のなかで対象を構成することだとされる。つまり、認識が対象に従うのではなく、対象が認識に従うのである、これを**コペルニクス的転回**という。

物自体Ding an sichとは対象のあるがままの姿、現象Erscheinungとは私たちに対して現れる姿をいう。私たちが認識する対象は「物自体」ではなく「現象」に過ぎない。

人間が認識できるのは五感で捉えられる経験可能な現象界だけであって、頭で考えることしかできない、経験を超えた神や霊魂などの英知界については認識できない。カントは人間が認識するものを現象と呼び、現象の背後にある物自体は知り得ないと論じた。

この現象界において物自体を認識できないが、この世界は確実に物自体

であるから、その性質を明らかにしようとしたのが、ショーペンハウエル
の真骨頂である。**この現象界で客観的に認識できるものが表象である**。こ
の表象とは主観的に意識するものでもあって、私という主観が消え去れ
ば、同時にこの表象としての世界も同時に消え去ってしまう。しかし世界
の本質はこれらの表象を超えたところにある。これが**意志Wille zum
Leben**である。あらゆる表象、すなわちあらゆる客観は現象である、しか
しひとり意志のみは物自体である。

## ［3］意志としての世界

　カントは人間が認識するものを現象と呼び、現象の背後にある物自体は
知り得ないと論じた。ショーペンハウエルは時間・空間・因果性を「根拠
の原理」と呼び、これらが表象を成立させる形式であるとみなす。表象の
世界の中では、物自体を理性によって認識することは出来ないけれども、
**カントのいう物自体を意志と規定する**ことによって「意志としての世界」
という新たな構想を生み出した。身体運動は直接的に認識される意志であ
り、意志の客体化である。つまり人間の意志は知性によって生じるのでは
なく、生を意欲する衝動の中にある。意志とは「盲目的な生への意志」で
あり、盲目と呼ばれるのは意志自体に根拠がなく、認識を欠いた存在だか
らである。

　**ショーペンハウエルによれば、本来自分とは意志の客観化として現象す
る限りにおいて存在するものであり、したがって決して意志とは切り離せ
ない存在である**。意志こそ我々自身といっても良い。

　プラトン（第25章：プラトンとイデア論）は、哲学とは永遠の普遍的な
真理を求めるものであると考えた。しかし現実界の人間が感覚によってと
らえる物事は常に変化しやがて消滅する不完全なものであった。プラトン
は理性によって思い描く、物事の完全な姿は実在するものと考え、それを
**イデア**ideaと呼んだ。イデアはさまざまの物事の原型・模範となるもので
あり、私たちが追い求めるべきものの理想的な姿である。イデアとは、普
遍的で理想的で、ものそのものの本質である。感覚でとらえられる現象界

9

は絶えず変化する世界にすぎない。イデア界は理性ロゴスによってのみとらえられる永遠不変の完全無欠な真の実在である（二元的世界観、二世界論）。

洞窟の比喩がある。外界を知らない囚人は壁に向かって坐らされ、囚人の背後には火が燃え、悪魔が動物の模型を動かしている。影絵をみて囚人は本物の動物だと思い込んでしまう。外界に導かれると太陽が眩しくて、真実在の犬を見ることができる。

プラトン（BC427-347）哲学は物事の本質を踏み込んで議論した観念論で、感覚でとらえる現象（個物）は、時間的空間的存在であるが、知性でとらえる本質イデアは、超時間的・超空間的存在で永遠不滅・完全であり天上界に存在すると考えた。

ショーペンハウエルはイデアという語を用いて物自体、表象の性質を表す**段階**を示した。意志の客体性の各段階がプラトンのイデアに当たる。最も下位のイデアを示す段階が重力などの自然法則であり、むき出しの意志を持っている。中位のイデアを示す段階が植物で個性を持っている。高位の段階を示すイデアが動物で性格を持っている。最高位の段階を示すイデアが人間で理性を持っている。理性とは概念を想像できる力を持っており、過去や未来など今ここにある現実以外も想像する。他者を想像することが出来る。本能に背く力も持っており、自己犠牲なども行う。従って人間では生への盲目的な意志が見えづらい。

イデアが低位から高位になるに従い、その表象としての現れ方は複雑になる。低位のイデアは高位のイデアとの闘争の結果、高位のイデアに飲み込まれる形でこの世界に表象することとなる。

ショーペンハウエルは非合理的で盲目的な衝動である「意志」がすべての根源にあると主張する。意志は合目的的な意図や目的を持たずひたすら生に向かう。性器は生きようとする意志の焦点である。低位のイデアである植物では、性器を隠そうともせず、おしべ・めしべをそのままさらけ出し本性をむき出しにしている。人間は理性の力によって性器を見せびらかすのは恥ずかしいことと認識し、服で性器を隠すようになった。性器以外の臓器でも生きることに向けて無限の努力をし続ける。胃は飢餓の客体

化、脳は認識の客体化という事が出来る。

イデアのみが本質的で、現象は見せかけの夢幻的存在でしかない。それ故、歴史や時代が究極の目的をそなえ、計画と発展を蔵しているというような考え方はそもそも間違えである。

## ［4］生は苦痛である

意志の肯定はエゴイズムを追求する個体間の闘争を招き、際限のない空虚を生み出す。意志はいかなる目標も限界もない。意志は常に努力し続け、絶え間ない闘争を繰り広げるのである。その努力と闘争には何の根拠もない。意志＝物自体は無根拠である。低位のイデアが長い闘争の最期に、高位のイデアに勝つこともある。生物にあってはこれがまさに死と呼ばれるものである。高位のイデアである生命が、低位のイデアの活動に負け、最後には物質に還って行くのである。しかし全体でみれば、常に高位のイデアは高みに登ろうと努力を続け、十分に長い時間をかければさらに高位のイデアになっていく。

個々のイデア同士は衝突し、闘争を繰り広げてはいるものの、種の繁栄という点においては、生殖によって生きようとする意志の本来の目的には全く調和しており、繁栄に向かって努力している。性行為とは生きようとする意志を個体の生死を超えて肯定することであり、ここで初めて個体は全自然の生命に所有される。

**意志**は休むことなく続く不断の努力である。意欲と努力とが人間や動物の本質なのであり、それは全く癒されない渇望に似ている。あらゆる意欲の基盤は欠乏であり、不足であり、したがってまた苦痛なのである。人間は生きようとする意志によって意欲し、努力によってその渇望を満たす。時に挫折する。意欲が満たされなければ当然ながらそれは激しい苦痛となって襲い掛かる。

**意欲**が常に満たされ続けると激しい**退屈**に襲われる。意志はその本質として努力し続けたいにもかかわらず、努力することが見つからないという自分の本質に反する状況となる。退屈もまた、度を過ぎると努力が報われ

ないことと同じくらいの苦痛である。生きようとする意志は努力という苦痛と、退屈という苦痛の間を行き来する振り子運動に他ならない。人間は生きようとする意志の絶え間ない振り子運動によって、本質的に苦悩を抱えている。人間は生きたいという意志を満たせない苦痛とそれを満たした退屈による苦痛を振り子のように揺れ動く存在である。満たされなくても苦痛、満たされても苦痛であり、**人生の一切が苦痛**である。幸福というものが「生きようとする意志の意欲が、常に適切なバランスで満たされ続ける」ものだとすれば、現実的にはあり得ない。幸福とは一時の満足に過ぎない。最大多数の人間の一生はあわれなほど内容空虚で、気晴らしのため信仰という各種の迷信を作り出した。むしろ幸も不幸も感じることがないような、そういう振り子運動が止まった状態の方が現実的である。

釈迦の説く「**一切皆苦**」はショーペンハウエルのいう生の苦悩そのものである。仏教では無明を原因とする煩悩を説くが、ショーペンハウエルのいう苦悩の原因は欲から発生する、衝動的な盲目的な意志で**煩悩**とほぼ一致する。

ショーペンハウエルは自分の哲学と東洋哲学との間に多くの共通点があることを知る。しかしこの時代まだ仏教の聖典は欧米の言語に翻訳されておらず、ショーペンハウエルは仏教の教義を正確に詳しく知ることは出来なかった。ショーペンハウエルがインド哲学と仏教を同じようなものと理解していたのは、時代による制約が大きい。ショーペンハウエルは意志をウパニシャド哲学の最高原理ブラフマンと同一視している。ブラフマンは宇宙の根本原理のことである。

## ［5］苦痛からの解放

ショーペンハウエルは芸術にはイデアが宿ると考えていた。芸術はイデアを直観（直接に本質を見抜く）できるものだから、それに触れている間は確かに苦痛から逃れられるかもしれない。生の苦悩から解放される一つの可能性として**芸術**を挙げる。個体としての関心や欲望を捨て、イデアの観照（対象を主観を交えずに冷静に見つめること）によって根拠の原理か

ら脱却することにより、人は安らぎを得ることが出来るという。芸術の中でも特に音楽によって体現されるという。音楽は意志のもっとも直接的な客体化である。しかし芸術は一時的な解決であり根本的な解決にはつながらない。鎮静剤であって永遠の解脱にはならない。

　自分の意志や欲求を諦める**禁欲**は生きようとする意志を否定する活動である。禁ずべき欲は生への盲目的な意志が持つ欲求である。キリスト教では純潔が説かれる。純潔を守るのは生きようとする意志を否定し続ける認識活動に他ならない。あらゆる宗教で行われる断食などの苦行も、その本質は生きようとする意志の否定であり、絶対的な安静へ至ることを目的としている。「生きるために食べる」という当たり前のことを一瞬でも捨てることで、生への執着から逃れ、心の平静を得ようとする行動である。ほかの苦行も生への執着を捨てる目的で行われた。

　我欲滅尽を唱えるショーペンハウエルは衝動的な盲目の意志を否定することで解脱の境地に達することが出来ると説く。他者への共感は他人の中に己と同じ苦悩を共有することで純粋な愛が生じる同情である。しかし私の今の苦痛を消し去ってくれるものではない。己の死さえも意志からの解放とみなす禁欲によって、自発的な意志の放棄へと至る。自殺は意志の肯定の一現象である。自殺は個別の現象を破壊するのみで、意志の否定にはならず、真の救いから人を遠ざける。プラトンの正義、キリスト教の愛、インド哲学の梵我一如（ぼんがいちにょ）の影響がある。現実から意志を否定することで、解脱の境地へと達することが可能となる。この表象としての世界は、所詮は意志のイデアによる客体化に過ぎず、意志が消え去ればその存在を保てなくなる。時間と空間という認識も消え去る。究極の悟りの境地に至る時、この世界のあらゆる認識から解放され、無となり、無限となり、永遠となり、さらにそれすらも捨て去るのである。

　仏教の**諦観**（たいかん）（明らかに真理を見極めること）に近い考え方である。色即是空空即是色の考えとは、この世のあらゆる物や現象は実体がない、実体がないことがこの世のあらゆる物や現象を形成している。この考え方はショーペンハウエルの思想と一致する。

　「意志と表象としての世界」の最終節では意志の無への転換が説かれて

いる。完全な意志の消失は、意志に満たされている者にとっては無であっても、既にこれを否定し、意志を転換し終えている者にとってはこれほどに現実的なわれわれの世界が、そのあらゆる太陽、銀河を含めて無であるとし、これらのことが、仏教徒における般若波羅蜜多、「一切の認識を超えた世界」であると結んでいる。

## ［6］釈迦の悟りと初転法輪

四門出遊を機縁に、シッダールタ王子は出家する。ガンジス川の支流ナイランジャナー河の畔で六年間の修行をして、痩せ衰え骸骨のような姿になるが、苦行から悟りは得られなかった。沐浴をして、ブッダガヤの菩提樹（アシュヴァッタ樹）の下で禅定と瞑想を行うと21日目に悟りを得た。35歳であった。釈迦（BC463-383）が体得した真理は法ダルマdharmaといわれ、宇宙の原理、摂理を指す。**釈迦の縁起の教えは四法印（仏教を特徴付ける四つの教え）**にまとめられる。

① **一切皆苦**
② **諸行無常**
③ **諸法無我**
④ **涅槃寂静**

釈迦は四法印の真実の法則はあまりにも理解しにくいので、誰にも分らないであろうから語るのを止めようとする。この時、バラモン教の最高神であるブラフマン梵天が現れ説法をするよう懇願したと経典には書かれている。これを梵天勧請という。

釈迦は苦行を共にした5人の比丘（出家修行者）に説法を行う。**初転法輪**という最初の説法である。この時から**ゴーダマ・ブッダ（釈迦）**と呼ばれる。初転法輪の内容は中道と四聖諦であったとされる。

この**一切皆苦**は生老病死、すなわちカースト制度で身分が低く生まれる生の苦しみ、老いの苦しみ、病苦、死の苦しみと解釈されやすい。これならば誰にでも理解され説法をためらう理由がない。ここはショーペンハウエルがいう「生きるのは苦痛である、苦痛から脱却するためには生への執

9

着を捨てるのが良い」という考え方に通ずるものがある。ショーペンハウエル自身が、自分は仏陀と本質的に同じことを教えていると述べている。

　釈迦の教える実践の核心は中道である。中道とは苦行に偏ることなく安楽に偏ることのない不苦不楽の立場である。世界は永遠不滅で人は死んでもアートマンが永遠に存在しているという考え方は**常見**といわれ、ひとつの極端である。生あるものはこの世限りであるから死後のために努力することは意味がないと考えるのを**断見**といい、これも一つの極端である。常見と断見という二辺から離れるのも中道である。涅槃に至るための修行には8つの正しい実践の道があるという。これが八正道である。特に難しいことが要求されていないように見える。

① **正見**：正しくものを見る。ありのままに見る。
② **正思惟**：正しくものを考える。欲、怒り、妬み、怨みを離れて正しい意志を持つ。
③ **正語**：正しく言葉を語る。お世辞、二枚舌、悪口、誹謗中傷、ウソを離れ、優しいあたたかい言葉をかける。
④ **正業**：正しい行いをする。生き物を殺す殺生、他人の物を盗む、よこしまな男女関係である邪淫をしない。
⑤ **正命**：正しい生活をする。戒律を守り正しい生き方をする。
⑥ **正精進**：正しいところへ向って努力する。生きる目的達成に向って努力する。
⑦ **正念**：常に仏道に思いを凝らす。
⑧ **正定**：正しく心を集中安定させる、正しい瞑想。

八正道は仕事や家庭などを捨てて仏門に入って修行する出家者のためのものである。八正道の教えをその通りに実行しても仏の悟りは開けない。最高で**阿羅漢**（仏弟子の到達できる最高の位で、これ以上学修すべきものがないとされた）の悟りまでで、仏の悟りまでは三生六十劫の長期間の修行が必要とされる。一劫は4億3400万年である。つまり、生への執着を捨て五欲五蓋を断つのが如何に難しいかという事である。

# 第10章　フロイトと死の欲動

## ［1］フロイトの生涯

　ジークムント・フロイト（Sigmiund Freud, 1856-1939）は、オーストリア帝国フライベルクで、毛織物商のユダヤ人アシュケナッジー・フロイトの息子として生まれた。1873年17歳でウィーン大学医学部に入学する。両生類・魚類の脊髄細胞の研究、脳性麻痺や失語症の研究をしている。1885年奨学金を得て、パリ・サルペトリエール病院の**シャルコー**（Jean Martin Charcot, 1825-1893）教授の下で器質的脳病変を伴わないヒステリー患者の**催眠カタルシス療法**に感動する。

　当時ユダヤ人が大学で教職につき研究者になることは困難であったので、1886年30歳で帰国後一般開業医として実践治療を行う。フロイトの患者の多くはウィーンの上流階級の女性のヒステリーであった。催眠療法から始めて自由連想法による**精神分析学**を確立する。アドラー、シュテーケル、ユングなど多くの弟子に恵まれるが後に訣別する。第一次世界大戦後、外傷性神経症の患者を多数診察し、**死の欲動デストルドー**の着想を得る。70歳の誕生日にはヘブライ大学とアインシュタイン（Albert Einstein, 1879-1955）から祝電と手紙が届けられる。1938年ナチス・ドイツはウィーンに侵攻する。1939年ロンドンに亡命するが、末期がんに侵されており、自ら希望して過量のモルヒネ投与により、83歳で没した。

## ［2］精神分析学の誕生

　1886年30歳でパリ留学から帰国後一般開業医として実践治療を行う。フロイトの患者の多くはウィーンの上流階級の女性のヒステリーであった。フロイトの考えでは、いやな出来事やショッキングな出来事、自分で許せない出来事があるとそれを意識していることができなくなる。そこで意識

の中から無意識の中に抑圧してしまう。しかし抑圧したものは常に意識に戻ろうとするので、意識に戻る代わりにいろいろなヒステリー症状が表れる。従って抑圧されたものを無意識から意識の中に戻すと症状は改善される。これを**カタルシス療法、除反応**という。現在では抑圧された精神的なものが身体的症状に転換されるので、これを転換ヒステリー、**転換性障害**という。

初めはシャルコーのように催眠術で患者を催眠状態に誘導し「治りますよ」と暗示をかける古典的方法を行うが、催眠状態に陥らない患者もいて行き詰まる。そこで**自由連想法**を行う。患者は寝椅子に横になってもらい、自由に語らせるという方法を取る。過去に抑圧された無意識に関係する事柄が連想され、それを分析家が解釈することによって、患者が無意識を意識に統合し、現在の症状が解消する。精神療法では、分析家と被分析者の間にこころの交流があることが大切で、両者の間に**こころの交流ラポールRapport**が生じなければ治療は進展しない。分析が進むと**転移Transference**が起こる。これは本来ある人物に向けられるべき無意識的感情が、それとは別の人物に向けられることである。被分析者が若い女性で、分析家が年配の男性である場合、父親に抱いていた好意を分析家に向けることを指す。転移は治療の進展を表す。このようにして少しづつ無意識的な感情が表に現れる。

現在では精神分析を行う精神科医はほとんどいない。一つは自由連想法では、不快で苦しいために無意識のうちにそれを避けようとして**抵抗Resistance**が現れ、患者は思い出すまいとしたり、思い浮かんでもそれを認めまいとするからである。一つは医療経済上成り立たないからである。現在主流なのは薬物療法と認知行動療法である。

認知とは現実の受け取り方やものの見方のことで、認知に働きかけてこころのストレスを軽くしてゆく治療法を**認知行動療法**という。認知には何かの出来事があった時に瞬間的に浮かぶイメージがあり**自動思考**と呼ばれる。自動思考が生まれるといろいろな気持ちが動いたり行動が起こる。ストレスに対して強いこころを育てるためには、自動思考に気付いて、それに働きかけることが大切で、頭に浮かんでいる自動思考を現実に沿った柔

軟なバランスの良い考え方に変えていくことで、その時々に感じるストレスを和らげる方法を学ぶことが出来る。楽な気持ちでもっと自分らしく生きられる可能性が出てくる。うつ病・不安障害・PTSD・摂食障害・統合失調症などに効果がある。

## ［3］幼児性欲説と精神の発達段階

　患者の記憶を昔に遡っていくと、告白の多くは幼児期に大人から性的なことをされたというものであり、大人は父親または父親的人物であった。幼い子供は直感的に人に言ってはいけないことだと悟り記憶を意識下に抑圧した。これは事実の告白ではなく父親に対する性的な願望の表れだとフロイトは解釈し、幼い子供にも性欲があると考えた。大人の性欲を**性器性欲**、子供の性欲を**幼児性欲**と区別し、幼児の場合にはからだ全体が1つの性感帯であると解釈した。

　フロイトは精神機能の発達段階を5段階に分けた。

**口唇期**：出生後から1歳半までの時期で、哺乳の際の口唇および口腔の接触による興奮が対象関係を表す時期。この時期の母子関係が良好で相互的であったか否かが重要で、後の人間に対しての基本的信頼ないし不信が獲得される。

**肛門期**：1歳半から4歳までの時期で、肛門および尿道の排泄と貯留の感覚が対象感覚の中心になる。家庭適応の時期であり、排泄などの生理的しつけが行われる。

**男根期**：4歳から6歳までの時期で、ペニスの有無により男女の性の違いを意識する時期である。この時期に母親をめぐって父親との三角関係が生じるとされ、**エディプス・コンプレックス**とはこの時期の特に男児の葛藤をいう。

**潜在期**：6歳から12歳までの時期で、対象関係や感情に対する幼児性欲の影響が弱められ知的なもの、芸術的なものへの関心が増す。一般社会への適応の時期。

**生殖器期**：12歳から25歳までの時期で、性的欲求と性衝動のコントロール

をする時期。また親からの独立を要請され自己を発見する自我同一性を獲得していく時期である。

　フロイトの精神構造論によれば、**意識**（自分自身で分かっているもの）と**無意識**（意志の力では思い出せないもの）の間に**前意識**（意志によって思い出せるもの）を置いた。**イド（エス、欲動）**とは無意識的で決して意識されることがなく、快楽を求め不快を避けようとする快楽原則に基づいて働く人間の基本的欲求、すなわち本能的な力を指す。**リビドー性衝動**は人間に本来備わった性的欲動をもとにした常に快楽を求める本能的エネルギーで、発達と共に成熟する。**自我エゴ**とは意識的であり、イドと外界を仲介し現実原則に従い人間を社会に適応させようとする心的過程である。現実に適応して個体の安全・安定を保とうとする要請にそって、合理的な思考や行動をとるための心的装置である。**超自我スーパーエゴ**とは自我より意識的である範囲が狭いが、無意識と前意識にまたがり、自我の行動をコントロールし、イドを検閲する働きを持ち、人間の良心・理想が実現するように働く心的過程である。超自我は自我の働きを監視したり評価したりして、またイドの本能的欲動に対して禁止的態度をとる、社会的な規範やモラルである。超自我の働きは良心と呼ばれる道徳的な要素と、こうありたいという理想を提示する自我理想と呼ばれる働きとがある。

## ［4］生の欲動と死の欲動

　フロイトは人間の欲動リビドーlibidoは快楽原則と現実原則の2つの規則のどちらかに従っていると考えた。**快楽原則**は欲動をひたすら満たそうとする。**現実原則**はそのまま満たすことを我慢し、現実に見合った形で満たそうとする。性の欲動は快楽原則に従いやすいが、自己保存欲動（自我欲動）は現実原則に従いやすい。

　1920年、「**快楽原則の彼岸**」を発表する。1920年は弟子のタウスクの自殺、支援者のフロイントの死去、5日後の娘ゾフィー26歳のスペイン風邪による突然の死。1923年にはゾフィーの忘れ形見、孫ハイネルの高熱のための病死、自分自身の口蓋癌の発覚がある。対象喪失と死の本能（欲動）

の理論の深化へと進む。

　第一次世界大戦の戦争帰還兵の**外傷性神経症**の診察を行う。生命を脅かすような恐ろしい体験をした後では、悲惨な体験を繰り返して夢の中で見てしまう。**PTSD 心的外傷ストレス障害**ではフラッシュバックが起こる。**反復強迫**と呼ばれるもので苦痛な体験を何度も反復してしまう。従来のフロイトの夢理論では夢は願望の充足であるとされていた。こうした夢は、不安を形成しながら刺激を克服することを目指しており、不安が形成されないことが外傷性神経症の原因になっていたという。ゾフィーの息子ハイネルの糸巻き遊びを、母親が「いない」「いた」とみて、消滅と再現を表すものだと解釈した。この遊戯は子供を置き去りにした母親に対する抑圧された復讐衝動の満足であるともいえる。

　フロイトによれば死の欲動は、あらゆる有機体が持つその最初の状態すなわち無機体へと回帰する生物学的欲求に由来する。欲動とは、生命のある有機体に内在する強迫であり、早期の状態を反復しようとするものである。すべての欲動が初期状態への回帰を目指しているものと想定しよう。これまでの経験から、すべての生命体が内的理由から死ぬ、すなわち無機的な状態に還帰するということが例外のない方法として認められると仮定すると、全ての生命体の目標は死であると述べることができる。性的欲動は本来**生の欲動Lebenstrieb**であり、死に導く欲動の意図を阻むものであり、自我欲動、または**死の欲動Todestrieb**と対立する。対象愛もこれに似て、愛と憎（攻撃）との対立がある。**サディズム**は自我からはみ出して対象に向かって現れる死の欲動であると仮定される。そうすればサディズムは性的対象を支配するという性的機能にも奉仕するものとなる。

　娘ゾフィーの突然の死はフロイトに意識的にも無意識的にも大きな影響を与え、「快楽原則の彼岸」の中で、最愛の者を亡くさざるを得ない時、避け得たと考えるよりも、自然の法則、崇高な必然の運命であったと考えることを望むだろうと書いている。フロイトの根本的な価値意識は、精神よりも身体、意識よりも無意識の欲動、生よりも死の方が恒常的で自然な状態であるとみる。それからすると、生の欲動よりも死の欲動を一次的な存在として、その力の方が強力に人間に作用を及ぼすとするのはある意味

10

では自然である。

　フロイトが1920年に**生の欲動エロスと死の欲動タナトス**の欲動二元論に転回したことは非常に大きな影響をもたらした。これまでのフロイト理論が書き直された。フロイトも思弁的と言っているように、臨床的応用についてはほとんど語っていなかった。また死の欲動を例証する臨床事例・臨床的事実についてはほとんど記していなかった。死の欲動は沈黙のうちに働くのかもしれないが、投影を介し、現実に姿を現す死の欲動は非常に攻撃的で、破壊的であり、それは動的なものであるといえる。

　フロイトは狼男の無意識が明らかになるたびに改善していたものが悪化するという事態に遭遇した。これを**陰性治療反応**と名付けた。陰性治療反応は死の欲動と結びついた超自我からの押し付けられた過酷な罪悪感に起因するものだと考え、死の欲動の一つの表れとした。羨望とは良いものを持っている他者に対する強烈な怒りと憎しみのことである。悪いものを破壊するのではなく、良いものを破壊するというこの衝動によって良いものを取り入れ、同化し、成長していくということを根本から阻害してしまう。良いものを破壊する衝動は死の欲動の臨床的な表れといえる。

　フロイトの死の欲動の概念には批判が多く、フロイトの死後に発展継承させた人物にはメラニー・クライン、ジャック・ラカンがいる。臨床においては死の欲動という概念ではなく、医師への攻撃的な反応や怒りをいう。自傷行為や自罰行為も見られ、「攻撃的なもの」として死の欲動の概念が考えられている。死の欲動はあくまでも自己の崩壊産物であり、その本質は自己主張的な性質として、人間の正常な活力として考えられている。攻撃性は本来適切な欲求や感情なのである。他人が適切に反応してくれないと、患者は自己がばらばらになり、その欲求不満を憤怒として表す。これが典型的な攻撃性によって現れる自己愛憤怒である。これに付随して抑うつや自傷行為やサディズム・マゾヒズムが生じる。フロイトの想定した死の欲動は、心理的な活力という概念に置き換えられて把握されている。

# ［5］天才と自殺

　太宰治（1909-1948）は「津軽」に、妻に向けて「正岡子規36、尾崎紅葉37、斎藤緑雨38、国木田独歩38、長塚隆37、芥川龍之介36、嘉村磯田37、あいつらの死んだとしさ。ばたばた死んでいる。おれもそろそろ、そのとしだ。作家にとってこれくらいの年齢の時が、一番大事で」「そうして苦しい時なの？」「何を言ってやがる。ふざけちゃいけない。お前にだって、少しは、分かっている筈だがね。もう、これ以上は言わん。」と書いている。太宰は四度目の心中で、愛人山崎富栄と玉川上水で自殺した。三島由紀夫（1925-1970）は45歳で割腹自殺し、川端康成（1899-1972）は72歳で自殺している。夏目漱石（1867-1916）は「吾輩は猫である」の中で、苦沙弥先生は、「死ぬことは苦しい、しかし死ぬことが出来なければなお苦しい。必ずや死に方について種々考究の結果、斬新な名案を呈出するに違いない。世界向後の趨勢は自殺者が増加して、その自殺者が皆独創的な方法を以てこの世を去るに違いない。そうなると自殺も大分研究が進んで立派な科学になって、落雲館のような中学でも倫理の代わりに自殺学を正科として授けるようになる。」漱石も自殺組の一人であったのかもしれない。

　天才と狂人は紙一重のようなところがあって、芥川の実母は狂人で座敷牢に閉じ込められ、芥川自身にも幻聴があった。短編小説にも思考途絶のためか途中で終わっているものがある。漱石の「行人」の主人公、三沢一郎は統合失調症である。精神障害者を主人公にした小説は、精神障害が作者の空想に基づけば、ただの面白物語に過ぎない。精神科医でもない漱石が自分の症状を題材にするのであれば合点がいく。漱石と言えば、ロンドン留学の適応障害と神経衰弱という事になっているが、実は統合失調症であったという可能性が浮上する。ニーチェ（第35章：ニーチェと弱者・強者）は44歳で発狂するが、子供の頃から幻聴や幻覚があったと記している。古くはソクラテス（第24章：ソクラテスと無知の知）が告発された罪状に、「国家の神を認めず、ほかの新しいダイモニオンを導入した。」一節

**10**

がある。ダイモニオンは幼年時代からソクラテスに現れた幻聴で、いつも何かを禁止する形で現れるという。ダイモニオンの声を聞き、街中に佇み、長い時には一日中無言で立ったまま、誰が話しかけても返事をしなかった。

　天才でなくとも自殺する。著者の同級生は飛び降り自殺した。ほかにも自殺者がいる。周囲の目からは自殺する原因は特に見当たらない。失恋・離婚・失業・経済的破綻・病気・うつ病ではない。生に対する執着がなく、あるいは人生の途中で生きる目的であった生への執着がなくなり、生命力の源ともいうべき財産・地位・名誉などへの執着もなくなる。すると生きることへの困難性が生じると自殺の選択をしてしまう。何も人生を無限に生き続けなければならない必要はない。人生は自分が生きたいだけ生きればいい、という考え方もある。

　厭世（えんせい）主義者のショーペンハウエル（1788-1860）は、この世界にある個体は自らが生きようとする盲目的な表象（ひょうしょう）（あらわれ）であるという。しかし高位の段階イデアにある人間には理性があり、観念を想像する力があり、本能に背いた行動をすることがある。人生は苦痛であるという。人間には生きたいという意志を満たせない苦痛とそれを満たした退屈による苦痛があるという。意志の完全な滅却が必要であり、苦痛から脱却するためには生への執着を捨てるのが良いという。

　セネカ（BS1-AD65）は家族の一員の自殺は家族にとっては重い負担になるので、自殺を戒めている。よき人間とは、自分が生きたいだけ生きるのではなく、自分が生きる必要があるだけ生きるものだ。死のうという思いにばかり執着して、伴侶や友人のために長生きする価値はないという者は、自分の事しか考えていないのである。己の心が死を望むようになったら、もしくは己の心そのものが枯れ始めていると感じたら、ひとたびそこで立ち止まり、家族や友人に尽くさなくてはいけない。誰かのために死を思いとどまるのは、大いなる精神を持っている証（あかし）である。

# 第11章　ブロニーウェアと死ぬ瞬間の5つの後悔

## ［1］死ぬ瞬間の5つの後悔

著者の**ブロニー・ウェア**Bronnie Wareはオーストラリア生まれの著述家で、シンガーソングライター・作詞家・デザイナーなどをしている。実家は牧場経営で父は金融業界で働いていた。その後、自分が心から打ち込める仕事をすべきと考え、イギリスで老婦人の付き添いをした経験を思い出し、自宅介護の住み込みヘルパーをすることを決める。余命宣告を受けた患者を看取る難しい仕事に取り組む。

残された日々を過ごす患者と共に笑い、共に悩み、時に静かに寄り添う。患者一人一人と正面から向き合い、彼らの本音を聞くことになる。患者に寄り添ってきた著者は、自己肯定感が低くありのままの自分を受け入れてもらえなかったトラウマがあるという。患者たちが彼女に胸襟を開いたのは彼女独自の経験によって培われた傾聴力と人間性が背景にある。その経験をブログInspiration and Chaiに「死ぬ瞬間の5つの後悔」の文章を載せたところ、ネット上で徐々に評判になり1年間で300万人以上の人に読まれた。イギリスのガーディアン誌に紹介記事が載せられる。著者によれば余命宣告を受けた患者で、もっとお金を稼ぎたかったとか、もっと物が欲しかったという人はいなかったそうである。

その後書籍となり、26か国語に翻訳されている。「日本のみなさんへ」の寄せ書きもある。日本人と欧米人とでは、文化的背景が異なり、生活習慣や考え方も異なるので、日本人の死ぬ前の後悔は別章で紹介してある。

## ［2］自分に正直な人生を生きればよかった

小柄な体のグレースは結婚してから50年以上周囲に求められる役割を果たしてきた。かわいい子供たちを育て上げ、十代になった孫たちの姿を見

ることに喜びを感じていた。しかし夫は暴君で、結婚生活はとてもつらい
ものであった。数か月前、その夫が終身の老人ホームに入ることを了承し
た時には、家族は皆ほっとし、グレースは解放される思いであった。

　結婚してからずっと、夫から離れて旅することや、横暴な夫にあれこれ
指図されず、何よりもシンプルで幸せな生活を送ることをグレースは夢見
てきた。長年待ち焦がれてきた自由を手に入れ、ようやく新生活が始まっ
たばかりのある日、グレースはひどく体調が悪くなった。数日後、それは
不治の病でかなり進行しているという診断が下され寝たきりになってし
まった。さらに辛かったのは病気の原因が、愛煙家であった夫の副流煙に
よるものだった事である。

　結婚は素晴らしいもので、結婚生活は二人で共に学び成長していける場
であると考えていた。グレースが間違っていたのは、一度結婚したからに
は、何があっても離婚すべきではないと教えられたことだった。この教え
に従ってずっと自分の幸せをあきらめてきた。尽くされて当然と思ってい
る夫に人生を捧げてきた。世間体を気にして他人に期待される通りに生き
てきたが、今になってすべて自分が選んだことであり、自分は先を恐れて
何もできなかったのだと気付く。家族が敷いたレールから外れて軽蔑され
るのが怖かった。周囲に期待された通りの人生を自ら選んだが、それはう
まくいかなかった。

　「私はもっと幸せになって、こんなふうに家族にも辛い思いをさせるん
じゃなかった。どうして夫の仕打ちに耐えてしまったのかしら。」「ブロ
ニー約束して頂戴。どんな時も自分に正直でいること、他人に何を言われ
ても自分の望み通りに生きる勇気を失わないことを。」

　自分に正直な人生を送らなかったということが、一番多い後悔である。
後悔しない人生を歩むためには、自分の心に正直に生き、すべての幸福に
感謝することである。人生が終わりに近づくと、もっと自分らしく生き
かったと考えるようになる。

## ［3］働き過ぎなければよかった

　ジョンは90歳で不治の病に冒されている。「ブロニー、私はあんなに働くんじゃなかったよ。なんて愚かなばか者だったんだ。私は働き過ぎたから、今こうして孤独に死んでいこうとしている。最悪なのは、引退してからずっと一人だったこと、それにそんな思いをする必要は、本当はなかったってことだ。」

　ジョンと妻のマーガレットは5人の子供を育て上げ、4人には孫がいる。子供たちがみな成人して育ってゆくと、マーガレットはジョンに引退してほしいといった。二人とも健康で元気で、豊かな引退生活を送るのに十分なお金もあった。その後ジョンは15年間仕事を止めなかった。

　マーガレットは寂しくて、第二の人生での二人の絆を見つけたがっていた。長年旅行のパンフレットを熟読し、国内外のいろいろな場所に行ってみようと提案していた。けれどもジョンは仕事上の地位に固執し、仕事のおかげで世間や友人たちの間で高い地位が得られるのが好きだと告白し、難しい商談をまとめることに中毒であると語った。マーガレットはもう引退してほしいと泣きながら訴えた。一年後に引退するという事で、マーガレットは妥協した。マーガレットは引退に同意してから四か月後に体調が悪くなり、引退予定日の三か月前に亡くなった。

　「私は仕事がとても好きだったよ。地位も気に入っていた。でもそれが何になる。私は人生で本当に自分を支えてくれたものに十分な時間を費やさなかった。妻はいつも愛し支えてくれた。それなのに私は彼女のために家にいようとはしなかった。妻は面白い人でもあったんだよ。一緒に旅行をしたら、きっととても楽しかったはずだ。自分を業績や持ち物で評価したので、結果的に愛情とか自分が本当に好きなことをする時間とかが離れて行ってしまった。人生のバランスが悪かったんだ。」馬車馬のように働き続けて、人生の時間を無駄にした。もう少し家族との時間を大切にすればよかったと深く後悔する。

　パールは数か月前、63歳の誕生日の直前に不治の病と診断された。30年

11

以上前に一年のうちに夫と一人娘を亡くしている。夫は仕事中の不慮の事故で、娘トーニャは8歳の時白血病で亡くなった。「運命に裏切られたという態度を取り続けている人も多いけど、それで何になるというの。自分で自分を不幸にしているだけよ。全然運命のせいなんかじゃない。誰のせいでもないわ。自分の人生に責任を持てるのは自分だけ。人生を精一杯生きるには、自分に与えられたものをありがたいと思い、不幸だと思い込まないことね。」「運命を恨み続けることは自分を傷つけるし、時間の無駄ね。他人を寄せつけなくなってしまうだけじゃなくて、本当の幸せを知る機会を失くしてしまう。どんなことも誰のせいでもないのよ。」「不幸から抜け出すのも、どんないいことがあったかを認識するのも、困難に立ち向かうのも、みな自分でしなければならない。そういうつもりで生きていけば、幸せが向こうからやってくるはず。」ブロニーはこの女性が大好きだという。

## ［4］思い切って自分の気持ちを伝えればよかった

　ジョセフは97歳で不治の病であり、家族は余命宣告を本人に伝えていなかった。ジョセフと妻のジゼラはホロコーストを生き延びて、オーストラリアに渡ってきた。夫婦は強制収容所の過去を家族に話さなかった。ジョセフの息子は毎日やって来るが二人の間に共通点はなく、「息子はいい奴だが私の金にしか興味がない。」といった。

　「ブロニー、私はもうすぐ死ぬんだろう」。うなずいて「ええ、ジョセフそうです」。「ありがとう、本当のことを言ってくれてありがとう」。ジョセフは家族のために後悔しているという。家族とほとんど顔を合わせない生活をしていた。だから家族は父親がどんな人間かを知る機会がほとんどなかった。「私は自分の気持ちを表に出すのが怖かったんだよ。だから働きづめに働いて、家族を遠ざけた。あんなに寂しい思いをさせるべきじゃなかった。今は本当の私を知ってほしいと思っている。」ジョセフは子供たちとの間に温かい愛情に満ちた関係を築くことが出来なかった。ジョセフが教えてやれたのは、金の価値と稼ぎ方だけだった。ブロニーは私を含

めてジゼラと息子にこの話をしようと提案する。ジョセフは首を横に振り、涙をぬぐった。「いや、もう遅いんだよ。私が死ぬことを知っているのは言わないでおこう。家族はその方が楽なんだ。自分が死ぬのは分かっている。私は大丈夫だ。」

　多くの人が人間関係を円滑に保つために、本音を胸の奥にしまい込んで生きている。いろいろなことに腹を立て、ため込んで、泣いて怒って、その結果病気になってしまう。

## ［5］友人と連絡を取り続ければよかった

　療養施設にいたドリスには、一人娘がおり今は日本に住んでおり頻繁に連絡は取っているが、もうそれほど親しくないという。「母親になって、小さなかわいい娘を育てている時は、何があっても娘との絆が弱まるなんてことは想像できないでしょう。言い争いをしたわけでも、気持ちがすれ違ったわけでもないけれども、でもそうなるのよ。人生とはそういうものなの。私は孤独のあまり死ぬのよ。孤独は人を殺すのよ、間違いなく。時々、誰かに触れたくてたまらなくなるの。」ブロニーが抱きしめるまで四か月の間、人に触れたことが全くなかった。人生の終わりに最も苦しいのは孤独である。

　ドリスには四人の友人がいた。調べると二人は既に他界しており、一人は病床で話ができなかった。ロレーヌがいることを突き止めた。ロレーヌから電話がかかってきた。ドリスの声は年老いているし、ロレーヌの声も老いていたが、電話の両側で二人とも若い娘に戻った。

　驚くほど短い時間で人生が変わることもある。ドリスは私に初めて会った時の孤独な女性から、最期の日、うれしそうに抱きしめてくれた人へと変わった。それはブロニーにとってどんな大金にも代えられない喜びだった。

## ［6］幸せをあきらめなければよかった

　ローズマリーは若くして結婚した。不幸なことに、この結婚で彼女は精

神的にも肉体的にも虐待を受け、暴力を振るわれて瀕死の状態となり、離婚を決断した。今では当然と思われる離婚でも当時はスキャンダルとして扱われた。家族は町では名家だったために、その評判を損なわないように、ローズマリーは町を離れて一からやり直さなければならなかった。

生活に追われた彼女は心を閉ざし、考え方も頑（かたく）なになった。自分を認めることも、家族に認められることも、男性優位の世界で成功することにかかっていた。別の男性と付き合うことは一瞬も心に浮かばなかった。強い意志を持って昇進し、女性としてはその州で初めて、経営側の高い地位についた。自分は幸せになれないと思い込み、現実逃避のような仕事に人生を捧げてしまった。

80歳を過ぎて余命宣告を受けていた。人の上に立ったローズマリーは威圧的な態度で相手を従わせてきた。ヘルパーの扱いにも表れ、ヘルパーを次々に雇ってはクビにしていた。ブロニーは気に入っていた。偉そうな態度で威張り散らしていた。不意にハミングを止めて欲しいといった。「あなたがどんな時も幸せそうにしていて、いつもハミングをしているのが気に障るの。」彼女は惨めな表情で言った。「自分で幸せを感じるようにしているんですよ。そう、私は毎日幸せになろうとしています。人は何を考えるかを選ぶことが出来るんです。だから私はいいことを考えるようにしています。」

「そうまずは30分だけ、幸せなふりをしたらどうでしょう。きっと楽しくて、本当に幸せになれるかも。微笑むという動作をすることで、実際に気持ちが変わるらしいですよ。だからしかめ面をしたり、文句を言ったり、何か否定的なことを言うのを30分でいいからやめて下さい。」「そうね、私は今まで自分は幸せになる資格がないと思っていたのかもしれない。離婚で一族の名前と評判に傷をつけてしまった。それなのにどうしたら幸せになれるというの。」彼女の心からの問いにブロニーは胸が痛くなった。

ローズマリーは最初こそためらっていたものの、幸せになっていいと思えるようになり、日ごとに警戒心を薄れさせた。やがて笑顔を頻繁に見せるようになり、最後には時々声を挙げて笑うようになった。彼女は突然こ

う言った。「私、もっと幸せに過ごせばよかった。なんて惨めな人生だったのかしら。幸せになる資格なんて、私にはないと思っていたのよ。けれどそんなことはない。それが分かったの。今朝、あなたと一緒に笑っていたら、幸せを感じても罪悪感を持つ必要なんてなかったんだって分かったの。」「本当に自分で選んでそうしているのね。自分にはその資格がないと思い込んだり、他人の意見に引きずられて幸せにならずにいるのなら、それを止めればいいのよ。そんなの本当の自分じゃないでしょう。皆こういう自分になろうと思うだけでいいのよ。ああ、どうしてもっと早くに気づかなかったのかしら。なんて無駄なことをしたんでしょう。」「最近は本当の自分が好きになってきたわ、ブロニー、こういう明るい私が。」ブロニーはにこにこしながらそういうあなたを私も好きだといった。「ああ、私、以前は横暴だったかしら。」ローズマリーはブロニーと初めて会った頃を思い返してくすくす笑った。ローズマリーは最期の数か月間を幸せに過ごすことが出来た。

11

# 第12章　大津秀一と死ぬときに後悔すること25

## ［1］死ぬときに後悔すること

　著者、**大津秀一**は1976年生まれ。平成20年から松原アーバンクリクリ
ニックに勤務し、入院・訪問診療の両面で終末期医療の実践を行ってい
る、緩和医療医。すでに1000名以上の看取りを行い、患者さんとの交流の
中で多くを学び、「死ぬときに後悔すること25」を平成21年に出版した。
現在では2000名以上の看取りを行い、令和３年のyou tube上での20分の画
像では本人が講演されている。

　終末期になると、患者さんは何らかの**後悔**を語るという。「私はもう思
い残すことはないですよ。」と語る人も数少ないがいる。世間一般の人よ
りもずっと早くから、後悔を残さないように準備をしてきたように思え
る。彼らの生き方は、いつ死んでも後悔が少ないような、問題を後に残さ
ない生き方である。多くの患者さんが語った後悔を前もって紹介して、元
気なうちにやっておけばよいのではないかという考えから、本書は出版さ
れた。

## ［2］健康・医療編

### ① 健康を大切にしなかったこと
　死因の最大のものはがんで、三人に一人はがんで亡くなり、がんになる
人は二人に一人である。第二位の死因が心疾患である。感染症などが激減
したため、結果として人間は長寿になり、がんが発生する五十代六十代ま
では容易に生きられるようになった。

　手術で根治できる段階、早期がんで発見してその芽を摘むのが一番とい
う事になる。通常の生活習慣病を主体にした**健康診断**では不十分で、年に
一回の**人間ドック**が勧められる。

## ② たばこを止めなかったこと

　若いうちは病気にならないからといって甘く見て、いつの間にか依存が形成されて、年老いたときに辛い目に遭う。肺がんを初めとするがん、虚血性心疾患、酸素ボンベのお世話になる慢性閉塞性肺疾患となる。縮めなくともよいはずの寿命を縮める、本来吸わなくとも生きて行けたのに、たばこに馴染むことでそれがないと人生がつまらないとさえ思ってしまう二点において、著者は好ましくないという。克己心によりたばこと縁を切った人は沢山いる。

## ③ 生前の意思を示さなかったこと

　健康なうちから、いざという時のことを家族と話し合っておくことは重要である。患者さんと家族の意思とは食い違うが、これを家族と話し合ったことがない人があまりに多い。終末期には話は出来ず、意識もなく、動けない。自分が亡くなる時は余計なことはしないでほしいと望むが、家族は少しでも長生きしてほしいと考えるのが人の情である。医療行為は一度始めれば中断することはできない。

　自分の意思を紙に書いて記して指示書を作って置いた方がよい。指示書それ自体よりも、それをきっかけとして医療者と患者本人、家族が最期の瞬間までコミュニケーションを行うことが重要である。一番大切なのは、自分が今何を考え、医療者や家族にはどうしてほしいのか、それを遠慮なく話し合おうとすることである。**終末期医療**には阿吽の呼吸は成立しない。周囲の人はあなたが語り始めるのを待っているのである。

## ④ 治療の意味を見失ってしまったこと

　治らない病気の治療の難しさは、いつの間にか残された人生の大部分を治療が占めるようになってしまうところである。治療を続けていたらいつの間にか死期が迫っていた、このような後悔を訴える人は多い。限られた生をより良く生きる方向へ向かわせなければならない。ただ長生きすることではなく、できるだけ良い時間を過ごせるように、その時間を確保することが治療の真の目的である。

治療の合間をぬって旅行に行ったり、墓参をしたり、遠方の家族に会いに行ったり、全てを成し遂げてきました、という患者もいる。生活の質を確保したまま最期の治療を受けることは難しい。延命治療に終始すると生活の質が著しく損なわれることもある。

　専門家の意見を聞いた上で、家族で話し合って治療を考えることが出来れば、延命に終始することなく、治療の真の意味、最後の自己実現の機会を得ること、親しい人と最後の重要な時間を過ごすことなどが可能となる。

## ［3］心 理 編

### ⑤ 自分のやりたいことをやらなかったこと

　自由に生きた人生は心地よい清涼感を残すものである。やりたい放題の人生は、皆を惹きつけて止まない。「生涯を愛に生きるため、新たな伴侶と生きた女性」「都会での暮らしを捨て、高原での第二の人生を自然とともに生きることを実践した男性」「最後の瞬間まで、自分の作品に心血を注ぎこんでいた男性」、彼ら全ては輝いていたそうである。

　日本人は真面目すぎ見えない鎖に縛られ過ぎている。ひたすら我慢に我慢を重ね、自分の気持ちに嘘をついて、毎日無用なストレスにきりきり耐えて、レールに乗るばかりの人生を送っている。自由に生きるどころか忍従の人生である。気づくと皆が皆、「人生はあっという間でした」と言い残すという。自分を取り戻し、やりたいことをやらなければ最期は後悔する。やりたいことはさっさとやるべきである。

### ⑥ 夢をかなえられなかったこと

　人間には様々な夢がある。若い頃は、時間は無限に続くように感じられ、望めば何にだってなれるような気がする。しかし、長じるにつれその万能感は少しずつ損なわれていく。現実は厳しい。夢がかなえられなかった後悔は、夢をかなえるために全力をつくせなかった後悔、夢を持ち続けられなかった後悔かもしれない。

　夢や希望を抱いて生きようとする時、人は人らしい生を手にいれる。プ

ロのピアニストを目指した女性がいた。プロにはなれなかったが病棟の患者さんを涙させる演奏を行った。一点において彼女の演奏はプロピアニストを凌駕していた。最期まで夢をその手に持ち続けることができれば、夢がかなえられなくとも後悔は少ない。

### ⑦ 悪事に手を染めたこと

　ある犯罪者が死を迎えようとしていた。「許しがほしい」という。キリスト教の洗礼が施されることになった。「私が犯したことは、取り返しがつかないことだった。私は後悔している。後悔しても後悔してもなお後悔する。どうしたらよいのだろうか。」最後まで泣き続けて、何も言葉が出なかった。数日して彼は亡くなった。犯罪など犯すものではない。天知る、地知る、我知る、人知る。自縄自縛により犯罪自体が自分を救うどころかより自分を苦しめることになる。

### ⑧ 感情に振り回された一生を過ごしたこと

　人は感情の生き物である。感情に左右されないで一生を過ごせる人は少ない。だから平静心や忍耐の重要性が説かれるのである。喜怒哀楽のあることは人間の証である。感情はもろ刃の剣でもある。何気ない一言が他人を大きく傷つけ、他人に言われた何気ない一言が自分に剣のように突き刺さることもある。

　感情をさらけ出した途端に理性はどこかに飛んでいってしまう。小事に心を揺るがせないことが大事である。誰かを恨んだり、うらやんだり、ねたんで足を引っ張ったり、さもしいことでした。怒っていても、泣いていても、笑っていても一生は過ぎるものである。感情に振り回され、特に否定的感情にとらわれたまま生涯を過ごせば、残るのは後悔ばかりである。

### ⑨ 他人に優しくしなかったこと

　他人に優しくするというのはなかなか難しいことである。終末期医療では優しくしたつもりが、人を傷つけることがある。ただ見届け、黙して何も語らないことが、最高の優しさになることもある。特に言葉は難しい。

同じ言葉を語ったとしても、表情、声の調子、微妙な表現、あるいは言った人によって、どのように受け取られるかがまるで変ってしまう。

　世の中には人をおとしめることで自分の欲求不満を解消したり、自分の価値を高めようとする人がいる。弱者は時に優しさの正反対を受け得る立場にある。ところが強者も、自らの死期が迫り、見方によっては弱者と考えられる時期に入ると、自らのこれまでの行いを悔いることが多いのである。

　心の優しい人は後悔が少ない。私は優しさが足りなかった。成功するためには、沢山の人を犠牲にもした。僕にかかわった人は、幸せではなかったろう。蹴落としもした。全ては自分のためだった。人をいじめることがよくあるのなら、心を入れ替えた方がよい。優しさが足りないのならば、優しさを意識した方がよい。それらは死が迫った時の、後悔の一因となる。他人に心から優しくしてきた人間は、死期が迫っても自分に心から優しくできるだろう。だから真に優しい人は、死を前にして後悔が少ないのである。著者は、人間を愛してやまなかった、本当の優しさを持った患者さんたちを沢山知っている、という。

## ⑩ 自分が一番と信じて疑わなかったこと

　自分が一番だと、唯我独尊でやってきたことに対して、後悔した人がいた。ワンマンであった彼は、自分の行いを悔いていた。自分の体が弱った時、彼の口から出る言葉も、体と同じく弱ってしまった。その時、彼は初めて人のいう事に心から耳を傾けるようになった。最も孔子でさえも耳順<sub>じじゅん</sub>は六十歳である。人の言葉が素直に聞かれるようになったのが六十歳であるので、凡夫が人の言葉を素直に聞き入れるのは難しい。

　社会的に成功している人間ほど、また統率力や決断力がある人間ほど、独断専行に陥りがちである。英明であった専制君主が暴君に変化してしまうのも、周囲が阿諛追従<sub>あゆついしょう</sub>して間違いを止めることが出来ず、上に立つ者自身も己の心を律しきれないからである。諫言<sub>かんげん</sub>などすれば我が身の不幸を招く。

　一人の人間がそれまで下してきた決断がどんなに間違っていなくても、いつしか死は眼前に現れる。ワンマン社長ほど戸惑い驚くもので、成功体験を積み重ねた歴戦の勝者がこの理不尽さを受け入れられないからであ

る。自分をはるかに凌駕する宇宙の摂理が世の中にはあることに、大きな力を持つ人間はなかなか気付けないのである。己の力の限界を知り、耳順することも、自らの窮地を救うことになる。

## ［4］社会・生活編

### ⑪ 遺産をどうするかを決めなかったこと

　西郷隆盛は子孫に美田を残さず、といったという。親の遺産などあてにせずとも自活できるように育てて、子供もそれ位の気概で自立するのが理想である。遺産は、残った家族が上手に分けてくれるなど期待すべきではない、配偶者も絡む兄弟姉妹の関係は全く盤石ではない。遺産争いなどのせめぎ合いが起こる。主介護者の大きな負担と遺産だけは均等にでは納得がいかない。兄弟全て同席で決める、できれば第三者立ち合いで文書を作成するのがよい。元気な時に、病気になる前に、子供たちを集めて、遺産をどうするか決定しておくべきである。遺産分与は一回で決めること、ある年齢になったら、きちんと準備整理しておくべきである。

### ⑫ 自分の葬儀を考えなかったこと

　葬式の特徴は主役が既にこの世にいないことである。葬式は、本人は地味葬を希望するが、家族は豪華葬を希望し莫大な出費となる。葬式を事前に計画しておく人もいる。従容として死出の旅に赴いた人は、知り合いに僧侶がおり、読経などを生前に頼んでおいた。

### ⑬ 故郷に帰らなかったこと

　死期が近づくと昔のことを思い出す。若い時の記憶は鮮明である。過去を振り返り、他者に過去を語ることをライフレビューといって、精神的苦痛を緩和するのに役立ち有益であるとされる。死の直前に時間や場所が曖昧になり、精神的混乱の中で過去を語りだすと、息子を父と、妻を母という事もある。

　いつしか老境となり、故郷を訪れたり、旧交を温めたりしないうちに死

期を迎える。帰れるならば一度は帰った方がいい。自分の成り立ち、自分のつながり、それらを取り戻すことは明らかに生命力に息吹を吹き込むことになる。できれば健康なうちに故郷で過ごすべきである。

## ⑭ 美味しいものを食べておかなかったこと

余命が短くなると自分の好物が変わり、味が変わってしまう。食欲不振もある。好きな食べ物は後悔しない位、食べておいた方がよい。健康な時に、己の好きな物を家族や友人とかけがえのない時間を共有する会食の機会は、多くあった方が後悔は少ない。

## ⑮ 仕事ばかりで趣味に時間を割かなかったこと

仕事ばかりの人生だったことを終末期に後悔する人もいる。仕事＝人生の場合は、病気になり仕事が失われてしまうと生甲斐の大きな柱が奪われてしまう。挫折感は大きい。仕事しか引き出しがないと辛い思いをする。病気をきっかけに１日10キロの散歩に喜びを見出した人がいた。デザインの仕事をしていた人が粘土細工に趣味を見つけた。死ぬまで創作意欲は衰えなかった。

何か病気になっても打ち込めるものがあると、死期が迫っても動揺が少ない。何らかの一芸を、しかも長年追求し続けるのは後後、いろいろな点で己の糧になる。

## ⑯ 行きたい場所に旅行しなかったこと

旅行は出来るうちにしておく方がよい。終末期の旅行は難しい。たとえ行けたとしても、現地で旅を楽しむ余裕がなくなってしまう。旅行は出来るうちに、しかもどんどん行った方がいい。

# ［5］人　間　編

## ⑰ 会いたい人に会っておかなかったこと

会いたい人には今すぐに会いに行った方が良い。人は一人で生まれ一人

で死んでいく。一生は孤独である。けれども人は終わりまで他者を求めるものである。同輩や後輩でも油断がならない。死は人が思うより近くにある。死期が迫れば、混乱が生じ、会っている相手が誰だか認識できない。会話が不可能になる。眠っている状態が続く。会いに行っても最後の言葉は交わせない。

　会いたい人に会えなかったことは、最期に後悔することが多い。自ら会いに行き、真心込めて接する。会いたい人にきちんと会っておけば、後悔は少ない。


## ⑱ 記憶に残る恋愛をしなかったこと

　恋愛の記憶は最期の日々を豊穣にするという。相手は生身の人間でなくても構わない。テレビの向こうの有名人や本の登場人物でもよい。良い恋愛は死出の道を照らす。恋愛は人が生きた証である。恋愛に障害がある程、鮮明に記憶に残る。しかし、さすがに日本人でもっと恋愛をしたかったと語る人は少ない。

## ⑲ 結婚をしなかったこと

　長年連れ添った事実婚でありながら法律上は結婚していない夫婦もある。結婚には結婚という形がもたらす安心感がある。余命数週間であるにも関わらず、結婚式を行い入籍する夫婦もある。二人が永遠の絆で結ばれるためには、結婚して結婚という形が持つそのゆるぎない安心感を手に入れる必要がある。

　結婚により一層仕事に励むようになり、身を引き締める。結婚は心の安定と活力を生み出す。死出の旅という局面でも、その安心感は大きな力となる。言葉の力は侮れない。死別しても揺るがない絆を結婚に見ることが出来る。独身者でも、死期が迫ると、「結婚しておけば良かった」と後悔する人が増える。


## ⑳ 子供を育てなかったこと

　多くの家族に囲まれた患者さんには笑顔が多い。係累もなく孤独に終末

を迎える患者さんもいる。子を産み育てるのに費やした莫大な労力と金銭は取り返すことが出来なくとも、最期にこの安らぎを天は与えてくれる。家族はいつでも何らかの問題を抱えている。親は生きている間中、子供の心配をしなければならない。苦労は最期に報われる。大勢の子孫に囲まれながら、その苦労の多かった人生の幕を下ろすことが出来る。

　自由と孤独はいつでも隣り合わせである。子供を育てなかった人は、自由であり孤独である。孤独であり自由である。誰かと共に生きてゆくのは、簡単なようでいて容易ではなく、何よりも忍耐が要求される。家族係累が多ければ、自由は格段に減る。

　「子供がいれば良かった」。そのように言う人は多い。


## ㉑ 子供を結婚させなかったこと

　子供が結婚していないという心残りが親にはある。現代では非婚化という事で、三十代四十代の独身男女が増加している。熟年世代以上には理解できない面である。親は子供が独身であるのを見ながら、老い、死んでゆくようになった。子供が結婚していないという心残りと後悔は、その行く末を案じて真剣かつ深刻である。

　しかし病気になってから子供の尻を叩いて結婚に向かわせるのは現実的ではない。早い段階から、子供に家庭を築き、一番幸せを享受できる可能性の高い「人並みの人生」を送ることの、よさや素晴らしさを説くべきであった。適齢期にきちんと結婚できるような、適切で、過不足ない外圧のかけ方が重要で、まず子供を独り立ちさせることである。一人暮らしをさせることは、いろいろな点で自立を助けることになる。親のありがたみも分かるので、親としては一石二鳥である。


## ［6］宗教・哲学編


## ㉒ 自分の生きた証を残さなかったこと

　自分が生きた証を残したい。老いると自伝を書こうとする人が多くなった。もし残したいなら健康なうちから十分考えておく必要がある。女性は

おなかを痛めて産む子供に自分の生の証を残すこともできる。

　普通に生きているだけでは生きた証は残しにくいものである。できるだけ早く人生の総括はして、老いるまで待つ必要はない。絵を残す画家、俳句の本を出版する人、研究の論文集を残す人がいる。家族に自分の存在を残したい場合、一番多いのは手紙である。肉筆の文字は、明らかに書いた人間をこの世に留めている。

### ㉓ 生と死の問題を乗り越えられなかったこと

　生の意味、死の意味を見つけるのは難しい。死ぬ前までに、生と死の意味を自分なりにある程度確信していなければ、死に臨むことは辛い。生きていることが単純に幸せで、死ぬことが単純に不幸なら、人の生涯は最後には全て不幸で終わってしまう。死の意味が見出せなければ、死は大きな恐怖となって眼前に立ちふさがる。

　人生観や死生観を持たなければならない。もっと生と死について知り、己の考えを確立できれば、間違いなく終末期になっても後悔や恐怖は少ないし、もちろん元気なうちからそれが心の柱としてあれば、たくましくこの世を生きていける。

### ㉔ 神仏の教えを知らなかったこと

　人は健康な時には、死などを忘れて生活している。しかし死が迫ってくると、人生の意味への問い、生きている目的、過去の出来事に対する後悔、死後の世界などに関心を持ち、人間はこの関心事を追求して苦悩する。この苦悩を**スピリチュアル・ペイン**という。

　宗教が用意している来世には甘美な響きがある。来世の信心の薄い人は俄かに特定の宗教に帰依する人が多い。来世を確信したい、生と死の意味を最後に掴みたい、毎日の心身の辛さを救ってもらいたいなど動機はまちまちである。地位のある人や犯罪者はキリスト教の洗礼に熱心だそうである。人生で得るものが多かった人は失うものも多く、最期に何かにすがりたくなる。

　宗教は心の修業であるから、にわか作りの絶対帰依の盲信で良いのかど

12

うかよく分からない。健康なうちからもっと死生観のみならず宗教についても知り、学び、考えておくことが大切である。

### ㉕ 愛する人に「ありがとう」と伝えなかったこと

　言葉を使うのは難しい。少なければ災いを起こすが、多くても幸せを運べない。言葉の持っている意味はとても重要である。人間が文明文化を発達させてきたのはひとえに言語活動によってである。人間の意思は以心伝心という事はなく、好きだと言えば好きなことが分かり、嫌いだと言えば嫌いなことがわかる。何も言わなければ好きなのだか嫌いなのだかわからない。暮らしの中にある素晴らしいものを見つけて、愛や感謝の気持ちを人に伝えておかないと罪悪感にさいなまれるという。ありがとうに満ちあふれた人生は、そのまま幸せな人生であるという。ありがとうは言われた人も、言う人も幸せにする言葉である。

　ある人は、死のあとは無になるという。しかしそれは、「生物的生命」を理性的に見た事実でしかない。哲学とは、その奥にある「人格的生命」を霊性的に思惟することである。西田幾多郎（1870-1945）にとって愛する者の死は、耐え難い悲痛の経験でありながら人間は「生物的生命」では終わらない、という経験があった。

　死んでゆく主体は死によって肉体、物理的な存在は全く失われ、言葉による意志の疎通は出来なくなる。しかし死を受け入れる客体の心には「心残り」がある。これが西田の言う「人格的生命」に相当する。人格的生命は主体と親しければ親しいほど、また客体が老いて、家族や他に友人、知人がいなければいないほど、悲哀を伴って心残りとなる。遠く離れた場所にいる大切な人を思う時、相手はどこまでも遠いところにいるのに、誰よりも近くにいると感じる。これを実現するのは、愛である。死にゆく者は残される者達に、「ありがとう」という言葉を、必ず残してから死ななければならない。

# 第13章　日本人の死生観

## ［1］宗教の死生観

**死生観とは死と生に対する見方や考え方をいう**。現代では、死は誰にでもいつかは必ず訪れる前提で、どのように生きるかを考えることを指す。従来死について語ることがタブー視されてきたが、最近では終活がブームになり、自分の死に対する準備を始める人も増加している。死について前向きに捉え、「今をいかに生きるか」に目を向けることは人生の最期を豊かなものにすると考えられている。

**死生学**thanatologyや老年学gerontologyは、ノーベル賞受賞者メチニコフ（Mechinikov, 1845-1916）の造語とされている。世界の宗教の死生観は、死を見つめ死をどのように受け入れるかということであった。人間が特に死に際して直面する「生きる意味とは何か」といった根本的な問いに応答してきた。死んだら自分は消えてしまうのか、そうだとしたら人生は何のためにあるのかという不安や疑問に対して、まず現れたのは、霊魂は死後も永遠に存続するという信仰だった。

インドのバラモン教では先住民族であったドラヴィダ人の**輪廻転生**（りんねてんせい）の考え方がそのまま受けいれられた。この考え方はヒンドゥー教や仏教にも継承され、東南アジア、中国、朝鮮、日本にも引き継がれた。肉体は霊魂の容れ器にすぎず、霊魂は火神アグリによって昇天して行く。従って死体は火葬される。輪廻信仰は**六道輪廻**（ろくどうりんね）として定着した。死後の霊魂は生前の行いの良し悪しによって地獄界・餓鬼界（がきかい）・畜生界（ちくしょうかい）・修羅界（しゅらかい）・人間界・天界のどれかに行く。真の安らぎのためには輪廻からの解脱が必要だとされた。

ユダヤ教、キリスト教、イスラム教では、人間は死後、天国または地獄へ行くとされた。世界を創造した神は、いつの日にか、その世界を終わらせるが、その終末の時に、死者たちはよみがえり最後の審判を受ける。遺体は**最後の審判**の日には呼び起され、復活して天国で永遠に幸せに生きる

者と地獄で永遠に苦しむ者とに分けられる。従って遺体は土葬される。火葬されるのは異端者と魔女である。

　古代エジプトでは、死は新たな人生への始まりであった。セトに殺されイシスによって蘇った農耕神オシリスの復活をなぞることによって、ファラオもまた復活できると信じられていた。死後の世界はドゥアトと呼ばれ、この世と同じ生活を送ることが出来る。そのためには肉体が必要であり、**遺体をミイラ化**する必要があった。

　日本人は漠然とした**あの世観**を持っていた。あの世はこの世とあまり変わらなかった。人が死ぬと魂は肉体を離れて、あの世に行って神になる。死後あの世に行って、あの世で待っている先祖の霊と一緒に暮らす。人間ばかりか、すべて生きるものには魂があり、死ねばその魂は肉体を離れてあの世に行ける。あの世でしばらく滞在した魂は、やがてこの世へ帰って来る。誕生とは、あの世の魂の再生にすぎない。

## ［2］**日本の風土**と精神の土壌

　主著「存在と時間 Sein und Zeit」で20世紀最大の哲学書の著者とされるハイデガーの影響を強く受けた**和辻哲郎（1889-1960）**は、「存在は時間に先立つ風土から生まれる」と結論する。私たちの周囲に存在する全てに、そして私自身の所作や言動や志向や容姿や習慣や心すべてに、日本という風土の徴（きざし）が刻み込まれている。世界の風土的類型には、モンスーン型・砂漠型・牧場型があり、その風土が生み出す人間のあり様の傾向がつくられる。人間存在の構造的契機としての風土がある。

　**モンスーン地域の特徴は暑熱と湿潤にある。**日本の気候は温帯モンスーン気候である。豊かな降水量と夏の高温や日照は稲作に適しており、里山には水田が広がる。動植物の生命に満ちあふれており自然によって大きな恵みがもたらされる。しかし台風や洪水、地震など抗（あらが）うことができない暴威にもさらされている。湿潤で気まぐれな自然に対して人間は**受容的・忍従的な農耕民族**となる。四季のように移り変わりが早く、敏感かつ疲れやすい受容性。

熱帯的な感情の横溢（おういつ）と同時に、寒帯的な静かな持久性を持つ総合的感情。桜のようにぱっと咲き感動しつつも、未練なくあっさり散っていくような熱情と冷静の共存であり、四季折々の景観を楽しみつつも、決してそれにとらわれることのない安定と持久性を持つ二重のあり方。短く咲き誇って散る桜の花を愛（め）でるように、感情の高ぶりを重んじつつ、それがしつこく引き延ばされるのを嫌う気質がある。圧倒的な自然の暴威の前に、冷めた諦めと同時に内に持つ熱い闘争的反抗心。台風のように突発的に燃え上がるその激しい反抗と、それでいて執拗ではなく潔く諦められる恬淡（てんたん）（あっさりしていて物事に執着しない）さと忍従性。**こういう日本人特有のあり方を和辻はしめやかな激情と戦闘的な恬淡（てんたん）と規定する。**四季の移り変わりの激しい日本では、激情的でありつつ、しめやかな情緒を持ち、淡白で諦めのいい性質が形づくられる。**豊かな自然環境との調和・共生という感覚**が芽生える。

砂漠型地域の特徴は強い乾燥であり自然は厳しく死に満ちている。限られた草地と水の争奪戦が行われ、個人は団結し共同体を作る。集団への絶対服従が要求される。戦闘的・服従的な遊牧民族となる。地上の砂漠から隔絶した彼方に、唯一の神の存在を信ずるのが砂漠の民の悲願である。唯一の神を信ずることなしには一日たりとも生きてはいけない。切実な認識である。キリスト教やイスラム教という**一神教**は信じる**宗教**として誕生した。

牧場地域のヨーロッパでは気候は穏やかで、雑草は育ちにくく、豊かな牧草に恵まれる。自然は恵みも暴威もなく、自然はおとなしい。むしろ自然が人間に従うという発想が生まれ、合理的な自然科学の発想が生じる。**自然を支配の対象**としてとらえ、都市も建築物も耐久性の極めて高い石で構築する。人間は合理主義的で農耕と牧畜の民が養われる。

## ［3］古代日本人の霊魂

古代の日本人は自然の中に霊魂の存在を認める**自然崇拝アミニズム**である。自然は多くの恵みを与えてくれると同時に、畏敬（いけい）の念をもって崇拝（すうはい）すべき存在であった。太陽や風・雷・草木・獣・鳥、自然の事物のうちに不

可思議な力を持つものすべてが神であった。カミとは人知をこえたものや働きの総称であり、八百万神（やおよろずのかみ）が創造された。砂漠の民のように、はるか彼方に唯一の神の存在を信じる一神教ではない。森林や山野に神々の気配が満ちこだまする**多神教**という**感じる宗教**が日本列島には育まれた。

　神は定まった形を持たず、時に自然の様々な事物に宿って不可思議な力を表した。神の表れが疫病や飢饉、水害といった災厄の形をとった時、人々は神の力をなだめるために、供物を捧げて神をもてなす祭祀（さいし）を行った。祭祀を繰り返すことで神は次第に豊穣と安穏をもたらす存在として理解されるようになった。日本の神は人びとの饗応を受ける**客人**（まれびと）として、海のかなたの不老不死の世界である**常世国**（とこよのくに）から訪れ、人々に富や長寿をもたらして去ってゆくとされた。

　和辻哲郎によれば、日本の神話には究極の神は存在しないという。究極の神を問うのではなく、疫病などの災厄として現れたそれぞれの神に、その都度対応して祭祀を行うというのが、日本神話における神祀りの特徴である。究極的なものを探求するより眼前のことに対応しようとする姿勢がある。こうした姿勢は、信仰の対象となる神仏をとくに限定せず、初詣・お盆・クリスマスなどの行事にその都度参与する現代の風潮にも通じる。

　多くの場合、人は生まれ育った村落共同体で生涯を送りそこで死んでいった。村落共同体を取り囲む山や海には、死後の霊魂の赴くところである他界があると考えられた。死んだ後、人間の魂はあまり遠くには行かない。魂が肉体から離れて、どこかあまり遠くないところに漂っていて、繰り返し繰り返しまた帰って来た。目には見えないのだけれども、ごくそばのところで、死んだ後に魂の行くところがあった。大きく言えば三つの場所がある。

　一つは山の頂に**霊魂**が集まるという考えで、現在でも山登りの風習がある。神様に会いに行く、死んだ後の魂、祖先の霊に会いに行くという事で、山登りが非常に大きなお祭りの要になっている。神様は山の方に行くし、人間は死んだ後に山の方に行く。山の上の方の神様は、迎えに行けばいつでも里の方に帰って来るし、霊もまた帰って来る。

　海の彼方に霊が集まるという考え方がある。四方が海の日本では文化は

稲作を初めとして海の彼方からもたらされた。海の彼方から渡ってきた稲作は里に入り農耕文化をもたらした。海の彼方にあの世があって、そこから魂はいつでも帰って来られると考えられるようになった。沖縄には**ニライカナイ**という海上他界の信仰がある。浜の穴が海上他界につながるとされ、常世の国につながるとされる。

　洞窟の向こうに死者の世界があるという考え方がある。古事記と日本書紀には**イザナギ**伊邪那岐と**イザナミ**伊邪那美の間には子供ができるが、イザナミが火の神を産んだために下半身に大やけどを負い死んでしまう。イザナミは黄泉国（よみのくに）という死後の世界に住む。イザナミを忘れられないイザナギは黄泉比良坂（よもつひらさか）という、黄泉国と現世との境にある洞窟を通って地下の黄泉国に行く。死は穢（けが）れであり、そこには腐りかけの姿のイザナミがいた。イザナギは黄泉比良坂を通ってあわてて現世に戻る。イザナミは死の世界の穢れを落とすために禊（みそぎ）を行う。禊とは神事の前や、体に罪や汚れがある時、川や海につかり、体を洗い浄めること。イザナミが体を浄め最後に顔を浄めると左目から天照大神（あまてらすおおみかみ）が現れた。

　ヨーロッパでは死ぬと全くの無になると考えられている。日本では現在でも亡くなった者はいずこかに旅立つし、その旅立つ人を生者はこの世でお見送りする。死んだ者は無になるのではなく、死者として存在するのである。日本人の考えでは、死んだ者も生きている者と同じ様に、この世に実在している。**死者**は国民の日常生活の中へも入って来て、いささかの悲しみ、いささかの喜びをも生きている者達と共に分かち合うのである。死んだ者は死者として現実世界に存在する。死者が死後も語り継がれ、尊敬されるということを見て育った者は、いたずらに死を恐れない。日本文化において死者は生者と強い関係性を持ち続け、その関係性を無視して死や死者を語ることは出来ない。

## ［4］仏教伝来と神仏習合

　日本には538年、百済（くだら）の聖明王（せいめいおう）から仏像と経典が欽明天皇（きんめいてんのう）に送られる。奈良時代においては、日本の仏教は世俗をこえた真理としてよりも、現世

における欲望や願いをかなえる除災招福の現世利益の教えとして受け入れられた。医学や農業技術などの科学技術と、呪術・宗教が未分化だった当時、仏教の力で国家の平安を守ろうとする**鎮護国家**は政治の重要な任務であった。しかしもともと外来の宗教が地元に定着するには土着の信仰による、いわば土壌がないと根付き芽を出すのは難しく、その際土着信仰に沿ったいくらかの変容を伴う。

　**天照大神**が隠れるという事は、象徴的な死であり、岩戸を開いたことは日の出、すなわち復活＝黄泉がえりということになる。霊魂が浄土などの彼岸に行ったままではなく帰って来ることもあるという観念に関連して、中国やインドに分布する輪廻転生との関係もある。両者は一種の**霊魂不滅**という点で共通する。仏教の信仰があっても、お盆だからお正月だから帰って来なさいと言えば、霊魂は帰って来て迎え火を焚いたり、送り火を焚いたりというお盆の行事が行われる。お坊さんを呼んでお経を読んでもらうという事でいささかも矛盾することはない。

　死後の世界は黄泉国と言われたが、仏教が普及して極楽浄土と習合（折衷・調和）する。釈迦の死後2000年経つと末法の世となり、1052年が末法到来とされる。貴族を中心として阿弥陀仏による往生を願う阿弥陀来迎図が広まり、1052年には平等院鳳凰堂が藤原頼道によって建立され、**厭離穢**（おんりえ）**土欣求浄土**（どごんぐじょうど）が強調され、穢れた土地、現世からの離脱、浄土という他界への往生が説かれる。死は穢れとされていたが、来迎図では仏は上方から紫雲に乗って降りてきて、禊（みそぎ）が行われる。

## ［5］日本人の**美意識**と現世主義

　日本では感じる宗教として、恵まれた自然環境の中で森林や山野に神々の気配が満ち、日本の神社は鬱蒼（うっそう）とした森の中に造られて、多神教の八百万の神は、育まれてきた。個性もなければ肉体も持たなかった。名前さえ与えられなかった。キリスト教やイスラム教のような一神教では、ただ一つの神を超越神とか絶対神と呼び、人間界からは超越した存在で、地上的なものとは隔絶した価値を持っていた。

古代日本人の宗教意識の第一は、**美の感覚・美意識である**。美の感覚というのは美に感ずる心のことであり、日本人の倫理感も美醜の感覚のことであり、美しいものは善、汚れているものは悪とされた。日本の自然環境は、生活条件としては恩恵と暴威の両側面を併せ持っている。それとは異なり、四季折々の美しい景観として自然を味わう文化が形成された。そうした自然の景観は花鳥風月、雪月花と呼ばれた。こうした花鳥風月としての自然観は、のちに成立した華道、茶道、俳句など広く日本文化全般に影響を与え、花見や月見などの年中行事として現代にも受け継がれている。

　日本に仏教が伝来し、「もののあはれ」の日本人の心と出会い、**無常観が無常感**となって、さらに無常哀感が無常美感となって、はじめて仏教が日本人の心にしみ渡っていく。日本人の宗教意識のもうひとつの特色は、**自然崇拝と素朴な楽天主義、強烈な現世主義**にある。古代人には現世へのよみがえり、黄泉がえりの強い欲求があった。禅宗の道元は念仏を否定し、いかに死ぬかではなく、いかに良く生きるかに主眼を置く。釈迦の言葉が紹介される。過去を追うな、未来を願うな、過去はすでに捨てられた、未来はまだやって来ない。生きるという事は、今の連続である、それは過去を悩み、未来を恐れるのではなく、今を一生懸命に生きるという事である。釈迦は自らの人生に苦しみながらも、生きることに喜びを見出し、自らの生を大切にして人生を歩んだ。

　鎌倉・室町時代になると栄西により茶が普及する。寺院の住職の住まいから書院造りが発達する。床の間がつくられ、生け花を置く習わしから華道が生まれた。禅僧の修業の中でながめた石庭も美的鑑賞の対象とされた。大名や上級武士の邸宅での寄り合いや会所で、連歌や茶の湯が楽しまれ、能や狂言が演じられた。画家の雪舟、能楽の世阿弥の抱いていた日本的な美意識は**わび**（簡素で落ち着いた風趣、閑寂な風情）、**さび**（寂しさのなかの枯淡な情趣）、**幽玄**（艶を去った静寂で枯淡な美しさ、神秘的な優艶さ）である。

　西行、鴨長明、吉田兼好などの隠者が登場する。最低限の草庵で閑寂な生活を送り、時に旅に出る。動機は強い無常観であり、精神生活を支えたものは美と信仰であった。

願はくは花のもとにて春死なむその如月の望月のころ

世はさだめなきこそ、いみじけれ（この世は、無常であるからこそ味わいがある）

　吉田兼好は来世ではなく今この時が大事であると考えていた。死後の世界（来世、あの世）による救済を考えない兼好には生（現世、この世）を厭うという考えはなく、むしろ生を愛すべしと強く語りかけている。

されば、人、死を憎まば、生を愛すべし。存命の喜び、日々に楽しまざらんや

　江戸時代になると町人が経済力を着け新たな文化の興隆をみる。穢土のような否定的なイメージの憂世は**浮世**に一新される。どうせ儚いのなら刹那の間は楽しく過ごそうという考え方に変わっていく。一寸先は闇だから、何事もその場その場で片付けて、月や花を楽しみ、歌を歌い、酒を飲み、家計が無一文になっても苦にならず、深く思い込まない心意気で屈託なくスイスイ世の中を生きていく、これを浮世と名付ける。浮世とはこの世の流れに浮きながら生きていくという事である。一方、忠臣蔵や切腹、心中などの悲劇的な死も涙を流しながらも好まれる。

　日本人の根源的美意識、美の感覚、現世主義は日本人の宗教意識である。死後の浄福の願いではなく、現世の今を生きる願いである。死は最大の悲しみであり、死を避けたい日本人は死後の生に生きるよりも現世の今を生きたいと思っている。しかし死が避けられない時、生を諦め、死の運命を受け入れることのできる国民でもある。

## ［6］現代に生きる日本人の死生観

　法律によれば死は心停止を以って定められている。しかし日本人はある一時点をもって生者から死者になるのではなく、いくつもの段階を経て死者になっていくと考えている。生者から死者への変化には一定の儀礼が必要である。通夜、納棺、食い別れ、出棺、葬送から初七日、四十九日、一周忌、三回忌、七回忌と続く。僧侶を招いての読経、供養などの法要が執り行われる。生者を段階的に死者に変えていく儀礼は家族や血縁者の債務

とされている。「死に目に会う」ことから始まる。死にゆく者に死者としての属性を与える儀礼を果たしたいと家族は願い、そのための第一歩として臨終の場に立ち会いたいと思う。日本の臨終の席では、家族が死に目に会うことがとても重要視される。親の死に目に立ち会えなかった者は負い目を感じる。

**死化粧エンゼルメイク**は、死者の顔に施す化粧であり、医療行為による侵襲や病状などによって失われた生前の面影を、可能な限りで取り戻す作業である。エンゼルメイクはその人らしい顔を重んじる日本人の死生観や遺体観と関係が深く、遺体の清拭や整容、保清などのケアを通して、患者の尊厳を保ち、遺族の悲嘆や喪失の過程を支える、グリーフケアの一つと捉えることが出来る。**グリーフケア**とは配偶者、子供、血族、友人などと死別した人が陥る複雑な情緒的状態を分かち合い、深い悲しみから精神的に立ち直り、社会に適応できるように支援することをいう。エンゼルメイクは、病状の進行や悪化に伴う衰弱、あるいは闘病生活により変化した患者の外観を、遺族が見慣れた姿、穏やかな姿に整えることを目的にしている。棺の蓋に開けられた小さな窓から個人の顔を覗き込んで別れを惜しみ、故人の顔の周りや全身に花を飾り最後の別れの時間を過ごす。喪の作業へとつながる故人の最期の顔のありようは遺族にとって非常に重要であり、故人の最期の顔を見ることには大きな意義がある。

グリーフケアは、家族や友人・知人・医療関係者による慰め、遺族の声にじっくりと耳を傾ける、何も言わずにただそばにいる、気持ちに寄り添うなどがある。必要に応じて専門家によるカウンセリング、社会資源の提供、遺族の生活に関わるサポートなどがある。

古来の日本人の死生観によれば、この世と死後の世界は往来可能で、死を不浄・穢れとして忌み恐れ、死の穢れは禊によって洗い浄められると考えられてきた。日本人の死生観は死を人間の力の及ばないものとして、常に覚悟を決めていた。いざという時は、それを宿命とみなしてきた。ある年齢になれば、いつ死んでもいいように身の回りを整理してきた。死が確実なものと分かっていて、じたばたするのは見苦しいと考えた。死について語ることをタブー視しているわけではない。一方で死にゆく者と生き残

る者が、死について語るという習慣はなかった。

　日本人の遺体観として、遺体を丁重に扱う、遺族が遺体に手を合わせて拝む。「よく頑張ったね」と遺体に声をかける。儀礼のためにも遺体や遺骨は不可欠である。日本人が遺体や遺骨にこだわるのはそれらに対する儀礼をおこなうためであり、外地で戦死した人々の遺骨は今でも収集が行われている。日本人には遺体を丁重に扱い、その人らしい顔を残すことへのこだわりがある。

13

# 第14章　死の受容のまとめ

## ［1］宇宙の原理と人間の生き方

　宇宙の原理、宇宙を支配する法則に従って人間は生きるべきであるという考え方は、文明の黎明期、紀元前の遥か昔に文明の発祥地の幾つかに起こった。古代ギリシアではこれを**ロゴス**といった。**ストア派のゼノン（BC335-263）**は、自然と一致して生きることを説き、自然の理法と調和して生きることを理想とした。自然や人間を包み込む宇宙には大いなる**理性ロゴス**の法則が支配しており、人間も宇宙の一部としてその理法を分有している。したがって人間は欲望や快楽をおさえて宇宙の秩序と調和をもたらす理法に従えば、自然の全体と一致して生きることができ、心の安らぎが得られる。外部から影響されて生じる感情や**情念パトス**に、決して心を動揺させることのない**不動心アパティア**を理想の境地とした。死は宇宙を支配する法則、理法ロゴスに裏づけられた自然法則で生命の必然の帰結である。古代ギリシアの**快楽主義者、エピクロス（BC341-270）**は「死を恐れるな」と説いている。死を経験したことのある人は誰もいないのだから、死がどのようなものであるかは知るすべもなく、そんなものについて心配しても仕方ない。そしていざ死んだら原子の集まりに過ぎない人間はチリのように離散してしまうのだからもはや死を考えることも出来ない。だから、どのみち、死に煩わされる必要はない、という。

　禅の世界に**一円相**（いちえんそう）というのがある。南陽慧忠（?-757）がその祖だという。いろいろな解釈があるが、宇宙そのものを描いているという。森羅万象は宇宙の中で生まれ、宇宙の中で死んでいく。森羅万象は宇宙に秩序と調和をもたらす理法、**法ダルマ**によって支配されている。この一円相からは出ることは出来ない。この中で生きてゆき、一円相の真理そのものと一体とならなければならない。

　**釈迦（BC566-486）は衆生を苦から救う為に体験的な禅定と瞑想によ**

14

り、宇宙を支配する法則ダルマの本質を究めた。**仏教の核心的思想は無常無我である。諸行無常**とはあらゆる存在と現象は生成と死滅を繰り返しているということ。**諸法無我**はいかなる存在も永遠の実体を持たないこと、因果関係によりすべてのものは我ひとりでは存在せず多くの条件によって流転して存在することをいう（**因縁生起の法**）。釈迦は生老病死を一切皆苦と考え、生に執着する煩悩の滅却が大切であると説いた。**苦の原因である煩悩は八正道によって滅ぼせるという。**八正道の修行法は、中道で快楽と苦行の両極端を避けている。王子としての快楽の安逸な生活からも厳しい苦行に励んだ生活からも悟りを得られなかった実体験によるものである。八正道は仕事や家庭などを捨てて仏門に入って修行する出家者のためのものである。八正道の教えをその通りに実行しても仏の悟りは開けない。最高で**阿羅漢**（仏弟子の到達できる最高の位で、これ以上学修すべきものがないとされた）の悟りに到達できると考えた。生命への執着を捨て、真実の理法を体得して究極の境地に達した修行者は、生死を超越した境地に立っている。願い求める者には欲念がある。働きのある時にはおののきがある。この世に生も死も存在しない者、彼らは何を恐れよう、何を欲しよう。我に死の恐怖は存在しない。生への愛着も存在しない。正しく認識し、正しく思惟し、我は疑惑を捨てるであろう。修行者は生を欲しない。また死を喜ぶのでもない。正しく認識し、正しく思惟し、死時の至るのを待つ。**初期仏教で解脱というのは、「この世における生と老とを捨て断ずること」である。解脱の境地においては、死生が存在しない。修行を完成した者は、生死を明察せる者である。**修行者の実践法である八正道は「不死に至る道」であり、修行者は「不死の境地を見る」のである。仏教は釈迦の出家の直接の動機である四門出遊から分かるように、人の死をもっとも直接的な課題としている。従って、生死の苦悩を越えること、つまり、死をいかに受容していくかが仏教の究極的課題である。

　ローマ・カトリックのイエズス会の創設者**イグナチオ・デ・ロヨラ**（1491-1556）は生にも死にも執着しない**不偏心**indifferentiaを説いている。

## ［2］知性の発達と文明の創造

　ショーペンハウエルは、この世界にある個体は自らが生きようとする盲目的な表象（あらわれ）であると考えた。これは知性を持たない本能だけに依存して生きる生物には当てはまるが、人間は知性を獲得して継承し、文明と文化を創造してきた。自らが有限の生物であることも知っており、それ故に人生においては、生きる喜びも生きる目的もあることを見出し、精一杯に生きることを学んできた。

　社会秩序はあらかじめ天から与えられたものではなく、古代の人びとが作ったものである。人びとはそれぞれに天から聡明叡智の才徳を受け、文字を作り、農耕を教え、住居を建て、医薬を授けて人々の生活を文明に導いた。次に儀礼や式楽を定め、政治的な制度を定めた。こうして人間らしい美しい秩序ある社会がもたらされた。

　イギリス経験論のベーコン（1561-1626, 第31章：イギリス経験論）によれば学問の目的は自然を支配する知識を手に入れて、自然を改良し人間の生活を便利で豊かなものに改良していくことにあると説いた。自然はある原因から一定の結果が生まれるという因果法則に従って動いている。科学的な知識は自然を支配する技術として応用することが出来る。「**知は力なり**」とは、人間の知識と力は合一するという意味である。自然はある原因があって、そこから結果が生じるという因果関係に従って動いている。この関係を知ることが自然に服従するということである。人類の文明文化は宇宙の摂理に従っているが、それによって得られた知識を、自然を支配する技術として応用し、人類に福祉をもたらし、人間の生活を改善していこうというのが、ベーコンの姿勢である。

## ［3］人生の喜びと生きる目的

　人間の知性は言語の発達により思考能力を高め学術を習得し、精神の発達により内省的に自己の人生を考え、その中に人生の喜びや生きる目的を

見出してきた。

エリクソン（Erikson, 1902-1994）は、人の発達は年齢の軸に沿って表れて来る身体の発育や老化といった量的な成長を単に示すのではなく、個々人の置かれている環境との能動的な関わりを通して人間として社会化していく生涯発達の過程であると考えた。人間の一生を８つの段階に分け、生涯発達の特徴として次の点を挙げている。①連続的な現象である、②方向性がある、③順序性がある、④連続しているが速度は一定でない、⑤**決定的な時期、最適な時期がある**、⑥成長・発達は相互作用によって促される、⑦個人差がある。

人生に関するこの決定的な時期が、青年期（adolescence, 13-19歳）である。吾十有五にして学に志す、三十にして立つ。若き血に燃ゆる者に闘志漲る時が訪れるのである。若き血はそのまま煮えたぎらせておけばよい。自ら目標と目的を持って、青雲の志を抱いて雄飛していく。外国に留学する者もいれば、活躍の場を他に見つける者もいる。才能のある者に活躍の場所と時間が与えられれば、計り知れない情熱が彼らを導いて行く。１日は24時間しかないのに、それを惜しんで48時間勉強をしてしまう。これを知る者はこれを好む者に如かず、これを好む者はこれを楽しむ者に如かず。楽しいことが限りなく続けば、寝食を忘れて没頭してしまう。傍から見れば、人間はこのような無制限な努力と忍耐をすることが出来るのだろうかと思うが、彼らにしてみれば努力と忍耐をした覚えがない。ただ楽しみの限りを尽くしているだけである。

**北里柴三郎**（1852-1931, **現代漢方医学：近代日本医学史**）はコッホ研究所でベーリングと共に血清療法に取り組む。共著論文であるが、白人社会はベーリングにだけノーベル賞を送る。帰国の時、細菌学で独仏に遅れていたイギリスのケンブリッジ大学は細菌学研究所を創設して北里を所長に招聘しようとする。ペンシルバニア大学も同じことを画策する。北里は天皇の聖恩に報いるため帰国する。**野口英世**（1876-1928, **現代漢方医学：近代日本医学史**）は、ペンシルバニア大学フレクスナーの下で梅毒スピロヘータの研究に没頭する。パンと水で生命をつなぎながら一歩も研究室を出ることはなかった。人びとは、野口はいつ眠るのだろうと噂した。

ノーベル賞候補にも挙げられる。明治初期の東大卒ドイツ留学組には、結核で早逝した者が多数いる。滝廉太郎（1879-1903）など枚挙に暇がない。彼らは「人生とは何か」などを考える時間を持たなかった。しかし彼らの生き様は我々に、「人生とはこの様に生きるものである」ことを平易に教えてくれている。

　マズロー（Maslow, 1908-1970）は、人間の欲求階層について考えた。動物は基本的に本能に根ざす欲求を充足させるためにのみ行動するが、人間は知性によって欲求行動をコントロールすることが出来、人間の欲求は生理的欲求から自己実現欲求へと高まっていく。マズローは人間の欲求を五段階に分けて考えた。人間は自己実現に向かって絶えず成長する動物であるということを前提として組み立てられている。人間には**自己実現欲求**がある。自分にしか出来ないことを成し遂げたい、自分らしく生きたいという欲求が生じる。**理想的自己イメージとの同一化**を目指し、現在の自分が一致していない時には少しでも理想に近づきたいと思う。自分の世界観や人生観に基づいて、あるべき自分になりたいと思う欲求で、自分の可能性や能力を引き上げ、自分の限界に挑戦して自己実現の欲求に突き動かされる状態を指す。**知識欲**とは「もっと新しいことを知りたい、もっと深く知りたい」という探究心で、**内発的動機付けとしての知的好奇心**などに該当する。人間は、古来分からない事に熱心で、物事の本質を洞察する哲学、数学、物理学などが誕生した。**達成欲**とは「何かを成し遂げたい、難しいことを上手くやりたい」という欲求で、困難に立ち向かい乗り越えることで満足感を味わうことが出来る。

　アリストテレス（Aristoteles, BC384-322, **第26章：アリストテレスと万学の祖**）にとって人生の目的は、**幸福エウダイモス**である。幸福とはそのものが持っている本来の能力を発揮することにある。幸福とはそれ自体でよいもの、つまり最高善ということになる。幸福は快楽・名誉・富には存しないと考える。「**人間は生まれつき知ることを欲する動物である**」という。**享楽的生活**からは快楽が、政治的生活からは名誉が、真理を知りそのことに喜びを見出す**観想的生活からは幸福が得られる**という。人間は知を探求することにより幸福になれる。アリストテレスのいう観想的生活と

14

は知的好奇心の事である。すべての関心が人生哲学に限らずすべての自然科学にも向けられている。現在に至る天文学・気象学・動物学・植物学・地学は万学の祖であるアリストテレスから始まっている。体系的に分類・整理し、古代ギリシア最大の学者、科学者であった。**自然の力はなんと偉大なことか！自然の仕組みは実にうまく出来ている。**ヘルミアス王に寄寓していた三年間、彼は生物学と博物学に没頭した。オスのナマズが卵の子守をすることを発見する。近づいてくる小魚を追い払う。卵が孵化するまでオスは10日間何も食べない。産卵の近いタコは自分の体よりも卵の量の方が多い。10日ほどすると孵化して、小さな子ダコが沢山生まれる。しかし魚たちが近づいてきて多くを食べてしまう。ほんの僅かだけが大人になるのである。

　アリストテレスの学園である**リュケイオン**で鯨を魚ではなく、牛や馬の仲間であるという。肺があり、汐を吹き、子供を生むからである。イルカやアザラシも同類である。鶏の有精卵を、日を追って解剖する。まず心臓が作られ、次に頭が、やがて体の各部分が作られ、ヒナが生まれる。アリストテレスが観察した動物の数は500種類といわれている。

　福沢諭吉（1835-1901, 薬理と臨床：福沢諭吉の生涯, 2021：31(1)：7-18）が20歳で大坂緒方洪庵の**適塾**で蘭学を学んでいた時には、ただ知的好奇心のみの蘭学で鎖国攘夷も開国文明開化も頭にはなかった。23歳の時中津藩命により江戸で蘭学塾を開いて、24歳で修好条約の横浜に行った時、オランダ語は何の役にも立たず英語のみが共通語であることを知る。苦心して英語を学んで幕臣となり、咸臨丸でアメリカへ、その後英国のオーデン号でヨーロッパに行く。目の当たりに西洋諸強国とシナ、インドその他のアジア諸国の隷属の運命を見聞する。1866年「**西洋事情**」を出版する。大反響を呼び、大政奉還にも五箇条の御誓文にもこの考えが取り入れられる。

　福沢は門閥制度による権力の偏重が、上への卑屈さと下への傲慢さが日本社会にもたらす病弊を見る。「**学問のすすめ**」で、一身独立して一国独立する、を説く。文明化とは学校や工場や軍備や鉄道、ざんぎり頭などの物質文明を取り入れることではない。無形の「人民独立の気力」こそ「文

14

明の精神」として要になるものであることを力説する。福沢の結論は西洋文明を取り入れることによって日本の独立を守るという一事にある。知的好奇心から始まった福沢の知識欲は、明治維新には国の父と呼ばれるまでに成長した。壱万円札の肖像はほかに代わる人を持たない。中国には偉大な指導者がいなかった。物質文明は取り入れたが、今でも華夏の人民隷属の文明から脱却できない。マルクス理論によれば、資本主義が最終段階に入った帝国主義において労働者階級によって引き起こされるはずのプロレタリア革命が、**毛沢東（1893-1976, 第37章：マルクス理論と共産主義国家の出現）**により貧しい農村社会で引き起こされ、共産思想を持たない者は大量殺戮された。中国では人民独立の気力は醸成されないので、数千年来の専制体制が今でも続いている。

　**生甲斐**とはその人にとっての人生の意味や目的である。生甲斐はその人が自分らしく生きるために必要なものだと言える。退職や子供の自立を迎える。老年期を迎えて老いを受容し死を自覚すると生甲斐を感じる人が減るという。心豊かに過ごすために生甲斐は欠かせないもので、生甲斐を得るために仕事以外の人間関係を広く築いていくことが大切だと言える。高齢者が生甲斐を感じるのは、内閣府の調査では、①趣味やスポーツをしているとき、②孫など家族との団欒のとき、③友人や知人と食事や雑談をしているときである。

## ［4］老年期の自覚と死の受容

　エリクソンによれば老年期は65歳からを指す。自我の統合の時期で、自殺・喪失体験・健康不安の危機がおとずれ、**発達課題として自己統合と絶望ego integrity vs. despair**が交錯する。人間の強さは英知wisdomである。

　人は常に老いを自分とは関係のない異質なものとして否認してきているから、老いを自覚するのは突然ふっとした出会いによることが多い。向老期には老いることが確信に変わり、老年期には老いが現実のものとなる。**老いを受容するのは難しいが、それでも老いは緩やかに確実にやってくる。先ずは心身機能の低下、老化の兆候が出てくる。それは死の自覚であ**

る。この新しい自己像を受け入れることは困難な課題であり、**思秋期**と呼ばれることもある。思春期が人生の旅立ちに当たって自己像を受け入れていくのに対して、思秋期は旅の終わりに当たって新しい自己像を受け入れていくのである。**エリクソンによれば、「老いつつある自分」を全体的に受容できた人には英知・知恵という力が現れるという。英知とは死に直面しても、人生そのものに対して「執着のない関心」をもつことである。**

　エリクソンによれば、老年になってからは、自分が一生の間に世話をし、守り育ててきたものを相対化し、客観化しなければ、人間の諸問題を全体的に眺めるような**統合**に達することが出来ない。一生をかけた事業・学問があれば執着も大きいだろうが、自分の過去についての見方も、突き放してみる習慣を養っておかなければ心の安らぎは得られないだろう。自分の過去についてこそ判断停止が必要とされている。**自分の人生を振り返り満足できると危機感を感じないで幸福に人生を終えることが出来るといい、すなわちそれが統合と完成であるが、それには宇宙という大きな秩序の中で自分を捉えることで達成されるとエリクソンはいう。**健康に幸福に生きてきた人の心は、そういう満足と感謝の境地に至るもので、死んでも死にきれないという人や、未だ人生に感謝できないと言う人は、きちんと老年期を迎えていないのだ、という。最後に問われるのは、「人生に感謝できるか」が課題となる。感謝できる人は危機感を持たずに死んでいける。感謝できる人は年を取ることを受け入れることが出来る。

　老年期になると、多くの人が退職し、子育てを終え老後の生活が始まる。肉体的・身体的な衰えがあり避けることが出来ない。これまでの経験や知識・人徳が集大成される時期である。死を前にしてこれまでの人生を振り返ることもある。人生の総決算ともいえる発達課題は**自己統合性**（完全性）。人生の歩みの中で、よいことも悪いことも、上手くいった事も上手くいかなかったこともある。良いことも悪いことも全て、自己を形成していくが為の人生として受け入れたなら、統合性、つまり自己を肯定できる心を育<ruby>育<rt>はぐく</rt></ruby>ませてきたことになる。エリクソンによれば自我の統合とは「秩序を求め、意味を探す自我の動きを信頼する確信である」という。分かりやすく言えば、家族や地域を超えた、より大きな世の中や人類の秩序や意

味の伝承と、肯定的にも否定的にも、自分自身の人生を振り返った際に、「よい人生だった」と確信を持って受け入れられる力ということである。宇宙・地球・人間のように大きな歴史の流れのなかで、**自分の人生の意味を見出す。壮年期までの課題をクリアしていれば、満足のいく人生だったか、自分の死後に残るものはあるのだろうか。これらの質問にうなづければ老年期で英知wisdomを獲得できる。**思うようにいかなかった人生だったとしても「人生は山あり谷ありだから面白い」などと、うまく折り合いをつけられる。

　自分が存在した意味を感じるには、世代間のつながりの中に自分を位置づけるのがいいという。自身の死に直面しても、自分の人生には意味があったのだと納得し、次世代に希望を託しつつ、安らかに死を受け入れられるという。「よい人生だった」という確信は、統合性の取れた状態で自己を肯定できる心を育ませてきたのであり、最終的な**死の受容**に大きな影響を与えるという。

　**キューブラー・ロス（1926-2004）**は突然予期しない死病に襲われ、病気の否認・怒り・抑うつの時期を経た患者にも、最終的に死を受容できる時が訪れるという。次に患者は、来るべき自分の終焉を静かに見つめることの出来る段階に入る。死を拒絶するのではなく、自らの怒りを吐き尽くし、すっかり衰弱し切って、自分の運命に怒りも抑うつも覚えない。絶望でもなく、幸福でもない。「**長い旅の前の最後の休息**」の時が来たかのようである。誰かの訪問を喜ばず、話したい気分でもなく、そっと一人きりにして欲しいと思う。放棄や諦めのような状態である。受容とは感情がほとんど欠落した状態である。希望ともきっぱりと別れを告げ、安らかに死を受け入れる。

　死に瀕した患者は、幾ばくかの平安と受容を見出すが、同時に周りに対する関心が薄れていく。一人にして欲しい、せめて世間の出来事や問題には煩わされたくないと願う。面会人が訪れることを望まなくなり、誰か訪ねて来ても患者の方はもはや話をする気分ではない。テレビを見ることもない。患者は手招きをして私たちを呼び、しばらく掛けていてくれと伝える。ただ私たちの手を握り、黙ってそばにいて欲しいと頼む。無言のひと

時は意義のあるコミュニケーションとなる。患者は私たちがそばにいるだけで最後まで近くにいてくれるのだと確信する。何も言わなくてもいいと患者に知らせるだけで、患者は何も話さなくとも一人ぼっちではないという確信を取り戻す。夕刻の面会はほんのわずかな時間であってもよい。患者はこの訪問によって、もう手の打ちようがない状態の時でも、自分の事が忘れ去られてはいないのだと気付き、慰められる。面会者にとってもよかったという気持ちになれる。

　あるタイプの患者は、周囲からの助けをほとんど借りることなくゴールに到達する。それでも周囲が黙って理解し干渉しないことは必要である。このタイプに当てはまるのは、苦労を重ねて働き、子供を育て上げ、務めを果たして、人生も終着に近づいたと感じている高齢の患者だった。彼は自分の人生の意味を見出していて、働きづめだった一生を振り返って、充足感を感じていたに違いない。

　**古代ローマのストア派哲学者セネカ（BC1-AD 65）によれば、人生とは、いつまでもしがみつくようなものではないという。**肝心なのはよく生きることであり、ただ生きることではないのだ。賢人は長生きをしようとするのではなく、自分に与えられた時間を全うしようとする。どこで、どのような人と、どのように生きるべきか、一体自分が、何をすべきかを、慎重に考える。思い巡らせるのは、人生の中身であり、長さではない。賢人にとっては、自ら用意する死も、自然に訪れる死も同じことであり、死期が早まろうとも、先になろうとも、違いはないのである。肝心なのは、死期が近いかどうかではなく、よい死を遂げられるかどうかである。**命とは、どんな犠牲を払ってでもすがる程のものではない。**

　我々はこの世に生れ落ちた、と思ったのも束の間、すぐにまた次にやって来る者のために、道を空けてやらねばならない。人の世で起る出来事は、どれもはかなく、瞬く間に過ぎてゆく。とどめない時間の流れのなかでは、すべてが無に等しい。万物は、人知を超えた無限の時の広がりの中で、循環しながら月日を重ねているに過ぎない。**「長生きをした」と思えるような生き方はただ一つ、人生を生き尽くすことである。**早逝にも長寿にも違いはない。人生は長さではなく、質で評価されるべきであり、長生

きすること自体が望ましい訳ではない。人は、人生に必要なものがすでに十分に与えられているというのに、それでもなお貪欲に求め続ける。絶えず何かが欠けている、と感じる者にとって、その感覚が消えることはないだろう。なぜなら、満ち足りた人生かどうかは、生きた年月の長さではなく、自分の心のあり方によって決まるからである。**我々を縛りつけている鎖は、ただ一つ、生きることへの愛着である。**たとえそれを手放せないとしても、減らしていくようにすべきである。**大切なのは、穏やかな心で、堂々と立派に死んでゆくことだ。**今までどれだけの時間、同じ事を繰り返してきたのかを考えてみてごらん。食事、睡眠、色事、それ以外には何もないのではないかね。自分を堕落させて足を引っ張るような快楽を君はすべてやり尽くしている。もはや、その目に新鮮に映るものなど一つもない程、何もかも嫌というほど味わったではないか。葡萄酒（ぶどうしゅ）の味も蜂蜜酒（はちみつしゅ）の味も君は知り尽くしている。牡蠣（かき）や鰡（ぼら）の味だって、よく知っている。欲望のまま、ありとあらゆるものに手を出してきた君には、向こう数年は目新しいものなど現れないだろう。結局のところ、君がこの世を去る時に手放したくないと思っているのは、こうしたものに過ぎない。**自分がどこにも存在しなくなる、ということに恐怖を感じるものである。勇敢に死ぬ、ということが人間の精神のなし得る最も立派な行いの一つとして尊ばれるのは当然であろう。**

　人間の快楽や身体的な経験は、ある時点で「満足した」「もう十分だ」と感じる段階に達する。セネカは、人生においてもそうした充足感を得られるように務めるべきであり、また自分自身はそのように生きてきた、と述べている。今までのように欲を持つのをそろそろ止めにしよう。少なくとも、私はそう務めている。年老いてまで、子供時代と同じものを欲しがりたくはない。あとどの位生きられるのか、などという思いに気をとられたりしないということは、私はすでに、人生を十分に生きられたのだろう。**歳をとる前は、よい生き方をするように心がけてきた。歳をとった今は、よい死に方ができるように心がけている。**よい死に方とは、死を快く受け入れることである。なによりも、自分の最後を悲観的にとらえてはならない。そのためには、生きる覚悟よりも先に、まずは死ぬ覚悟を決めな

14

くてはならない。

　世俗を離れた隠者の鴨長明（1155-1216）の方丈記にある「知らず、生まれ死ぬる人、いづかたより来りて、いづかたへか去る」という記載は必ずしも仔細な点で正確ではない。人は両親の熱望に答える形で祝福されてこの世に生を受けるのである。礼記には「昏礼は万世の始めなり」と書かれている。一人であった人間が配偶者を得て二人となり、熱望して子供が出来て四人となり、さらに孫ができて、**個人としての生は死を乗り越えて永遠の生を獲得してゆくのである。**人間は一人では人生を生きていくことが出来ない。トルストイ（1828-1910）のアンナ・カレーニナの冒頭には「幸福な家庭はすべて互いに似かよったものであり、不幸な家庭はどこもその不幸のおもむきが異なっているものである」と書かれている。平凡なようだが、リョーヴィンとキチイのような結婚が、お互いを愛し慈しみ生涯の伴侶となるのである。やがて夫婦の間に天から子供を授かる。子供は祝福され、両親から無償の愛を浴びるように注がれて成長する。家族は喜怒哀楽を共にし、ヘーゲル（1770-1831, 第33章：ヘーゲルと弁証法）でいえば自然的人倫、孔子（BC551-479, 第20章：孔子と儒教思想）でいえば親子兄弟の間の愛情である血縁の孝悌という自然な情愛となる。孔子は**家族を何よりも大切にすべし**と説いている。藤原兼輔（877-933）の「人の親の心は闇にあらねども子を思ふ道にまどいぬるかな」は、親の子供に対する心の歌として親しまれてきた。子は親の背中を見て育つものである。

　キューブラー・ロスによれば死の床にあって絶望に対する最も効果的な薬は、今まで自分が大切に育て上げてきた家族から大切に思われていることを感じることである。ある人は、死のあとは無になるという。しかしそれは、「**生物的生命**」を理性的に見た事実でしかない。哲学とは、その奥にある「**人格的生命**」を霊性的に思惟することである。西田幾多郎（1870-1945, 第23章：西田幾多郎と善の研究）にとって愛する者の死は、耐え難い悲痛の経験でありながら人間は「生物的生命」では終わらない、という経験があった。思惟には「こころ」の奥にあるもの、世にいう「いのち」の営みがあった。**思惟によって世界を感じたいなら「いのち」の地**

平に立ち、他者と己が分かちがたい関係にあることに目覚めなければならない。このことを確かに認識し、語ること、それが哲学者西田幾多郎の始点であり、終着点であった。

　死んでゆく主体は死によって肉体、物理的な存在は全く失われ、言葉による意志の疎通は出来なくなった。しかし死を受け入れる客体の心には「心残り」がある。これが西田の言う「人格的生命」に相当する。人格的生命は主体と親しければ親しいほど、また客体が老いて、家族や他に友人、知人がいなければいないほど、悲哀を伴って心残りとなる。遠く離れた場所にいる大切な人を思う時、相手はどこまでも遠いところにいるのに、誰よりも近くにいると感じる。これを実現するのは、愛である。

14

# 第15章　般若心経の現代的注釈

## ［1］はじめに

　宗教ははじめ、**自然崇拝アミニズム**から始まった。しかし自然は、崇めても神殿を造っても、いけにえを捧げても、何も変わらない。何もしなくても太陽は定められた時刻に、きちんと昇りきちんと沈む。月の運行も星の運行もきちんと定められた通りである。

　**古代ギリシア哲学の最大の命題テーゼは、宇宙を支配する法則ロゴスを知ることにあった。**古代ギリシア哲学はまたそれ以前には自然科学であった。月食の時、地球が月に映る影から地球が月や太陽のような球体であることを知っていた。アテネとエジプトのアレクサンドリアの距離は分かっているので、太陽が南中する時の仰角から、三角法により地球と太陽の距離を測定していた。**アルキメデス**（BC287-212）の浮力の原理、**ピタゴラス**（BC582-497）の三平方の定理は有名である。**デモクリトス**（BC460-370）は、万物は原子アトムからできていると考えた。アトムは目に見えない微粒子で、様々なアトムが真空ケノンの中を運動していると考えた。**ヘラクレイトス**（BC540-480）は、「**万物は流転する**」と考え、これがロゴスであると主張した。**エピクロス**（BC341-270）は死について考え、原子の集合である人間が、また塵のように離散することであると主張した。これでロゴスは一応の決着を見た。すなわち**森羅万象は、アトムの離合集散に過ぎないと。**これは現代物理学の真理と一致している。ただコップの水が蒸発して空になるのは何故か。物質には固体液体気体の三体があり、それぞれに融点沸点があることは何故だか分からなかった。色即是空、空即是色。

　東洋では釈迦（BC566-486）が衆生を苦から救う為に体験的な禅定と瞑想により、**宇宙を支配する法則の本質を究めた。仏教の核心的思想は無常無我である。諸行無常**とはあらゆる存在と現象は生成と死滅を繰り返して

諸法無我はいかなる存在も永遠の実体を持たないこと、因果関係によりすべてのものは我ひとりでは存在せず多くの条件によって流転して存在することをいう（因縁生起の法）。仏教では紀元200年にインドの大乗仏教の哲学者であるナーガールジュナ竜樹（AD150-250頃）が形而上学上に空の哲理を大成した。空の哲理は現代物理学の真理と一致している。

　人は宇宙に生き、宇宙を支配する法則に従って生きている。インドのウパニシャド哲学ではヨガなどの修行により梵我一如を悟れば輪廻から脱出して解脱できるという。梵とはブラフマンで宇宙の根本原理ロゴスとほぼ同一である。梵我一如とは、自我アートマンと宇宙とが究極的に同一であることを意味する。ウパニシャド哲学では、アートマンは霊魂で不滅であるが、仏教では自我は不滅ではない。最澄（767-822）はこれを、一切衆生悉有仏性（誰もが成仏の素質を持つ）といった。衆生は、この宇宙を支配する法則に従うことを既に悟っていて、この事実を認識できないことが迷いであるという本覚思想が説かれるようになった。

## ［2］般若心経と現代語訳

摩訶般若波羅蜜多心経

唐三蔵法師玄奘訳

観自在菩薩　行深般若波羅蜜多時　照見五蘊　皆空　度一切苦厄　舎利子　色不異空　空不異色　色即是空　空即是色　受想行識　亦復如是　舎利子　是諸法空相　不生不滅　不垢不浄　不増不減　是故空中無色　無受想行識　無眼耳鼻舌身意　無色声香味触法　無眼界　乃至無意識界　無無明　亦無無明尽　乃至無老死　亦無老死尽　無苦集滅道　無智亦無得　以無所得故　菩提薩埵　依般若波羅蜜多故　心無罣礙　無罣礙故　無有恐怖　遠離一切顛倒夢想　究竟涅槃　三世諸仏　依般若波羅蜜多故　得阿耨多羅三藐三菩提　故知般若波羅蜜多　是大神呪　是大明呪　是無上呪　是無等等呪　能除一切苦　真実不虚　故説般若波羅蜜多呪　即説呪曰　羯諦羯諦　波羅羯諦　波羅僧羯諦　菩提薩婆訶　般若心経

現代語訳：

# 大いなる智慧の完成の真髄の経典

　観音菩薩（かんのんぼさつ）は深遠な智慧の完成を行った時、人を構成する五蘊（ごうん）は全て空であると明らかに見た。全ての苦しみと災いの河（かわ）を渡った。シャーリープトラよ。あらゆる存在は実体のない空である。空であるからこそ存在し現象となって現れる。色は即ち空である。空はすなわち色である。人の精神作用である受想行識（じゅそうぎょうしき）もまたかくの如しである。シャーリープトラよ。一切の物の存在のあり方は空であり、固定された永遠の実体ではなく常に変化し流転している。生まれもしなければ滅びもしない、ただ変化しているだけである。全ての存在は本来清浄であるとも不浄であるともいえない。万物は増えることも減ることもない。故に空という真理の中には何も無い。人の精神作用である受想行識もない。人に備わっている眼耳鼻舌身意（げんにびぜつしんい）という主観的感覚器官である六根（ろっこん）は空であり何も無い。六根が感覚作用を起こす客観的対象である色声香味触法（しきしょうこうみそくほう）の六境（ろっきょう）も空であり何も無い。六根が六境を認識する作用である六識（ろくしき）、即ち眼識（見る）、耳識（聞く）、鼻識（嗅ぐ）、舌識（味う）、身識（触る）意識（知る）があり、眼識から意識（認識）の領域までが、ことごとくない。六根、六境、六識を合わせた十八界全てがない。過去から永遠に続いてきている迷いの根本である煩悩（ぼんのう）、無明（むみょう）はない。また無明が尽きることもない。十二因縁（じゅうにいんねん）の無明から老死にいたるまでの全てがない。また老死が尽きることもない。悟りに至るための人生の真理である四諦（したい）、すなわち苦集滅道（くしゅうめつどう）もない。教えを知ることも無く、悟りを得ることもない。もともと得られるべきものは何も無いからである。求道者でもあり救済者でもある菩提（ぼだい）たちは故に智慧の完成によってあるがままに見ることができるから心を覆（おお）うものがない。心を覆うものが無いから恐れもない。転倒した認識によって世界を見ることから遠く離れている。平安な心の涅槃（ねはん）である。過去現在未来の永遠の時の流れの中にいる無数の仏たちは故に智慧の完成によって限りなくすぐれ正しく平等である完全な目覚め、悟りを得る。ゆえに智慧の完成を知る。これは偉大なる呪文（じゅもん）であ

15

**175**

る。これは大いなる無明を打ち破る呪文である。これは無上の呪文である。これは比類なき呪文である。すべての苦しみを除くことができる。真実であり偽りがない。故に智慧の完成の呪文を説く。即ち呪文を説いて曰く。執着（しゅうちゃく）を取り除いて空（くう）の彼岸（ひがん）に行こう。彼岸に行こう。彼岸に皆で一緒に行こう。仏の悟りあれよかし。智慧の真髄の経典。

## ［3］般若心経の現代的注釈

**摩訶（まか）**：大きいさま、勝れたさまをいう。

**般若（はんにゃ）**：サンスクリット語パンニャーの音訳で智慧、真実を極めること。苦悩する衆生を救済する修行者である菩薩（ぼさつ）が目指す六波羅蜜（ろくはらみつ）の一つ。

**波羅蜜多（はらみつた）**：完成。サンスクリット語のパーラミターの音訳。此岸から彼岸に到達する、悟りの境地に至るの意味。

**心経（しんぎょう）**：真髄の経典。一休禅師によれば、「心経とは般若の心なり。この般若の心は一切の衆生もとよりそなわりたる心なり」。インドのウパニシャド哲学では、自我アートマンの宿る場所が心臓である。

**三蔵法師（さんぞうほうし）**：三蔵は経（きょう）（釈迦ブッダの教え）、律（りつ）（僧団サンガの戒律）、論（ろん）（経・律についての注釈）の経典に精通した法師（仏法によく通じてその教法の師となる者）。玄奘（げんじょう）（602-664）は唐の仏教学者。

**観自在菩薩（かんじざいぼさつ）**：自在は自由自在の意味で衆生を自由自在に救済する観音菩薩。**菩薩**は悟りを求める者。

**行深般若波羅蜜多時（ぎょうじんはんにゃはらみつたじ）**：深は智慧波羅蜜だけではなく、六波羅蜜全てを含んだ智慧波羅蜜を意味する。全ての智慧の波羅蜜多を行った時。

**照見五蘊皆空（しょうけんごうんかいくう）**：五蘊（ごうん）は五つの集まり。人間は五蘊がたまたま寄せ集まったもの。色（肉体、形あるもの全て）受（感覚作用、感受する）想（表象作用、そのものが何であるかを見極める）行（意志作用、心がある方向に働く）識（認識作用、自らの状態を知る）の五蘊はすべて空であると明らかに見た。

**度一切苦厄（どいっさいくやく）**：全ての苦しみと災いの河（かわ）を渡った。迷悟を超越した空の真理にはあらゆる物事にとらわれることがない。こだわりを捨てなさいという

意味。

**舎利子**（しゃりし）：シャーリプトラよ。観自在菩薩が智慧一番の釈迦の弟子の舎利子に語りかけている。舎利子は実在の弟子でシャーリプトラの音訳。

**色不異空**（しきふいくう）：色は空に異ならない。あらゆる存在は実体のない空である。

**空不異色**（くうふいしき）：空は色に異ならない。空であるからこそ存在し現象となって現れる。

**色即是空**（しきそくぜくう）：是は中国語のbe動詞でisに相当する。色はすなわち空である。

**空即是色**（くうそくぜしき）：空はすなわち色である。

**受想行識**（じゅそうぎょうしき）：受（感覚作用）想（表象作用）行（意志作用）識（認識作用）の精神作用。

**亦復如是**（やくぶにょぜ）：もまたかくのごとしである。

**是諸法空相**（ぜしょほうくうそう）：一切の物の存在のあり方は空である、固定された永遠の実体ではなく常に変化し流転している。

**不生不滅**（ふしょうふめつ）：生まれもしなければ滅びもしない、ただ変化しているだけである。生を離れた滅はなく、滅を離れた生はない。

**不垢不浄**（ふくふじょう）：すべての存在は、本来清浄であるとも不浄であるともいえない。垢は非日常によるけがれの罪悪意識や人道に反した罪悪意識などを示す。また罪悪意識により**無縄自縛**（むじょうじばく）になる。

**不増不減**（ふぞうふげん）：万物は増えることも減ることもなく、万物のあり方が変わるだけである。真のバラモンは偉大であり業（こう）（カルマ、前世の行いの結果で生じる報い）によって増大せず、縮小せず。

**是故空中無色**（ぜこくうちゅうむしき）：ゆえに空という真理のなかには何もない。

**無受想行識**（むじゅそうぎょうしき）：受想行識もない。

**無眼耳鼻舌身意**（むげんにびぜっしんい）：人間に備わっている主観的感覚器官のことで六根という。重要な順に眼界、耳界、鼻界、舌界（味覚）、身界（皮膚による触覚）、意界（思考する器官の意）があり、これらが空でありないこと。

**無色声香味触法**（むしきしょうこうみそくほう）：眼耳鼻舌身意の六根が感覚作用をおこす客観的対象を色声香味触法といい、六境という。眼によるのが色境、耳によるのが声境、鼻によるのが香境、舌によるのが味境、身によるのが触境、意識によるのが法境。六根と六境を合わせて十二処という。十二処は妄想邪念の温床と

なり、人間に欲望を起こさせ、煩悩を生む元凶だという。六境がなく空であること。

**無眼界乃至無意識界**（むげんかいないしむいしきかい）：六根が六境を認識する作用を六識という。眼識（見る）、耳識（聞く）、鼻識（嗅ぐ）、舌識（味う）、身識（触る）意識（知る）があり、眼識から意識（認識）の領域までが、ことごとくない。六根、六境、六識を合わせて十八界というが十八界全てがない。眼界から意識界にいたる十八界はすべてない。

**無無明**（むむみょう）：釈迦は、あらゆるものごとは相互に依存し、因果関係・縁起によって条件が寄り集まれば起こる、流転すると考えた。これを十二因縁という。過去に原点を置き、**無明**（むみょう）（煩悩、生命の持つ生存本能、過去世から無限に続いてきている迷いの根本である無知）から始まり行（ぎょう）（行為、長年に渡って染まった心の習慣・癖、過去世の無明によって作る善悪の行業）、識（しき）（認識、意識活動、過去世の行によってうけた現世の受胎の一念）、名色（みょうしき）（肉体と精神、ものごと、胎中における心と体）、六入（ろくにゅう）（感覚器官、胎内で整う眼などの六根）、触（そく）（接触、生まれてしばらくの間は苦楽が識別できず物に触れる働きのみがある）、受（じゅ）（感受、苦楽不苦不楽好悪を感受する感覚）、愛（あい）（渇愛、愛欲、苦を避け常に楽を追求する根本欲望）、取（しゅ）（執着、こだわり、自己の欲するものに執着する働き）、有（う）（生存、我の自覚、愛取によっていろいろな業を作り未来の結果を引き起こす働き）、生（せい）（生まれる、迷いの上に迷いを重ねる）、老死（ろうし）（老いて死ぬこと、それ相応の苦悩や不安、次々と変遷する果報のありさま）で終わる。これらは連続しており、どれか一つがなくなると全てがなくなる。過去の因（無明・行）と現在の果（識・名色・六入・触受）、現在の因（愛・取・有）と未来の果（生・老死）があり、**三世両重の因果**（さんぜりょうじゅう）という。無明のないこと。

**亦無無明尽**（やくむむみょうじん）：また無明の滅尽（めつじん）することもない。

**乃至無老死**（ないしむろうし）：無明から老死にいたるまでの十二因縁が何もない。

**亦無老死尽**（やくむろうしじん）：また老死が尽きることもない。

**無苦集滅道**（むくしゅうめつどう）：釈迦の教えで大切なことは一つ。いかにして苦の原因を知り、これを滅却して涅槃（ねはん）に至るかということ。悟りに至るための人生の真理は四諦（したい）（四聖諦（ししょうたい））、すなわち**苦諦**（くたい）（人生は苦しみである、**一切皆苦**）、

集諦（苦の原因を考えることで、苦の原因は煩悩にある）、滅諦（苦の原因を滅する、苦の原因を滅ぼせば涅槃に至れる）、道諦（八正道によって苦の原因を滅ぼせる）である。諦はサンスクリット語のサテイヤの意訳で真理のこと。諦めることではない。この苦集滅道の四諦がないこと。四諦を否定するのは四諦への執着を破って四諦の真意を生かすため。

**無智亦無得**：教えを知ることも無く、悟りを得ることも無い。

**以無所得故**：もともと得られるべきものは何も無いからである。インドの伝統的仏教徒は有の存在を強調し、真実の姿である空を見失っていたので、有の存在を否定し無の存在を強調した。

**菩提薩埵**：サンスクリット語のボディサッツーバの音訳。菩薩のこと。菩薩は求道者でもあり救済者でもある（**上求菩提下化衆生**）。

**依般若波羅蜜多故**：ゆえに智慧の完成によって

**心無罣礙**：罣はひっかける、礙はさまたげる。あるがままに見ることができるから心を覆うものがない。

**無罣礙故**：心を覆うものが無いから。

**無有恐怖**：恐れることもない。

**遠離一切顛倒夢想**：顛倒は道理をその通りに見ず真理を間違えること。四顛倒とは、無常を常とする、不楽を楽とする、無我を我とする、不浄を浄とすること。夢想は無常の世の中にありながら永遠なものを求めようとする無理な要求を心に描くこと。転倒した認識によって世界を見ることから遠くはなれている。

**究竟涅槃**：ニルバーナの音訳で涅槃のこと。涅槃は煩悩の炎が吹き消された状態で無上に安らかで喜びに満ちた平安な心のこと。涅槃の意訳語は寂滅、寂静。**涅槃寂静**は同語反復。涅槃には二つあり、**有余涅槃**は悟りによって到る心の涅槃、**無余涅槃**は死によって訪れる平安。

**三世諸仏**：過去現在未来の永遠の時の流れの中にいる無数の仏たち。

**依般若波羅蜜多故**：ゆえに智慧の完成によって

**得阿耨多羅三藐三菩提**：サンスクリット語の音訳でアヌッタラサムヤックサンボーディ。無上正等正覚。限りなくすぐれ正しく平等である完全な目覚め、悟り。

**故知般若波羅蜜多**：ゆえに智慧の完成を知る。

**是大神呪**：神は不思議な霊力を意味する。呪は真言マントラ（真実の教え）のことで真理を表す秘密の言葉。これは偉大なる呪文である。

**是大明呪**：明は無明の対義語で、これは大いなる無明を打ち破る呪文である。

**是無上呪**：これは無上の呪文である。

**是無等等呪**：これは比類なき呪文である。

**能除一切苦**：すべての苦しみを除くことができる。

**真実不虚**：真実であり偽りがない。

**故説般若波羅蜜多呪**：ゆえに智慧の完成の呪文を説く。

**即説呪曰**：即ち呪文を説いて曰く。呪文には人智の及ばない霊力が秘められている。

**羯諦羯諦**：羯諦羯諦は音訳でガテーガテー。取り除く意味。執着を取り除いて空の彼岸に行こう。釈迦はガンジス川支流の**ナイランジャナー河**の畔で苦行を６年間するが、悟りを得られず、村娘**スジャータ**から乳粥の供養を受け沐浴してから菩提樹の下で禅定と瞑想によって悟りを得たという。ナイランジャナー河の此岸から反対側の彼岸に渡って悟りを得たかも知れない。

**波羅僧羯諦**：音訳でパーラサンガテー。僧は和合の意味。彼岸に皆で一緒に行こう。

**菩提薩婆訶**：菩提ボーディは仏の悟り。薩婆訶スバーハーは願いの成就を祈ってマントラの最後に唱える秘語。あれよかし。空海は口で真言を唱える時（口密）、サンスクリット語でなければ功徳がないとして、常にサンスクリット語でマントラを唱えたという。

**般若心経**：智慧の真髄の経典。

# 第16章　般若心経の原文解釈と
# サンスクリット語の発音

## ［1］はじめに

　インドの**ウパニシャド哲学**では、宇宙の存在構造といった高度に形而上学的な事柄が論じられたが、釈迦が生前に説いたのはいかにして苦の原因を知りこれを滅却して涅槃に至るかということだけであった。世界の永遠性や死後の世界については否定も肯定もしなかった（**無記説**）。入滅の時に弟子の**阿難**に説いた最後の教えは、**自燈明法燈明**で、己を頼りに己の道を進み、正しき法を頼りにして正しき方向に進み、他者を頼らず自らを救うことであった。この自らが進むべき道を自らが悟るためには、必ず戒律・禅定・智慧などの仏道修行が要求される。

　西洋哲学は論理学で書物と思索で真理に到達できるが、東洋哲学は実践哲学で必ず修行と実体験を伴う。釈迦が体験した無我の境地を追体験する

## ［2］般若心経と現代語訳

摩訶般若波羅蜜多心経

唐三蔵法師玄奘訳

観自在菩薩　行深般若波羅蜜多時　照見五蘊
皆空　度一切苦厄　舍利子　色不異空　空不
異色　色即是空　空即是色　受想行識　亦復
如是　舍利子　是諸法空相　不生不滅　不垢
不浄　不増不減　是故空中無色　無受想行識
無眼耳鼻舌身意　無色声香味触法　無眼界
乃至無意識界　無無明　亦無無明尽　乃至無
老死　亦無老死尽　無苦集滅道　無智亦無得
以無所得故　菩提薩埵　依般若波羅蜜多故
心無罣礙　無罣礙故　無有恐怖　遠離一切顛
倒夢想　究竟涅槃　三世諸仏　依般若波羅蜜
多故　得阿耨多羅三藐三菩提　故知般若波羅
蜜多　是大神呪　是大明呪　是無上呪　是無
等等呪　能除一切苦　真実不虚　故説般若波
羅蜜多呪　即説呪曰　羯諦　羯諦　波羅羯諦
波羅僧羯諦　菩提薩婆訶　般若心経

ことは、釈迦の後継者たちにとって容易なことではなかった。般若心経の最後の部分は呪文を唱えることで、この人智の及ばない霊力が秘められている呪文、**マントラ**によって**神秘体験**が会得できるのである。釈迦自身は呪文のような神秘的なものは否定的であったといわれる。しかし釈迦の追体験にはどうしても呪文による神秘体験が不可欠である。

　玄奘訳の音読みでも構わないのであるが、サンスクリット語は母音の響きが素晴らしいので、映画音楽でもしばしば英語を**サンスクリット語**に翻訳してコーラスで使われる。現在ではyou tubeでサンスクリット語の般若心経を聞くことができる。法悦の境地にいざなう仏様の有難い呪文である。

現代語訳：

### 大いなる智慧の完成の真髄の経典

唐三蔵法師玄奘訳

　観音菩薩は深遠な智慧の完成を行った時、人を構成する五蘊は全て空であると明らかに見た。全ての苦しみと災いの河を渡った。シャーリープトラよ。あらゆる存在は実体のない空である。空であるからこそ存在し現象となって現れる。色は即ち空である。空はすなわち色である。人の精神作用である受想行識もまたかくの如しである。シャーリープトラよ。一切の物の存在のあり方は空であり、固定された永遠の実体ではなく常に変化し流転している。生まれもしなければ滅びもしない、ただ変化しているだけである。全ての存在は本来清浄であるとも不浄であるともいえない。万物は増えることも減ることもない。故に空という真理の中には何も無い。人の精神作用である受想行識もない。人に備わっている眼耳鼻舌身意という主観的感覚器官である六根は空であり何も無い。六根が感覚作用を起こす客観的対象である色声香味触法の六境も空であり何も無い。六根が六境を認識する作用である六識、即ち眼識（見る）、耳識（聞く）、鼻識（嗅ぐ）、舌識（味う）、身識（触る）意識（知る）があり、眼識から意識（認識）の領域までが、ことごとくない。六根、六境、六識を合わせた十八界全て

がない。過去から永遠に続いてきている迷いの根本である煩悩、無明はない。また無明が尽きることもない。十二因縁の無明から老死にいたるまでの全てがない。また老死が尽きることもない。悟りに至るための人生の真理である四諦、すなわち苦集滅道もない。教えを知ることも無く、悟りを得ることもない。もともと得られるべきものは何も無いからである。求道者でもあり救済者でもある菩提たちは故に智慧の完成によってあるがままに見ることができるから心を覆うものがない。心を覆うものが無いから恐れもない。転倒した認識によって世界を見ることから遠く離れている。平安な心の涅槃である。過去現在未来の永遠の時の流れの中にいる無数の仏たちは故に智慧の完成によって限りなくすぐれ正しく平等である完全な目覚め、悟りを得る。ゆえに智慧の完成を知る。これは偉大なる呪文である。これは大いなる無明を打ち破る呪文である。これは無上の呪文である。これは比類なき呪文である。すべての苦しみを除くことができる。真実であり偽りがない。故に智慧の完成の呪文を説く。即ち呪文を説いて曰く。執着を取り除いて空の彼岸に行こう。彼岸に行こう。彼岸に皆で一緒に行こう。仏の悟りあれよかし。智慧の真髄の経典。

## ［3］般若心経のサンスクリット語の発音

Namas Sarvajñāya. āryāvalokiteśvaro bodhisattvo gambhīrāyām
ナマス　サルバジュニャーヤ　アーリヤーバローキテーシバーロ　ボディ
ヒサットボ　ガンビーラーヤーム

prajñāpāramitāyāṃ carayāṃ caramāṇo vyavalokayati sma: pañca
プラジュニャーパーラミターヤーム　チャルヤーム　チャラマーノー　バ
ヤバローカヤティ　スマ　パンチャ

skandhās, tāṃś ca svabhāvaśūnyān paśyati sma. iha Śāriputra rūpaḥ
スカンダース　タームシュチャ　スババーバシューニャーン　パシャヤ
ティ　スマ　イハ　シャーリプトラ　ルーパム

śūnyatā, śūnyatāiva rūpam. rūpān na pṛthak śūnyatā, śūnyatāyā na
シューニヤター　シュニヤターイバ　ルーパム　ルーパン　ナ　プリタ
ク　シューニヤター　シューニヤターヤー　ナ

pṛthag rūpam. yad rūpaṃ sā śūnyatā, yā śūnyatā tad rūpam. evam
プリタク　ルーパム　ヤドルーパム　サー　シュニヤター　ヤーシュー
ニヤーター　タドルーパム　エバム

eva vedanā-saṃjñā-saṃskāravijñānāni. iha Śāriputra sarvadharmāḥ
エバ　ベーダナーサムジュニヤーサンスカーラビジュニヤナーニ　イハ
シャーリプトラ　サルバダルマーハ

śūnyatālakṣaṇā anutpannā aniruddhā amalāvimalā nonā na
シュニヤターラクシャナー　アヌトパンナー　アニルッダー　アマラアビ
マラー　ノーナー　ナ

paripūrṇāḥ. tasmāc Chāriputra śūnyatāyāṃ na rūpaṃ na vedanā na
パリプールナーハ　タスマーチ　チャーリプトラ　シュニヤターヤーム
ナ　ルーパム　ナ　ベーダナー　ナ

saṃjñā na saṃskārā na vijñānam. na cakṣuḥ-śrotra-ghrāṇa-jihvā-
サムジュニヤー　ナ　サムスカーラー　ナ　ビジュニヤーナム　ナ　チャ
クシュフ　シュロートラ　グフラーナ　ビジーバ

kāya-manāṃsi, na rūpa-śabda-gandha-rasaspraṣṭavya-dharmāḥ, na
カーヤー　マナームシ　ナ　ルーパ　シャブダ　ガンダ　ラサスプラシタ
ブヤ　ダルマーハ　ナ

cakṣur-dhātur yāvan na mano-vijñāna-dhātuḥ. na vidyā nāvidyā na
チャクシュル　ダートルヤーバン　ナ　マノービジュニヤーナダトーフ

ナ　ビービドヤー　ナアビドヤー　ナ

vidyākṣayo nāvidyākṣayo yāvan na jarāmaraṇaṃ na jarāmaraṇakṣayo
ビドヤークシャヨー　ナーアビドヤークシャヨーヤーバン　ナ　ジャラー
マラナム　ナ　ジャラーマラナクシャヨー

na duḥkha-samudayanirodha-mārgā, na jñānaṃ na prāptiḥ. tasmād
ナ　ドゥフカ　サムダヤニローダマールガ　ナ　ジュニャーナム　ナ　プ
ラープティフ　タスマード

aprāptitvād bodhisattvānāṃ prajñāpāramitāṃ āśritya viharaty a-cittā
アプラープティトバード　ボーディサットバーナーム　プラジュニャー
パーラミターム　アシュリトヤ　ビハラティー　アチッター

varaṇaḥ. cittāvaraṇa-nāstitvād atrasto viparyāsātikrānto
バラナハ　チッタバラナ　ナースティバード　アトラストー　ビパルヤー
サーティクラーントー

niṣṭhanirvāṇaḥ. tryadhvavyavasthitāḥ sarva-buddhāḥ
ニシタニルバーナハ　トリヤドバブバヤバスティターハ　サルバ　ブッ
ダーハ

prajñāpāramitām āśrityānuttarāṃ samyaksambodhiṃ
プラジュニャーパーラミターム　アーシュリトヤーアヌッタラーム　サム
ヤクサムボーディム

abhisambuddhāḥ. tasmāj jñātavyaṃ prajñāpāramitā-mahāmantro
アビサムブダーハ　タスマージ　ジュニャータブヤム　プラジュニャー
パーラミター　マハーマントロ

16

mahāvidyāmantro 'nuttaramantro' samasama-mantraḥ,
マハービドヤーマントロ　ヌッタラマントロ　サマサママントラハ

sarvaduḥkhapraśamanaḥ. satyam amithyatvāt prajñāpāramitāyām
サルバドフカプラシャマナハ　サティヤム　アミトヤトバートプラジュ
ニャーパーラミターヤーム

ukto mantraḥ, tad yathā: gate gate pāragate pāra-saṃgate bodhi
ウクトーマントラハ　タッドヤター　ガテー　ガテー　パーラガテー　パ
ラサンガテーボーディ

svāhā. iti Prajñāpāramitā-hṛdayaṃ samāptam.
スバーハー　イティ　プラジュニャーパーラミター　フリダヤム　サマー
プタム

## ［4］般若心経の原文解釈

Namas Sarvajñāya āryāvalokiteśvaro bodhisattvo：観自在菩薩。namas
礼、敬礼。挨拶のナマステna maste はあなたに敬礼。sarvajñāya 全知
の。āryāvalokiteśvaro 聖なる、尊敬すべき。bodhisattvo 菩薩。bodhi＋
sattva は、悟り＋生けるもの、人間。

gaṃbhīrāyāṃprajñāpāramitāyāṃ carayāṃ caramāṇo yavalokayati sma
：行深般若波羅蜜多時。
gaṃbhīrāyāṃ 深い。prajñāpāramitāyāṃ 智慧 の 完成。carayāṃ
caramāṇo 修行を実践している。yavalokayati 見極める。sma 過去を表
す。

pañca　skandhas：照見五蘊。pañca五。skandhas 肩、肩の重荷、集積。

tāṃś ca svabhāvaśūnyān paśyati sma：皆空。tāṃś それ。ca 英語の and。
svabhāva 実体。śūnyān 空。paśyati sma 見た。度一切苦厄に相当する語
句は原文にはない。

iha Śāriputra：舎利子。iha この世では。Śāriputra シャリプトラ。

rūpaṃ śūnyatā, śūnyataiva rūpam：色即是空空即是色。rūpaṃ 物質、
色。śūnyatā 空なる特性。śūnyataiva 空の特性であるからこそ。
rūpān na pṛthak śūnyatā, śūnyatāyā na pṛthag rūpaṃ：色不異空空不異
色。na 否定。pṛthak 別々の、異なる。

yad rūpaṃ sā śūnyatā, yā śūnyatā tad rūpam：玄奘訳になし。色なるも
のそれは空であり、空なるものそれは色である。yad 関係代名詞what is
〜。sā それは。yā それは。

evam eva vedanā-saṃjñā-saṃskāravijñānāni：受想行識亦復如是。evam
このように。eva まさに。edanā-saṃjñā-saṃskāravijñānāni 感知作用、
知覚作用、意志作用、認識作用。

iha Śāriputra sarvadharmāḥ śūnyatālakṣaṇā：舎利子　是諸法空相。sarva
全ての。dharmāḥ もの、法。śūnyatālakṣaṇā 空の特性を持つ。

anutpannā aniruddhā：不生不滅。anutpannā 生じない。aniruddhā 滅び
ない。

amalāvimalā nonā na paripūrṇāḥ：不垢不浄不増不減。amalā 汚れている
ことは無い。vimalā 汚れを離れていることもない。nonā 減らないこと。
na 否定。paripūrṇāḥ 増えること。

tasmāc Chāriputra：玄奘訳にはない。tasmāc それ故に。

16

187

**śūnyatāyāṃ na rūpaṃ na vedanā na saṃjñā na saṃskārā na vijñānaṃ :** 是故空中無色　無受想行識。śūnyatāyāṃ 空、空の特性。na 否定。rūpaṃ 物質、色。na 否定。vedanā 感知作用。 saṃjñā 知覚作用。 saṃskārā 意志作用。 vijñānaṃ 認識作用。

**na cakṣuḥ-śrotra-ghrāṇa-jihvā-kāya-manāṃsi :** 無眼耳鼻舌身意。na 否定。 cakṣuḥ 眼。śrotra 耳。ghrāṇa 鼻。jihvā 舌。kāya 身体、触覚器官。 manāṃsi 心。

**na rūpa-śabda-gandha-rasaspraṣṭavya-dharmāḥ :** 無色声香味触法。 rūpa 色。śabda 声。gandha 香。rasaspraṣṭavya 身体で触れて感じる対象。 dharmāḥ 心で感じる対象、存在。

**na cakṣur-dhātur yāvan na mano-vijñāna-dhātuḥ :** 無眼界乃至無意識界。 cakṣur 眼。dhātur 世界。yāvan 否定、na と共に用いる。na 否定。mano 心。vijñāna 認識。dhātuḥ 世界。

**na vidyā nāvidyā :** 無無明。na vidyā 知識がないこと、迷いや煩悩がある状態、玄奘訳なし。 nāvidyā 迷いや煩悩がない、無無明。

**na vidyākṣayo nāvidyākṣayo :** 亦無無明尽。na vidyākṣayo 無明尽、玄奘訳なし。nāvidyākṣayo 無無明尽、迷いや煩悩がなくなることはない。

**yāvan na jarāmaraṇaṃ na jarāmaraṇakṣayo :** 乃至無老死亦老死尽。 yāvan 関係副詞で前後を繋げる。 jarā 老いること。maraṇaṃ 死ぬこと。 na jarāmaraṇakṣayo 老いと死がなくなることも無い。

**na duḥkha-samudayanirodha-mārgā :** 無苦集滅道。na 否定。duḥkha 苦。 samudaya 集合、集。nirodha克服、滅。mārgā 道筋、八正道。

na jñānaṃ na prāptiḥ：無智亦無得。na 否定。jñānaṃ 智慧。prāptiḥ 得ること。

tasmād aprāptitvād bodhisattvānāṃ prajñāpāramitāṃ āśritya viharaty：以無所得故　菩提薩埵　依般若波羅蜜多故。tasmād それ故に。aprāptitvād 得ることはない。 bodhisattvānāṃ 菩薩。 prajñāpāramitāṃ 智慧の完成。āśritya 依、〜のお陰で。 viharaty 暮らす、住む、玄奘訳なし。

a-cittā varaṇaḥ：心無罣礙。a- 否定。cittā 心。 varaṇaḥ 覆い。

cittāvaraṇa-nāstitvād atrasto：無罣礙故　無有恐怖。 cittāvaraṇa 心を覆うものがない。nāstitvād 存在しないこと。 atrasto 恐怖がない。

viparyāsātikrānto niṣṭhanirvāṇaḥ：遠離一切顛倒夢想　究竟涅槃。viparyās 転倒すること、誤った見解。ātikrānto 通り過ぎている。 niṣṭha 〜の状態にある。nirvāṇaḥ 吹き消された状態、涅槃。

tryadhvavyavasthitāḥ sarva-buddhāḥ：三世諸仏。try 三。Adhva 世、時期。vyavasthitāḥ 近くにいる。 sarva-buddhāḥ 全ての悟った人、諸仏。

prajñāpāramitām āśrityā：依般若波羅蜜多故。prajñāpāramitām 智慧の完成。 āśrityā 頼りにして、故。

anuttarāṃ samyaksambodhiṃ abhisambuddhāḥ：得阿耨多羅三藐三菩提。anuttarāṃ 無上の、これ以上ない。samyaksambodhiṃ 完全な正しい目覚め、正しい悟り。 abhisambuddhāḥ 完全な悟りを得た、玄奘訳なし。

tasmāj jñātavyaṃ prajñāpāramitā：故知般若波羅蜜多。tasmāj それ故に。jñātavyaṃ 知られるべきである。 prajñāpāramitā 智慧の完成。

16

mahāmantro ahāvidyāmantro 'nuttaramantro' samasama-mantraḥ : 是
大神呪　是大明呪　是無上呪　是無等等呪。mahā 大いなる、摩訶不思議
の摩訶。mantro 真言、呪文。是と神に相当する語句は原文にはない。
mahāvidyāmantro 大いなる知識の真言。anuttaramantro これ以上ない、
最高の。asamasama-mantraḥ 比類の無い真言。

sarvaduḥkhaprasamanaḥ : 能除一切苦。sarva 全ての。duḥkha 苦悩。
praśamanaḥ 彼方に鎮めている。一切に相当する語句は原文にはない。

satyam amithyatvāt prajñāpāramitāyām ukto mantraḥ, tad yathā : 真実
不虚　故説般若波羅蜜多呪　即説呪曰。satyam 真実、真理。amithyatvāt
嘘がないこと。 prajñāpāramitāyām 智慧の完成。 ukto 言う。 mantraḥ,
真言、呪文。tad yathā 次のように。

gate gate pāragate pāra-saṃgate bodhi svāhā. : 羯諦羯諦波羅羯諦波羅僧
羯諦　菩提薩婆訶。gate gate 行った行った。pāragate 彼岸に行った。
pāra-saṃgate 完全に彼岸に行き着いた。bodhi 悟り。svāhā 幸いあれ、あ
れよかし。

iti Prajñāpāramitā-hṛdayaṃ samāptam : 般若心経。iti 引用符の意味。
Prajñāpāramitā 智慧の完成。hṛdayaṃ 心、心臓。 samāptam 完結した。

# 第17章　禅宗①－達磨と慧能

## ［1］宇宙の原理と人間の生き方

　宇宙の原理、宇宙を支配する法則に従って人間は生きるべきであるという考え方は、文明の黎明期、紀元前の遥か昔に文明の発祥地の幾つかに起こった。

　古代ギリシアでは宇宙を支配する法則を**ロゴス**といった。**ストア派のゼノン**（BC335-263）は、自然と一致して生きることを説き、自然の理法と調和して生きることを理想とした。自然や人間を包み込む宇宙には大いなる理性ロゴスの法則が支配しており、人間も宇宙の一部としてその理法を分有している。したがって人間は欲望や快楽をおさえて宇宙の秩序と調和をもたらす理法に従えば、自然の全体と一致して生きることができ、心の安らぎが得られる。外部から影響されて生じる感情や**情念パトス**に、決して心を動揺させることのない**不動心アパティア**を理想の境地とした。

　ストア派の思想はローマ時代にも引き継がれ、キケロ、セネカ、エピクテトス、**ローマ皇帝マルクス・アウレリウス**（AD121-180）らの思想家が現れた。五賢帝マルクス・アウレリウスはその**自省録**のなかに書き残した。彼は万物が流転する無常な世界を見つめつつ、その世界に神の定めた理法が支配していることへの信頼を抱いていた。朝、自分は人間としての仕事をなすために目覚めた。自分が生まれてきたいわれをなす仕事、この宇宙に自分が導き入れられた目的となっている仕事を遂行すべく、それに向かって進むならばどうして自分は気難しくなることがあろうか。植物、雀、蟻、蜘蛛、蜜蜂がそれぞれ自分に即した仕事を果たしているさまを、目にしないのか。自分の本性に由来する仕事に自分は赴かないのか。

　日々の生活の中で仕事に打ち込み、おのれの責務を果たすことが宇宙の理法によって定められた自己の生き方であり、そこに、マルクス・アウレリウスは安心立命の境地を求めた。この究極の哲理とも言い得る優れた思

想は古代ローマでは、皇帝の自省録の中で終焉を迎えた。

　中国では宇宙の原理を**天道**という。人知をこえた、絶対的な宇宙の原理である道に即して生きることを説いたのが、**老荘思想**である。**老子**は実在の人物ではなく、多くの人が理想を述べて老子という本に仮託したものと思われる。作為のないあるがままの自然な生き方、**無為自然**を好み、欲望を抑え執着を捨て（**無欲恬淡**）、柔和でへりくだった心をもつこと（**柔弱謙下**）が人の生き方の指針とされた。**荘子**（前４世紀後半）は実在の人物で、ありのままの世界をそのまま肯定し、人間という立場を離れ、万物には区別や差別などは無く、全てがみな等しい（**万物斎同**）。心をむなしくして知や感覚を忘れる（**心斎坐忘**）ことにより、いっさいの対立や偏見にとらわれず世界と一体となり、おおらかな絶対自由の境地に遊ぶ（**逍遥遊**）人を、**真人**と呼び、人間の理想とした。老荘の無は仏教の空の思想に通じるところがあり、仏教の悟りとは、老荘の分別で作られた虚像の世界から目を覚まして無分別の智慧を取り戻し無我の真理を体得することと一致する。現実世界を超えて根源的な道の原理に立とうとする思想は、中国における仏教の受容と展開に影響を与えることになる。やがて老荘思想は中国に古くから伝わる**不老不死**の神仙術などの民間信仰や**現世利益**の呪術と合わさって**道教**へとつながっていく。

　インドでは釈迦（BC463-383）が人文科学的に体験的な禅定と瞑想により、宇宙を支配する法則の本質を究めた。**仏教の核心的思想は無常無我である**。**諸行無常**とはあらゆる存在と現象は生成と死滅を繰り返しているということ。**諸法無我**はいかなる存在も永遠の実体を持たないこと、因果関係によりすべてのものは我ひとりでは存在せず多くの条件によって流転して存在することをいう（**因縁生起の法**）。釈迦はもともとバラモン教の沙門で、バラモン教とは異なる真の解脱を求める修行者であった。インドには**輪廻転生思想**が強く息づいており、永遠に生と死が繰り返される、つまり肉体は滅んでも別の形で再生すると考えられている。前世の行い**業カルマ**によって来世が決定される。善い行いをしたものは高い身分に生まれ（**善因善果**）、悪い行いをしたものは低い身分、場合によっては動物などに生まれ変わる（**悪因悪果**）。現在でもカースト制度が宿命的なものとイン

ドでは受け止められている。人びとが目標としたのはこうした恐ろしい輪廻の悪循環を断ち切って永遠の至福に至ること、解脱である。インドのウパニシャド哲学ではヨガなどの修行により梵我一如を悟れば輪廻から脱出して解脱できるという。梵とはブラフマンで宇宙の根本原理ロゴスとほぼ同一である。梵我一如とは、自我アートマンと宇宙とが究極的に同一であることを意味する。

　釈迦の極めた宇宙の本質と人間の生き方は、おのずから宗教的色彩を帯びたものであった。インドのウパニシャド哲学では、宇宙の存在構造といった高度に形而上学的な事柄が論じられたが、釈迦が生前に説いたのはいかにして苦の原因を知りこれを滅却して涅槃に至るかということだけであった。悟りに至るための人生の真理は四諦（四聖諦）、すなわち苦諦（人生は苦しみである、一切皆苦）、集諦（苦の原因を考えることで、苦の原因は煩悩にある）、滅諦（苦の原因を滅する、苦の原因を滅ぼせば涅槃に至れる）、道諦（八正道によって苦の原因を滅ぼせる）である。諦はサンスクリット語のサテイヤの意訳で真理のこと。諦めることではない。

## ［2］釈迦入滅後の仏教の展開

　釈迦は自分は神でもなければ救世主でもない、ただの師であり生きる手本であるといい残した。しかし入滅後は釈迦の遺言により、釈迦の遺骨（仏舎利）は8つの王国に分けて送られ、それぞれの国で仏舎利信仰や遺物信仰が起こることになる。ヘレニズムの時代にギリシアの美しい人間像が伝えられ、ガンダーラで釈迦は神格化されて端正な仏像に生まれ変わる。釈迦は自我アートマンは不滅ではないと諭したが、輪廻の世界観が再び支配的となる。六界と呼ばれる、地獄界、餓鬼界、畜生界、阿修羅界、人間界、天界が登場する。

　釈迦が残した教えは弟子によって3つの学問修行体系にまとめられた。戒律の学である戒学、禅定を追求する定学、真理をつかむための慧学の三学である。これらの三学は相互に緊密に連携しあっており、いずれを欠いても仏道を極めることは出来ないと考えられたが、中でも中心となったの

が定学であった。というのも釈迦が解脱したのはまさしくこの禅定によってであったし、仏教を仏教たらしめている慧学の緻密な知の体系も、煎じ詰めれば、この禅定によってもたらされた「絶対知（般若波羅蜜）」の展開にほかならなかったからである。

　禅定によって開けてくる境地は、仏教では三界論の形でまとめられている。三界論とは、この宇宙が３つの次元の世界によって成り立っているとする思想で、第一の世界は淫と食に代表される物質的欲望の世界（欲界）、第二の世界は、物質性は残しているが、淫や食からは離脱した精妙清浄な世界（色界）、そして第三が物質性からも離脱した唯心識の世界（無色界）である。

　無上絶対の理想の境地は言うまでもなく無色界にあるが、その境地は、物質に取り囲まれている人知人力では到底窺い知ることができない。従って、定学の現実的な目標は、淫や食に迷う欲界から離脱して、精妙清浄な色界の境地に立つことに置かれた。禅とはサンスクリット語のディヤーナ dhyanaの音写で禅那とも書く。ディヤーナは内観、瞑想の意味で心を安定統一させることによって宗教的英知に達しようとする修行法である。

## ［3］達磨と慧能

　達磨は本名菩提多羅で南インドの小王国の王子で釈迦の第28祖であり５世紀から６世紀の人である。ダルマdharmaはサンスクリット語で法を表す。法とは釈迦の悟った真理という意味で、広く宇宙の本源、道理、法術を指す。中国禅宗の開祖とされているインド人仏教僧である。坐禅こそが仏教者の生き方の基本であり、これこそが仏陀（悟りを得た者）に帰ることだと主張するインドの一派である。梁の武帝（464-549）は仏教に帰依し仏心天子と呼ばれるほどの篤い信仰を持っていた。寺院を建立し、写経事業を行い、僧を育成し自らも袈裟を着て般若経の講義をしたといわれ、日本の聖徳太子の国家統一のモデルであったとされる。武帝は達磨を国都の南京（金陵）に招いた。武帝は衆生に多くの功徳をもたらしたが、自分への功徳はどの位であるかと達磨に問うた時、達磨は無功徳と答え、仏縁

が合わなかったと思いそのまま北魏に赴いた。嵩山の少林寺に至り、壁に向かってひたすら坐禅を続けること九年に及んだといわれる（面壁九年）。達磨大師は五欲五蓋を制するのは坐禅しかないと考えていた。五欲とは財欲、色欲、飲食欲、名誉欲、睡眠欲を指す。五蓋とは煩悩（衆生の心身をわずらわし悩ませる一切の妄念）、特に三毒とは、貪（満足を知らない貪欲にむさぼる心、欲望）、瞋（瞋恚、心にたがうものに対する怒りの心）、痴（愚痴、真理から目をくらませる無知迷妄）をいう。我執（実体のない自己への執着）、渇愛（渇して水をほしがるように凡夫が五欲に愛着すること、自己を苦しめる欲望）も五蓋を指す。五欲五蓋はあらゆる苦悩の原因となる。以心伝心は菩薩達磨の言葉で、言語では表されない真理を師から弟子の心に伝えることをいう。経典は自分の悟りを呼び起こすための方便、仮の手段に過ぎないとされ、禅宗では金剛般若経以外はあまり重視されない。

慧能（638-713）は第6祖となる天才といえる人物であるが、柴売りの出身で字が読めなかった。しかし千人の修行者を抱える第5祖弘忍老師のいる東山寺を訪ね作務の手伝いをさせてもらう。慧能は一編の詩を作り弘忍老師の目に留まる。

菩提本無樹（菩提もとより樹なし）、明鏡亦非台（明鏡もまたうてなにあらず）、本来無一物（ほんらいむいちもつ）、何処有塵埃（いずくにか塵埃あらん）：迷いを断ち切って得る悟りに拠り所など無いし、くもりのない鏡もまた台などない。悟りは本来、一切の煩悩を離れた空の境地であるから、どこにほこりのつきようがあろうか。

弘忍老師は慧能が大悟したことを知り、慧能に金剛経を説いて聞かせ達磨伝来の袈裟と鉢を授け、六代目祖師の証しとした。また衣鉢伝授がされたとなれば争いごとが起こるので、直ちに東山寺を去らせた。慧能は15年間身を隠す。677年慧能は曹渓山に信者の援助で宝林寺を建立し36年間禅の説法をした。この説法は弟子がまとめて、六祖壇経という本にした。慧能禅師のように自分が本来仏であることに気づけば即座に悟りが開けることを頓悟という。

偈とは仏の功徳を褒め称える詩で、その教理を述べた詩である。不立文

字、教外別伝、直指人心、見性成仏。この四句は達磨と慧能の思想を表している。不立文字は、悟りは文字・言説をもって伝えることができず、心から心へ伝えるものである。文字に書かれていないものを特別に伝授するのが禅である。教外別伝は仏の悟りは経文に説かれるのではなく、心から心に直接伝えられるものである。智慧は知識と違って、知力で授ける訳にはいかない。体と心全部を使って経験し実践することで身につく。直指人心は坐禅によって自己の本性が万物の真理と一体であることを見極めれば、それが仏の悟りにほかならないこと。見性成仏は修行を通じて心のあり方を克服し自分に本来具わっている仏性を見極めること。

　慧能禅師は、713年入寂した。享年76歳。その後禅門は五宗に分かれた。人間を追い詰めて心の飛躍を迫る臨済義玄の臨済宗が栄西によって日本にもたらされ、黙々と坐禅や労働をして自然に角のとれた人間をつくろうとする洞山良价の曹洞宗が道元によって日本にもたらされた。

# 第18章　禅宗②－栄西と道元

## ［1］大乗仏教の展開

　釈迦（BC463-383）は何も書き残さなかったので、入滅後弟子たちは集まって互いの記憶を持ち寄り、釈迦の教えを経典にまとめるための**結集**が定期的に行われた。この結果、ブッダの教えである**経**、僧団サンガの戒律である**律**、経・律についての注釈である**論**の三蔵と呼ばれる仏典がまとめられた。その際、ブッダが説いた戒律をあくまで固持しようとする保守的な上座部とこれを柔軟に解釈しようとした大衆部とに教団が二分された。

　釈迦は在家信者には五戒、即ち**不殺生戒**（殺すな）、**不偸盗戒**（盗むな）、**不邪淫戒**（みだらな行いをするな）、**不妄語戒**（うそをつくな）、**不飲酒戒**（酒を飲むな）だけを求めた。出家者には八正道を求め、男性には250の戒律、女性にはその倍近くの戒律があった。釈迦の説いた仏教は**上座部仏教（小乗仏教）**であり、**自己の悟り（自利行）**を重視し、戒律遵守、出家主義、修行の完成者である**阿羅漢**を理想視している。釈迦の弟子である修行僧たちは寺院に閉じこもり、煩瑣な教学の解釈をしていた。一方仏塔を信仰する在家信者は釈迦の生き方を学ぶ大きな勢力となり、**大乗仏教**として発展する。大衆部の大乗仏教は戒律を柔軟に解釈し、**衆生救済（利他行）**を重視し、ブッダの精神である**慈悲**を尊重した。大乗仏教ではブッダの教えを受け継ぐ人々によって**般若経**、**法華経**などの大乗経典がつくられた。

　仏教はブッダの悟った真理（法、ダルマ）を教えの中心にする。**ブッダの悟った真理そのものが仏とされた**。宇宙の真理そのものをあらわす仏が**法身仏**（教えを身体とする仏）として信仰の対象とされた。奈良東大寺の**毘盧遮那仏**や真言密教の本尊である**大日如来**である。やがて歴史的存在としてのブッダをこえて、ブッダはそのような法身仏が衆生を救済する働きをするために肉体をもってこの世に現れた、歴史的人物の姿をとってあら

18

われた**応身仏**と考えられるようになった。真理そのものである法身仏は永遠不変であるが、その真理を人格的にあらわす応身仏は世の中に応じてあらわれ、過去から未来に渡って数多くのブッダが出現するという信仰が生まれた。大乗仏教には**一切衆生悉有仏性**（全ての衆生には成仏する素質がある）という思想があり、過去仏のほかに未来仏の弥勒など十方世界ことごとく仏は遍満している。その後、**永遠に成仏しないで衆生を済度する菩薩**の存在が考えられ観音、普賢、弥勒などの諸菩薩が登場してくる。また仏陀観も深められ、阿弥陀、薬師、大日などの諸仏が考えられ、人々の信仰を集める。**報身仏**とは仏の悟りによって人々を救いたいという誓願の報酬として仏の身になった仏で、阿弥陀如来、地蔵菩薩、観世音菩薩、薬師如来がある。

　日本には538年、百済の**聖明王**から仏像と経典が**欽明天皇**に送られる。**聖徳太子**（574-622）は仏教を世俗の生活において実践し、３つの大乗経典の注釈書である、**三経義疏**を著した。現世の平和と幸福の実現を訴える法華経、勝鬘夫人という女性の説法の勝鬘経、富豪の維摩が出家者に説法する維摩経である。**世間虚仮唯仏是真**と述べ、世の中はむなしく仮のものにすぎず、仏の教えだけが真実である、と語った。この世への執着を離れ仏教に帰依している。

　奈良時代においては、日本の仏教は世俗をこえた真理としてよりも、現世における欲望や願いをかなえる除災招福の**現世利益**の教えとして受け入れられた。医学や農業技術などの科学技術と、呪術・宗教が未分化だった当時、仏教の力で国家の平安を守ろうとする**鎮護国家**は政治の重要な任務であった。やがて平安鎌倉時代に入って現在の仏教各宗派の宗祖たちを得、日本人の精神的支柱としての仏教思想が確立され今日に到っている。主な思想家は**最澄の天台宗、空海の真言宗、法然の浄土宗、栄西の臨済宗、道元の曹洞宗、日蓮の日蓮宗、親鸞の浄土真宗**である。


[２] 明庵栄西の生い立ち


　**栄西**（1141-1215）は岡山県備中吉備津宮の神官の子として生まれ、

幼名を千寿丸といった。父から仏教の基礎を教わり、11歳で出家し天台宗安養寺の静心に師事し、天台密教の基礎を学んだ。13歳で比叡山に登り、14歳で剃髪、受戒して栄西と名乗った。兄弟子の千命から虚空蔵求聞持法を学ぶ。これは若き空海も修行した法で、頭脳が明晰になり記憶力が増大し、無数の効験があるといわれていた。比叡山は俗化しており、**1168年28歳の時、入宋**する。天台山で天台教学を学ぶつもりであったが、天台山は禅宗の臨済宗に変わっていたので天台教学は学べなかった。のちの東大寺勧進職の**重源**と親しくなり、天台山を訪ねた後、阿育王寺に向かった。阿育王はインドのアショーカ王のことである。坐禅を学ぶが6ヶ月で帰国する。

　比叡山の**天台座主明雲**は栄西の理解者であり後援者であった。備前の金山寺と備中の清和寺を中心に布教活動を行う。1175年35歳の時、九州筑前今津誓願寺に導師として迎えられ、以後12年間を過ごす。1185年壇ノ浦の戦いで平家は滅亡し時代は武家政権へと移っていく。1185年旱魃の加持祈祷のため後鳥羽天皇から召され、慈雨をもたらし葉上の称号を賜る。都で名を馳せ**1187年47歳の時、再び入宋**の機会が訪れる。天竺行きを希望したが、蒙古の勢力下で果たせず、**天台山万年寺に臨済宗黄龍派の虚庵懐敞禅師**を尋ね、以後4年間禅の修業に没頭する。1189年虚庵懐敞が天童山に移り、栄西もそれに従う。栄西は天台山の菩提樹を日本に送り、筑前国の香椎神宮、東大寺、建仁寺に植えられる。母を気づかい「もろこしの梢もさびし日のもとのははその紅葉ちりやしぬらん」は続古今和歌集に収められている。1191年、臨済宗黄龍派の虚庵懐敞から法を継ぐ者のあかしとして印可を授けられる。

　帰国後福岡県の筑前に建久報国寺を創建し日本初の菩薩大戒（大乗の菩薩が受持すべき戒律）の布薩（僧侶が半月毎に集まって戒律の条文を読み上げ、互いに自己の罪過を懺悔する儀式）をとり行った。1194年京都で禅を広めたいとの思いから京に上るが、新しい仏教勢力の台頭をよく思わない比叡山は朝廷に禅宗禁止を訴え禅宗禁止の宣旨が下る。やむなく九州に下り、禅寺の聖福寺を創建、九州で禅の布教を続ける。栄西は「**興禅護国論**」を執筆する。栄西は朝廷に召喚される。禅は最澄が天台の教えや密教

と共に伝えた教えである、と説明するが、最澄の禅と栄西の禅は別物であると反論され、比叡山の圧力が甚大な京都では布教できなくなる。1199年栄西は鎌倉に向かう。

　鎌倉幕府からは歓迎されるが、禅僧としての栄西ではなかった。幕府の不動尊供養の導師を勤め、1200年源頼朝の一周忌法要の導師も勤める。**北条政子は寿福寺を創建し栄西が開山**となった。幕府の希望は法会を取り仕切る天台密教僧としての栄西であったので、栄西は積極的に禅宗の教えを広めようとはしなかった。1202年二代将軍**源頼家は、京都に建仁寺を建て栄西を開山とした。**栄西の京都復帰のきっかけが訪れた。朝廷の宣旨を得た栄西は禅と天台と真言の院を設ける。仏教の総合道場として、禅を中心に日本仏教全体の中興をめざす。禅は仏教の総体であり諸宗の根本である。1204年「**日本仏法中興願文**」を書き、禅・真言・天台の三宗を併置する建仁寺こそが日本仏教中興のための道場となる。

　1205年建仁寺は官寺となった。栄西65歳である。1206年重源に菩薩戒を授け、入寂後勅命により東大寺勧進職となる。晩年の栄西は順風満帆で、公家にも武家にも認められ、京都と鎌倉の往復の日々を送る。1212年「**喫茶養生記**」を執筆。1215年75歳の栄西は病床にあったが、三代将軍源実朝の見舞いを受ける。栄西は入寂の月日を予告する。同日宮中からの勅使の見舞いを受ける。1215年栄西は建仁寺で入寂した。享年75歳、諡は千光国師。

[３] 公案禅

　禅宗とは坐禅を修行の中心に据えている宗派で、仏教の始祖である釈迦が坐禅によって悟りを開いたことに基づく。菩提達磨の**以心伝心**以来、**言葉や文字に頼らずにみずからの体験を通して悟りを目指す**。臨済宗の特徴は**看話禅**で、**公案**（禅問答）をしつつ禅を行う。公案とは祖師たちの言行録を集めてそれを求道者に示し、参究（参禅して仏法の真髄を探求すること）するための手だてとした問題。求道者は師家即ち指導者からこれを与えられて、一心に参究する。禅問答と呼ばれるもので、求道者にヒントを

与えるだけの「垂語（すいご）」、疑問を投げかけただけの「拶著（さつじゃく）」、一問一答式の「問答（もんどう）」、問答応酬（もんどうおうしゅう）を次々と展開する「商量（しょうりょう）」がある。臨済宗の坐禅はそれぞれ与えられた公案を熟考することによって、段階的に悟りに近づこうとする。

問「両手を打ち合わせれば音がする、では片手ではどんな音がするか。」
答「両手とは夫々自己と対象である。多くの人間は対象にのみとらわれて、本来の自己の姿を忘れている。両手を打ち合わせなければ音が出ないように自己と対象が一体とならなければ何事もなせる訳がない。見失っていた自己を取り戻し、自己をじっくりと見つめ、自己を究明し、そこから新しく生き生きと生き始めることである。」

問「星の数を数えてみよ。」
答「坐禅を組み、夜空をにらみ実際に星の数を一つ二つと丹念に数えてみる。数えているうちに無心になっている自己に出会える。そこにあるのはただ星の数を数えている自己と自分の静かな呼吸だけである。この境地を無我という。」

問「富士山を縛って来い。」
答「縛ることに物理的に拘泥してはならない。遠方から富士山を眺めれば目で巨大な富士山を捕らえることが出来る。しかしそれではまだ裏富士までは捕らえられない。心を大きく自在にして立ち向かわなければ富士山を捕らえることは出来ない。そのような心を常に持てれば、どんなものにもたじろぐことはない。」

問「柱の中に隠れてみよ。」
答「禅では一生懸命に生きることを提唱する。それは何事にも一心になって頑張ることである。であるから、柱の陰に立って隠れることが出来なければならない。こういう真っ直ぐな態度こそ、普段の生活に反映して自分の本業に真剣に打ち込む基礎となるのである。」

18

問「そよ風をつかんでこい。」

答「自己と他人、自分と物、というように常に隔たりを配して生きている限り、そよ風はむろん人の心を捕まえることは出来ない。汗ばんだ体を一瞬の風が快く冷やす。この瞬間、自分の体、自分の心はふと空になる。そして自分とそよ風が一体となる。この時の一体感がそよ風をつかんだ状態である。自分の心が空にならない限り、即ち忘我の状態でなければ何もつかめないし、自分の人生さえもつかめないことになる。」

問「沖を行く船を止めてみよ。」

答「心を静止させればどんな速い船もぴたりと止まる。船が動くのは自分の心が動いているからである。しかし坐禅を組み心を安定させれば、船は停止する。意識が客観的に時間を失った状態であり、これを禅定と呼んでいる。剣の達人はこの心の安定を崩さないので相手の切っ先がゆっくりと動いて見える。優秀な打者は投手の投げるボールの縫い目がはっきりと確認でき非常に遅く見える。心を安定させた状態で行動することのみならず思考すればより多くの成果が得られる。」

## ［4］禅芸術

　京都の龍安寺に枯山水の石庭がある。日本の庭園芸術の最初の動機は貴族たちが極楽浄土を現世で垣間見たいというのが始まりで、寝殿式庭園で広い池があり華美で詩歌が似合うようなものであった。禅の庭はもっと精神的なもので、簡素あるいは枯れているといった趣である。一木一草もなく白い砂の上に岩があるだけである。しかしそうでありながら自然を単に模倣した庭よりもずっと深い自然がある。心を静めてじっと見ているとやがて雄大な海が見えてくる。水のないところに水を見、狭いところに広大を感じ一瞬に永遠を感じるような想像力を喚起してやまない。宇宙の姿をもっとも簡素な素材で無限に表現する自然と人間との対話。

　栄西は最初の入宋の時、禅寺で初めて茶を飲み、後日喫茶養生記を残す。わび茶という茶道を大成したのは千利休（1522-91）である。利休の

「南坊録」には、茶の湯は仏法をもって修行得道することなり。家は雨水の漏らぬほどでよく食事は飢えぬほどで足りる。水を運び薪をとり湯を沸かし茶をたてて仏に供え、人にも施しわれも飲む。花をたて香を焚く。これらはみな仏祖の行いのあとを学ぶなり。「葉隠聞書」には茶の湯の本旨は六根を清くするためなり。眼に軸物、生花を見、鼻に香をかぎ、耳に湯音を聞き、口に茶を味わい、手足格を正し、五根清浄なるとき、意おのずから清浄なり。意すなわち心を清浄にするために一心に湯を沸かし一心に茶を飲む。形式と精神のこの関係を禅では**威儀即仏法**という。茶室も四畳半の狭い空間、置物のほかに装飾はなく、この不完全な部屋が未完成ゆえに想像力を喚起し、そこにわび・さびといった余情が生まれる空間が生じる。

　室町時代の画家雪舟（1420-1506）、能楽の大成者である世阿弥（1363-1443）の抱いていた精神的な道の探求という意識も同様で、この意識と関連して、わび・さび・幽玄といった日本的な美意識が生まれた。「**わび**」とは簡素で落ち着いた風趣、閑寂な風情、「**さび**」とは寂しさのなかの枯淡な情趣、「**幽玄**」とは幽はかすか・ほのか、玄は深遠の意で艶を去った静寂で枯淡な美しさや神秘的な優艶（しとやかで人の心を魅了し美しいさま）さをいう。日本的な美意識は茶道の茶碗のゆがみ、非対称的な建築などにみられるように、整然とした構成とはやや異質なところに特色を持つ。

[5] 白隠禅師と坐禅和讃

　**白隠慧鶴**（1685-1768）は従来漢文の多かった禅宗の典籍の内容を、民衆にも分かりやすい日本語表記で僅か44句の短い詩形で「**坐禅和讃**」をつくった臨済宗中興の祖である。

衆生本来仏なり　水と氷のごとくにて
水を離れて氷なく　衆生の外に仏なし
衆生近きを不知して　遠く求むるはかなさよ

譬ば水の中に居て　渇を叫ぶがごとくなり

長者の家の子となりて　貧里に迷うに異ならず

六趣輪廻の因縁は

己が愚痴の闇路なり

闇路にやみぢを踏そへて

いつか生死をはなるべき

夫れ摩訶衍の禅定は　称嘆するに余りあり

布施や持戒の諸波羅蜜

念仏懺悔修行等

其品多き諸善行

皆この中に帰するなり

一座の功をなす人も　積し無量の罪ほろぶ

悪趣いづくにありぬべき　浄土即ち遠からず

辱くも此の法を　一たび耳にふる々時

讃歎随喜する人は　福を得る事限りなし

いはんや自ら回向して　直に自性を証すれば

自性即ち無性にて　すでに戯論を離れたり

因果一如の門ひらけ　無二亦無三の道直し

無想の相を相として　行くも帰るも余所ならず

無念の念を念として　謡うも舞ふも法の声

三昧無礙の空ひろく

四智円明の月さえん

此時何をか求むべき　寂滅現前するゆゑに

当所即ち蓮華国　此身即ち仏なり

現代語訳）全ての人間は本来仏である。水と氷の関係に似ていて、衆生以外に仏はない。衆生は近くを探さないで遠くに仏を求める浅はかである。例えば水の中にいて、のどの渇きを叫んでいるのと同じである。金持ちの長者の子が家を出て乞食をするのと同じである。地獄界・餓鬼界・畜生界・修羅界・人間界・天界の6つの世界で輪廻転生する因縁とは、自分が

18

204

無知であった為に作ってしまった闇路である。自分の思考が作った闇路から闇路を歩き続けているが、いつかそこから離れるべきである。大乗仏教の坐禅による禅定とは褒めるに値するものである。布施・持戒といった六波羅蜜（布施・持戒・忍辱・精進・禅定・智慧）や念仏・懺悔の修行など多くの善行があるが、みな大乗の教えに帰するものである。坐禅の功をなす人も他の修行と同じように、積み上げてきた沢山の罪が滅びる。坐禅をしている境地の時は、地獄・餓鬼・畜生の３つの悪趣などどこにも存在しなくなる。極楽浄土は遠くにあるものではない。有難たいことに、この大乗の教えを耳にした時に、喜び賞賛している人は福を得ることが限りない。それだから禅定に入り、自分で意識を回向（向きを直す）して、（言葉に頼らないで）直接的に自性（人間の自然な性質）の本体に辿り着いた時は（実証すれば）、自性というものは観察すればするほど、実はこうだと言い切れなくなる。本来の人間には特定の性質はなく無性という事に出会う。これは言葉の遊びを離れた境地にある。この境地から見ると、原因も結果も一つのものであるという門が開かれる。その時には、第二の道も第三の道も消えて本来の道に直ってしまう。無相とは相（認識）なんかないという認識法なのだから、坐禅は行くということも帰るということもないし、坐禅とはどこか余所に行くことでもない。無念とは念（意志）を起こさないという念のことで、歌うことも踊ることも何をしていても念が無くなる。そうすると、する事すべてが、仏法そのものとなる。仏法が歌声になり踊りになり、行為そのものになる。三昧になるから、心には気にかかることが無い空が広がり４つの智慧の丸い月が冴え渡る。この智慧に満ちた状態にある時には、何を求める事があろうか。考えることが、静かに消滅してしまうから、そのままでの、この場所が蓮華国でありそのままでの、この身が仏である。

善いも悪いもみなうち捨てて生地の白地で月日をおくれ
谷の流れは触ると濁るよるな触るな手出しをするなこれがまことの禅なのだ

白隠禅師

## ［6］道元の生い立ち

　道元（1200-53）は鎌倉時代の初め、京都の貴族の子として生まれた。父は内大臣久我通親、母は太政大臣藤原基房の娘、松殿伊子である。文化と教養に恵まれた環境の中で、4歳で唐詩を読んだといわれる。親子の縁は薄く、3歳で父と死別、8歳で母と死別している。養父の摂政内大臣藤原通具は道元の天賦の才能を評価していずれは政治家になることを嘱望し、松殿家も将来の安泰を願っていた。しかし道元は世の無常を感じ、また母の「出家学道して後世を弔うように」との遺言から、13歳で単身、母方の叔父である比叡山の良観法印を尋ねる。良観の計らいで、1213年横川の戒壇院で天台座主公円が剃髪し、出家得度（仏門に入ること）する。翌日には延暦寺に登り、円頓戒壇院で菩薩戒を受けた。道元は天台の教学、天台密教、大乗と小乗の奥義を全て修学する。

　若き道元を悩ませたのは、「本来本法性天然自性身」の教えであった。もともとこの世にあるもので真理でないものは無く、どんなものでもあるべくしてある。我々に本来仏性があるならば、どうして厳しい修行をして仏にならなければならないのか、どうして三世の諸仏は発心して悟りを求めなければならないのか、何故悟りを目指した修行が必要なのか、という疑問である。最澄は天台で、「一切衆生悉有仏性」（誰もが成仏の素質を持つ）といっていた。衆生は、この宇宙の原理に従うことを既に悟っていて、この事実を認識できないことが迷いであるという本覚思想が説かれていた。さらに「山川草木悉皆成仏」自然物でさえも成仏するとまで説かれていた。また釈迦は悟りに目覚め、仏陀になった後も、入滅するまで戒律を守り禅定を怠らなかったのであるから、一見自明的のようにも思われるが、道元は悩みぬいた。

　14歳の時、単身比叡山を下り三井寺の公胤僧正を尋ねる。僧正は東山の建仁寺の栄西僧正を尋ねることを勧める。栄西とは59歳の年齢の差がある。栄西は、「いつの世の仏であろうと仏性のあるなしなどにはこだわらない。そのようなことを嗅ぎ回るのは猫や牛のやることである。」と答え

る。道元はこの時、踵まで汗が流れたと述懐している。

　栄西入寂後、弟子の明全に師事し臨済宗の修行をする。道元17歳である。1223年道元は明全と入宋する。道元は北山天童景徳霊隠禅寺で修行する。蔵書の豊富なのを喜び、読書に没頭する。阿育王山広利禅寺の典座（てんぞ）（禅寺の炊事全般を担当する責任者）に出会い、今までの理詰めの自分の過ちに気付く。典座は雑役係りではなく、全てのものに仏性をみる禅では典座は尊敬されてしかるべき任務なのである。後の「典座教訓」には、日常の何でもない立ち居振る舞い、食事、入浴、洗面、箸の上げ下げまで仏法でありその典範（てんぱん）を厳しく教えている。**文字とは一二三四五**、即ち一から十までこの世にある全てのものであり、経典のみが文字ではなく森羅万象ことごとくが文字であり学びの対象である。弁道即ち仏道は厳しい修行のみではなく、**偏界かつて隠さず**とは、真理の道は到る所にあり、隠されている道は微塵もない。修行は時と場所とを選ばない。1224年住職が入寂し臨済宗の一派が途絶える。この後一年余りの行脚に出る。諸寺を巡り、やがて太白山**天童景徳禅寺の如浄**（にょじょう）禅師に相見する。道元25歳である。

　如浄の修行の厳しさは想像を絶し、焼香・拝礼・念仏・修懺（しゅうさん）・看経（かんきょう）を用いず、ただひたすら坐禅のみであった。如浄は坐禅のみが五欲五蓋を除くことが出来ると考えていた。**只管打坐**（しかんただ）は何の目的も持たず、何も考えず、ただ坐るという修行で、ある時、自我意識を捨てたふと身も心も一切の執着から開放された境地に至る。**心塵脱落**（しんじんとつらく）、**身心脱落**（しんじんとつらく）の境地である。人間の体は本来的にこの身心脱落の状態にあるという発見と事実体験が道元の悟りであった。そして仏性を表した姿こそ坐禅の姿なのである。さらに坐禅とはことさら坐ることだけではなく、日常における起居もまた禅であることに気付くのである。25歳の時、道元は如浄から印可（悟りを得たという認可）を授かる。今日でも天童山には「**日本道元禅師得法霊蹟碑**（えほう）」が残っている。この嗣法（しほう）から2年後、宝慶3年（1227年）道元は如浄大師から正式に嗣書を授かり、釈迦以来数えて51世の仏祖となった。翌年、4年余を過ごして日本に帰国し建仁寺に戻る。

　建仁寺は俗化していた。道元は「**普勧坐禅儀**（ふかんざぜんぎ）」を著わす。坐禅によって誰もが仏道を得ることができ、坐禅こそ安楽の法門である。禅は修業と悟

りが手段と目的という関係にあるのではなく一体である。1230年、30歳の時、建仁寺を出て極楽寺の別院に移り「正法眼蔵95巻」の著作を始める。さらに興聖寺に移り10年を過ごす。しかし比叡山僧徒から迫害を受け、北陸越前の国、永平寺に移る。この頃から道元は思想的に厳しくなり、以前は僧・在家・男女を問わず坐禅を教えていたが、出家は破戒しても得道（悟りをひらく）するが在家一般人は得道の例がないとして出家至上主義となる。道元の厳しさは弟子を破門するさいにも、弟子の坐禅板をはぎとり土まで掘って捨てるほどであった。時の権力者、執権北条時頼は、永平寺に土地の寄進を申し出、鎌倉五山の開祖を道元に託するがこれを辞退する。如浄の「都に住むな、国王や大臣に近づくな、深山幽谷に住み、求道の者を教化せよ」の教えに従う。道元は53歳で病を得て入寂する。承陽大師。

## ［7］道元と曹洞宗の教え

　平安時代後期になると釈迦の経典は残っているが、修行者も悟れる者もいない希望のない時代が訪れる。仏教の歴史観に根ざす末法思想は日本では、1052年に始まる。もはや現世での救いは不可能であり、来世での救済を求めるようになる。鎌倉仏教は今まで為政者のものであった仏教を単純な修行法である易行によって民衆の中に入り込んでいった。法然（1133-1212）の浄土教は、難解な経典研究や厳しい戒律では庶民は救われないとして、比叡山を下りて浄土信仰を民衆に広める。称名念仏で南無阿弥陀仏と唱えるだけでよい。「われ浄土教を立つる意趣は、凡夫の往生を示さんがためなり」。自力で悟りを開き成仏するのは困難で、弥陀の本願にすがって往生を目指す他力信仰を全面的に打ち出した。阿弥陀仏は法蔵菩薩だった時代に、苦しむ衆生を全て救うまでは自分の成仏は後回しにするという誓願をした。さらに浄土真宗の親鸞（1173-1262）は自力修行の不可能性を知り、全てを阿弥陀仏のはからい（絶対他力）に委ねる信仰を説いた。「善人なおもて往生をとぐ、いわんや悪人をや」。報恩感謝の念仏で、念仏は感謝の現れである。

　人間の罪深さの自覚から出発した親鸞に対して道元は、人は誰でも悟り

を具えていると考え、それを禅の自力修行によってあらわなものとして体得することを求めた。**只管打坐**の修行でひたすら坐禅に打ち込むことによって身も心も一切の執着から解き放たれて自在の境地である、**身心脱落**に至ることが出来る。その時、世界は悟りの世界として現われ、修行者は自己を、眼前の悟りの世界の内に見出すこととなる。禅のそうした悟りの境地は**正法眼蔵**のなかに示される。「**仏道をならふといふは、自己をならふなり。自己をならふといふは自己を忘るるなり、自己を忘るるといふは、万法に証せらるるなり。**」坐禅に徹して、自らの心と身体への執着を捨て、おのれを忘れて一切の計らいを振り捨てて無心になる時、仏の命と出会うことが出来る（身心脱落）。小さな自己にこだわる我執を捨てることは、自らが大きな生命に生かされていることが証されることである。

　道元は心を鏡に例えている。鏡は曇りなくそれ自身が無であるからこそ、万物をありのままに映し出すことができる。人間もそのようにおのれを忘れて無に徹した時、初めてその心に万物を生かす仏が現れ、悟りの風景が出現する。自己を忘れて無になった心に、初めて山が山として、河が河としてありのままに映り、現世において仏の命と一つになることが出来る。すべてを仏の家に投げ入れ、仏の方から働きかけられ、それにそのまま従っていく時、力をも要れず、心をも費やせず、**生死**を離れて仏になる。

　禅は、**今この瞬間を無心になって生きる**ことといえる。禅の精神は、今、ここにおける命の一瞬一瞬を、無心になって生き抜くことの大切さを教えてくれる。曹洞宗では**不立文字**で、悟りは言葉では表せないことから公案は重んじられず、何の目的も持たず、何も考えず、ただひたすら坐禅するという修行（**黙照禅**）が奨励される。**修証一等**で坐禅は悟りにいたる手段ではなく、修行に打ち込むことが悟り（証）の体得に他ならない。修行と悟り（証）は一体である。修行は坐禅に限らず、食事・洗面・清掃といった日常生活のあらゆる瞬間が修行であり、全力で取り組まなければならない。

　**春は花夏ほととぎす秋は月冬雪さえて冷しかりけり**。この道元の和歌は、川端康成がノーベル賞受賞記念講演「美しい日本と私」の冒頭で引用

したものである。平明な和歌であり分かりやすいが、道元の禅の精神をそのまま表している。春の花、夏のほととぎす、秋の月、冬の雪、これらがすがすがしく、この自然体こそが禅の教えそのものである。あまりに当たり前な自然の繰り返しの中に、人間の生命の本質を見る。自らも、それら風物のように、自然の中で自然にありたい、そんな望みと決意が感じられる。

18

# 第19章　空海と真言密教

## ［1］空海の生い立ち

　空海（774-835）は現在の香川県善通寺市にあたる、讃岐の国屏風ヶ浦多度郡の郡司、佐伯田公と母、阿刀玉依の間に生まれ、幼名を真魚といった。神童で幼い頃から聡明で賢く、優れた様子を見て貴物と呼ばれていた。12歳で国学に入学し抜群の成績であった。788年15歳の時、母方の伯父、阿刀大足が帰郷した。彼は桓武天皇（737-807）の第3皇子伊予親王（？-807）の侍講（教育係、家庭教師）であった。真魚の才能に驚き、自分が都に連れて行き、大学に進学させることを提案する。両親は喜び真魚を託する。

　当時の都は長岡京で784年から10年間長岡京に遷都される。佐伯氏には佐伯今毛人という東大寺建立に貢献した実力者がおり、また伊予親王の言葉添えもあった。律令では国家の官僚養成のため、中央には大学、地方には国学が置かれていた。大学では入学は位階が五位以上の貴族の師弟に限られていたが、特別な事情があれば、八位以上でも入学できた。真魚は長岡京の阿刀大足の屋敷で論語などを学び入学の準備をする。18歳の時、大学（大学寮）に入学する。明経道に進む。大学は官吏養成のための機関で、中国に習った政治体制だったため主に儒教・法律・中国の歴史・漢詩・算術・書法などを教えた。明経道では儒学・歴史・漢文を教えた。明経道を卒業すれば出世は約束され、両親と一族はそれを望んでいたが、儒学は現世の倫理道徳ばかりで、真魚が考えていた、「世界とは何か、宇宙とは何か、人間とは何か、何故生きるのか」といった疑問には何らの回答も与えられなかった。

　不思議な沙門との出会いがある。これは大安寺の勤操（？-827）とも戒明とも言われている。虚空蔵求聞法を100万回真言で唱えろという。これは密教の修行法の一つで集中力や記憶力が良くなるという。真魚は家族の

大反対を押し切って大学を中退して私度僧になる決意をする。山岳修験者として修業し、和歌山県の吉野山の山中で滝に打れれる。当時の修験道では滝に打れることはなかったが空海が初めとされる。愛媛県の伊予、高知県の室戸岬、徳島県の阿波の大竜寺山などで厳しい修行をする。24歳の時、三教指帰（さんごうしいき）を書いて儒教・道教・仏教を比較し仏教の優秀性を説き両親に仏門に入る許しを得たという。この本の中で室戸岬の岩屋で虚空蔵求聞法（こくうぞうぐもんじのほう）を100万回真言で唱え終わったとき、明けの明星、金星が空海の口の中に飛び込んだという。この時、眼前には空と海しか見えなかったので以後空海と名乗ったという。

　奈良の南都六宗では経文を学ばせてもらい、私度僧ながらも秀才の評判が高まる。夢のお告げで大和国久米寺（くめでら）の東塔（とうとう）の心柱（しんばしら）の下をさがせという。真実の仏教を学びたければ密教を学べという。大日経（大昆盧遮那成仏神変加持法（だいびるしゃなじょうぶつしんべんかじほう））の経典に初めて出会う。奈良の大安寺の高僧勤操（ごんぞう）を尋ね、密教を教えてもらいたいと願う。勤操は密教が良くわからないので、遣唐使船で留学僧（るがくそう）として唐にわたり学ぶことを勧める。大安寺には唐の僧が何人もいたので唐の言葉を学びやがて自由に話せるようになる。804年5月遣唐使船が派遣されることになる。留学僧（るがくそう）になるためには得度（とくど）して朝廷から認められた正式な僧になる必要がある。勤操の働きかけで空海は東大寺戒壇院で受戒する。31歳である。遣唐使船4隻は出航後まもなく嵐に合い、第3、4船は遭難した。第1船に乗っていた空海、遣唐大使の藤原葛野麻呂（ふじわらのかどのまろ）、留学生橘逸勢（たちばなのはやなり）（?-842）は1ヶ月漂流して赤岸鎮（せきがんちん）に漂着する。しかし当時倭寇があり、国書を持っていなかったので2ヶ月間待たされてから、南の福州に回される。ここで空海が嘆願書を書き、正式な遣唐使と認められ、正月の皇帝参賀に間に合うように49日で2400キロを駆け抜け長安に辿り着く。第二船の最澄（さいちょう）（767-822）は無事明州に着き、最澄は長安に向かわず直接に天台山に向かった。

　空海は西明寺に居住し、密教を学ぶならば青龍寺（しょうりゅうじ）の恵果和尚（けいかかしょう）を勧められ、またその前に天竺出身の僧のいる醴泉寺（れいせんじ）に行くことを勧められる。醴泉寺で般若三蔵（はんにゃさんぞう）からサンスクリット語を漢訳した華厳経などの経典を譲り受け、また牟尼室利三蔵（むにしりさんぞう）からサンスクリット語を学ぶ。また空海は、バラ

モン教哲学を学び、イスラム寺院、キリスト教（景教）寺院大秦寺を訪ね見聞を広める。3ヶ月でサンスクリット語をマスターする。

805年5月青龍寺の恵果和尚（746-805）を尋ねる。6月に胎蔵界灌頂を、7月に金剛界灌頂、8月に伝法灌頂を受け阿闍梨となり、遍照金剛の灌頂名を授けられる。3ヶ月で密教の全てを伝授される。多くの経典、不空から伝わった法具、金剛智から不空、恵果に伝えられた仏舎利、恵果の袈裟などを授けられる。12月恵果は入寂する。空海は碑文を書く。4ヶ月間広東省越州に滞在し、薬学や土木技術を学ぶ。儒学・道教・文学・医学・天文学などの本も集め、806年8月明州を出航して帰国の途に着く。

空海は11月に博多に辿り着くが、20年の留学期間を2年で帰国したため、みかどの許しが出るまで太宰府の観世音寺に2年間留め置かれた。空海は唐から持ち帰った文物の目録である御請来目録を朝廷に提出する。先に帰国した最澄は京都府京都市にある高尾山寺（現在は神護寺）にあり、朝廷から厚い信任を得て天台宗を開いた。また桓武天皇の国家灌頂を行った。807年伊予親王は謀反の疑いをかけられ母と共に自殺に追い込まれた。侍講であった阿刀大足はその後空海のそばで事務仕事に携わった。808年朝廷は空海の20年の留学義務を解く通達を出し空海は京都の高尾山寺に入る。809年平城天皇（774-824）が退位し平城太上皇となって平城京に移り、空海のよき理解者である弟の嵯峨天皇（786-842）が即位した。嵯峨天皇は空海を御所に召しだし、屏風に書を書かせる。空海は中国の皇帝順宗から宮中の王羲之の書の修復を命じられた時、両手、両足、口を使い一度に五本の筆で字を書き賞賛され、五筆和尚の名を賜った。嵯峨天皇は漢詩が得意な文化人で、書道にも優れ、空海、橘逸勢（？-842）と共に三筆と呼ばれる。

平城太上皇の后の母、藤原薬子（？-810）は、兄藤原仲成（774-810）と共に平城太上皇を再び天皇の位に戻し、平城京遷都を画策する。これを薬子の変（810）という。空海は高尾山寺で鎮護国家の加持祈祷の修法を行い、法力を得た嵯峨天皇は坂上田村麻呂を平城太上皇の屋敷に向かわせる。薬子は自殺し、藤原仲成は殺され、平城太上皇は出家する。

但し当時の密教は仏教の一宗派というよりも呪術を担う一部門的な扱い

19

であった。最澄は越州の龍興寺で密教を受法し、帰国後は桓武天皇に国家灌頂なども行っていた。天台宗を広めることを本意としていたが、時代の流れから密教を取り入れることを痛感していた。自分の密教が不十分であることを知り、七歳年下の空海に結縁灌頂を求める。弟子入りしたことになる。空海は812年から813年にかけて最澄や弟子の泰範（778-?）に密教を伝えるための灌頂を行い、奈良の高僧145人も空海の灌頂を受けた。空海は813年遺誡と呼ばれる僧としての心構えを示し、この頃空海の教団が成立した。空海の行う加持祈祷によって仏法の力が発揮されて病気や災難から逃れることができるという密教の考え方は、現世利益を追求する当時の貴族層に広く受け入れられた。

　最澄は空海から密教経典12部を借用し空海もそれに応じ、密教の知識を得ていた。813年理趣釈経（理趣経の注釈書）の借用を願い出る。理趣釈経は従来の顕教では認められていない、男女の交わりをも肯定する内容で、「密教の奥義は文章を読むだけでは伝わらない」という批判の書簡を送り拒否する。816年最澄の愛弟子泰範に比叡山に戻るよう手紙が届く。泰範は空海の弟子になることを希望し空海は最澄に手紙をしたためる。以後2人は会うことがなかったが、仲たがいというよりも夫々の布教で忙しかったためといわれている。

　816年空海は嵯峨天皇に高野山の下賜を願い出て密教修行の道場建設を許可される。空海は伽藍の建設を始める。金剛峯寺の配置は空海の考えに基づくものであったが、官寺ではなく都からも遠いため、完成は70年後である。822年最澄が入寂する。823年空海は都でまだ未完成であった東寺を完成するための造東寺別当に任ぜられ、教王護国寺と名を変え、密教の都での中心地として発展して行く。羯磨曼荼羅（立体曼荼羅）を作成するが完成は生前ではなく839年である。

　821年香川県の讃岐国満濃池の築池別当を命ぜられる。国司から朝廷に雨季のたびに堤防が決壊するので修繕の申し出があった為である。空海は3ヶ月で修繕を仕上げる。池の中央に向かうアーチ型の堤防、堤防の岩盤に穴を開け増え過ぎた水を外に逃がす余水路を造る。822年東大寺に灌頂道場真言院を設立せよと命ぜられる。日本の仏教界の主流である南都六宗

の中心寺院である東大寺に、空海が真言院を設立したことから、密教が着実に国家の仏教に浸透していったことが窺われる。平城太上皇の灌頂もおこなう。824年**神泉苑で請雨経法（雨乞いの祈祷）**を行う。3日間雨が降り続き、空海への信頼と畏敬の念は一気に高まった。それは宮中の人々のみならず、一般民衆においても同様で、空海と密教への評価が急上昇した。空海は雨乞いの祈祷を生涯において51回行なったとされる。828年**大輪田泊（神戸港）**の改修工事を命ぜられる。土木に関する高度な知識を持つ空海に白羽の矢が当たったのである。

　828年**綜芸種智院**を東寺の隣に設立する。藤原三守の屋敷提供によるもので、運営は天皇・貴族・諸寺院などの協力による。身分を問わず誰もが学べる民衆のための学校で、儒教・仏教・道教・陰陽・法律・工学・医学・芸術などを教えた。授業料は無料で飲食物も無料で支給された。空海の死後10年、845年廃止された。827年大僧都に任命される。僧侶の最高職である。

　831年、58歳の時、悪瘡という感染性の皮膚病で倒れる。832年4月、**万燈万華会**を高野山で行う。これは仏や菩薩を供養し、人々の罪を懺悔し減罪を祈念する法会である。この年の11月から五穀（米・麦・あわ・きび・豆）断ちをし高野山に隠棲して弥勒菩薩の前でひたすら禅定に明け暮れる。

　834年**宮中に真言院**を建立。835年天皇安穏、国家安泰、万民豊楽を祈願し、**後七日御修法**が宮中行事となり、1871年（明治4年）まで行われる。これにより真言宗は正式な宗派として認められた。**835年3月15日弟子を集め、3月21日寅の刻（午前4時）永遠の禅定に入ることを告げる。**結跏趺坐の姿のまま輿に乗せられ、奥の院の地下にある石室に安置されたという。**入定**とは命が尽きていても、生きながら永遠の悟りの世界に入ったと捉えられている。実際には荼毘にふされたようである。921年醍醐天皇は**弘法大師の諡号（おくりな）**を贈った。

## ［2］密教と伝持の八祖

　密教は釈迦入滅の千年後、7世紀にインドに興った仏教の一宗派で、空

海を含めた「伝持の八祖」がいる。2つの経典を大きな柱としており、「金剛頂経」と「大日経」である。龍知と龍猛が開祖で、金剛智と不空は金剛頂経の漢訳を行った。善無畏と一行は大日経の漢訳を行った。恵果は不空から金剛頂経を教わり、善無畏の弟子の玄超から大日経を学んだ。2つの教えを学んだ恵果が空海にその全てを伝授した。ただし奈良時代に密教は既に日本に伝えられており、薬師寺では護摩を焚き密教の祈祷を行っていた。空海は天皇からの親書と金品を携え、だからこそ多くの経典や法具を持ち帰ることができたといわれる。4−6世紀の初期密教は**雑蜜**（雑部密教）と呼ばれ、呪文や印契などの儀礼が現世利益を求める民衆に応えて生まれたという。初期密教は大乗仏教と融合して、大日如来を中心とする新たな密教となった。西インドで「大日経」、南インドで「金剛頂経」に集約され、別々に中国に伝播された。中国では、不空と恵果の50年間が最盛期で、その後次第に衰退し、道教に吸収されてしまう。空海は独自の理論体系を構築し「**真言密教**」へと昇華させる。現在でも密教が残るのは日本の真言密教と**チベット密教**（タントラ仏教）だけである。現在の中国の寺院は9割が禅寺である。空海の生まれた774年6月15日は不空の入滅した日であり、真魚は不空の生まれ変わりであると信じられている。

## ［3］六大縁起と大日如来

　密教の原点はインドのウパニシャド哲学の**梵我一如**の哲理にある。インド人の間では古代から、輪廻転生の思想が根強い。永遠に生と死が繰り返され、肉体が滅んでも別の形で再生する。再生は前世の行い（業、カルマ）によって来世の生まれが決定される。善い行いをした者は高い身分に生まれることが出来（**善因善果**）、悪い行いをした者は低い身分、場合によっては動物に生まれ変わってしまう（**悪因悪果**）。現在でもインド人はカースト制度が宿命的なものであると受け止めている（**自業自得、因果応報**）。この恐ろしい輪廻の悪循環を断ち切って永遠の至福に至る為には**解脱**する必要がある。

　**梵**とはブラフマン、宇宙の根本原理をさす。**我**とはアートマン、自己の

本体＝霊魂をさす。ブラフマンとアートマンが合一し、同一となれば解脱することが出来る。悟りを開けば成仏できる。仏教はブッダの悟った真理（法、ダルマ）を教えの中心にする。**ブッダの悟った真理そのものが仏とされた。**宇宙の真理そのものをあらわす仏が**法身仏**（教えを身体とする仏）として信仰の対象とされた。奈良東大寺の昆盧遮那仏や真言密教の本尊である大日如来である。やがて歴史的存在としての釈迦ブッダをこえて、ブッダはそのような法身仏が衆生を救済する働きをするために肉体をもってこの世に現れた、歴史的人物の姿をとってあらわれた**応身仏**と考えられるようになった。真理そのものである法身仏は永遠不変であるが、その真理を人格的にあらわす応身仏は世の中に応じてあらわれ、過去から未来に渡って数多くのブッダが出現するという信仰が生まれた。

　**法身仏で宇宙の根本原理を表す大日如来は、**サンスクリット語でマハーバイローチャナ「万物をあまねく照らす偉大な覚者」という。大日如来の光は、太陽のように全てを照らす。太陽と異なる点は陰を作らないことである。大日如来自体は姿形を持たないが、この世の全ての事物・現象は大日如来そのものが姿を変えて現れているだけで、人間も同じく大日如来が姿を変えた存在である。だからこそ人は誰でもすでに仏性を備えているので、大日如来の法則を学ぶことで自らが仏になることが可能である。

　密教では宇宙は六大と呼ばれる6つの要素から成り立ち、これらの要素が混じり合い、お互いに影響しあって宇宙として統一されている。**六大とは地・水・火・風・空・識をいう。**地とは固体、固い性質で堅固、不変のものをさす。水とは液体、流れ、清める性質で清浄、冷気、柔軟なものをさす。火は温め、上昇、浄化する性質で温熱、成熟したものをさす。風は気体、宇宙の呼吸で活動や影響を及ぼすものをさす。空は空間で、包容力、無限の性質をさす。識は精神的な現象の象徴であり、心や理性、物事を意識する働きで、物質である五大は、精神である識があることによって初めて認識される。宇宙はこの六大が混ざり合い融合して**六大縁起**となって出来上がっている。人間もまた六大からからなり人間は小宇宙である。

# ［4］三密と即身成仏

　空海は「**即身成仏義**（そくしんじょうぶつぎ）」で、宇宙の動きは大日如来の身体、言葉、心（三密）であるため、それを自分と重ねあわせることで、生きたまま仏になれると説く。

　バラモンの僧侶は神々を讃える聖なる言葉がマントラ真言であり、マントラを唱えることにより神々を感動させ神々を動かし、力の一部を授かることが出来ると考えた。マントラは神々に人間の思いを伝え神々に直接アクセスする手段である。マントラは仏の言葉であるサンスクリット語でなければならず、この固有の空気の振動・波動が大日如来の動きに共鳴するのである。**口密修行**（くみつ）ではマントラを数千回、数万回と唱える。

　**手印**（しゅいん）（**身密**（しんみつ））とは手指を組み合わせることにより、いわば宇宙の生命との合一を図ろうとする動作である。密教では右手は仏、左手は自分を意味する。2つをそっと合わせる動作は、大日如来との合一を象徴している。これを**合掌印**という。**法界定印**（ほうかいじょういん）は坐禅の時の手の組み方で、左手を上にし、左右の親指同士がわずかに触れる。手印は軽々しく結んではならない。身体と宇宙はつながっており、誤って印を結べばその神秘の力が、望まぬ形で発動してしまう。修行者や僧侶は、袈裟や法衣で手を隠し、手印を人目に触れないようにしている。

　三密のうち**意密の行**（いみつ）は精神を集中し仏尊の心境に至ることである。**瞑想法**によっておこなう。坐禅と異なり本尊とされる掛け軸を前にして行う。掛け軸には大きな円を白い蓮の花が支えている構図。円の中には大日如来を表す**梵字の阿**（あ）が書かれている。結跏趺坐で、深呼吸をして呼吸を数え呼吸と精神が落ち着いたら、阿字観本尊に向かい白い丸の部分に意識を集中させる。この白い丸の部分を**月輪**（がちりん）という。目を閉じても月輪が見えそれ以外は見えない、というところまで精神を深め自分という意識がなくなるところまで瞑想する**月輪観**（がちりんかん）。続けて**阿字観**（あじかん）に入る。今度は本尊の阿を思うようにする。梵字の阿を半眼で見つめながら、その文字が表現する真理をイメージし感じ取り、仏に思いを馳せる。仏とは宇宙であり、自分は宇宙の

一部である。自分もまた仏の一部であり、仏と一体であると意識する。仏との一体感を得るためには、**瞑想で心と仏を一致させることが重要である**。**入我我入**とは仏と一体になった状態で、密教が目指す最高の境地。仏が我に入ってくる、同時に私が仏に入る、といった意味。自分という境界がなくなり、宇宙の生命、大日如来と一体化した状態。大日如来と自分は同一であり、区別がない。自分もまた仏であるという全てを受け入れた状態で、**不二合一**ともいう。**三摩地**とはサンスクリット語の「サーマーディ」の音訳で瞑想によって意識を集中して心を仏の境地に至らせること。三摩地に至れば没我状態となり対象を偏りなく正しく受け止められる。**三昧**とも言う。

　**密教**は秘密の教えという意味で、経典を読んだり説教を聴いて理解できる**顕教**と対比される。顕教では成仏するために**三劫成仏**といって、何度も生まれ変わるくらいの長い年月が必要とされた。密教は大日如来に直接にアクセスし、五感を駆使した神秘体験を通じて、言葉で尽くせない教えを体得し、三密加持により生きたまま成仏できる、即身成仏できる教えである。**即身成仏とは大日如来と一体化することである。**

# ［5］済世利人と密厳仏国

　空海が目指した理念は「**即身成仏**」「**済世利人**」「**密厳仏国**」である。即身成仏はこの世で自分が仏になることで仏との合一化を目指すものである。

　**済世利人**は宗教的実践を通して世を救い現世での利益を施すことである。空海は現世利益をもたらすために、医学・薬学・土木建築学など唐の先端技術をわざわざ学んでから帰国している。実際に満濃池の改修、大輪田の泊の改修、綜芸種智院の開設などを行っている。**法力だけでは人は救えない。社会事業や教育など具体的な行動が必要である。**

　**密厳仏国**とは大日如来がいる清浄な国土。それは真言宗では我々が生きるこの穢れたはずの国土そのままが、本来密厳仏国であると説く。他の仏教諸宗派が極楽浄土という死後の幸せを説いたのに対して**空海の密教は現**

世に救いをもたらすことを目指した。**人間が生きる世界そのものが、大日如来のいる清浄な浄土であると考えたのである。**

キリスト教の考え方では、宇宙、天地、人間はあくまで神の被創造物にすぎない。人間と神はあくまで隔絶した存在と考えている。空海は大日如来とは宇宙そのもの、真理そのものを表す最高の仏であり、どこかにいる仏ではなく、世界に満ち満ちているもので、汎神論的な考え方をしている。**スピノザ**（1632-77）はオランダのユダヤ人哲学者で「エチカ」の著者である。スピノザによると、精神も物質もいずれも神という究極の実体の現れにすぎない。従ってこの世界に存在する全ては神そのものであり、神即自然である。この立場を**汎神論**というが、世界の外部にいる神を否定するのだから、ユダヤ教およびキリスト教の伝統的な考え方とは全く異なる。スピノザは唯物論、無神論の疑いをかけられ、ユダヤ教からは破門、キリスト教からは異端視された。

## ［6］秘密曼荼羅十住心論

830年嵯峨天皇の弟である**純和天皇**（786-840）は、仏教の全ての宗派にその教えをまとめて提出するように求めた。空海は密教と他の宗派の違いをはっきり世に示すために「**秘密曼荼羅十住心論**」を書いた。人間の心の発展段階、悟りに至る心の状態を十段階に分け、各宗派を夫々の段階に当てはめて著した。顕教では第九住心までにしか到達できず、密教のみが第十住心に到達できることを示した。第十住心で初めて人は仏と一体となり、悟りに達するという。十住心は空海が体系化した悟りへの道で、密教の独自性・普遍性を確立した。

**第一住心（異生羝羊心）**人間が動物と同じように本能や欲望のままに生きている心の段階。

**第二住心（愚童持斎心）**倫理や道徳への目覚めがあり、他人への思いやりの心や施しの心が芽生える段階。儒教的境地。

**第三住心（嬰童無畏心）**自分より優れた神を認め、宗教を求める心が起こる段階。仏教以外の宗教を信じる段階で老荘思想の境地。

第四住心（唯蘊無我心）欲望を立ち切り、全てがあるがままで満足し、それ以上を求めない。実質的な自我は存在しないと気付き、小乗仏教に目覚める心の段階。

第五住心（抜業因種心）世の中の道理を見極め、自分の心身の安らかさを願い求める。悟りの世界に気付きすべては因縁のうちに存在するという悟りの世界を発見する。小乗仏教。

第六住心（他縁大乗心）他人の苦しみを自分の苦しみとし、人々の苦しみを救おうとする。菩薩の境地である慈悲の心が生まれ、心だけが実在だと自覚する。大乗仏教。

第七住心（覚心不生心）世の中のものはもともと固定されたものでないと知り、自分の心の永遠性を見極めた段階。全ての迷いや妄想を断ち、あらゆるものは空と悟り心鎮まる。

第八住心（一道無為心）自分も世の中のものも、もともとは一つであると知り、一切の現象は清浄であり、あらゆるものに仏性を認めようとする。大日如来に近づく。

第九住心（極無自性心）自分と大自然は対立しているように見えるが、一つに結びついている。自分の身体を含めて仏を自覚し、宇宙の悟りを感じ取る心の段階。真言密教以外の宗教の到達点はここまでであると空海はいう。

第十住心（秘密荘厳心）大日如来の智慧と慈悲がそのまま表現された世界で、全てのものに無限の価値が秘められていることに気付く心の段階。究極の悟りを実現し人と仏が一体となる最終段階。空海はこの段階に至ることが出来るのは真言密教だけであると説く。

19

# ［7］護摩と加持祈祷

密教の呪術的側面を色濃く表しているのが、**護摩**を焚き**加持祈祷**をすることである。祭壇を設けて激しく火を焚いて祈る護摩は、密教の加持祈祷の方法としてよく知られている。目の前の護摩炉に火をともし、そこに護摩木をくべながら真言を唱え、祈祷する儀式である。火を焚くことによっ

て仏に祈りを伝え、成就を願う修法で、祈りと共に投げ込まれる供物が焼かれ、炎となって天に昇り、神へと届き、願いが叶えられるという。**外護**<ruby>摩<rt>ま</rt></ruby>**は護摩木を燃やし、供物を捧げることによって神仏を供養し、無病息災や願望成就などを祈る具体的なものである。内護摩は、心の中の煩悩が焼き尽くされることを願い、そして悟りを得ることを目的とする精神的なもの**である。炎は仏の智慧とされる。煩悩を焼き清めることで悟りに近づく。

　護摩で祈願できることは4つある。息災は無病息災、安心、平和を願う。増益は商売繁盛、金運上昇、強運を祈る。調伏は悪を倒し善へと導く。敬愛は他者との和合や異性の愛情を得るという個人的な目的で行われる。

**　煩悩が焼き尽くされたあとに不動明王が現れる。そこで不動明王へ供養と加持祈祷がひたすら捧げられる（本尊段）。不動明王は古代インドのシバ神の別称である。**大日如来の化身であり、使者であり炎の世界に住み、人間界の煩悩や欲望を聖なる炎で焼き尽くしてしまう。炎の力を借りる護摩法要の本尊は不動明王が据えられる。邪悪な考えを持つ者を左手に持つ<ruby>羂<rt>けん</rt></ruby><ruby>索<rt>さく</rt></ruby>で縛り上げ、右手の智慧の剣で矯正する。髪は怒りのせいで逆立ち、歯で唇を噛んだ口元からは牙が出ているように見える。青黒い体に片腕をはだけて法衣をまとい、火炎を背負う姿で描かれることが多い。怒りの表情は人間の心に巣食う悪を滅ぼし、悟りに導く慈悲の心である。怒りの形相は<ruby>忿<rt>ふん</rt></ruby><ruby>怒<rt>ぬ</rt></ruby><ruby>相<rt>そう</rt></ruby>といわれ、教えに従わない者を怒ってでも仏教に帰依させようとする気迫や、仏界を脅かす煩悩や悪への怒りなどの象徴である。

# ［8］<ruby>曼荼羅<rt>まんだら</rt></ruby>

　**<ruby>曼荼羅<rt>まんだら</rt></ruby>**とはサンスクリット語で「本質を有するもの」の意味。曼荼羅は悟りの複雑な世界観（宇宙）を分かりやすく視覚化したものである。大日如来を中心におよそ1800体の仏が、図形や鮮やかな色彩を駆使して表現されている。仏画で描いた曼荼羅には2つあり両界曼荼羅という。本堂の本尊に向かって左に金剛界曼荼羅、右に胎蔵界曼荼羅を掛ける。

金剛界曼荼羅は金剛頂経の世界が描かれている。煩悩を取り去る強い智慧が描かれている。正方形のパネルが３×３の９枚並んでいる。特徴は円が多用され、仏たちは月輪という輪の中にいる。月輪は満月の象徴で、仏の智慧が円満であることを示す。大日如来を中心に、周りには仏の慈悲と智慧を象徴する四如来が配置され、合わせて金剛界五仏という。中心に成身会があり、悟りを開いた仏が、救済を行う道筋を表す向下門として、右回りに成身会から三昧耶会、微細会、供養会、四印会、一印会、理趣会、降三世会、と進み右下隅の降三世三昧耶会とつながる。向上門は修行によって悟りへと至る道筋、過程を示したもので、右下隅の降三世三昧耶会から左回りで中心の成身会に至る。成身会の上に位置する一印会は大日如来一尊で描かれている。曼荼羅内の方向は上が西である。

　胎蔵界曼荼羅は「大日経」に基づく世界が展開される。「胎」の字が示唆する通り、仏の慈悲や悟りを求める人々の成長を象徴している。修行者が初めて仏の智慧を求める心を持つことは、女性の胎内に生命が宿ったことと同じであり、胎内で生命が成長するように、修行者は真言宗の導きによって心が清められていく。教えの背景には全ての人が仏になれるという、豊かな慈悲があり、人々の心を癒している。胎蔵界曼荼羅の中核にあるのが、中台八葉院。蓮華の花の中央に、大日如来、花びらには四如来とそれぞれの如来に従う四菩薩が描かれている。12院409尊が配置され、上が東を表す。中台八葉院から発するエネルギーが曼荼羅全体に広がり、まずすぐ上の遍知院で受け止められ、慈悲と智慧に変化する。慈悲は左側の蓮華部院、智慧は右側の金剛手院へと流れ出し様々な菩薩に姿を変えていく。中台八葉院の八枚の花びらは深紅に塗られている。血液の色といわれる。中台八葉院の西（下）に位置する持明院は不動明王や降三世明王などが配され、如来の降伏の力が、智慧と慈悲の両方を携えて示されるということを表している。

　曼荼羅にはそのほかに、三摩耶曼荼羅は、蓮華や法具で曼荼羅を表現したもので、如来や菩薩などの持ち物が、すなわちその仏を意味している。法曼荼羅は仏の像の代わりにその仏を意味する真言（梵字）で仏の働きを表現したもの。羯磨曼荼羅は絵画でなく立体的な仏像の彫刻をもって、曼

茶羅の宇宙を表現したもの。

## ［9］如来と菩薩、明王

　**如来は、修行を完成した者、完全なる人格者といった意味を持つ。さらに悟りの世界に到達した者が、再び私たちのもとに来て、教え導くという意味もある。**大日如来が最も重要で、両界曼荼羅の中心で、宇宙の根源とされている仏である。如来は通常、出家者の姿をしており、身なりは薄衣をまとい質素である。大日如来だけは装身具をつけている。**五智如来**といって、曼荼羅の中では大日如来を中心に、東西南北に四如来が配置されている。

　大日如来の智慧は法界性体智（ほうかいせいたいち）と呼ばれ、悟りの象徴である。**金剛五仏**は、四如来が大日如来の悟りの属性を分担して受け持っている。**阿閦如来**（あしゅくにょらい）は煩悩に屈しない阿閦如来の大円境智（だいえんきょうち）、**阿弥陀如来**の現世を照らし観察する妙観察智（みょうかんさっち）、**宝生如来**（ほうしょうにょらい）のすべての存在に価値を認める平等性智（びょうどうしょうち）、**不空成就如来**（にょらい）の全てを成し遂げる成所作智（せいしょさくち）である。

　胎蔵界曼荼羅の中台八葉院にも五智如来がおり、**宝鐘如来**（ほうとうにょらい）は智慧の炎で魔の軍隊を打ち破るとされ、悟りを得ようとする発心の徳を備え、軍隊が本営に立てる旗の役割を果たすとされる。**開敷華王如来**（かいふけおうにょらい）は開敷華（蓮の花）を象徴した悟りの心を開かせる仏である。**無量寿如来**（むりょうじゅにょらい）は無限の命を持つ、現世を照らす仏であり、極楽浄土で人々を救済する仏で、来世での利益を約束する。阿弥陀如来の別称である。**天鼓雷音如来**（てんくらいおんにょらい）は雷鳴のように響く真理の響きで目覚めに導く仏である。大日如来はこれらの徳を合わせた徳を供えている。

　本来は密教の仏でなかった仏教の開祖である**釈迦如来**は大日如来の化身とされ永遠を表す仏である。修行中に身に着けていた粗末な納衣（のうえ）で描かれることが多く、人々を救うために身を尽くして苦行した慈悲心を象徴する右手のひらを前に向けた**施無畏印**（ふむふいん）（人々の畏れを取り払う）、左手の指先をこちらに向けた**与願印**（よがんいん）（願いを与える）を示していることが多い。**薬師如来**は無病息災をもたらす仏として信仰され、薬壺（やっこ）を持っている像が多

い、現世の利益をもたらす仏である。

　菩薩には悟りを求める者という意味がある。如来が修行を完成した者を表すのに対して、菩薩はより人間に近い存在である。まだ悟りをひらいていない菩薩は、人間に近く、髪を結い上げ、きらびやかな装飾品を見にまとった姿で描かれる。四菩薩は胎蔵界曼荼羅では大日如来を中心に東南・西南・西北・東北に普賢菩薩・文殊菩薩・観自在菩薩・弥勒菩薩が描かれている。普賢菩薩（ふげんぼさつ）は無病息災や幸福増進をもたらす本尊で仏の慈悲の働きを表現する。長寿・延命の本尊として白象に乗っていることも多い。文殊菩薩（もんじゅぼさつ）は胎蔵界曼荼羅文殊院の本尊で、智慧を司る菩薩である。観自在菩薩（かんじざいぼさつ）は慈悲に溢れ、自在に姿を変えて人々を救う菩薩で、人の姿のほか、千手観音、馬頭観音などに変化する。弥勒菩薩（みろくぼさつ）は遠い未来に現れて全ての人を救うという希望の菩薩である。空海は即身成仏を遂げて発光菩薩となった。そのほかに、地蔵菩薩は胎蔵界曼荼羅地蔵院の主尊で、弥勒菩薩が出現するまで、迷い苦しむ者を救うお地蔵さんである。道端に佇む地蔵菩薩は、道すがら、お参りしたりお供えをしたりする身近な存在である。虚空蔵菩薩（こくうぞうぼさつ）は智慧と福徳で願いを叶えてくれる菩薩。頭に五仏の付いた宝冠、右手に剣、左手に宝珠を持つ。菩薩は戒律や覚悟によって、修行を重ねながらさらなる高みを目指す。菩薩は如来になる一歩手前の存在で、四無量心（しむりょうしん）を持つことが求められる。即ち、楽を与える慈無量心、苦を取り除く悲無量心、他人の喜びを自分の喜びとする喜無量心、好悪にとらわれず平等である捨無量心、である。また四重禁戒（しじゅうきんかい）といって、行ってはならないこともある。即ち邪教を信じるべからず、四無量心を捨てるべからず、法を求められたら教えることを惜しむべからず、すべての人に不利益になる行いはするべからず、である。顕教の四重禁戒は、殺すべからず、盗むべからず、邪淫（道に外れた性行為）するべからず、嘘をつくべからず、である。

　明王は明呪（みょうじゅ）（まじないの言葉）の王を意味する。怒りの形相は忿怒相（ふんぬそう）といわれ仏法を守る諸尊の１つである。明王から発せられる怒りは、人々を救いたいという熱い思いと表裏一体である。特に格の高い五大明王がいる。

　不動明王は最も格の高い明王で、不動安鎮法などの本尊である。炎の世

界に住み、人間界の煩悩や欲望を聖なる炎で焼き尽くしてしまう。炎の力を借りる護摩法要の本尊には、不動明王が据えられる。

降三世明王（ごうざんぜみょうおう）は煩悩を克服する仏。欲望・怒り・愚かさの三毒を抑え、鎮める。

軍荼利明王（ぐんだりみょうおう）は、災いを鎮める仏。額にも目があり、体に蛇を巻きつけているのが特徴。

大威徳明王（だいいとくみょうおう）は、魔物から守る仏。6つの顔に各6本の手足があり、敵と真っ向から対決する守護神。

金剛夜叉明王（こんごうやしゃみょうおう）は、魔物を降伏させ、仏法に従う者を護る仏。手に金剛杵（こんごうきね）を持つ。

そのほかに孔雀明王（くじゃくみょうおう）は、災難や病魔を除く明王で雨を呼ぶ力を持つ。明王の中で唯一、忿怒相（ふんぬそう）ではなく、菩薩のような安らかな顔立ちをしている。

愛染明王（あいぜんみょうおう）は、煩悩や愛欲におぼれて悟りを求める道から外れてしまう衆生の本能を否定しない。金剛菩薩の化身と考えられており、愛欲に悟りを求める心、菩提心へと変化させる功徳をもっている。恋愛成就や縁結びの仏尊（ぶっそん）として篤く信仰されているが、人々に悟りを求める心を持たせる明王である。宝瓶の上に置かれた蓮華座に坐っているのが特徴。

## [10] 結縁灌頂（けちえんかんじょう）・受明灌頂・伝法灌頂

真言宗の中でも独特で重要とされているのが、灌頂。灌頂とは仏の慈悲の水を頭に注ぐ意味の儀式。結縁灌頂（けちえんかんじょう）は仏と縁を結ぶ儀式で、いわば真言宗への信仰告白。入信を社会的に表明する意味を持ち、一般の信者、在家信者でも授かることが出来る。三昧耶戒法要（さまやかいほうよう）に参加し結縁灌頂の心の準備をする。目隠しをしたまま道場に入り、曼荼羅を背にして華を投げ落とす。これを投華得仏（とうけとくぶつ）といい、その落ちた先にある仏尊が入信者の守り本尊となる。華は5つの房が1本の茎に付いたキシミの葉である。その後、入信者は阿闍梨（あじゃり）から仏の5つの智慧をかたどった五瓶から頭に水を注がれる。そして法名（仏弟子としての名前）と血脈（真言密教の系譜）を阿闍

梨から授かる。

　**受明灌頂**（じゅみょうかんじょう）は弟子灌頂ともいい、密教の弟子として本格的に修行に入る信者のための灌頂である。

　**伝法灌頂**（でんぽうかんじょう）は師匠の位の阿闍梨となることを許した者に大日如来の秘法を授ける儀式。四度加行（しどけぎょう）の厳しい修行を済ませたあとに行われる。四度加行の終了に約100日を要する。

19

# 第20章　孔子と儒教思想

## ［1］孔子の生い立ち

　孔子（BC551-479）の生涯は司馬遷（BC145-86）の史記の「**孔子世家**」に詳しい。現在の山東省曲阜県の魯の昌平郷に生まれた。姓は孔、名は丘、字は仲尼、英語ではConfuciusである。父が64歳の時、顔氏の娘であった16歳の巫女顔徴在と通じて孔子が生まれた。庶子である。孔子が3歳の時、父は他界、15歳で学問を志し、19歳で宋の元官氏の娘と結婚。20歳で倉庫管理人、その後司空（建築現場の監督）に取り立てられる。魯の昭公20年、魯の家老の南宮敬叔の推薦で、周の洛陽に留学。老子について礼を学んだとされる。帰国後、斉の景公が孔子を訪ねる。孔子35歳の時、内乱が起き、斉に移る。景公に重んじられるが、孔子暗殺の動きがあり、魯に戻る。この時孔子十哲の顔回、仲弓、子貢などが弟子となる。**魯の定公は孔子を重用し司法と治安を担当する司空に昇格し、大司寇（司法大臣）に栄進**する。魯は繁栄し隣国の大国、斉は和議を結び「**夾谷の会**」という会盟を行う。斉の景公は一計を案じ、魯に美人80人と馬120頭を贈る。定公は美女に囲まれ歌舞音曲の毎日を送る。孔子は諫言し定公は孔子を免職した。

　魯を見捨てた孔子は、68歳で帰国するまでの14年間、衛・宋・鄭・陳・蔡・楚などの諸国を遊歴して自己の理想の実現を図った。しかし孔子の希望は受け入れられなかった。魯の**哀公**は孔子を手厚く迎えたので帰国した。哀公は孔子に相談はしたが登用はしなかった。**詩経・書経の整理、礼楽の編定、周易の研究、春秋の編集に打ち込む。また門弟の教育に精力を注ぐ。**弟子は三千人で詩経・書経・礼記・楽記の四教で教える。これに易経・春秋を加えた六芸（六経）に通じたものは72人であった。**紀元前479年73歳で世を去る。**司馬遷によれば、孔子は平民の身でありながら、その名が十余代に伝えられた。学問を志すもので、孔子を師と仰がない者

はいない。孔子こそは至上の聖人というべきである。司馬遷は孔子を個人の伝記である列伝ではなく、諸侯の記録である世家の中に収録した。儒教では孔子を「素王」（無位の王の意）とも呼ぶ。孔子の死後すぐに、住居は魯の哀公によって廟に作り替えられた。この孔子廟は歴代王朝によって拡張され、1994年にユネスコの世界遺産に指定された。

## ［2］孔子の思想と儒教

　孔子は周公旦（前11世紀）を理想の聖人とした。殷の紂王討伐の兵を挙げ、牧野の戦いで勝利し、鎬京を首都と定め武王が即位して周王朝が成立する。武王が崩じると成王が跡を継いだが、幼かったため武王の弟の周公旦が摂政として補佐した。周公旦は殷の支配体制を解体するため、封建制を行い、王族や功臣に土地を分け与えて諸侯に封じた。**君主と諸侯は血縁関係で結ばれ**、君主が諸侯に各国の支配権、爵位を与えるが、諸侯は君主に貢納と軍事奉仕の義務を負った。周公旦は周王朝の礼制を定めたとされ、礼学の基礎を築き、周代の儀式・儀礼について「周礼」「儀礼」を著したとされる。周公旦が封じられたのが魯である。

　孔子の春秋戦国時代には周王朝は没落し家族的な秩序も失われていた。孔子はこれを再興しようとした。**孔子は何かを革新しようとした訳ではなく、尚古主義で昔の文物や制度を尊び、古きよきものを復活させようとした**（温故知新）。孔子は人の生きるべき道（人倫）を説いているが、それはあくまで現世における人間の生き方や社会の在り方で、神や現実を超えた神秘現象、死後の世界については答えていない。「子、怪力乱神を語らず」「未だ生を知らず、焉んぞ死を知らんや」と述べ、キリスト教とは明らかな対比をなす。

20

　**孔子が特に重んじた道徳観念は仁と礼である。**仁は人が二人と書き、人を愛する心、他者への思いやりを意味する。孔子によればそれはまず、親子兄弟の間の愛情である**孝**（両親や先祖への敬愛）や**悌**（兄や年長者への従順）という自然な情愛として示された。「**孝悌なるものは、それ仁の本なるか**」。仁による政治とは、為政者がそうした家族的な親愛の情を広く

民へと及ぼしていくことを意味していた。こうした仁はさらに他人に対しては克己・忠・恕・信という心の在り方として説かれた。克己とは自分のわがままを抑えることであり、忠は自分を偽らない真心である。恕は他人への思いやりで、「己の欲せざるところは人に施すなかれ」という。信は他人を欺かないことを意味している。

　仁は内面的精神的な道徳であるが、その実践に当たっては礼という客観的な形式に適うことが必要とされた。感情を形として表すための規則や慣行である「礼」を構築した。礼を実践することにより、家族が秩序立てられ、さらに家族を超えて社会が安定する。礼は社会規範となり、政治理論としても発展する。

　自分勝手な欲望を抑えて、一切の行為を社会的な規範である礼に合致させることが、仁であるとして、礼の意義を強調した。「己に克ちて礼に復る（克己復礼）を仁となす」。礼は古代周王朝のしきたりで、法律や慣習・礼儀作法を含み、外面に現れる形式が重視される。その形式的な礼の規範を内面から支える道徳性が仁である。

　孔子の説く仁愛はキリスト教的愛アガペーと異なり、無差別な人類愛ではない。家族への自然な愛情を基本とし、親しさの違いによって仁愛の在り方の異なる差別愛である。

　儒教の教えの根底には現実的な実践がある。聖人は常を語りて怪を語らず、徳を語りて力を語らず、人を語りて神を語らずとし、実生活に役立つ心身の修養にあるとされた。すべては一身の修養、修己治人、自分を修め、その徳性を養うことにある。修身・斉家・治国・平天下の学問が儒教である。我が身が修まれば、家族が和合し、家族が和合すれば、国が治まり、国が治まれば天下は安泰であるという。「大学」では修己治人、自己を修練して初めてよく人を治め得るとする。

　古代中国では人びとは血縁関係を重視し祖先崇拝によって絆を深めながら暮らしていた。儒学は孔子の説いた道徳体系全般を指すが、**儒教は葬祭などの礼法を重んじる倫理思想なども含まれ儒学よりも意味が広い**。中国伝統の祖先崇拝があるため、儒教は仁という人道の側面と礼という家父長制を軸とする身分制度の双方の面を持っている。

20

「儒」とはもともと「巫祝」の意味があり、原始宗教で神事を司る人、祖霊の祭祀を行う人を指している。孔子の母が儒であり、儒の思想を体系化し、現実の社会に適応する道徳理論として儒教の成立を推進した。

　孔子は自らの思想を国政の場で実践することを望んだが、ほとんどその機会に恵まれなかった。孔子は優れた能力と魅力を持ちながら、世の乱れの原因を社会や国際関係における構造やシステムの変化ではなく個々の権力者の資質に求めたために、現実的な政治感覚や社会性の欠如を招いたとされる。孔子の唱える体制への批判を主とする意見は、支配者が交代する度に聞き入れられなくなり、晩年はその都度失望して支配者の元を去ることを繰り返した。それどころか、孔子の思想通り、最愛の弟子の顔回は赤貧を貫いて僅か32歳で死に、理解者である弟子の子路は謀反の際に主君を守って惨殺され、すっかり失望した孔子は不遇の末路を迎えた。

　前漢の董仲舒（BC179-104）は儒学を正統の学問とし、儒教は前漢の国教となった（BC136）。時代は下って毛沢東の中華人民共和国では儒教思想は封建主義を広めたのでマルクス主義と相容れない存在と捉えられ、**儒教は革命に対する反動である**として弾圧された。

　日本では儒教は儒学として受容され、国家統治の経世済民思想や帝王学として受容された。仏教や神道に比べて宗教として意識されることは少ない。江戸時代に、幕府が儒教特に朱子学を学問の中心に位置づけ、朱子学を講義した幕府や各藩の学校では孔子を祀る廟が建てられ崇敬された。湯島聖堂がその代表である。

## ［3］論語と名言・格言

　孔子の著作は「春秋」である。**論語**は孔子の言行を主としているが、孔子自身の著作ではない。没後300年ほどして弟子達により編纂された。日本には3世紀に百済を経て伝わり、日本人が手にした最古の書物とされる。学而から堯曰までの20篇からなるが、篇名は各篇冒頭の2-3字を取ったもので各篇がテーマ別でもなく、相互に関連性のない短い章句が並べられているだけである。断片的な文言であるが、簡潔で洗練されてお

り、普遍性があり含蓄がある。君子<rt>くんし</rt>とは人格者の意味であるが、当時は徳を身に着けた為政者の事である。小人<rt>しょうじん</rt>は徳・器量のない人を指す。孔子は人間を一定の型にはめようとしたのではなく、人それぞれの持つ特性を最大限に拡大し、その人に見合った最も人間らしい生き方の探求を目指している。

「学びて時にこれを習う、亦た説<rt>よろこ</rt>ばしからずや。朋あり遠方より来たる、亦た楽しからずや。人知らずして慍<rt>うら</rt>みず、亦た君子ならずや。」

知識を学び、随時それを実践に移す。なんと楽しいことか。友人が遠くから訪ねてくれる。これまたなんと楽しいことか。人に認められようが、認められまいが、少しも気にかけない。これが本当の君子ではないか。

「君子重<rt>おも</rt>からざれば威<rt>おのれ</rt>あらず。己に如かざる者を友とすることなかれ。過ちは則ち改むるに憚<rt>はばか</rt>ることなかれ。」

君子は重々しくないと、人に心服されない。自分より劣る者を友とするな。過ちに気づいたら躊躇<rt>ちゅうちょ</rt>なく改めよ。

「人の己を知らざるを患<rt>うれ</rt>えず。人を知らざるを患う。」

人が自分を認めないからと言って思い悩んではいけない。自分こそ人の長所を認めたがらない、それを思い悩むべきである。

「吾れ十有五にして学に志<rt>わ</rt>す。三十にして立つ。四十にして惑わず。五十にして天命を知る。六十にして耳従う。七十にして心の欲する所に従い、矩<rt>のり</rt>を踰<rt>こ</rt>えず。」

私は15歳で学問を志した。30歳で精神的にも経済的にも独立した。40歳で自分の人生の惑いがなくなった。50歳で天命を与えられたことを自覚した。60歳で人の言葉が素直に聞かれ、何を聞いても抵抗感も驚きもなくなった。70歳になると心のままに言動しても、決して道徳的規範を外れることはなくなった。

「故<rt>ふる</rt>きを温<rt>あたた</rt>めて新しきを知れば、以<rt>もっ</rt>て師たる可<rt>べ</rt>し。」

学んだことをもう一度よみがえらせて、新しい真理を悟る。これこそ教師たるものの資格である。

「学びて思わざれば罔<rt>くら</rt>し。思いて学ばざれば殆<rt>あや</rt>うし。」

本を学ぶだけで思索を怠ると、物事がはっきりせず知識が混乱するばか

りだ。空想にふけるだけで、読書を怠ると独断に陥り危険である。

「朝（あした）に道を聞かば夕（ゆうべ）に死すとも可なり。」

朝に真理を悟ることができれば夕に死んでも思い残すことはない。

「徳（こ）は孤ならず、必ず隣（となり）あり。」

徳のある者は決して孤立しない。必ず理解者が近づいて来る。親しい仲間ができる。

「朽木（きゅうぼく）は彫（ほ）る可（べ）からず。糞土（ふんど）の墙（しょう）は朽（ぬ）る可からず。」

腐った木に彫刻は無理だし、汚い壁は手に負えない。

「伯夷叔斉（はくいしゅくせい）は、旧悪を念（おも）わず、怨（うら）みここをもって希（まれ）なり。」

伯夷と叔斉の兄弟は人から受けた仕打ちを根に持たなかったので人の恨みを買うこともなかった。兄弟で殷の紂王を討とうとした武王に反対し、殷滅亡後周の禄をはむことを恥じて首陽山（しゅようざん）に隠れ餓死した。

「分質彬彬（ぶんしつひんぴん）として然る後に君子。」

外観と内容が調和して素朴さと装飾性が程よく釣り合って初めて君子である。

「これを知る者はこれを好む者に如（し）かず、これを好む者はこれを楽しむ者に如（し）かず。」

知る者は好む者に及ばない。好む者も楽しむ者には及ばない。

「憤（ふん）せずんば啓（けい）せず。悱（ひ）せずんば発せず。」

いま一歩というところでもたもたしている。そうでなければヒントを与えてやらない。うまく言えなくてもどかしがっている。そうでなければ助けてやらない。

「疏食（そしょく）を飯（めし）らい水を飲み、肱（ひじ）を曲げてこれを枕とす。楽しみ亦（また）たその中（うち）に在（あ）り。」

粗末な飯を食べ白湯（さゆ）を飲んで後は肘まくら。こんな暮らしも結構楽しい。汚い出世や金儲けはいらない。

「三人行けば必ず我が師あり。」

三人で行動する時、必ず先生となる人が発見できる。長所は見習うことができるし、短所は人の振り見て我が振りを直せばいい。

「後生畏（こうせいおそ）る可（べ）し。」

若いからと言って見くびってはならない。将来追い越されないとも限らない。40、50歳になっても、ものにならないようなら怖れるには足りない。

「過ぎたるは及ばざるが如し。」

弟子の子張はやり過ぎ、子夏はちょっと物足りない。どっちもどっちである。

「死生命あり、富貴天に在り。」

生きるも死ぬもすべて運命、偉くなるのも金持ちになるのも全て天の定めである。

「民は信なくんば立たず。」

政治の要諦は軍備、食糧、信頼される政府である。欠くとすれば軍備、次に食糧、人は死を免れないが政府が信頼を失ったらもはや国は成り立たない。

「忠告して善道し不可なれば止む。」

友人に過ちがあったら誠意をもって忠告してあげなさい。聞く耳を持たなかったらそれ以上はやめておく。

「君子は和して同ぜず、小人は同じて和せず。」

君子は主体性を持って協調するがやたらと妥協しない、小人は徒党を組むが協調することはない。

「貧にして怨むことなきは難く、富みて驕ることなきは易し。」

貧乏でもグチを言わないことは難しい、金持ちでも威張らない、これは易しい。

「君子なるかな蘧伯玉、邦道あれば仕え、邦道なければ巻きてこれを懐にす可し。」

蘧伯玉の生き方は君子だった。国が治まっている時は世に出て活躍したが、国が乱れると才能を隠してさっさと引退してしまった。

「与に言う可くして、これと言わざれば、人を失う。」

語り合える人物と語り合わないのは、友を失うことである。話すに足らない人物とばかり語り合うのは言葉の浪費である。知者はどちらの過ちも犯さない。

「人遠慮なければ、必ず近憂あり。」

何をするにも将来のことを見通しておかないと、ある日不意に足をすくわれる。

「巧言は徳を乱る。小、忍びざれば大謀を乱る。」

誠意のない口先だけの話は徳を失わせる。小さな我慢ができないようでは大事を誤る。

「それ恕か。己の欲せざる所は、人に施すなかれ。」

恕は相手を自分と同じように見る心。自分が好まないことは、他人にも押し付けない。

「過ちて改めざる、これを過ちと謂う。」

過ちを犯すことは免れないが、改めればよい。過ちを犯しても改めない、これが本当の過ちである。

「君子は貞にして諒ならず。」

貞はまっすぐであること。諒は明白なこと。君子は道を固守するがちっぽけな信義にはこだわらない。

「性相近し、習相遠し。」

生まれつきの性格は、みんな似たり寄ったりである。教育と生活環境の違いで個人差は大きくなる。

「年四十にして悪まるるは、それ終わらんのみ。」

40歳になってもまだ嫌われる様では、見込みがない。

「大徳は閑を踰えず、小徳は出入して可なり。」

人倫の基本に関わることでは、枠を越えてはならないが、ささいなことなら多少踏み外しても構わない。


## ［4］孟子と性善説

孔子の死後、弟子の曾子は魯に留まり、孔子の学問の伝授を行った。著作に「孝経」がある。曾子の弟子で孔子の孫である子思は「中庸」の作者である。孔子の思想は子思に受け継がれ、子思の門人である孟子（BC372-289）に伝えられた。孟母三遷は、最初墓地の近くに住んだが孟子が葬式の真似事を始めたので転居する。市場の近くに住むと商人の真似事を始め

たので転居する。学問所の近くに住むと学問を志すようになり母は安心したという。**孟母断機**は孟子が学問を途中で辞めて家に帰って来た時、母は丁度機織りをしていたが、その織物を刀で切断し「学問を途中で辞めるのは、織物を断ち切るのと同じだ」と言って諫め孟子は再び勉学に励んだ。

　孟子は孔子の200年後の人であるが、仁の教えを継承し人間は生まれつき善の素質を持っていると考えた（**性善説**）。誰もが備えている善の素質を**四端の心**という。四端の心を修養によって伸ばしていけば**仁・義・礼・智**という四徳が身に着けられるという。四端の心の端緒になるのは、**惻隠の心**（井戸に落ちかける幼児を救う憐み痛む心、他人の不幸を見過ごせない心）、**羞悪の心**（自分の悪を恥じ、他人の悪を憎む心）、**辞譲の心**（他者を尊重し譲り合う心）、**是非の心**（善悪・正邪についての判断力）である。「**惻隠の心は仁の端なり。**」

　四端の心が身につくと**大丈夫**になれる。これは孔子の君子とほぼ同じである。大丈夫は**浩然の気**に満ちている。浩然の気は体の中から湧いて来る道徳的活力である。

　孟子は人間関係において求められる徳を5つに整理している（**五倫**）。**父子の親**（親子の親愛の情）、**君臣の義**（君臣の礼儀）、**夫婦の別**（男女のけじめ）、**長幼の序**（兄弟の序列）、**朋友の信**（友人の信頼）がある。朋友の信は対等関係だが、他は上下関係である。

　四徳の中でも特に**仁と義**が重視される。**覇道政治**は武力や策略による不道徳な政治で、為政者は武力でもって天下統一を目指す**覇者**である。**王道政治**は仁義と天命に基づく理想的な政治で、民衆を大切にして、徳をもって天下統一を目指す王者である。天子は天命＝天の意志に適った人物でなければならない。もし君主が徳を失えば天命に適った人物へと君主を交替させる必要があり、これが**易姓革命**で、天命が改まり、王朝の姓が変わる。革命には2種類ある。**禅譲**は自ら王位を譲ること。**放伐**は武力による追放である。孟子の天命説は武力による君主の放伐さえも容認する。夏の湯王、殷の武王の放伐は天命によってなされたのであるから正当であると考えた。吉田松陰は孟子の愛読者であるが、孟子の展開する易姓革命は日本の万世一系の国体には合わないと否定している。

# ［5］朱熹と朱子学

　孔子・孟子の説いた儒学は、現実的な処世訓と言った色彩が強かったが、1600年を経て宋代に現れた**新儒学**は、自然現象から人間の道徳までを包括的に説明する壮大な哲学理論である。仏教の宇宙の原理、法ダルマを「**天が理である**」といい、仏教の理論的体系や禅定に替わって静坐という行法を取り込んで、それを代替する儒教独自の理論に基づく壮大な学問体系に仕立て上げた。

　**朱熹**（1130-1200）は理気二元論からなる朱子学を打ち立てた。宇宙のすべては**物質的な気と非物質的な原理・法則としての理から成り立っている**。五感で捉えられるものが気で、五感では捉えることができないが確実に存在する法則が理である。この理論は人間の心にも当てはめることができる。自己と宇宙は、理という普遍的原理を通して結ばれており（**理一分殊**）、自己修養による理の把握から社会秩序の維持に至ることができるとする、個人と社会を統合する思想を提唱した。理は形而上のもの、気は形而下のものであって全く別の二物である。しかし互いに単独で存在することは出来ず、両者は「**不離不雑**」の関係にある。「**一木一草みな理あり**」。「**性即理**」の「性」とは心が静かな状態である。この「性」が動くと「**情**」になり、さらに激しく動きバランスを崩すと「欲」になる。「欲」にまで行くと心は悪となるため、絶えず「情」を統御し「性」に戻す努力が必要とされる。

　朱子学では森羅万象は中国古代からの**陰陽五行説**によって説明される。気は、この世の中の万物を構成する要素で常に運動してやむことがない。そして気の運動量が大きい時を「陽」、小さい時を「陰」と呼ぶ。陰陽2つの気が凝集して木火土金水の「五行」となり五行の様々な組み合わせによって万物が生み出されるという。

　人間の本来の心は**本然の性**で善をなす意欲に満ちた純粋なものである。ところが現実の人間は肉体を持つので、様々な欲望を持つ**気質の性**（情）となる。この欲望によって曇らされた心の乱れ（情、気質の性）を清めて

本然の性へと復することを復初という。心の乱れである情は気に由来するもので、善の心（性）こそが理である（性即理）。

理は宇宙全体を貫く原理、気は根本となるものである。人の心も理と気の結合、人の心の理は礼を守ること、気が持つ欲が礼を守ることを妨げる。そこで理を見つめ直し、礼を取り戻すべきである。

気質の性を清めて本然の性へと復するためには、居敬が必要である。居敬は静坐などにより心を鎮めて修養し精神の集中を行う。窮理とは格物致知で、事物に本来備わっている理を極めることを言う。儒教経典の読書などによって万物の理を極める。この居敬窮理によって心を本来の在り方に復することができる。

「偶成―少年老い易く学成り難し、一寸の光陰軽んずべからず、未だ覚めず池塘春草の夢、階前の梧葉すでに秋声（朱熹）」少年だからといって油断しておれば、学問の成らないうちに、いつしか老いはてる。池のつつみの春草の夢。青春のはかない夢。庭先の梧桐の葉は既に秋風である。だから僅かな時間といえども軽んじてはならない（朱熹）。

朱子学以前の儒教では五経（易経、詩経、書経、礼記、春秋）が重視された。朱子学では五経よりも解釈が容易な四書（大学、中庸、論語、孟子）が重んじられた。

「理」や「礼」を重んじる朱子学は統治する側にとって都合の良いものとされ、社会の秩序を統制するために利用されるようになる。時代が下ると、本来の朱子学である壮大な世界観を持つ学問体系から離れ、狭義の具体的・具象的な学問になり、君臣の倫理や国家体制の構築に利用されるようになる。このため朱子学は官僚など指導者が秩序の担い手として民衆を治めることを主眼とする儒教的な道徳完成の学とされた。

## ［6］王陽明と陽明学

朱子からさらに300年経って、明代に王陽明（1472-1528）が現れ陽明学を創始した。朱子学では心は情と性に分けられ、気によって曇らされている情を居敬窮理によって本来の善の心である性に復初することが求められ

た。理は人間の心を含めた万物に宿っており、心を正しくするためには一物一物に宿る客観的な真理を研究することが求められた。

王陽明は形骸化した朱子学の批判から出発して、時代に適応した実践倫理を説いた。**心即理・知行合一・致良知の説を主要な思想とする。**陽明学では心を情と性に分離することなく、理は心の中にあり、心がまるごと理である（**心即理**）。理は心の中だけにあり、心のなかのよい側面の性と悪い側面の情に分離することなく、全体としての心に宿っている理を完成させることが求められた。「性」と「情」を合わせた心そのものが「理」に他ならない。人間はみな生まれつき正しい心、**良知**を持っている。良知は磨けば必ず光る鏡のようなものである。だから日々の生活の中で絶えずこの良知を磨くことが求められる（**事上磨練**）。事上磨練は自己修養の在り方で、朱子学においては読書や静坐を重視したが、陽明学ではそうした静的な環境で修養を積んでも一旦事があった場合役には立たない。日常の生活・仕事の中で良知を磨く努力をしなければならない。良知は実践によってのみ実現することができる（**致良知**）。**知行合一で、知ることと行うことはいづれも心の働きで表裏一体である。**実践のみが重視され、正しい行いができるように絶えず心を磨かなければならない。朱子学のような居敬窮理による読書で観想的に世界を捉えるものではない。

**格物致知**は朱子学では「**知を致すは物に格るにあり**」と解釈し、真の知を獲得するためには、一物一物の道理を窮める必要がある、とされる。陽明学では、「**知を致すは物を格すにあり**」と解釈し、良知を発揮する（知良知）には、心を磨いて正しいものとしなくてはならない、とされる。格物を、物を格す（正す）と読み、心のあり方を改めるべきだと主張している。

朱子学は「知の学問」であり、陽明学は「心の学問」である。権威に従い、秩序を重んじる朱子学は統治者に好まれた。権威に盲従するのではなく、自分の責任で行動する心の自由を唱えた陽明学は、自己の正義感に捉われ、秩序に反発する革命思想家に好まれる傾向があった。日本では中江藤樹に始まり大塩平八郎、吉田松陰、高杉晋作、西郷隆盛などがいる。朱子学と陽明学の新儒学は後の日本に大きな影響を与えることになる。

# 第21章　日本の儒教思想

## ［1］林羅山と上下定分の理

　日本に孔子・孟子の儒教が伝来したのは3世紀で仏教よりも古い。聖徳太子の17条憲法にも「和をもって貴しとなす」などの儒教の教えをくみ取ることができる。空海の「三教指帰」は儒教・道教・仏教を比較し仏教の優越性を説いたものである。新儒学の朱子学は、1199年入宋した真言宗の僧俊芿により伝えられ、学僧の基礎教養として広まった。後醍醐天皇や楠正成は朱子学の熱心な信奉者とされる。しかし江戸時代まではあくまでも僧侶の片手間の教養に過ぎなかった。藤原惺窩（1561-1619）は京都の臨済宗の禅僧であったが、朱子学に傾倒し、出世間（俗世を捨てる）を説く。仏教への疑問を深め、還俗して僧籍を捨てた。

　徳川家康（1542-1616）は戦国時代の混乱を経て新たに形成された社会秩序を安定させ、思想的に支える原理を儒学に求めた。現世を生きるための道徳的指針や幕藩体制を支える身分道徳が求められた。惺窩は幕府からの仕官の要請を断り、傑出した門下生である23歳の林羅山（1583-1657）を推薦し、家康は京都二条城で羅山に謁見した。近世の日本は仏教に替わって儒教が主流となり、儒学は武士階級の朱子学を中心に栄える。

　林羅山は徳川家康以下、秀忠・家光・家綱の4代の将軍に侍講（君主や将軍の家庭教師）として仕えた人物で、この林羅山こそが朱子学を思想界の中心に押し上げ、官学（幕府の公認の学問）化させた最大の功労者である。5代将軍綱吉は上野にあった林家の孔子廟を神田の湯島に移し、後に昌平坂学問所と改称され幕府の正式な学問所となる（1797）。綱吉は自らここで講義を行っている。

　林羅山は天地自然と人間社会にはすべてに上下の秩序、上下定分の理、があり、「**天は尊く地は卑し、天は高く地は低し、上下差別あるごとく、人にも又君は尊く、臣は卑しきぞ（春鑑抄）**」と説いた。また朱子学の居

敬から敬を重視する。敬は私利私欲を厳しく戒めて常に心を理と一体とする（存心持敬）とともに、上下定分の理の表れである礼儀法度に則って行動することを求める。「人というものは、とかく私なる欲心によって、災が出てくるぞ（春鑑抄）」。

　徳川家康は羅山を剃髪させ、僧侶道春として仕えさせる。当初、理論的支柱として用いる意識は薄く、専ら朝鮮使節への国書起草、武家諸法度の作成などに用いた。方広寺鐘銘事件では、「国家安康」「君臣豊楽」の文言の件で、家康に追従してこれが徳川家を呪詛するものとして問題視する意見を献じた。家康から豊臣打倒に際して湯武放伐（夏の桀王が殷の湯王に放伐され、殷の紂王が周の武王に放伐されて王朝が変わったこと）の是非を問われ、それを全面的に肯定している。

　羅山はキリシタン学校で神学・哲学・天文学・数学・医学も学んだとされる。宇宙の原理である「理」は、人間関係では身分となって現れるとして上下定分の理を説いて士農工商の身分制度を正当化し、幕藩体制の根幹をなす身分秩序絶対化の理論となる。理を極めれば、内に敬（つつしみあざむかない心）、外には礼（礼儀・法度）として現れると説き、敬と礼が人倫の基本であり、理と心の一体化を説いた（居敬窮理）。総じて儒教的な現世主義・道徳主義で仏教の排斥をしている。仏教は来世を説いて虚妄を述べると批判し、その道徳無視や仏僧にみえる不道徳・罪悪を追求している。古代以来の日本の神仏習合も批判している。これらは僧形の道春としての言動で思想的純粋性を欠いた矛盾として後年批判される。


## ［2］山崎闇斎と垂加神道


　京都で活躍した山崎闇斎（1618-82）は、初め妙心寺で僧侶となり土佐で儒学を学んでから25歳で還俗して儒者になり、門弟は6000人に及んだ。仏教を激烈に排撃し、朱子学一尊の姿勢を鮮明にする。敬を根底として静坐による心身の修養に基づく倫理的実践を最も重視した。厳格な修養主義で、理は心ばかりではなく、体にも行き渡っており、一つ一つの行いを厳格に慎むことが敬であると考えた。内なる悪を徹底的に抑え込むことで正

21

義が実現するという**敬内義外**が説かれた。

　1665年4代将軍家綱の後見役会津藩保科正之の賓師となり、ここにおいて純正朱子学を武家社会に公布しようとする闇斎の目的はほぼ達成された。中国の朱子学は居敬と窮理の両方が求められたが、日本では窮理は重視されず、私欲を慎む心のあり方である敬が強調された。しかし伊藤仁斎や荻生徂徠に見るように、反朱子学者や陽明学者に弾圧が加えられることはなかった。思想の選択肢は比較的多様であった。大多数の日本人の礼俗は仏式か神式であって、儒式の冠婚葬祭は制度として日本には定着しなかった。

　臣下に絶対的忠誠を求めるとともに、連綿と続く天皇家を頂く神道の教えと儒教は本来同一であるとして、儒教と神道を融合させた**垂加神道**を創始した。山崎の儒者号が闇斎、神道号が垂加である。朱子学の居敬窮理によって君臣関係を基本とした社会秩序の維持を重視し、絶対尊王の立場を説くもので、この主張は幕末の尊王論に影響を与えることになる。

## ［3］中江藤樹と日本陽明学

　朱子学は大きな勢力となったが、次第にその主張に疑問を持ち批判する者も現れた。**中江藤樹**（1608-48）は、あらゆる場面の行為に厳しく妥当性を求める朱子学の形式主義に疑問を抱く。外面的な礼儀を正すことを強調する朱子学は、心の自発的な働きを妨げるものだと考え、武士だけでなく万人に共通する道徳の原理を**孝**に求めた。孝は親を愛し敬う心であるとともに、それを主従・夫婦・兄弟・朋友などあらゆる人間関係に及ぼすことで**人倫**を成立させる原理であり、さらには人間世界に先立って宇宙万物を存在させる根本原理、**全孝**であると考えた。「**万事万物のうちに孝の道理そなわらざるはなし**」。

　藤樹は礼を単に形式的に遵守することを否定し、**時・所（場所）・位（身分）を考慮して実践**することに、道徳の実現を求めた。陽明学の考えを取り入れて、人間の本性に備わる良知（善悪を判断する能力）を発揮すべきことを説いた。**良知を極めることと善の実践とを一体とする理解には**

21

知行合一の考え方を読み取ることができる。王陽明の良知は現実社会の矛盾に主体的に対処し、新たな秩序を実現してゆく基点であった。藤樹の良知は、後天的な心身の不正を除いたとき内面に輝き現れ、大切に保持されるべきものとされた。藤樹心学とは、人は内面に優れた道徳的能力（明徳）を備えている、この心の明徳を明らかにすることこそが修身の課題で、人がこの明徳を成就する時あらゆる場面の行為の妥当性が保証される。心の正しさによりもたらされる心の平安こそ重要である。

　藤樹は故郷に一人で暮らす母に孝養を尽くすため、27歳の時、武士の身分を捨てて脱藩している。「孝経」を重んじ「わが心の孝徳明らかなれば神明に通ず」と主張し徳化された農民から近江聖人と呼ばれた。心を磨きそれに内面に従って実践あるのみという陽明学の考え方は、後に吉田松陰や高杉晋作、西郷隆盛ら討幕の志士たちに受け継がれることとなる。

## ［4］山鹿素行と古学

　朱子学・陽明学の新儒学は理論的には緻密であるが、形而上学的な空理空論に陥っているという批判が現れる。儒学の原点回帰を目指すべきであるという動きが起こってくる。これを古学派という。古学派には山鹿素行の古学、伊東仁斎の古義学、荻生徂徠の古文辞学がある。いずれも儒学の原典に忠実であれという主張と敬を重視する朱子学の厳格主義への反発がある。

　儒学者で兵法学者でもあった山鹿素行（1622-85）は、9歳の時林羅山の門に入って朱子学を学ぶ。15歳で甲州流軍学を学び21歳で印可を受ける。早熟の秀才として31歳で播州赤穂藩主浅野長広に禄1000石で召し抱えられる。朱子学の日常から遊離した観念的な思弁と日常の生活行為と遮断された内面の修養に対する批判が明確になる。44歳の時、「聖教要録」を著し朱子学の居敬窮理が抽象的であることを批判し、孔孟の原典をよく読めという原点復古主義を説いた。人間を観念的な「理」という型に当てはめてしまう硬直した朱子学に対して、論語では欲望をも抱くありのままの人間が肯定されていると主張する。1666年幕府から「不届成書」とされ赤

244

穂に配流、1675年赦される。赤穂では厚遇され大石良雄はこの時の門下生。

戦乱の世ではない平時における武士の存在意義について**士道**を説く。農工商に対して為政者たる武士は道徳的な模範でなければならないという。同時代の佐賀鍋島藩の**山本常朝**（1659-1719）によれば武士道は名と恥、主従の心情的な結びつきを重視し、「**葉隠**」に「**武士道といふは死ぬことと見つけたり**」と述べ、常住死身（常に死の覚悟を持つこと）を求め、儒教的な士道論を批判している。士道が人倫の道の自覚を根本とするのに対して、武士道は死の潔さ、死の覚悟を根本とする。

## ［5］伊藤仁斎と古義学

商家に生まれ市井の儒学者であった**伊藤仁斎**（1627-1705）は朱子学の厳格な敬の修養が、人びとの融和を妨げるとして批判し、「論語」「孟子」のもともとの意味を究明しようとする**古義学**を提唱する。自由で実践的な学風で、広い階層に渡る門弟3000人を集めた。

人の生は人びとの生き生きとした日常的な交わりの中にあり人間同士が互いに親しみ合い愛し合う関係に「**仁の道**」があるのである。「**人倫日用の道**」は**卑近な人間関係における仁愛こそが大切である**、と主張する。朱子学は善悪を裁き、敬を求める「**残忍酷薄の心**」であり、儒教の本質ではない。朱子学の説く社会の身分秩序を守る心（義）とその秩序の主宰者に帰向する心（敬）を退けて、社会成員が身分的相違を超えて自他不二の境地をつくる情意的な仁愛を尊んだ。仁斎は朱子の理気二元論を排して、しいて言えば気一元論であり、日常経験を超えた存在は考えない方がよいと述べている。

21

「論語」は「**最上至極宇宙第一の書**」であるという。完璧な聖典であり、一字一句を一切の注釈を排してすべて真実として受け止めるべきだと主張する。「孟子」を論語の義疏（内容を解説した書）といい、「大学」は孔子の遺書ではない、「中庸」は前半は論語の趣旨に合致し後半は漢儒の雑記という。

伊藤仁斎は誠を定義して「**誠は実なり。一毫の虚飾なき、まさに是れ誠（語孟字義）**」という。誠は人間関係における真、君臣関係における真として使われるが、人間の交わりにおける心情の偽りのなさをいう。

## ［6］荻生徂徠と古文辞学

荻生徂徠（1666-1728）は父が徳川綱吉の侍医であり、不興をかって、14歳の時江戸払いで千葉県上総に逃れ25歳で江戸に戻る。30歳で**柳沢吉保**に抜擢される。徳川吉宗の政治的助言者であり吉宗に献上した政治改革論の意見書である「**政談**」に徂徠の政治思想が書かれている。

社会秩序はあらかじめ天から与えられたものではなく、古代の聖人が作ったものである。聖人たちはそれぞれに天から聡明叡智の才徳を受け、文字を作り、農耕を教え、住居を建て、医薬を授けて人々の生活を文明に導いた。次に儀礼や式楽を定め、政治的な制度を定めた。こうして人間らしい美しい秩序ある社会がもたらされた。社会に分節と統合をもたらす装置が礼楽刑政であり文明の本質をなす。

**経世済民（世を治め民を救う）は天下を安泰にすることであり、安天下の道である**、これこそが儒学の目的であり、個人の修養が目的ではない。道とは道徳的な人の道ではなく、制度のことである。その制度に従って生きることが道である。経世済民は現実社会の課題を解決して秩序を安定させ、民衆の安寧をはかること。徂徠は、個人の徳の修養や自然の理の探求から分離して、経世済民の人為的な工夫を政治の任務とした。

**礼楽刑政（儀礼・音楽・刑罰・政治）は聖人が作った人為的制度でありこの先王の道こそが儒家が学ぶべき対象**である。礼楽刑政は安定した社会秩序を実現するための政治の方法に他ならない。人には天から多様な資質や能力が与えられるとともに、互いに助け合い親しみ合いながら暮らす能力が備わっている。安天下の道とは、そうした人々の多様な能力や資質を育て、それを十分に発揮させながら世界全体を調和させ発展させていくものなのである。

人材育成については、人は用いて始めて長所が現れるものなので、人の

長所をあらかじめ知ろうとしてはいけない。その上で、人はその長所だけを見ていればよいし、短所を知る必要はない。自分の好みに合う者だけを用いることのないようにし、用いる際には小さい過ちを咎めず、その仕事を十分に任せる。器量を持つ人材であれば、必ず一癖あるものなので、癖を捨てず、ただその事を大切に行えばよい。

　これらの作法が書かれているのは論語などの四書ではなく、孔子自身も学んだ六経（易経・書経・詩経・春秋・礼記・楽経）であり、これらの儒学の経典を古代中国語で学ぶことを**古文辞学**という。

　**赤穂浪士事件**の時、主君の仇討ちについて幕府の見解は割れた。朱子学者の**室鳩巣**（1658-1734）はこれを忠臣・義人による義挙であるとして擁護するが、荻生徂徠は私情に基づいて公的な秩序を損なったとして切腹を進言した。

21

# 第22章　韓非子と法家思想

## ［1］韓非子の思想と時代背景

　春秋戦国時代には諸子百家と呼ばれる沢山の思想家が生まれた。孔子（BC551-479）は周公旦（前11世紀）を理想の聖人とした。周公旦は殷の支配体制を解体するため、封建制を行い、王族や功臣に土地を分け与えて諸侯に封じた。君主と諸侯は血縁関係で結ばれ、周公旦は周王朝の礼制を定めたとされ、礼学の基礎を築き、周代の儀式・儀礼について「周礼」「儀礼」を著したとされる。周公旦が封じられたのが魯である。

　孔子の春秋戦国時代には周王朝は没落し家族的な秩序も失われていた。孔子はこれを再興しようとした。**孔子は何かを革新しようとした訳ではなく、尚古主義で昔の文物や制度を尊び、古きよきものを復活させようとした（温故知新）。**孔子は人の生きるべき道（人倫）を説いている。封建貴族は卿・太夫と呼ばれ士と共に城壁を巡らせた都城に住み、場外に住む農民を支配していた。紀元前403年、晋が韓・魏・趙に分裂して戦国時代に入ると君主たちは生き残るために富国強兵の必要に迫られ、効率的な直接統治を目指すようになった。中間の貴族層を排除して、法治主義を採用し刑罰の適応を受けなかった卿・太夫の特権を剥奪した。直轄地による郡県制度が行われるようになった。**卿・太夫が拠り所とするのは周王朝への復古を説く儒家であり、君主が改革を進める拠り所としたのが、韓非子などの法家である。**

　韓非は紀元前3世紀、韓王安の妾腹の庶公子として生まれた。**法家思想は秦の商鞅・斉の管仲・韓昭候の重臣申不害によって実践され、韓非によって大成された。**法家思想をもって諸子百家は終焉する。

　韓非は初め韓子と呼ばれていたが、唐代に韓愈という、政治家で文化人が輩出して韓子と呼ばれたので、以後韓非子と呼ばれるようになった。著作は韓非子で10余万語55篇からなる。この論文では以後、本人を表す場合

**22**

**249**

は韓非、書籍を表す場合は韓非子という。

　韓非の思想の核心は**法術**である。韓非は商鞅の説いた「法」と申不害の説いた「術」とを総合して、「法術」理論を完成し、国家統治の根本原則と主張した。「**法は、文書にして役所に置き、人民に提示するものである。法は表にあらわすべきものである**」。韓非は法こそが、すべての人民が従うべき唯一絶対の基準であるとした。「**術とは、君主が胸中に納め、あれこれを見比べて、秘密のうちに、臣下を制御するものである。術は人に見せるものではない**」。君主が直接相手にするのは臣下である。術とは君主の臣下操縦法に他ならない。君主は、その機構の頂点にあって、運営に努めるだけでいい。それもあれこれ才智を弄することはない。法の運用さえ心得ていれば、どんな凡庸な君主でも、立派に政治を行うことができる。その法の運用の仕方が術である。

　孔子は礼仁を重んじ、人の生まれつきはよく似たものであり、生まれた後の学習や習慣によってその差が現れると考えた。人間の本性の善悪は明言していないが、どちらかと言えば善と言える。**孟子（BC372-289）は孔子の200年後の人であるが、性善説を主張した。**人間には善なる端緒・可能性が生まれながらに内在している。だから人間の本性はもともとは善であると主張する。内面的な道徳の修養、仁・義・礼・智という四徳を身に着けこの善の可能性を拡充してゆく。**荀子（BC298-238）は性悪説を唱えた。**人間は生まれたままの状態にいたならば、欲望のままに行動して野獣と少しも変わりがない。この野獣のような人間に教育を施し、「礼」つまり道徳的な規範を守らせれば、善を行わせることができるという。

　韓非は荀子の弟子であるが、愛や道徳を信じることがない。**人間を動かしている動機は何か。愛情でも思いやりでもない。義理でも人情でもない。ただ一つ、利益である。**人間は利益によって動く動物である。韓の昭侯は法家の申不害を用いて韓を発展させたことがあった。韓非は韓王安に法家思想を説くが、受け入れられなかった。皮肉にも韓非子は隣の大国秦王政（のちの始皇帝）の目に留まる。秦は以前、法家である商鞅の「変法」を取り入れて国力を強大にしたことがある。**秦王政は韓非子の「孤憤」と「五蠹」を読み、「この作者に会って話し合えるならば死んでも構**

わない」と驚嘆の声を挙げる。宰相の**李斯**（〜BC208）はかつて荀子の弟子で、韓非とは同門で、その才能も熟知していた。李斯は作者が韓非であることを告げ、秦王政は韓非に会うために、韓を攻撃する。韓王は韓非を使者として秦に派遣する。紀元前234年韓非は秦に行き政に謁見する。

　韓非は君主を説得するおりの心得を、丹念に分析し的確に理解していた。「説難」はそれをまとめた理論書である。韓非に会った秦王は彼が気に入ったがすぐには登用しなかった。吃音症で口下手な韓非の話しぶりが、筆ほどでないことに失望したのかもしれない。韓非の能力を知る李斯は、韓非が登用されたら自分の地位が脅かされることを知っていた。同僚の姚賈と計らって、秦王に進言した。「韓非は何といっても韓の公子です。秦は韓を初めとする諸侯の国を滅ぼそうとしているのですから韓非が秦のために働くはずがありません。かといって有能な韓非を帰国させれば禍根を残すに違いありません。罪をでっちあげて処刑するのが一番良いのです。」秦王は同意し、獄に下した。酷い拷問の後に訪れる処刑という惨めな死が待ち受けているだけである。李斯は秦王の心変わりを恐れ、使いの者をやって韓非に毒薬を送る。韓非は秦王に会って直接弁明しようとしたが、それも許されず自ら毒薬を仰いだという。紀元前233年のことである。韓非はいとも簡単に李斯に謀られてしまった。司馬遷は韓非が「説難」を書いていたにも拘わらず非業の死を避けられなかったことを悲しんでいる。李斯は秦王政の下で韓非の理論を実践に移す。やがて天下統一という偉業を成し遂げ、この理論の正しさを示す。李斯はその優れた実践者となった。

　天下は平定され、法は全中国に行き渡った。実証に基づかない空理空論や、現実の人間を無視した言葉だけの道徳は一切不要であり、これを説く学者も無用である。この考えに基づき、農業・医学・占いなどの実用に役立つ書物を例外としてすべての書物が焼き捨てられた。学者は生きながら穴埋めにされた。**焚書坑儒**である。

# ［2］二柄（にへい）

　君主は二つの柄（え）を意識して使うことで、思いのままに組織を動かすことができる。その二柄とは賞と罰、これが人を動かし組織を動かす根底である。名君は２つの柄を握るだけで、臣下を統率する。２つの柄とは刑と徳（けいとく）のことである。罰を加えることを刑といい、賞を与えることを徳という。臣下は罰を恐れて賞を喜ぶ。君主がこの二つの柄を自分の手に握っていれば、臣下を刑で脅し、徳で釣り思いのままに操ることができる。

　韓非は人の欲望を操る餌である恩賞を「利」という言葉に集約した。人の恐怖心を煽り君主の威厳を示す手段である刑罰を「威」という言葉に集約した。「利」と「威」はアメとムチであり、この両方を使い分ける。それが韓非の「術」の秘訣である。

　今もし君主が、恩賞や刑罰によって生じる威厳や利益が君主自身の判断から出てくるようにさせるのではなく、自分の臣下の言葉を聞き入れて恩賞や刑罰を施行したならば、国中の人は皆その臣下を恐れて君主を侮り、その臣下の元に集まって君主のもとから去ってしまう。これは君主が刑と徳を行う権限を失ったことの弊害である。**必ず君主自身の判断で刑罰と恩賞を実施する。そうすることによって臣下を意のままに操る。**これこそ君主が権力を我が手に握るための方法である。賞罰は君主自らが必ず行うものである。

　主道篇には君主が臣下によって隔離されてしまう５つのケースが挙げられている。

①臣下が君主に真実・事実を知らせなくなった場合。

②臣下が財政や利益を掌握した場合。

③臣下が法令を勝手に行うようになった場合。

④君主が行うべき正義の行為を臣下が代わりに行う場合（臣下が正義の規準になってしまう）。

⑤臣下が個人的な利益のために党派を作った場合。

　君主が臣下に欺かれないためには、君主は臣下の「名」即ち言葉と

「形」即ち実績とを照合すべきである。これを**形名参同**（けいめいさんどう）という。まず臣下にこれだけのことをやりますと申告させる。そこで君主は、その言葉によって任務を与え、その任務にふさわしい成果を求める。成果が任務にふさわしく、それが最初の言葉と一致すれば、そこで賞を与える。これだけはやりますと、言葉ではいいながら、それだけの成果をあげなかった臣下は罰する。これだけしかやれませんと、言葉では言いながら、それ以上の成果を挙げた者も罰する。

　名君の下では、臣下は自分の役割を越えて成果をあげることは許されない。また申告したことが、成果と一致しないことも許されない。役割を越えたものは死刑とし、申告と成果の不一致は罪に問われる。臣下たちが自分の役割をきちんと守り、言ったことを正確に行う。こうであれば、臣下たちが徒党を組んでかばい合うことは出来ない。

　昔、韓の昭侯が酒に酔ってうたた寝をした。典冠が着物をかけた。目を覚まして昭侯は嬉しく思った。誰が掛けたのか問うと典冠であった。昭侯は典冠と典衣の双方を罰した。

　決められた事や臣下が約束した事を、きちんと守らせる。職務怠慢や越権行為を許さない。それを日々の生活の中で厳密に実践すること。これが君主の術の極意である。また**一人にて官を兼ねず、一官において事を兼ねず**、というように職務と権限の重複を避け、**責任の所在を明確にすること**を強調している。

　**好悪をみせるな**という。君主が好き嫌いの感情を示すと、臣下はそれを手掛かりとしてうまく立ち回り、君主は危うくなる。君主の欲望が表面に現れればどのようにすれば君主の意にかなうかが分かるので、臣下たちの君主の前で取るべき態度はその手掛かりを得たことになる。それは君主が自分の感情を臣下に貸し与えたも同様なくらい、臣下に自分の気持ちを読み取られてしまったことの弊害である。**自分の好みを取り去り嫌悪の感情を取り去って表情に出さなければ、臣下たちは彼等の本来の姿を現す**。臣下たちが本来の姿を現したならば、君主は臣下たちによって事実を覆い隠されることがないことになる。臣下が死力を尽くすのは君主と取引するためである。君主と臣下の関係は、計算ずくでありだまし合いである。わず

22

かでも隙を見せたほうが負けなのだ。君主は絶対に負けてはならない。上下は一日に百戦す（揚権篇）。

# ［3］備内

　内とは妻子の意味で、備内とは妻子に対して警戒して備えることをいう。人主の患は人を信ずるにあり。丈夫は年50にして色を好むこといまだ解らざるに、婦人は年30にして美色衰う。その憎むところに備うるも、禍は愛するところにあり。男は50になっても色好みはやまない。ところが、女は30になれば容色は衰えてくる。衰えた容色で色好みの夫に仕えるのだから、どうしても夫の心をつなぎきれず、妻は次第に猜疑心にとらわれる。妻というものは、もともと血縁によって夫と結ばれていない。愛される間こそ近づけられるが、愛されなくなれば、それで終わりである。君主の妻が夫の死を願うようになる。妻にとっては自分の生んだ子が、君主の座に着きさえすれば、何事も思い通りになる。やりたいことは何でも命令できる。嫌なことは何でも禁止できる。男女の楽しみは、夫の死後も以前に増して楽しめる。妻と世継ぎの一派が君主の死を願うのは、君主が死ななければ自分たちの勢力が伸ばせないからである。君主を憎んでいるからではなく、そのほうが自分たちの利益になるからである。いくら外敵に備えてみても、実は敵は内部にいる。憎い相手だけ用心しても役に立たない。禍はむしろ愛する者から生じる。

　荀子は、人間の性質は悪であり、人間が利己のためにのみ行動しているとした韓非と大差はない。荀子は教育して矯正すれば、人間性は努力次第で善に変えることができるという。韓非は現実に存在する、利を追う新しい人間関係を率直に認め評価するところに韓非の法家の革新性がある。君主は臣下に与える爵位や俸禄、恩賞を商品とし、臣下は命がけの労働を商品としている。

　人間を善に導くことなどは、韓非の念頭にはない。大切なのは、人間が現実に欲望によって動くことを知り、それに対策を講じることである。その対策が法術である。韓非の目的は、君主による人民の統治であって、人

民の教化ではない。国家の利益は君主個人の利益に他ならず、行き着く先は君主の私利私欲である。ここに一抹の不安が残る。

## ［4］説難（ぜいなん）

　説は普通「せつ」と音読する。説明、説得などである。「ぜい」と読むのは「ときふせる」という、積極的な意味を持つ。遊説などである。

　相手が誰であろうと、言葉で人を動かすのは容易ではない。相手が生殺与奪の権を持つ君主であればなおさらである。まかり間違えば命がない。綿密に君主の心理を分析した命を賭けた説得術が**説難**（ぜいなん）である。

　**事は密をもって成り、語は泄（も）るるをもって敗る。**

　**竜の喉下（こうか）に逆鱗径尺（げきりんけいしゃく）なるあり。もし人これに嬰（ふ）るる者あらば、すなわち必ず人を殺す。人主もまた逆鱗あり。**

　君主を説得する難しさは、相手の心を読み取ったうえで、こちらの意見をそれに適応させること、この一点に尽きる。こちらの知識の量や見解の正しさや弁舌の能力が備わっているかどうかではなく、ひとえに君主の心の奥底を見抜くことが出来るかどうかである。

　計画は秘密に運ぶから成功するのであり、外に洩れれば失敗する。たとえ自分が洩らしたのではなくても、話をしているうちに、偶然、君主の秘密に触れてしまえば、それだけでこちらの命が危うい。仕えて日が浅くまだ信頼されていないうちは、全力投球はやめたほうがいい。君主に落度があった時、礼だの義だのといって、正面からこれを批判すれば、こちらの命が危うい。能力にあまることを無理に勧めたり、やめられないことをやめさせようとすれば、こちらの命が危うい。

　君主を説得するコツは君主が自慢していることを美化してほめたたえる。恥としていることはないことにして忘れさせる。

　利己的ではないかと行動をためらっている場合には、大義名分を付けそれは正義にかなった公平なものであるといって自信を持たせる。

　つまらないことだと、自分で分かっているのにやめられないでいる場合には、それほど悪いことではなく、止めてもたいしたことではなく、やめ

22

る必要はないという。

　志はあっても実行できない、高い理想を重荷にしている君主には、その理想の間違いを指摘し実行しないほうが立派だという。

　君主の行為をほめる時は別の人の同じ行為を例とし、諫（いさ）める時には共通点のある別の例を引くようにするのがよい。

　君主が自分の能力に自信をもっている時には、出来ないことを持ちだしてその能力にけちをつけてはいけない。その計画の欠点を言い募ってはならない。決断力に富むと思っている君主にはその判断の誤りを指摘して君主を怒らせてはいけない。計略の巧みさを誇っている君主にはその計略が失敗しそうだと指摘して君主を困らせてはいけない。

　このようにして長く仕えるうちに、やがて信頼は厚くなる。秘密に立ち入って策を進言しても怪しまれず、反対意見を述べても罰を受けたりしない。こうなれば利害をずばりと指摘して成果を挙げることが出来るし、是非を単刀直入に指摘しても、進言者の名誉はかえって高まる。こうして君主も進言者も利益を得る様になれば、進言は完成の域に達する。

　鄭の武公（てい）が胡を征伐した時、まず自分の娘を胡の王に献上した。次に臣下の関其思（かんきし）にどの国を攻めたらいいかを尋ねた。関其思は胡がよろしいと進言する。胡は親類の国ではないかといって武公はかんかんに怒って関其思を死刑にした。胡の王はすっかり安心して鄭への備えを解いた。鄭は胡を攻め取った。

　宋の国の金持ちの家で雨のために土塀が崩れた。このままにしておくと泥棒が入るよ、と金持ちの息子は言った。同じ事を隣家の主人も忠告した。泥棒が入り大金を盗まれた。金持ちは自分の息子の頭の良さに感心し、隣の主人は泥棒ではないかと疑われた。

　関其思といい、隣の主人といい、言った言葉は当たっていた。それなのに、結果は殺されたり疑われたりであった。要するに物事を知るのは難しくはない。知ってから後、どうしたらよいかという事である。

　弥子瑕（びしか）という美少年は、男色家の衛の霊公の寵愛を受けていた。母が急病の知らせを受けた弥子瑕は君主の車を使った。足切りの刑になるところが、霊公はなんと親孝行なことよ、といってほめ讃えた。桃の果樹園であ

まりに美味しいので食べかけの桃を霊公に献じた。霊公は最後まで自分で食べずにわしにも食べさせてくれた、といって喜んだ。歳月が流れ弥子瑕の容貌が衰え君主の寵愛は薄らいだ。霊公は過日の弥子瑕の言動に腹を立て憎んだ。君命と偽ってわしの馬車に乗り、食い残しの桃を食わせた。

弥子瑕の行為はひとつである。前にほめられ、後に罪に問われたのは霊公の愛情が憎悪に変わったからである。人は移り気なものである。でも絶大な権力を持った君主の移り気は猛威を振う。君主に意見を述べたり諫めたりする場合は、君主にどう思われているかをよく知った上で行うべきである。君主にも逆鱗がある。それに触れないように進言しなければならない。

## ［5］孤憤

孤憤とは孤立無援の思想家である韓非の激しい憤りである。「法術の士」には手強い敵がある。君主の周りにいて権力を握っている重臣である。「法術の士」と重臣は常に敵対関係にある。「法術の士」は彼らから加えられる圧力を跳ね返して、自分の考えの正しさを君主に説かなければならない。説難篇と孤憤篇は韓非の心情が文面に強く表れた作品である。

**臣君の利はあいともに異なるものなり。主の利は能ありて官に任ずるに在り、臣の利は能無くして事を得るに在り。**

一般の臣下は、君命によって政務を執り、法に照らして職務を果たしている。彼らは重臣ではない。重臣とは君命もないのに勝手に振る舞い、法を無視して私欲をとげ、国民の財産を使い込んで私腹を肥やし、君主を思いのままに動かす者のことである。「術」を得た者の目は、全てを見通す。彼が君主の信頼を得れば、重臣の秘密は見抜かれるであろう。「法」に通じた者の行動は徹底的である。彼が君主の信頼を得れば、重臣の悪事は糾弾されるであろう。「法術の士」が君主の信頼を得れば、重臣は法によって排斥される。法術の士は重臣とは両立できない仇敵である。

重臣の中で君主の信頼を得ていない者はめったにいない。その上、彼らはもう長い間、君主に仕えている。彼らにとっては、君主にへつらって好

22

き嫌いの調子を合わせるのはお手のものである。彼らの位は高く、仲間や手下が多いから、国全体が彼らのことをほめ讃える。

　勝つべき条件が一つとして無いのに、重臣と敵対する法術の士、その身が安全であるはずがない。口実が見つかれば、重臣は法律によって彼を処刑する。口実が見つからなければ、刺客を使って倒す。法術の士の運命は、刑吏の手にかかるか、刺客の標的になるかである。

　大体、君主の側近が智者とは限らない。ところが君主がある人物を智者と見込んで、その意見を取り上げようとした時、相談相手になるのは側近である。要するに愚者を相手に智者の採否を決めるのである。昇進したいと思う臣下のうち、ある者は清廉潔白に身を持すことで認められようとし、ある者は仕事に才智を発揮して認められようとする。これらの臣下は賄賂で人に取り入ることはできない。君主の側近は、自分のために便宜をはかってもくれず、賄賂も持ってこないとあっては、結局かれらの人格も才智も無視され、ただ非難や中傷が湧き起こる。才智を働かせてやり遂げた仕事は側近に握りつぶされ、保ち続けた身の清廉潔白は讒言によって汚される。

　本来、臣下の利益と君主の利益とは、相容れないものである。君主にとっては有能な人物を取り立てることが利益だが、臣下にとっては、能力がなくても仕事を与えられることが利益である。君主にとっては、人並み優れた者に能力を発揮させることが利益だが、臣下にとっては、仲間と組んでかばいあうことが利益である。


# ［6］五蠹


　蠹は木の内部を食い荒らす虫のことである。どんな大木でもこれに内部を食い尽くされれば、やがて指1本で崩れ去る。五匹の害虫がいるということである。

　**先王の政をもって当世の民を治めんと欲するは、みな株を守るの類なり。**
　**古今、俗を異にし、新故、備えを異にする。**
　**民はもとより勢に服し、よく義に懐くは少なし。**

父の孝子は君の背臣なり。

　五蠹とは、儒学者、遊説家、遊侠、側近、商人・職人のことを言う。五匹の虫は同じレベルで批判されるのではなく、まずは儒学者である。昔の聖人に理想を求める尚古主義を否定することによって、第一の虫である儒学者の理論的根拠を打ち砕き「**昔は仁義、今は法**」と効用を限定することによって現状批判の足固めを行う。昔は食物は草木の実で足りた。布を織らなくても鳥の羽や獣の皮が十分あった。働かなくても生活に事欠かず、人口は少なく財物は有り余っていたので、人民の争いはなかった。今では人口が増えたので物資が足りなくなった。いくら働いても生活は楽にならない。そのため人民の間に争いが起こる。どんなに賞罰を強化しても世の中は乱れる。昔、天子の生活は質素で労働も大変であった。天子が位を譲ることは門番の暮らし、奴隷の労働を捨てることに他ならなかった。天子を譲るとはいってもたいしたことではなかった。昔の王は簡単にやめ、今の県知事がなかなか辞めないのは、位の実益に差があるからである。現在、財物を奪い合うのは道徳が低下したのではなく、財物そのものが少なくなったからである。**王位をやすやすと譲ったのも、人格が高潔なのではなく、王位そのものの権威が低かったからである。現在、県知事の座を争うのは、争う人の人格が下等なのではなく、県知事そのものの実権が大きいからである。**時代と共に物事は変わり、物事に応じて対処の仕方も変わる。聖人とは昔にとらわれ一定不変の規準に固執する者ではない。聖人とは、現在を問題とし、その解決を図る者をいう。昔の聖人のやり方のまねで、現在の政治が出来ると思っている者は、切り株を守った男の同類である。**儒学者は堯・舜・湯・武に理想が実現されていたとし、彼らを見習うことが現在の混乱を救う道だとした。**韓非は、その時代錯誤を嘲笑して、新しい聖人は法術によって、現在に対処する者だという。

　昔の聖人の人民への愛は、それがどんなに深いものにせよ、親の愛には及ばない。ところがその親でさえ子に背かれる。君主の人民への愛で政治が行えるはずはない。一方、魯の哀公でさえ、ひとたび王位に着くや、領民は一人として、その支配を拒む者は、いなかった。人民はもともと権力のままになびくもの、権力はたやすく人民を服従させるものである。賞は

確実に与え、人民に欲しがらせるに越したことはない。罰は重く例外なしに加え、人民を恐れさせるに越したことはない。法は統一して確固たらしめ、人民に行き渡らせるに越したことはない。

　遊侠の徒がいる。彼らは刺客として養われている。徒党を組んで義侠を結び、それによって名を挙げようとして国法の禁を犯している。遊侠の私的武力は無用である。武力によって禁を犯す、遊侠の徒に君主が遇を与えることは世の中を乱す原因である。仁義を行う者に名誉を与えてはいけない。これに名誉を与えれば、功績の妨げになる。また学問があるというだけで登用してはいけない。登用すれば法が乱れる。

　**遊説者は有害無益である。合従策を考え出した蘇秦、連衡策によってそれを破った張儀が代表的人物である。**合従とは6つの弱国を連合して、秦という1つの強国に対抗しようとした策である。連衡とは、秦という1つの強国に従属して、他の弱国を攻撃しようとする策である。いずれも自国の安全を保障する策ではない。大国に小国が連合して向かう場合、小国間の連合が崩れないとは限らない。連合が崩れてしまえば、大国に乗ぜられる。君主が臣下の進言を受けた後、成功しないうちに進言した者の爵禄を上げ、失敗しても罰を加えないとしたら、遊説者たちがあてずっぽうの説をたてて、まぐれ当たりを期待しないわけがあろうか。

　**側近どもは、私財を蓄え、賄賂によって有力者に取り入り、戦士の功労を握りつぶしている。**人民は有力者を慕い、その保護の下に兵役を逃れようとする。兵役から逃れると戦争から遠ざかることが出来る。こうして安全が手に入る。要職にある者に賄賂を贈って取り入れば何でもかなえられる。何でも叶えられれば、自分の生活は楽になる。まさに利益そのものである。どうしてこれを追求せずにいられよう。こうして国に尽くす者はいなくなり、利己をはかる者がはびこる。

　**商人・職人どもはろくでもない容器を作り、贅沢品を買いだめし、時期を見てはそれを売って、農民が苦労して得るのと同じ利益を、労せずむさぼっている。**名君は商人・職人・無為徒食の者の数を減らし、身分を低くする。そうすることによって農業を捨てて無益の業に就く者を減らさなければならない。

# ［7］亡徴<ruby>亡徴<rt>ぼうちょう</rt></ruby>

　亡徴篇では、韓非が亡国の徴候としてみとめた事象を、何の論評もなしに47列挙している。

⑴　臣下の進言が気に入ればすぐ爵禄を与え、仕事の成果と付き合わせることをしない。取次ぎ役を特定の臣下にやらせ、外部との接触を任せてしまう。このような時、国は滅びるであろう。

⑵　重臣に取り入れば官職に就くことができ、賄賂を使えば爵禄が手に入る。このような時、国は滅びるであろう。

⑶　君主がぼんくらで無能、何事につけ優柔不断で、人任せにして、自分の考えというものがない。このような時、国は滅びるであろう。

⑷　君主の人物が薄っぺらで簡単に本心を見透かされ、またお喋りで秘密が守れず、臣下の進言内容を外に洩らす。このような時、国は滅びるであろう。

⑸　独断的で協調性がなく、<ruby>諌言<rt>かんげん</rt></ruby>されればむきになる。このような時、国は滅びるであろう。

⑹　遠くの友好国をあてにして、近隣諸国との外交をおろそかにする。このような時、国は滅びるであろう。

⑺　民心が君主を離れ宰相に集まっているのに、君主は宰相を信頼していて、辞めさせようとしない。このような時、国は滅びるであろう。

⑻　嫡出の公子をしかるべく待遇せず、そのため、他の公子たちが同等の勢力を持っている。このような時、国は滅びるであろう。

⑼　君主がずぼらで、およそ反省という事をせず、どんなに国が乱れていても自信満々で、自国の経済力を考えずに隣の敵国を組みしやすしとする。このような時、国は滅びるであろう。

⑽　国が弱小であるのに、尊大に振る舞い、強国を警戒しない。国境を接している大国を馬鹿にして礼をもって対しようとしない。自国の利益しか眼中になく、およそ外交ということが分からない。このような時、国は滅びるであろう。

22

⑾ 大臣に侮辱を与えてプライドを傷つける。このように、相手に屈辱を与え怒りを抱かせ、これを当然のこととして繰り返せば、謀反を企む者が、必ず現れる。このような時、国は滅びるであろう。

⑿ 大臣を侮辱し、身内の目上に礼を尽くさない。人民を酷使し、無実の者を死刑にする。このような時、国は滅びるであろう。

⒀ 後継者たる太子の名声が高まり、強力な派閥が出来て、大国と結びつく。このように、早いうちから太子の勢力が強大になる。このような時、国は滅びるであろう。

⒁ 君主よりも君主の傍系のおじや兄弟のほうが、人物が上である。太子に権威がなく、他の公子が対抗して勢力を張る。役人よりも人民が強い。いずれの場合も、国の秩序は混乱に陥る。このような時、国は滅びるであろう。

⒂ 正夫人よりも側室の権威が重い。太子よりも庶子のほうが重んじられる。このような時、国は滅びるであろう。

⒃ 防衛という事にまったく無知でありながら、仁義によって自己の行為を飾り立てようとする。「宋襄の仁」のような場合、このような時、国は滅びるであろう。

⒄ 国家の利益を優先させず、母親たる太后の言いなりになり、その結果、女が国政を動かし、宦官が重用される。このような時、国は滅びるであろう。

⒅ 古参が格下げされ、新顔が昇進する。優秀な人材が押しのけられ、無能者が実権を握る。実際に苦労している人間の地位が低く、功績のない人間が高位につく。こうして下積みにされた者の恨みが積み重なる。このような時、国は滅びるであろう。

# ［8］和氏の璧

真理・真実が容易に認められないことの例えとして、引用されている。韓非は法術が璧よりも認められにくいとして、革新的な法術論が容易に認められないことを説明する。

和氏は楚人で、山中で粗玉を見つけ厲王に献上した。宝石師に鑑定させると、「これはただの石で御座います」という。厲王は和氏をペテン師として左足切りの刑にした。武王が即位すると、和氏は再び献上し、宝石師は「石でございます」と答えた。武王は右足切りの刑にした。次に文王が即位すると、文王は和氏の元に人をやり、その窮状を尋ねた。「私は足を切られたことが悲しいのではありません。宝石が石ころだといわれ、正直者がペテン師だといわれたことが、悲しいのです。」と答えた。分王が宝石師にその粗玉を磨かせると果たして、宝石であった。

　宝石というものは、君主が喉から手が出るほど欲しがるものだ。そして献上した粗玉が、もし宝石でなかったとしても、君主が何の損をするわけでもない。それにもかかわらず、和氏は両足を切られてから、初めてその粗玉が宝石であると認められたのだ。君主が欲しがる宝石でさえ、認められるのは、これほど困難なのである。

　ところが法術となると、君主は和氏の璧のようにこれを欲しがってはいない。君主たちは、それほど熱心に臣下や人民のかげの悪事を抑えようとはしていない。法術を主張する者が、君主に殺されずにいるのは、彼がまだ法術という粗玉を献上していないからに過ぎない。君主が術を使ったとしたら、大臣が政治を専断することも、側近が君主の威を借りることもなくなるだろう。法が国に行き渡れば、流民の類は姿を消し、すべての人民は農耕に追いやられ、事ある時には戦場で生命の危険を冒すことになるだろう。つまり法術は、臣下と人民にとっては禍となるものである。したがって、君主が大臣の反対と人民の非難を押し切って法術に耳を傾けようとするのでなければ、たとい命をかけて進言したとしても、法術が君主に取り上げられる見込みはない。

　商鞅は秦の孝公に政治の要点をこう説いた。五軒組と十軒組をつくって、人民に密告させあい、連帯責任を取らせること。詩経や書経などの書物は焼き捨て、法令を明示すること。大臣の請願を聞き入れず、国のために働く者を大切にすること。人民が家を離れて仕官を求めることを禁止し、事あるときに兵役を務める農民を表彰すること。孝公はこれを実行し、君主の位は尊ばれて安定し、国は豊かになった。だが、８年たって孝

公が死ぬと、商鞅は車裂きにされて殺された。楚は呉起が説いた政策を廃止したばかりに、外患に襲われ内乱に苦しんだ。秦は商鞅の説いた法の政策を実行して、豊かで強い国になった。二人の言ったことは正しかったのである。それなのに、楚では呉起を殺して手足を切り、秦では商鞅を車裂きにして殺してしまった。なぜか。大臣が自分を苦しめる法を邪魔にし、人民がきちんとした政治を嫌ったからである。これでは呉起や商鞅の二の舞となる危険を冒してまで、法術を説く者が出るはずがない。この乱世に、世を平定する覇王が現れないのは、このためである。

韓非は大臣貴族たちが実権を握って私利私欲をはかる政治のあり方に立ち向かい、その権利を抑える君権強化の政治を唱えた。その手段が法であり、君主がこれを用いて統治するテクニックが術である。したがって法術は大臣たちの抵抗にあう。

また法術はあくまで支配者の立場に立って人民を単純化してとらえ徹底的に駆使するものであるから、彼らからも非難を受ける。しかも、肝心の君主は法術に関心を示さない。こういう状況のなかで、ひたすら、富国の方策を説く法家の論客たちの運命は、ひとつの悲劇ですらあった。兵法書「呉子」を残した呉起、「商子」を著した商鞅、みなしかりである。そして韓非自信も、この運命を免れることは出来なかった。

[9] 内儲説

儲説とは蓄えた話の意味で説話集のようなもの。内儲説は上下に別れ、上が七術、下が六微である。七術は二柄篇で説いた君主の臣下操縦法を7種類に分け、それぞれ臣下を欺いて試す具体例を数種加えている。六微の微は隠の意味で、奸臣たちが君主から隠れたところで、どんなことを企んでいるか。自己の出世、私利を求めて、ライバルや邪魔者を消す為に、どんなあくどい方法でも使うから、君主たるもの、そんなものに騙されないで対処せよ、と説いている。

君主が使う七術は次の通りである。

①臣下の言葉を事実と照合すること。

一人の言葉だけを信用していると、君主の耳や目は塞がれてしまう。**三人言いて虎を成す**、はこの時の説明にある。邯鄲の都に虎が出ることはないが、3人が口を揃えて出るといえば、存在しないものまで存在する口の恐ろしさを語っている。魏の重臣龐恭が太子と共に趙の邯鄲に人質に出される時、魏王に言った言葉であるが、後日龐恭が帰国した時、大勢の言うことを信じた君主は二度と龐恭には会わなかったという。

②**法を犯した者は必ず罰して、威光を示すこと。**

　愛情が多すぎると、法は成り立たず、威光をはたらかせないと、下の者が上の者を侵す。刑罰を厳しくしなければ、禁令は行き渡らない。抜け道を作ってはならない。麗水という川には金が出る。金を採ることは禁止され、捕まれば死刑である。それでも金を採る者は後を絶たない。万が一には捕まらない場合もあるからである。

③**功労者には必ず賞を与え、全能力を発揮させること**（賞誉）

　賞が薄く、かつ当てにならないならば、臣下は働こうとしない。賞が厚く、確実に行われるならば、臣下は死をもいとわない。

④**一人ひとりのことばに注意し、発言に責任を持たせること**（一聴）

　一人ひとりの言葉を個別に聞き分ければ、臣下の有能無能を区別できる。臣下の言に責任を持たせなければ、確実な比較は出来ない。

⑤**詭計を使うこと**（詭使）

　臣下に対しては思わぬことを尋ねてみると、相手はごまかすことが出来なくなる。

⑥**知らないふりをして相手を試すこと**（挟智）

　知っていることでも知らないふりをして尋ねてみると、知らなかったことまで分かってくるものだ。一つのことを熟知すると、他の隠されていることが次々と分かってくる。

⑦**嘘やトリックを使って相手を試すこと**（倒言）

　嘘やトリックを使って、相手の疑わしい点を試すと、陰の悪事が分かる。

　六微の「微」は隠の意味で、奸臣たちが君主から隠れたところで、どんなことを企んでいるか。自己の出世、私利を求めて、ライバルや邪魔者

22

をけす為に、どんなあくどい方法でも使うから、君主たるもの、そんなものに騙されないで対処せよ、と説いている。

## ①君主が権勢を臣下に貸し与えること（権借）

権勢は臣下に貸し与えてはならない。君主が一を失えば、臣下はそれを百にして利用する。臣下が権勢を借り受ければ臣下の勢力は増大する。そうなると国の内外の者が、臣下のために働くようになって、君主は隔離された状態に置かれてしまう。

## ②君主と利害の異なる臣下が、外国勢力を利用すること（利異）

そもそも臣下が利を得れば、君主は利を失う関係にある。従って奸臣たちは、敵軍を手引きして国内における自己の邪魔者を除いたり、外交のことを述べ立てて君主を煙に巻いたりして、私利のみをはかり、国の害などは考えないのである。

## ③臣下がトリックを用いること（似類）

斉の夷射は王に招かれ酒を飲んで、外の門に寄りかかって風に吹かれていた。足切りの刑を受けた門番に酒をせがまれたが、叱責した。門番は門の周りに小便をした形に水をまいた。翌日王が門に出てきて怒鳴りつけた。門番は夷射さまがそこに立っていたと答えた。王は夷射を死刑に処した。

荊の愛妾に鄭袖がいた。荊王が新たに美女を手に入れたとき、鄭袖は美女に「王は私たちが口を隠しているのをお好みです。」と告げた。いぶかしく思った王は鄭袖に尋ねた。鄭袖は「あれは前からあなたの臭いが嫌だと申しておりました。」と告げた。後日美女が王に近づいた時、何度も口を隠した。王はかっとして言った。「この女の鼻を削げ。」

## ④利害の対立に臣下がつけこむこと（有反）

何か事件が起こったとき、それによって利益を得る者があるならばきっとそいつが仕掛けたことである。損害を受ける者があるならば、その人間と利害反する者がくさいと見なければならない。

## ⑤上下の秩序が混乱すること（参疑）

上下の秩序の混乱は内乱のもとである。従って名君は、そうした争いが起こらぬように気を配る。

⑥敵国の謀略にのって臣下を任免すること(廃置)

敵国は、こちらの君主の明察を狂わせて謀略を成功させようと狙っている。君主がこのことに注意しないと、敵の謀略にかかって、臣下を間違って任免してしまう。

## [10] 諸篇の名言

### 名君の功を立て名をなす所以のものは四。一に曰く、天の時、二に曰く人心、三に曰く技能、四に曰く勢位。

第一は天の時である。時を得なければ、どんな傑物でも手腕を発揮することはできない。第二は人心を得ることである。組織内部の人心を掌握し、広く社会の人々の支持を得る。第三の技能は、能力や経営手腕をさす。第四の勢位は実権のある地位にいるということである。

### 太山は好悪を立てず、故に能くその高きをなす

太山（泰山）は好き嫌いの感情を持たず、どんな土でも甘んじて受け入れるので、ああいう高い山になったのである。好悪をたてず、とは愛する者でも罪を犯したら必ず処罰する、嫌いな相手でも功績を立てたら必ず賞を与えるということ。上に立つ者が自分一個の感情に駆られて行動したのでは、碌なことにはならない。特に自戒したいのは人事である。明らかにそれと分かるような報復人事をやっていたのでは、後に大きなしこりが残って、組織そのものまでおかしくなってしまう。

### 善く吏たる者は徳を樹え、吏たる能わざる者は怨みを樹う

吏とは役人である。立派な役人は人々の心に徳を樹える。だから、人々から支持される。徳とは、相手を思いやる仁の心、法の適用が公平無私であることをいう。徳を樹えるのと怨みを樹えるのとは天地のちがいである。

22

## 人主は二目を以って一国を視、一国は万目を以って人主を視る

君主は二つの目で国の政治を見ている。国民の方は二目どころではなく、沢山の目で君主を見守っている。君主は一挙手一投足を臣下から観察されている。君主が姿を隠すには「虚静無為」、つまりじっとして動くなということである。自分の心の中を察知されないようにするのは、「虚静無為」が一番よいという。

## 物は宜しき所あり、材は施す所あり。各々その宜しきに処る、故に上下為すなし。

韓非は、君主は要の部分を握り、黙って組織ににらみを利かしているのが理想の姿であるという。部下は一人ひとりが夫々の持ち場で与えられた責任をきちんと果たしていればよい。「物は宜しき所あり」とは、物それぞれに果たすべき役割があるということで、湯飲みには湯飲みの働きがあり、これでお湯を沸かすことは出来ない。「材は施す所あり」とは、どんな人間にもそれぞれ使い道があるということで、水準以下の人間であっても一人ひとりみな長所を持っている。相手の長所を引き出して使うことである。「上下為すなし」とは、そのようにすれば君主は安心してにらみをきかしていることができる。

## 敢てその善を矜らず、功を成し事を立つるありて、しかも敢てその栄を伐らず

韓非は15名の名臣を取り上げ、共通点を挙げている。立派な仕事をしても、あえて鼻にかけなかった。大きな功績を立てても、あえてひけらかさなかった。仮に大きな功績を立てても、それを鼻にかけて周りの人々を見下すような態度をとっていたのでは、せっかくの功績も仇となってしまう。周公旦も周王朝の基礎を固めた名補佐役で、抜群の功労者であった。食事中に来客があると、食べかけの物を吐き出しながら立ち上がり、引見したといわれる。ダメな臣下とは、目の前の小さな利益にばかり目を奪われ、法を無視し、義を踏み外す。みずから人材登用の道を塞ぎ、部下のやる気をなくしてしまう。君主の喜びそうなことばかり口

にして、ご機嫌とりにつとめる。

## 厳刑重罰は民の悪<ruby>悪<rt>にく</rt></ruby>む所なり、<ruby>而<rt>しか</rt></ruby>れども国の治まる<ruby>所以<rt>ゆえん</rt></ruby>なり

為政者が厳しい態度で臨めば国民から嫌われる。だがそういうやり方をした方が国はよく治まる。<ruby>百姓<rt>ひゃくせい</rt></ruby>を<ruby>哀憐<rt>あいれん</rt></ruby>し、刑罰を軽くするは、民の喜ぶところなり、<ruby>而<rt>しか</rt></ruby>れども国の危うき<ruby>所以<rt>ゆえん</rt></ruby>なり、ともいう。

## 貧困に<ruby>施与<rt>しよ</rt></ruby>するあらば、功なき者賞を得、<ruby>誅罰<rt>ちゅうばつ</rt></ruby>に忍びずんば、暴乱の者<ruby>止<rt>や</rt></ruby>まじ

韓非子は「聖人の国を治むるや、賞、無功に加えず、<ruby>誅<rt>ちゅう</rt></ruby>、必ず罪ある者に行うなり」が政治の基本であるという。「思いやりの心」が貧しい者に施すことであり、「慈しみの心」が厳罰をためらうことでは政治そのものが成り立たなくなってしまう。貧しい者に施せば、功績のない者にまで賞を与えることになる。厳罰をためらえば、平気で法を破る者が出てくる。政治には「思いやりの心」「慈しみの心」は無用である。

## <ruby>誠<rt>まこと</rt></ruby>に功あらば、<ruby>疎賤<rt>そせん</rt></ruby>と<ruby>雖<rt>いえど</rt></ruby>も必ず賞し、誠に過ちあらば、近愛と雖も必ず誅す

賞というのは下位の者に与えるほど効果があり、罰というのは上位の者に加えるほど効果があるといわれる。

## 富人より<ruby>徴斂<rt>ちょうれん</rt></ruby>して以って貧家に<ruby>布施<rt>ふせ</rt></ruby>するは、これ<ruby>力倹<rt>りきけん</rt></ruby>より奪いて<ruby>侈堕<rt>しだ</rt></ruby>に与うるなり

金持ちから絞り取って貧乏人に恵んでやる。なかなか結構なことのように思われるかもしれないが、実は最悪である。なぜならそれは一生懸命働いている人達から奪い取って、怠け者に与えてやることにほかならないからだ。生活に困らないのはなぜか。それは他でもない、人より一生懸命働いているか、人よりも倹約に努めているか、いずれかの理由による。逆に飢饉など格別の理由もないのに、生活に困っている人がいる。それは他でもない、人よりも贅沢をしてきたか、あるいは怠けて働かな

かったか、いずれかの理由による。金持ちから絞り取って貧乏人に恵んでやるのは、怠惰や贅沢を奨励するようなものである。よい例が社会主義体制で、働いても働かなくても同じ給料がもらえたので、人間を怠け者にしてしまった。

## 事は密なるを以てなり、語は泄るるを以て敗る

計画を成功させようとするなら、隠密に取り運ばなければならない。外に漏らしたら失敗する。

## 千丈の堤も螻蟻の穴を以て潰え、百尺の室も突隙の咽を以て焚く

天下の難きは易きより作り、天下の大は細より作る。困難は容易なうちに処理し、大事は小事のうちに収集せよ。いかなる困難も容易なことから生じ、いかなる大事も些細なことから始まる。複雑にもつれた問題は誰がやっても解決が難しい。もつれる前に手を打てば容易に解決することができる。

## 智者は禍難の地を知りて、これを辟くる者なり

智者というのは、あらかじめ危険を察知して、危ない目にあわないように手だてを講じる。だから、身に危険の及ぶことはない。智とは、もともと深い読みのできる能力を指す。洞察力といってもよい。

## 衆人の功を成さんと欲して反って敗を為す所以は、道理を知らずして肯て知に問い能に聴かざるに生ず

衆人とは普通の人間である。そういう人々が、成功を目指しながら失敗に終わるのは道理を知らず、しかも知恵や能力のある人物に教えを請おうとしないからである。ここでいう「道理」とは、こうすればこうなる、あるいは、ここを押せばこういう反応が出てくるといった理である。広い意味で人間学といってもよい。

## 将にこれを敗らんと欲せば、必ず姑くこれを輔けよ。将にこれを取らん

と欲せば、必ず姑くこれを予えよ。

やっつけようとするなら、まず助けてやれ。取ろうとするなら、まず与えよ。相手の油断を誘って一気に叩く。相手を肥らせてから、ごっそりいただく。

## 能百歩の外を見るも、自らその睫を見る能わず

人間の知恵も他人のことはよく分かるけれども、自分のことを知るのは難しい。知の難きは、人を見るに在らず、自ら見るに在り。孫子には彼を知り己を知れば、百戦して殆受からず、とある。双方の力を把握しないで戦いを挑むのは、無謀の誹りを免れない。老子には、人を知るは知なり、自らを知るは明なり、とある。

## 功詐は拙誠に如かず

魏の将軍の楽羊が中山を攻めた時、怒った中山の王は、捕らえていた楽羊の子を殺し、スープにして送りつけてきた。楽羊は平気な顔をして飲み干した。「我が子の肉まで食らう男です。あれでは、どんな相手の肉だって食らいかねませんぞ。」楽羊は中山を攻め落とし、魏の文侯はその功績を賞しはしたものの、その心については疑いを抱いたという。魯の重臣孟孫は狩りに行って小鹿を捕まえ、秦西巴に命じて持って帰らせた。すると母鹿が後を追ってきて、悲しげに鳴く。秦西巴はかわいそうに思って、小鹿を放してやった。孟孫はかんかんに怒って秦西巴を追放した。ところが3か月後、また秦西巴を呼び戻して、我が子の守役に取り立てた。小鹿にさえ情をかけた男だ。きっと我が子にも情をかけてくれようぞ。故に曰く、功詐は拙誠に如かず。楽羊は功あるを以て疑われ、秦西巴は罪あるを以て益ます信ぜらる。

## およそ人の重罰を取るは、固よりすでに足るの後なり

貧困が人を罪に走らせる。しかし犯罪は貧困によってばかり起こるわけではない。中には、恵まれた生活が原因で起こる犯罪もあるのだという。贅沢に慣れると、やがて親の財産を食いつぶし、わがままになる

と、乱暴な振る舞いに及ぶようになる。そもそも人間というものは、生活が豊かになると仕事に身が入らなくなり、締めつけを緩めると、やってはならないことを平気でするようになる。

## 福は禍の伏す所なり

不幸というのは幸福な状態の中から出てくる。だから幸福の中には、常に不幸の芽が隠されている。人間、運が向いてくれば、富貴の地位を手に入れることができる。富貴になれば、着るものも食べるものも贅沢になっていく。そうなると、人を見下す心が生じてくる。そんな心が芽生えてくると、勝手な振る舞いに及び、道理を顧みなくなる、そうなると、我が身を破滅させる日も近い。人を見下す心である。これが出てくると、平気で人を踏みつけるようになる。弱い立場や恵まれない立場の人に対しては謙虚に振舞わなければならない。

## 群臣を離るれば、必ず汝の身を危うくせん

組織の中で身を全うするには、どんな生き方をすればよいのか。少なくとも縦横の人間関係に対して、細心の配慮を必要とする。
臣下としてトップのおぼえがめでたいのは、一応結構なことのように思われる。だがそれには危険もたっぷりと隠されている。同僚や周囲の人間のねたみ、そねみを買っている可能性がある。それがいつ、どんな形で表に出てくるか知れたものではない。トップは気まぐれである。トップの地位といえども安泰ではない。

## 君は計を以て臣を畜い、臣は計を以て君に事う。君臣の交わりは計なり。

「君臣義あり」とは、儒教の教えである。「義」による結びつきこそ、君臣関係の要であるべきだというのが儒教の教えであった。これに対して韓非子の見方は、あくまで現実的である。韓非によれば、君臣の結びつきは「計」以外の何物でもないという。「計」とは計算、つまりそろばん勘定である。我が身を犠牲にしてまで国のために尽くそうとする臣下

はいない。また国を犠牲にしてまで臣下のことを思いやる君主はいない。君臣関係というのは、しょせんそろばん勘定で結びついているのだという。

## 長袖は善く舞い、多銭は善く買う

長袖とはしかるべき身分の人物、多銭とは金持ちの事である。身分もあるし経済的にも余裕がある。そういう恵まれた立場にいれば、自分の好きなことにのびのびと腕を振るうことができて、有利に事を取り運べるのだという。こちらの能力に違いがあるわけではない。仕える相手が強国であるか弱国であるかその違いによって、能力を発揮できるチャンスもおのずから違ってくるのだという。普通の人間がなりたいと思っても、大変な苦労を伴う、その点、二世は親の残してくれた有形無形の遺産に恵まれて、比較的簡単になることができる。「長袖は善く舞い、多銭は善く買う」とは、それを言っているのである。この世の中にはそういう一面が厳として存在している。

## 楚人に楯と矛とを鬻ぐ者あり。或る人曰く、子の矛を以て子の楯を陥さば如何。その人応うる能わざりき。

昔、堯という天子がいた。その後を継いだのが舜という天子である。この二人は共に立派な政治を行い、聖天子と讃えられてきた。だが韓非子はこの説は成り立たないという。舜の敗を救うや則ちこれ堯に失ありしなり。舜を賢とすれば則ち堯の明察を去る。堯を聖とすれば則ち舜の徳化を去る。二つながら得べからざるなり。舜が乱れた世の中を正したとするなら、その前の堯によほどの失政があったからである。舜が立派な政治を行ったとすれば、堯が見事な天子であったというのはでたらめである。陥すべからざる楯と陥さらざるなきの矛とは、世を同じうして立つべからず、今、堯舜の二つながら誉むべからざるは、矛盾の説なり。

22

# 第23章　西田幾多郎と善の研究

## ［1］デカルトと物心二元論

　ヨーロッパでは中世末期から科学や技術が進歩し、自然に対する見方が大きく変化し、自然科学が誕生した。信仰と理性の調和を説くスコラ哲学は現実から遊離した議論と考えられるようになった。過去の伝統にとらわれない新しい学問の方法が探求された。**ルネ・デカルト**（René Descartes, 1596-1650）は理性ロゴスを知識の源泉と考えた。デカルトは普遍的に妥当な、絶対に確実な真理を得るために、まず全てを疑い、感覚、学問、身体の存在さえも疑った。これを**方法的懐疑**という。デカルトが**哲学の第一原理**としたのは、全てが疑わしいと考えている間も、そう考えている私は存在しなければならないという事実である。これを「**我思う、故に我あり。Je pense donc je suis. Cogito ergo sum. コギトエルゴスム**」という。ただ考えている自分は精神であり、物質でも物理的存在でもない。これを**思惟実体**という。一方空間的な広がりを本質とする物体や身体は**延長実体**と呼ばれる。肉体と精神は別のものであり、二つの独立した実体から世界は成り立っていると考えた。これを、**物心二元論、心身二元論**という。この考え方は近代には支配的となり、現代にまで受け継がれている。欧米で臓器移植が定着した背景には、キリスト教の伝統や心身二元論があるといわれる。キリスト教の伝統のもとでは、一人ひとりの命は神からの贈り物であり、心身二元論のもとでは、身体はモノであり、その所有権は本人にあり、身体に関する決定を行う権利は本人にあると考えられている（自己決定権）。

## ［2］宇宙の原理と人間の生き方

　宇宙の原理、宇宙を支配する法則に従って人間は生きるべきであるとい

23

う考え方は、文明の黎明期、紀元前の遥か昔に文明の発祥地の幾つかに起こった。

　古代ギリシアではこれを**ロゴスlogos**といった。ストア派の**ゼノン**（Zēnōn, BC335-263）は、自然と一致して生きることを説き、自然の理法と調和して生きることを理想とした。自然や人間を包み込む宇宙には大いなる理性ロゴスの法則が支配しており、人間も宇宙の一部としてその理法を分有している。したがって人間は欲望や快楽をおさえて宇宙の秩序と調和をもたらす理法に従えば、自然の全体と一致して生きることができ、心の安らぎが得られる。外部から影響されて生じる感情や**情念パトスpathos**に、決して心を動揺させることのない**不動心アパティアapatheia**を理想の境地とした。

　インドでは釈迦（BC463頃-383頃）が人文科学的に体験的な禅定と瞑想により、宇宙を支配する法則の本質を究めた。**仏教の核心的思想は無常無我である。諸行無常**とはあらゆる存在と現象は生成と死滅を繰り返しているということ。**諸法無我**（しょほうむが）はいかなる存在も永遠の実体を持たないこと、因果関係によりすべてのものは我ひとりでは存在せず多くの条件によって流転して存在することをいう（**因縁生起の法**（いんねんしょうきのほう））。**法ダルマdharma**とは、宇宙の原理、摂理、宇宙を支配する法則をさす。釈迦はもともとバラモン教の沙門（しゃもん）で、バラモン教とは異なる真の解脱（げだつ）を求める修行者であった。インドには**輪廻思想**が強く息づいており、永遠に生と死が繰り返される、つまり肉体は滅んでも別の形で再生すると考えられている。現在でもカースト制度が宿命的なものとインドでは受け止められている。人びとが目標としたのはこうした恐ろしい輪廻の悪循環を断ち切って永遠の至福に至ること、解脱（げだつ）である。世界最古のインドのウパニシャド哲学ではヨガなどの修行により**梵我一如**（ぼんがいちにょ）を悟れば輪廻（りんね）から脱出して解脱できるという。梵とは**ブラフマンbrahman**で宇宙の根本原理ロゴスとほぼ同一である。梵我一如とは、**自我アートマンātman**と宇宙とが究極的に同一であることを意味する。

# ［3］坐禅と無常無我

　達磨は中国禅宗の開祖であるインド人仏教僧である。釈迦は禅定（坐禅、参禅）によって悟りを開いたのであり、坐禅こそが仏教者の生き方の基本であり、これこそが仏陀（悟りを得た者）に帰るのだと主張した。

　達磨大師は五欲五蓋を制するのは坐禅しかないと考えていた。五欲とは財欲、色欲、飲食欲、名誉欲、睡眠欲を指す。五蓋とは煩悩（衆生の心身をわずらわし悩ませる一切の妄念）、特に三毒とは、貪（満足を知らない貪欲にむさぼる心、欲望）、瞋（瞋恚、心にたがうものに対する怒りの心）、痴（愚痴、真理から目をくらませる無知迷妄）の3つをいう。我執（実体のない自己への執着）、渇愛（渇して水をほしがるように凡夫が五欲に愛着すること、自己を苦しめる欲望）も五蓋を指す。五欲五蓋はあらゆる苦悩の原因となる。以心伝心は菩薩達磨の言葉で、言語では表されない真理を師から弟子の心に伝えることをいう。

　道元の師である如浄は坐禅のみが五欲五蓋を除くことが出来ると考えていた。只管打坐は何の目的も持たず、何も考えず、ただ坐るという修行で、ある時、自我意識を捨てたふと身も心も一切の執着から開放された境地に至る。心塵脱落、身心脱落の境地である。人間の体は本来的にこの身心脱落の状態にあるという発見と事実体験が道元の悟りであった。そして仏性を表した姿こそ坐禅の姿なのである。

　道元は、人は誰でも悟りを具えていると考え、それを禅の自力修行によってあらわなものとして体得することを求めた。只管打坐の修行でひたすら坐禅に打ち込むことによって身も心も一切の執着から解き放たれて自在の境地である、身心脱落に至ることが出来る。その時、世界は悟りの世界として現われ、修行者は自己を、眼前の悟りの世界の内に見出すこととなる。禅のそうした悟りの境地は正法眼蔵のなかに示される。「仏道をならふといふは、自己をならふなり。自己をならふといふは自己を忘るるなり、自己を忘るるといふは、万法に証せらるるなり。」坐禅に徹して、自らの心と身体への執着を捨て、おのれを忘れて一切の計らいを振り捨てて

23

**277**

無心になる時、仏の命と出会うことが出来る（身心脱落）。小さな自己に
こだわる我執を捨てることは、自らが大きな生命に生かされていることが
証されることである。

　道元は心を鏡に例えている。鏡は曇りなくそれ自身が無であるからこ
そ、万物をありのままに映し出すことができる。人間もそのようにおのれ
を忘れて無に徹した時、初めてその心に万物を生かす仏が現れ、悟りの風
景が出現する。自己を忘れて無になった心に、初めて山が山として、河が
河としてありのままに映り、現世において仏の命と一つになることが出来
る。すべてを仏の家に投げ入れ、仏の方から働きかけられ、それにそのま
ま従っていく時、力をも要れず、心をも費やせず、生死を離れて仏になる。

　禅は、**今この瞬間を無心になって生きる**ことといえる。禅の精神は、
今、ここにおける命の一瞬一瞬を、無心になって生き抜くことの大切さを
教えてくれる。**曹洞宗**では**不立文字**で、悟りは言葉では表せないとされる。

## ［4］西田幾多郎の生い立ち

　**西田幾多郎**（1870-1945）は明治3年石川県宇ノ気町に生まれた。父、
得登は江戸時代から続く十村という重職についていた。小学校長として教
壇にも立った。幾多郎は頭がよかったので、2年早く小学校に入学した。
父は米相場に手を出し家は傾く。金沢の石川県師範学校に入学する。一緒
に下宿していた姉と2人して腸チフスにかかり、姉は17歳で死去する。師
範学校は4ヶ月で退学する。帝大卒で石川県専門学校で数学を教えていた
**北条時敬**に出会う。数学のほかに坐禅も教わる。幾多郎は井上円了の「哲
学一夕話」に出会う。北条先生の勧める数学ではなく哲学に進路を変更す
る。北条先生は一高に転任し、石川県専門学校は第四高等学校になる。こ
こで**鈴木大拙**（貞太郎、1870-1966）と終生の友人となる。仲間で「我尊
会」を作り、文章や詩歌を評価し討論する。軍事優先の校風に馴染めず、
授業態度が悪いということで落第、結局退学してしまう。学校を辞め孤立
しても志を曲げず、猛烈に勉強する。水晶体混濁になり失明の危険が訪れ
る。父の米相場は失敗続きで、先祖代々の土地も手放す。四高中退のた

23

め、帝大の本科に入れず、選科に入学する。選科生は図書館の利用も出来なかった。一人書を読み思索する、自己内省的な生活を送った。同時代本科生には、夏目漱石、正岡子規がいた。1年遅れて選科生として鈴木大拙が入学する。卒業の日、卒業式には選科生は出られなかった。帰郷するが、西田家はなく、母の妹の嫁ぎ先、得田家の世話になる。得田家の娘寿美と結婚する。四高の教員となる。雑誌に四高の腐敗ぶりが書かれ保守派の校長に責任があるとされ退職させられる。改革派の西田も退職させられる。北条時敬から山口高校に就職先を世話してもらう。父、得登が64歳で逝去する。北条時敬が四高の校長となり、西田も四高に戻ることになる。**金沢に帰ってからの10年間が「私の心身共に人生の最も良き時代であった。」**と回顧している。参禅と読書と思索の10年間であった。学生からはデンケン先生と呼ばれた。Denkenはドイツ語で考えること。

　酒をたしなまず、「**一日なさざれば一日食らわず**（一日でも修行をしなかったら自分は食べる資格がない）」中国の禅僧百丈懐海の掛け軸を掛けていた。西田の居士号は寸心。洗心庵の雪門老師のもとで坐禅に励む。幾多郎の3歳年下の弟の憑次郎が31歳で日露戦争で戦死し、次女幽子が5才で、5女愛子が生後1ヶ月で死去する。

　その後明治42年学習院大学の教授となり、1年後に京都帝国大学助教授、大正2年教授に昇格する。教え子には近衛文麿侯爵がいる。大正7年母がなくなる。享年76歳。翌年妻寿美が脳溢血で倒れ以後寝たきりとなる。大正9年長男謙が23歳で腹膜炎で死去する。ラグビー選手のスポーツマンであった。「天はなぜ一介の老研究者をこんなにいじめる」と日記に嘆いている。謙の死の翌年三女の静子が結核になり療養生活を強いられることになる。大正14年妻寿美が49歳で死去する。

　昭和4年58歳で京都帝国大学を定年退職する。退職後鎌倉に居を構える。海が好きであった。石川県の海、鎌倉の海を見て、「海は無限そのものを象徴化している。その波のうねりや大空を行く雲の流れを見るのが唯一の楽しみだ。」と日記に記している。子ども達の死と、自分を支え続けてくれた母と妻の死。疲れ切った幾多郎を海が癒してくれた。鎌倉には鈴木大拙がいた。妻が亡くなって6年後、昭和6年弟子たちの勧めで再婚す

23

る。相手はアメリカに留学した津田塾大学教授の山田琴47歳だった。関節リウマチに冒される。昭和15年文化勲章を受章する。昭和16年四女友子が33歳で亡くなり、昭和20年長女弥生が49歳で死去する。8人の子供のうち5人までが死亡している。昭和20年6月西田幾多郎、尿毒症にて逝去。享年75歳。

**哲学の動機は驚きではなくして深い人生の悲哀でなければならない。**

## ［5］善の研究

　1911年明治44年「善の研究」が出版される。京都帝国大学に赴任した翌年で、41歳の時である。金沢の街を歩いていて、夕日を浴びた街、行き交う人々、暮れ方の物音に触れながら、それがそのまま実在だ。いわゆる物質とはかえって、それからの抽象に過ぎない。というような考えが浮かんできたと述べている。これを授業で講義し、小論文として発表し、特に実在に関する部分を論述して世に出そうと思っていたが、時が過ぎての出版となった。当初、「純粋経験と実在」という哲学的タイトルを考えていたが、結局本書は人生の問題が中心であり終結であるということで、「**善の研究**」というタイトルになった。

　デカルト以来の西洋の物心二元論にはもともと馴染めなかったようで、マッハ哲学の物心の二元論を否定して直接的な経験の世界に還帰すべきである、世界は物でもない心でもない中性的な感性的要素（色・音・熱・圧など）から構成されるという考えにも馴染めなかった。**結局個人があって経験があるのではなく、経験があって個人があるのである**、という西田哲学に落ち着いた。弘道館出版から出されるが、読者の反響は得られず、間もなく絶版となった。10年後に僥倖に恵まれる。大正10年、当時人気作家だった倉田百三（くらたひゃくぞう）（1891-1943）が「愛と認識との出発」の中で「善の研究」を絶賛したため、岩波書店から再版されることになる。「個人あって経験あるにあらず、経験あって個人あるのである。個人的区別よりも経験が根本的であるという考えから独我論を脱することが出来た。とありありと鮮やかに活字に書いてあるではないか。独我論を脱することが出来た。

23

この数文字が私の網膜に焦げ付くほどに強く映った。涙がひとりでに頰を伝わった。」独我論とは実在するのは自己とその意識内容だけであって、他人や事物は自己の意識内容にすぎないとする考え方をいう。バークリー、フィヒテ、シュティルナーの主張である。

　再版の序で、私は何の影響によったかは知らないが、**早くから実在は現実そのままのものでなければならない**、いわゆる物質の世界という如きものはこれから考えられたものに過ぎないという考えを持っていた。まだ高等学校の学生であった頃、金沢の街を歩きながら、夢見る如くかかる考えに耽ったことが今も思い出される、その頃の考えがこの書の基ともなったかと思う。西田の東洋的価値観に重点を置いた思想、風潮に魅力を感じた若者が集まりそれらは**京都学派**と呼ばれた。田辺元やその門下の哲学者たちによる学派である。

　西田は「**実在は現実そのままのものでなければならない**」という。**哲学の原点とは、何か特別な理論や、特定の思想にあるのではなく、私たちの日常の直感的な経験にこそある**、という。昭和18年5月西田は、国策研究会の求めに応じて、「世界新秩序の原理」を執筆する。これは軍部の人間に都合のいい解釈に改変され公表される。このため西田は、「軍に屈し戦争美化に加担した学者」として非難される。

　「善の研究」が戦後、改めて生きる指針を見失った人々に熱く迎えられたのは、そこに記された言葉が、万人の中に眠っている、いわば「哲学者の目覚め」ともいうべき内なる哲学者を目覚めさせていく力を持っていたからである。100万部を越えるミリオンセラーとなる。

## ［6］真の実在と純粋経験

　デカルトを典型とする西洋哲学では、**主観（認識する自己）と客観（認識される対象）というものがいずれも独立して存在し、実体として独立していることを前提として、主観が客観を認識する**という図式になっている。では主観のない客観はありうるのだろうか。

　例えば世界の外界の事象現象は、われわれの個体から独立して確実に存

23

在しているもののように思われる。確かにわれわれは、五感、眼識（視る）・耳識（聞く）・鼻識（嗅ぐ）・舌識（味わう）・身識（触る）を通じて得た情報を基に、外界と自己の存在を意識し生命活動を行っている。しかしもし、地球に生命が誕生していなかったならば、永遠に物質運動をするのみの宇宙があったとして、はたしてそこに、意味・目的・未来はあるのだろうか。つまるところ**問題となるのは人間の意識で、ありのままの世界と人間の知覚が完全に合一した時、そこに疑うことなく世界が存在する。人間経験の最も基本的なものは主客未分の純粋経験であると考えた。**我々が花を愛するのは自分と花が一致するのである。月を愛するのは月に一致するのである。親が子となり子が親となりここに始めて親子の愛情が起こるのである。親が子となるが故に子の一利一害は己の利害のように感じられ、子が親となるが故に親の一喜一憂は己の一喜一憂の如くに感じられる。これを別の表現でいうと、無私ということで、**無私とは、私が全身を投げ出せるような状態、私たちが私を無くすことの出来る状態である。**親が子となり、子が親となるというのは、共に私が主語ではなくなる状態である。

　認識する自己（主観）と認識されるもの（客観）との分離ではなく、何が真の実在であるのかを考えた。主観・客観という立場に分離することは、具体的な経験に自己の思考を加えなければ出来ないことである。思考分別以前の直接経験の段階では、主観と客観という分離は存在しない。真の実在は感情や意志を排した認識ではなく、全体としての行為的直観によって把握される。

　**主客合一の作用は、我がものに一致する、我が他者に一致する、と置き換えて言うこともできる。**「知る」「愛する」という認識は同じもので、主客合一の作用がなければ、美しい絵画を見ても、音楽を聴いても感動することはない。主客合一の作用があるからこそ、道端に咲く花にいのちを認識することが出来る。西田はいのちを感じる認識を**人格的対象の知識**という。普通の「知」のみでは**非人格的対象の知識**である。人格的対象は愛を伴った生ける対象である。古来、多くの哲学者が述べているように森羅万象を司るものが、人格的な存在であるならば、愛はこの世界の実在を把握

するちからであり、存在するものをめぐる最も深い智慧である。

　純粋経験は西田哲学の根本をなすもので、主客未分（主観と客観とがまだ区別されない）の具体的・直接的な経験で我（自己）ともの（対象）の対立・分離以前の最も根本的な経験をさす。我々が優れた音楽に一心に聴き入っているときの経験、画家が描くことに没入している時の経験であり、**西田はこの純粋経験こそ真の実在であるとした**。西田の禅体験を中心に、東洋思想を根底として形成され、自我を中心とする西洋の近代哲学を越えようとするものである。日常の小さな自我を抜け出して、その根底にある自己と世界が一体となった純粋経験に没入する時、真の実在と出会うことが出来る。純粋経験の中で働く実在は、知識mindでは真理として、感情heartでは美として、意志willでは善となって、私たちの心にあらわれる。宇宙の統一的な実在が、一人ひとりの意識において分化し、発展し、現れるのである。純粋経験に自己を没入させ、その根底から湧き上がる実在の働きに従い、**真・善・美**の価値を創造していくところに真の人格が実現する。精神とは自他を区別し、自己を自覚する意志活動であり、人間はそうした自然の意志精神を自らに取り込むことで自己を形成する。我々が人格と呼ぶのも自己と自然との遭遇、純粋経験の積み重ねによってつくられるものである。

　坐禅は世の一切のしがらみを捨て、煩悩から解脱し無我の境地を目指す。西洋は「有」を基準に物事を考える。東洋人は「無」の存在を認めているが、それをはっきりと形容することを避けてきた。禅によって求められているのは絶対的自己である。主体に客体を取り入れること、つまり対象と自己を同一化させることである。

　西田にとっての「**知識**」は情報としての知識とは違って、頭と身体の両方で知ることを指している。知は頭、識は身体全体を意味している。そして哲学にとってもう一つ大切なことは「**情意**」だともいう。情は私たちの「こころ」の働きである。情意とは容易に言語化されない「おもい」だと考えられる。世界は頭だけで認識されているのではなく、そこには常に「こころ」の働きがある。これらが一つになったとき、「真実在」への扉が開かれる。知識と情意の二つが揃わないと哲学は始まらない。頭脳が明晰

23

なだけでは哲学は始まらない。頭脳と同時に心も育み、開花していかなければならない。

「認知」とは科学的に客観的にあるいは再現可能に理解することである。「認識」は個々の人間がそれまでの経験を踏み台にして、心身の両面で理解を深めて行くことである。意識とはある一つの統一形体であると考えられる。よって我々が正確に世界をとらえられる時、それは知覚の正しい形体を体得した時だと言える。同じ対象でも、見る者によって経験の位置が違っているので、つまり意識の個人差が見られる以上客観にも強い主観が、また主観にも強い客観が含まれている。それは人間が感覚を通じて得られた情報に何らかの整合性を持たせようとする。この意識の統覚作用こそが自己でありものである意志と呼ばれる。**人は同じことを認知しながら個々別々の世界を認識し、生きている。**人間は無数に存在しながら、同時に人類という一なる存在である。同じ人間は存在しない、という真理があり、全ての人間は人類であるという真理がある。現象的には無数の世界がありながら、実在的には一なる世界である。現実の世界では別々のものも、実在の世界においては「一なるもの」である。

禅の世界に一円相（いちえんそう）というのがある。南陽慧忠（？-757）がその祖だという。いろいろな解釈があるが、宇宙そのものを描いているという。森羅万象は宇宙の中で生まれ、宇宙の中で死んでいく。宇宙に秩序と調和をもたらす理法、法ダルマによって支配されている。この一円相からは出ることは出来ない。この中で生きていき、一円相の真理そのものと一体とならなければならない。**諸行無常**とはあらゆる存在と現象は生成と死滅を繰り返しているということ。**諸法無我**（しょほうむが）はいかなる存在も永遠の実体を持たないこと、因果関係によりすべてのものは我ひとりでは存在せず多くの条件によって流転して存在する。これが宇宙の摂理であり、自らの心と身体への執着を捨て、おのれを忘れて一切の計らいを振り捨てて無心になる時、仏の命と出会うことが出来る（身心脱落）。小さな自己にこだわる我執を捨てることは、自らが大きな生命に生かされていることが証されることである。人は誰もが生かされているのである。一休禅師は「人は病気になる時は病気になるがよろしかろ死ぬる時は死ぬるがよろしかろ」と詠んでいる。

23

# ［7］善とは何か

「善の研究」とは「倫理学研究」、「道徳学研究」といった意味である。儒教では道徳を「論語」で教え、習得した人を君子という。キリスト教では「聖書」で道徳を習い、習得した人を正しい人という。西田哲学では善を積んだ人を人格者という。人格とは理性の働きである、知覚、衝動、思惟、想像、意志などを総合して働かせる統一力のことである。真の自己を知り、人格を実現することが善であるといえる。**善、Das Gute、The Good**とは一言でいえば、人格の実現である。これを内より見れば真摯なる要求の満足、すなわち意識統一であって、その極は自他相忘れ、主客相没するというところに至らねばならない。外に表れたる事実としてみれば、小は個人性の発展より、進んで人類一般の統一的発達に至ってその頂点に達するのである。

**カントの実践理性批判では「人は何をなすべきか」という主題、つまり道徳哲学が論じられている。**自然界に自然法則が存在するのと同じように、道徳の世界にも万人が従わなければならないような普遍的法則が存在する。無条件の命令、つまり定言命法のみが道徳法則足りうるという。**道徳法則では「汝の意志の格率（個人的な行為の原則、私的なルール）が常に同時に普遍的な立法の原理として妥当しうるように行為せよ」という。**良心の声に従って自律的に道徳法則に従うという。

道徳というのは何か自己の外にある理想や目的を追求するものではなく、ただ自己の中にあるものを見出すことにほかならない。人にはそれぞれ個性的な能力や要求が与えられている。各人はただ自己固有の能力や要求を真摯に追い求めていけばいいのである。

人間にとって自己の根底である根源的統一力に従うということは、本能や衝動に従うということではなく、まさしく理性の法則に従うということである。各人に発現した統一力を西田は**人格**と呼んでいる。各人の人格は、人格がその人その人によって特殊な意味を持ったものでなければならない。**知情意の分別なく主客の隔離なく独立完全なる意識本来の状態の**

時、真の人格というものはその全体を表す、と西田は言っている。

　フロイトによれば自我の下に個人的意識があり、その下にさらに個人的無意識がある。フロイトの弟子のユングによれば個人的無意識の下に**集合的無意識**があるという。集合的無意識は民族を超えて類似したものである。

　道徳的真理への**「直覚説」（自立的倫理学説）**というのがある。

　「直覚説」とは、全ての人間（生命）人類共通の倫理道徳精神を生まれながらにして直覚しており、人類が大自然の美しさを直覚的に理解（既得）できるのと同じように、人類は如何なる行為（自由意志）が善（合道徳性）であるかを直覚的に理解（既得）し良心の命令を自己体現できると考える説である。

　**至誠**（至上の誠実）は西田哲学の根本問題で、ただ人の心の底から底へと静かに伝わる何ものかである。自分の心の中にある、言葉にならない「おもい」を知り、それは他の人の心にもあることを知らねばならない。

## ［8］宗教の世界観

　大いなるものの前に出る時、人は、必然的に小さき者になる。さらに重要なのは、自らの限界を感じることが同時に無限を感じさせる宗教的世界観が生まれる。己が小さき者であることを知り、大いなるものに畏怖と敬虔な心情をもって向き合う。その時、永遠の真生命への扉が開き始める。小さき者としての自己そのものが、永遠の真生命へと続く道となる。宗教的要求は自己に対する要求である。我々の自己がその相対的にして有限なることを覚知すると共に、絶対無限の力に合一してこれによりて永遠の真生命を得んと欲するの要求である。

　神という言葉は最も広義に用いられており、それは種々の超自然的な力や仏をも代表する言葉として使用されている。西田は神を宇宙の根本として規定している。神と宇宙が根本的に異なった存在ではないということである。神が宇宙の根本であるとすれば、宇宙は神と同じような性質や性格を持ったものと考えられなければならない。あらゆる宗教の基礎には神人同性の関係がなければならない。

無心の世界を感じる時、私達は理知、つまり知識の世界の境界線を思い切って飛び越している。そこで人は自他の分別がなくなる。他者のことはそのまま、わがことになる。そのような世界こそが新しい叡智、新しい徳、新しい生命の母胎となる。その世界を感じるためには主客合一の境地では不十分である。神人合一である。かく**最深の宗教は神人合一の意義を獲得するにある**のである。即ち我々は意識の根底において自己の意識を破って働く堂々たる宇宙的精神を実験するのである。西田にとっての神は、全ての人間を救おうとするはたらきのことである。そこには利己はなく、徹底した利他があり、私心はなく、透徹した無私があるのみである。キリスト教が主に信条とするのは「愛」、愛とは相手との共有・同化を求める情動である。仏教が目指すものは現世の「知」、知とは主観を限りなく客観へ向けるため無我を求める。この二つの宗教は自己を限りなく外に向ける点において共通している。

　西田哲学における宇宙とは、大気圏外の宇宙空間ではなく、内面世界を含むものである。神は内界と外界の双方の根本の働きだという。神は人間を越えながら同時に私たちの心に内在する。神は宇宙の根本であって兼ねて我らの根本でなければならない。遠く彼方に神を感じつつ、わが身の内に神を探せという。

　「宗教的要求」とは、自己の生命についての要求であり、神の絶対性と無限性に対して、我々の自己が相対的に有限なることを覚知すると共に、絶対無限の力に合一して、これにより永遠の真生命を得ようとする要求である。神とは天地これによりて位し、万物これ超越せる者であって、外より宇宙万物と人間活動を司っておられる（有神論）と同時に、神は内在者であって、人は神の一部であり、神は内より人に働きかけ給われる実在である（汎神論）。

　**人は宇宙に生き、宇宙を支配する法則に従って生きている。**古代ギリシアのストア派のゼノンは、自然や人間を包み込む宇宙には大いなるロゴスの法則が支配しており、**人間も宇宙の一部としてその理法を分有している。**従って人間は欲望や快楽をおさえて宇宙の秩序と調和をもたらす理法に従えば、自然の全体と一致して生きることができ、心の安らぎが得られ

23

る。インドのウパニシャド哲学の梵我一如で、**梵とはブラフマンで宇宙の**
**根本原理ロゴスとほぼ同一である。**梵我一如とは、自我アートマンと宇宙
が究極的に同一であることを意味する。

　空海は宇宙の原理そのものである大日如来と一体化することを**即身成仏**
といった。成仏するには途方もない年月が必要とされたが、空海は三密加
持の修行により生きたまま成仏できると説いた。宇宙は神の被造物ではな
く、むしろ宇宙は神あるいは仏そのものの表現であり、顕現であると考え
た。他の仏教諸宗派が極楽浄土という死後の幸せを説いたのに対して**空海**
**の密教は現世に救いをもたらすことを目指した。人間が生きる世界そのも**
**のが、大日如来のいる清浄な浄土である**と考えたのである。

　キリスト教の考え方では、宇宙、天地、人間はあくまで神の被創造物に
すぎない。人間と神はあくまで隔絶した存在と考えている。

　**空海**（774-835）は大日如来とは宇宙そのもの、真理そのものを表す最
高の仏であり、どこかにいる仏ではなく、世界に満ち満ちているもので、
汎神論的な考え方をしていた。**スピノザ**（1632-77）はオランダのユダヤ
人哲学者で「エチカ」の著者である。スピノザによると、精神も物質もい
ずれも神という究極の実体の現れにすぎない。従ってこの世界に存在する
全ては神そのものであり、神即自然である。この立場を**汎神論**というが、
世界の外部にいる神を否定するのだから、ユダヤ教およびキリスト教の伝
統的な考え方とは全く異なる。スピノザは唯物論、無神論の疑いをかけら
れ、ユダヤ教からは破門、キリスト教からは異端視された。

　西田は、哲学は宗教を語ることによって帰結するという。実在の編は哲
学の始まりである。善の編は自己が開花する道程を論じたものであり、宗
教は帰着点を示したものだという。西田の考えた彼方の世界、宗教は日常
の生活のただなかで深めることができるという。

## ［9］絶対矛盾的自己同一

　**絶対矛盾的自己同一**は西田哲学の代名詞といえる言葉で、世界の実相を
現した概念である。絶対的に矛盾するものが、不可分な形で一つになって

いるあり様、これが絶対矛盾的自己同一である。世の常識ではありえないことこそ、この世界の真実の姿であるという。

　過去は過ぎ行き、未来は未だ来ない。これらが現在と相反することによって今がある。しかし人間の生死を問題とする時、この矛盾的関係を超えた過去・現在・未来が一つになる**絶対矛盾的自己同一**の世界、唯一なる世界を経験するのである。

　すでにいないはずの死者が、永遠の次元から現在に深く介入し、未だ死んでいない生者が、死者の世界と交わる。この出来事は、我々が個物的なればなる程、明らかになる。

　多なるものが自己否定的に一つの世界になり、同時に一つの世界が自己否定的に多なるものになり、多なるものと一つの世界が相互に矛盾的に対立しつつ同一であること。空間的には、個物が個物としての自己を否定して世界の一要素となり、世界を形成することは、同時に世界が一として自己を否定して個物の中にうつしだされることである。時間的にはすでにない過去と未だ来たらざる未来が、相互に否定しながら現在において結合し、矛盾的・自己同一的に現在において働くことである。人間の自己意識は過去と未来とが現在の意識野において結合し、矛盾的・自己同一的に働く場であり、現在が過去を負い、未来をはらむということは、現在が自己自身を否定し、自己を越えて新たなものを生み出すことである。未来と過去が矛盾的・自己同一的に現在において働くところに、新たなものを創造する歴史の世界が開ける。このように、個々の自己の意識が働くということは、自己の意識が世界の一つの表現点になることであり、我々は自己において世界を表現することによって世界を形成するのである。

　意識的自己が「私」で「真の自己」が「わたし」である。私の壁を越えて「わたし」になるためには鈴木大拙のいう「霊性」に目覚めなければならないという。人間には、事象を理解する「知性」と、存在の理法を認識する「理性」、世界と心で交わる「感性」のほかに、人間を超えた存在を希求する「霊性」という働きがある。「霊性」は人間を謙虚にする。人間を圧倒する存在によって生かされていることを認識させるからである。西田の言う神を認識するのは「霊性」で、人間を超えるものを真摯に求める

23

ことによって「真の自己、わたし」になる。

　別な言い方をすれば、小さな私を手放して大いなるものと共にある「わたし」に目覚めるということも出来る。人間には生きて、小さな生命を開花させるだけでなく、死を経て大いなる生命に生きるという道がある。人は死ねば生き返ることはない、それで終わりだ、というのは私たちが作り出した概念に過ぎない。善の研究で「永遠の真生命」は根本問題の一つであった。西田は「人間は死を経てもなお生きる存在である」と断言している。

　ある人は、死のあとは無になるという。しかしそれは、「**生物的生命**」を理性的に見た事実でしかない。哲学とは、その奥にある「**人格的生命**」を霊性的に思惟することである。西田にとって愛する者の死は、耐え難い悲痛の経験でありながら人間は「生物的生命」では終わらない、という経験があった。思惟には「こころ」の奥にあるもの、世にいう「いのち」の営みがあった。**思惟によって世界を感じたいなら「いのち」の地平に立ち、他者と己が分かちがたい関係にあることに目覚めなければならない。**このことを確かに認識し、語ること、それが哲学者西田幾多郎の始点であり、終着点であった。

　古代ギリシアの快楽主義者、エピクロス（BC341-270）は「死を恐れるな」と説いている。死を経験したことのある人は誰もいないのだから、死がどのようなものであるかは知るすべもなく、そんなものについて心配しても仕方ない。そしていざ死んだら原子の集まりに過ぎない人間はチリのように離散してしまうのだからもはや死を考えることも出来ない。だから、どのみち、死に煩わされる必要はない、という。主体の側からの考え方はこれで充分である。問題は客体、死を受け入れる側の家族、友人や知人である。主体の死によって肉体、物理的な存在は全く失われ、言葉による意志の疎通は出来なくなった。しかし客体の心には「心残り」がある。これが西田の言う「人格的生命」に相当する。人格的生命は主体と親しければ親しいほど、また客体が老いて、他に友人、知人、家族がいなければいないほど、悲哀を伴って心残りとなる。

　しかしこの「心残り」の感情は何も主体が死んでいなくとも、経験する

ことが出来る。遠く離れた場所にいる大切な人を思う時、相手はどこまでも遠いところにいるのに、誰よりも近くにもいると感じる。これを実現するのは、愛である。王勃（650-676）は友人が長安から遠く離れた蜀への赴任が決まり、次の漢詩を読んでいる。**海内知己存す　天涯比隣の若し**。この国のどこかに真の友人がいると思えば、空の果て、遠く隔たった場所にいようとも隣同士みたいなものである。

23

# 第24章　ソクラテスと無知の知

## ［1］古代ギリシアの風土

　ホメロス（BC 9 - 8 世紀）のトロヤ戦争の叙事詩が、ドイツのシュリーマン（1822-90）の発掘により史実であることが確認され、イギリスのエヴァンス（1851-1941）のクレタ文明の発見により、青銅器によるエーゲ文明は紀元前2000年前に遡ることが証明された。陸地は山がちで、夏は暑く冬に少量の雨の降る地中海性気候で大河や肥沃な平野に恵まれない。オリーブ・ブドウなどの果樹栽培や羊や牧畜に適していた。人びとの目は外海に注がれ天然の良港から**果物・オリーブを輸出し穀物を輸入する海上貿易で栄える**。地中海と黒海の沿岸各地に植民市を建設し交易活動を活発化させた。

　紀元前 8 世紀からギリシアでは**ポリスと呼ばれる都市国家**が栄える。ポリスは日本の都道府県くらいの大きさで150ほどあった。ポリスの中心には**アクロポリスと呼ばれる守護神を祀る神殿**があり、ふもとには**アゴラ**と呼ばれる公共の広場があった。**ストア**（列柱廊）が建てられ役所が並び、評議会議場も造られた。周囲は城壁で囲まれ、市域と田園から成り立っていた。1 年のうち300日が晴天という気候風土の中で、**アゴラでは市場や集会が開かれ、市民は談話や議論を楽しんだ。生活に余裕があったのでポリスの男たちは常に政治に参加し学問に没頭した。**体育場での訓練を行い、戦争に負けない戦士の身体と議論に打ち勝つ頭脳と舌、これがギリシア人の理想であった。王政から寡頭政を経て民会による成年男子18歳以上の参加による直接民主制が政治の基本となった。

　**民主制と奴隷制が矛盾することなく成り立っていた。**アテナイ（アテネ）では個人所有の奴隷が普通で、総人口の 3 分の 1 は奴隷であった。奴隷とされたのは、借財によって市民身分から転落した人、戦争捕虜、海外から輸入される異民族であった。古代ギリシアは常に小国家分裂状態で統

24

一国家を造ることはなかった。

## ［2］ソクラテスの生涯

アケメネス朝ペルシアの支配に対して、ミレトスを中心に小アジア西端のイオニア地方のギリシア人植民市が反乱を起こす。これを**ペルシア戦争（BC500-449）**という。アテナイは遠征軍を派遣し、アテナイの重装歩兵は紀元前490年マラトンの戦いでペルシア軍を破る。さらに前480年のサラミスの海戦でも勝利し、前449年講和条約が結ばれる。ギリシアのポリスはペルシアの再侵攻に備え**デロス同盟**を結び、アテナイはその盟主となる。アテナイの民主制は確立され、将軍を除いて政治家、裁判官は任期1年で、抽選で一般市民から選ばれた。**ペリクレス（BC495-429）は前444年から430年までの15年間、毎年連続して最高指導者ストラテゴスに選ばれ民主制の最高指導者としてアテナイの黄金時代を築く。**

ソクラテス（Sokrates, BC469-399）は彫刻家の父ソープロニコスと産婆の母パレナイテーの間にアテナイのアロペケ区に生まれた。サラミス海戦から10年後のことで、ギリシア軍の勝利が見えてきた時期であった。ソクラテスには2人の妻クサンチッペとミュルトーがおり、3人の子供がいた。ソクラテスの20歳代まではアテナイの戦後の復興期に当たる。30歳代、40歳代にペロポネソス戦争に重装歩兵として3回従軍したが、その時以外生涯一歩もアテナイの町を出ることはなかった。ソクラテスの周囲には多くの文化人がいた。若者に人気があった。論理と議論を重視するギリシア人の気風は、自然現象を神話ではなく合理的な根拠で説明する、ロゴスを追求する科学的態度に現れ、イオニア自然哲学が発達した。

直接民主主義の民会や民衆裁判所での弁論が市民生活にとって重要になってくると、物事の真理かどうかに関わらず、いかに相手を説得するかを教える**ソフィスト**と呼ばれる職業教師が現れた。これに対しソクラテスは真理の絶対性を説き、民主制には批判的で、市民の誤解と反感を買い、告発を受け民衆裁判所で死刑判決が下され処刑された。70歳没。哲学の祖とされる。

24

# ［3］ソクラテスの哲学

　**神話ミュトス**はあらゆる現象を神々の意志と力によって説明する神話的世界観である。古代ギリシア人は人間に具わっている思考能力としての理性ロゴスを重視し、ロゴスによって世界のあり方や人間の生き方をとらえようとする**合理主義**の態度をはぐくんだ。自然の世界は神々の気ままな働きに左右されるものではなく、それ自体で確固とした秩序を備えた存在であり、その秩序は人間の観察と思考によってとらえられる。理性を純粋に働かせた**観想テオーリア**が重視された。**世界は人間の理性によって認識されうるとする合理的世界観を持っていた。**ゆるぎない秩序を持つととらえられた自然の世界全体は**コスモスkosmos**と呼ばれる。

　自然哲学は固定観念にとらわれず、自然ピュシスをありのままに観察し、**アルケー（万物の根源）**を探求するものである。自然哲学の祖とされるタレスはアルケーは水であるという。ピタゴラスはアルケーは数であり、数の規則を学べば魂プシュケーが浄化されると説く。ヘラクレイトスはアルケーは火であるという。生成変化するものの象徴が火であり、「万物は流転する」と説く。デモクリトスはそれ以上分割できない原子アトムをアルケーとみなした。

　紀元前5世紀にはアテナイの民主制は進展し、政治的指導者になるには、直接民主主義の民会や裁判で大勢の人々を説得する必要があり、雄弁であることが不可欠となった。**徳アレテー**とはそれぞれのものが持つ、その種類に固有の良さ・卓越性を意味する。馬のアレテーは遠くまで速く走ることである。ナイフのアレテーはよく切れることである。人間のアレテーは雄弁であることを意味するようになる。こうした背景の中で**徳の教師を標榜してソフィストと呼ばれる職業的教師が登場する。**説得的な弁論を行うための知識や技術を教え、授業料を徴収する。政治に志を持つ若者が競ってそれを学んだ。ソフィストにとって真理の探究は目的ではなく相手を説得・論駁するのが目的であった。代表的なソフィストである**プロタゴラス（Protagoras, BC500-430）は「人間は万物の尺度である」**という。

24

**295**

人間の思惑をこえた客観的・普遍的な真理を否定し、物事の判断基準は人間の側にあり、物事がどうあるかは個々人がどう思うかによって決まる主観主義・相対主義の考え方を示す。

**ソクラテスは人間の徳アレテーは魂プシュケーを善いものにすること、魂への配慮を説く。人間は魂を磨いて善く生きることが大切である**、という。出世や蓄財や地位を人生の目標にするのではなく人として立派な生き方をすることを説く。**善について知を獲得すれば、必ず善い行為が実践できる（知行合一）。魂を善いものにすることは知によって可能になる（知徳合一）。徳ある人となることのうちに幸福がある（福徳一致）**を説いた。

ペリクレスはパルテノン神殿を築き、その中に黄金と象牙でできた巨大なアテネ女神を祀る。デロス同盟の盟主のアテナイは繁栄する。エーゲ海の海上権を握り、植民市を拡大し、軍事力を強化する。ペロポネソス半島にあるスパルタはアテナイの帝国的覇権主義に対してペロポネソス同盟を築き、デロス同盟に対してギリシアを二分して**ペロポネソス戦争（BC431-404）**を勃発させる。

ペリクレスは篭城策をとり奏功するが、やがてアテナイ城塞内に疫病が発生しアテナイの人口の6分の1が失われる。ペリクレスも病死する。紀元前421年アテナイの和平派の将軍ニキアスはスパルタと交渉し、双方の占領地をそれぞれ相手側に返還するなどの講和条件で停戦した。ソクラテスの弟子でニキアスの政敵で主戦論派の急先鋒の**アルキビアデス（BC450-404）**は紀元前415年シリアへの遠征を決定し第二次ペロポネソス戦争が勃発する。帰国の途中アルキビアデスはスパルタに亡命し、祖国を裏切りアテナイの内部情報をスパルタに流す。アテナイでは死刑の判決が下り、アルキビアデスは後にスパルタの刺客に暗殺される。

紀元前407年プラトンはソクラテスに出会う。紀元前404年アテナイは完全に包囲され惨敗のうちに無条件降伏する。アテナイの民主政は崩壊し、ソクラテスの弟子の**クリティアス（BC460-403）**が亡命先から帰国する。クリティアスはスパルタの武力に保護された**三十人政権**の中心となり、次々と反対派と反対派を支援する人達を死刑や国外追放にして恐怖政治を行う。紀元前404年亡命していた民主派グループが武装してアテナイに侵攻

し抗戦したクリティアスは戦死し、独裁政権は9ヶ月で崩壊し、アテナイに民主政が復活する。

ソクラテスは第一次ペロポネソス戦争に50歳になるまでに三度重装歩兵として従軍している。戦地から帰還するとそれまでの自然研究から人間の探求を始める。ソクラテスの友人であり弟子でもあった**カイレフォンはデルフォイの地にあるアポロン神殿に「この世の中で最も賢い人は誰か」と問うたところ、神殿の巫女ピュティアから「ソクラテス以上に知恵のある者はいない」という神託を受ける。**当時のギリシア人にとってアポロン神の神託は最も権威あるものであった。ソクラテスにとって神託は謎であった。本当は神だけが知者であり、人間の中で最大の知者とは、彼自身のように、自分が無知であることを自覚している者であると解するようになる。ソクラテスは学問・道徳・芸術の理想である、**真・善・美**について問う。ソクラテスが問題にしたのは究極の知である**善美の事柄カロカガティア**のような生きる上で最も重要なことについて人間は無知であるということであった。無知の知とは無知を自覚するが故にあくまで知を求めるという、人間にとっての知の原点としての積極的な意味を持っている。**「汝自身を知れ」、無知の知こそが真理を探究する出発点である。**ソクラテスは自分を、知恵を愛し探求する者（哲学者、フィロソフォス）ととらえ、絶えず無知を自覚しながら人間としての生き方を探求していった。さらにソクラテスは人々に無知を自覚させることが自分の使命であると考えて、それを**問答法（ディアレクティケー、diarektike）**によって実践した。対話相手に真理を教え込むのではなく、対話相手の矛盾や無知を指摘することによって相手自身に真理を発見させるように導いた。相手が知を生むのを自分は手助けするにとどまることから、問答法を**助産術（産婆術）**とも呼んだ。

問答法はあらぬ誤解と憎しみを生んだ。社会的な地位や名声を得た人、世間から賢者と認められている人、政治や軍事の第一線で活躍している人たちにとっては、民衆の前で愚弄されソクラテスに恥をかかされ、自尊心を傷つけられることとなった。

ソクラテスは時折、**ダイモニオン**を受けることがあった。一種の幻聴で

あり、幼年時代から現れるようになったという。常に何かを禁止する形で現れ、何かを薦める形では現れない。ソクラテスの考えや行動の重要な指針となっている。このダイモニオンがアテナイの国家が信じる神々とは異なる神々を信じる、と後日告発されるのである。ダイモニオンの声を聞き、街中にたたずみ長いときには一日中無言で立ったまま、誰が話しかけても返事をしないことがあった。

## ［4］ソクラテスの弁明

　ソクラテスは自身の著作がないので、プラトンの「**ソクラテスの弁明**」「**クリトン**」「**パイドン**」、クセノフォンの「**ソクラテスの思い出**」からその思想が類推される。

　紀元前399年ソクラテスは復活した民主政政権下で民主派の首領アニュトスと弁論家のリュコンを後見とした詩人メレトスから告発される。罪状は「国家の認める神々を認めず、ほかの新しいダイモニオンを導入し、また青年たちに害毒を与え、腐敗させた。これは死刑に値する。」と言うものであった。ダイモニオンは英語のdemon（悪魔・悪霊）に相当するものである。ソクラテスの産婆術は人知を超えたダイモニオンに駆られて実践したものであり、当時の権威ある知者の無知を暴くものであった。そのためアテナイの有力者たちはソクラテスの存在に不安を抱くようになっていた。

　青年たちに害毒を与えて腐敗させた、と言うことはソクラテスがかねてから若者に絶大な人気があった。この罪状を死刑に値すると告発する背景には、ソクラテスの哲学的活動が、スパルタとの和を破り国を売った将軍アルキビアデスや三十人政権の首謀者クリティアスなどに影響を与え、結果としてペロポネソス戦争の敗北と戦後の恐怖政治を招いたという戦争責任の告発である。

　当時のアテナイの裁判は一般市民からくじで選ばれた501名の陪審員の多数決で決められる。有罪の場合は再び投票がなされ、量刑が確定する。審理から判決までは1日である。陪審員に向けて被告・原告がそれぞれ演

24

説を行う。弁護士はおらず、双方の演説は当人かソフィストの書いた原稿だけが頼りである。

　ソクラテスは自分の問答法が「ソクラテスより賢い者はいない」というデルフォイの神託への反駁から始まったもので、アテナイで知者と呼ばれる人たちとの対話により、自分は知者ではないが賢いとされる他の人々も真の知を持ってはおらず、知者でないことを知っている自分はその分だけ賢いという結論に達したと述べる。次にソクラテスは告発者のメレトスと問答し、青年を腐敗させた事と、国家の認める神々を認めず、ほかの新しいダイモニオンを導入したことについての告発は事実無根であると述べる。

　票決が行われ、無罪220票対有罪281票でソクラテスは有罪となる。告発者と被告人の両者から量刑の提案がなされ、告発者は死刑を求刑する。ソクラテスはプリュタネイオンを受けた上での罰金刑を希望する。プリュタネイオンは凱旋将軍やオリンピア競技の優勝者が受ける食事で最高の公的顕彰である。票決は死刑361票対罰金刑140票の大差でソクラテスの死刑が確定する。

　ソクラテスに最後の弁論の機会が与えられる。私が量刑の提案に対して追放を選べば、死刑は免れただろうが、犯してもいない罪の罰から逃れるために自らの刑を望むのは卑劣な行為だ。私はこの裁判で己の信じる正義を貫いたことを後悔しない。むしろ私の死後、無実の人間を死刑にした罪悪感と不名誉を背負って生きて行くあなた方は、死よりも重く長い刑を自らに科したのだと申し上げておく。死は禍ではなく、純然たる虚無への回帰か、生まれ変わり、あるいは冥界ハデスへの霊魂の移転か、いずれにせよ幸福なことなのだから。


# ［5］クリトン・パイドン


　**クリトン**はソクラテスと同じくアトペケ区に生まれ、彼とほぼ同じ年齢で、幼い頃からの友人であり、弟子であった。富裕農民で経済的にもソクラテスを援助し、裁判では罰金刑を受けることをソクラテスに進言した人物の一人であった。ソクラテスの逃亡計画を立て、資金準備も滞りなく進

24

め、毎日牢獄を訪れて脱獄を促していた。

　ソクラテスの死刑執行はデロス島への祭礼という古くからアテナイに伝わる祭典のため、30日間延期された。当時のアテナイの牢獄は、面会などが比較的自由で、ソクラテスは家族・友人・弟子たちとの対話を愉しんだ。しかし彼に残された時間は短く、日一日と確実に死へと向かって行く。しかしソクラテスは迷うことも、乱れることも、沈むこともなく、むしろ穏やかに堂々と自分の運命を受け入れようとしていた。

　ソクラテスはクリトンを「**悪法も法なり**」、死刑判決という不正に対して脱獄という不正は許されないと説得する。アテナイの国法の保護下に生き、その恩恵に浴してきた自分が、死刑判決という都合の悪い時だけそれを破ると言うのは筋が通らない。「**大切なのは、単に生きることではなく、善く生きることである**」。ソクラテスにとっては死刑を受け入れることが「善く生きる」という信念を貫徹する道であった。一方ソクラテスは魂プシュケーの不滅を信じていた。魂の不滅を論証しながら死を恐れるとすれば、自分で確かめて知っているはずのことを自分で信じていないことになる。それでは「知っている」ということそのものの意味が分からなくなってしまう。魂の不滅を論証し、そのような論証をしておきながら死を恐れることは出来ない。これは知への愛と矛盾する。

　**パイドン**によればソクラテスの最後は次のようである。ソクラテスの死刑は牢内にて近親者との語らいの後、彼らの立会いの元で執行された。ソクラテスは毒人参の毒杯をいとも無造作に、平然と飲み干した。ソクラテスは周りの弟子たちが泣き叫ぶのをたしなめ、あちこち歩き回ったあとで脚が重くなったと言って仰向けになり、彼に毒を渡した男が足先から上に向けて身体を触って冷たく硬くなっていくのを確かめていく。毒が心臓に達する前に、ソクラテスは最後に「クリトン、我々は医術の神アスクレピオスに雄鶏一羽の借りがある。それをお供えしなければならない。忘れないで供えてくれ。」と言い残して冷たくなった。

　モンテーニュ（Michel de Montaigne, 1533-1592）は「その死以上にソクラテスの生涯にとって輝かしいことは他にない」と言っている。ソクラテスの登場が自然を対象とした自然哲学と弁論術に留まっていたソフィスト

の段階から、人間の徳や社会の正義に目を向けた本当の意味の哲学の段階に高められたと言う評価が定まり、ギリシア思想は「ソクラテス以前と以後」とに分ける見方が一般的になっている。

24

# 第25章　プラトンとイデア論

## ［1］プラトンの生涯

　プラトン（Platon, BC427-347）年は、アテナイの名門の貴族に生まれた。アテナイ最後の王、コドロスの血を引いている。体格が立派であったため、レスリングの大会にも出場しプラトンと呼ばれるようになった。紀元前407年ソクラテスに出会い、ソクラテスの門人として哲学や対話術を学び政治家を志した。しかし三十人政権やソクラテスを死に追いやった衆愚政治の民主派政権に失望し、現実政治への直接的な関わりを避けるようになった。アリストテレスによればプラトンはヘラクレイトスの「**万物流転思想**」（感覚的事物は絶えず流転しているのにそこに真の認識は成立し得ない）に生涯に渡って影響を受け続けたという。

　プラトンは旅に出掛ける。紀元前388年39歳の頃、イタリア、エジプト、シチリア島を遍歴した。エジプトで天文学校に滞在し、イタリアでピタゴラス学派とイデア論哲学を語った。数学・幾何学と輪廻転生する不滅の魂プシュケーの概念を重視するようになりそれらと対になった感覚を超えた真実在としてのイデア概念を醸成していく。

　紀元前387年40歳頃、アテナイの郊外の北西、**アカデメイア**の地に学園を創設する。天文学、生物学、政治学、哲学などが教えられ、対話を重視した。紀元前367年プラトンが60歳の頃、17歳のアリストテレスが入門した。プラトンは**アリストテレス**（BC384-322）を学園の頭脳と呼んで讃えた。アリストテレスはプラトンが80歳で亡くなるまで20年間学園にとどまり、没後は小アジアのヘルミアス王のもとに行く。

　第三回シチリア島旅行は紀元前361年66歳の頃、シラクサの僭主ディオニュシオスII世の強い希望で実現した。哲人政治による理想国家を実現しようとするが、ディオニュシオスの逆鱗に触れ、スパルタに奴隷として引き渡される。アンニケリスにより20ムナ（1ムナは100ドラクマで労働者

１日分の手当ては１ドラクマであった）の身代金でプラトンは解放された。晩年はアカデメイアで著述と教育に力を注ぎ紀元前347年80歳で没した。

## ［2］プラトンとイデア論

　プラトンは哲学とは永遠の普遍的な真理を求めるものであると考えた。しかし現実界の人間が感覚によってとらえる物事は常に変化しやがて消滅する不完全なものであった。プラトンは理性によって思い描く、物事の完全な姿は実在するものと考え、それを**イデアidea**と呼んだ。イデアはさまざまの物事の原型・模範となるものであり、私たちが追い求めるべきものの理想的な姿である。イデアとは、普遍的で理想的で、ものそのものの本質である。**感覚でとらえられる現象界は絶えず変化する世界にすぎない。イデア界は理性ロゴスによってのみとらえられる永遠不変の完全無欠な真の実在である**（二元的世界観、二世界論）。

　**線分の比喩**がある。感覚的にとらえられた三角形はさまざまである。線分の太さも歪みもまちまちである。それらは三角形のイデアに似ているが真の三角形ではない。真の三角形は知性でとらえられる３本の線分からなる図形である。

　**洞窟の比喩**がある。外界を知らない囚人は壁に向かって坐らされ、囚人の背後には火が燃え、悪魔が動物の模型を動かしている。影絵をみて囚人は本物の動物だと思い込んでしまう。外界に導かれると太陽が眩しくて、真実在の犬を見ることができる。

　イデア界にはリンゴ、ナシ、ミカンといった具体的な物のイデアから徳や勇気、正義などの抽象的な概念のイデアもある。**太陽の比喩**がある。イデアには様々あるけれども個々のイデアをイデアたらしめているのは**善のイデア**である。善のイデアの分有が個々のイデアである。プラトンは善のイデアを、世界を照らす太陽にたとえている。

　プラトンは「パイドン」のなかで死は魂の肉体からの開放であるとして魂の不死・不滅と輪廻転生を述べている。人間の魂プシュケーはもともと

25

イデア界の住人であったが、この世に生まれると共に肉体という牢獄の中に閉じ込められ、イデアの記憶があいまいになってしまった。しかし魂にはかつて接したイデアの世界への思慕の情、**エロース（愛・恋愛・イデアに憧れそれをとらえようとする哲学的衝動）**があり、それを原動力にしてイデアを想起しイデアの世界を学び知ることが、幸福につながる人間の本来の生き方であると主張した。プラトンのいう**想起説（アナムネーシス、anamnesis）**とは知識を得るということは魂が元々持っているイデアの記憶を想起することである。人がイデア界の最善最美にあこがれるのがエロースでありそれを認識に至る方法は師ソクラテスと同じく問答法ディアレクティケーにあると説いた。

**プラトン（BC427-347）哲学**は物事の本質を踏み込んで議論した観念論で、感覚でとらえる現象（個物）は、時間的空間的存在であるが、知性でとらえる**本質イデア**は、超時間的・超空間的存在で永遠不滅・完全であり**天上界に存在**すると考えた。アリストテレスはプラトンの理想主義的な側面を乗り越えた、現実主義の哲学を説いた。アリストテレスは現実の事物の内にそのものの本質はあると考えた。

## ［3］魂プシュケーと四元徳

魂プシュケーを善に導くには、物に備わる徳アレテーを知る必要があった。そこでプラトンはプシュケーを、**イデアを認識する理性、肉体に関わる欲望、それらの中間にあって意志の働きを為す気概**の三つの部分に分けてとらえた。そして**理性の徳を知恵、気概の徳を勇気、欲望の徳を節制**とし、理性が気概と欲望を統御し、魂全体の秩序と調和が保たれる時、魂全体の徳である正義が実現されると主張した。この**知恵・勇気・節制・正義**は**四元徳**といわれる。

プラトンの哲学はその後のキリスト教の教義と矛盾することなく受け入れられ中世ヨーロッパで隆盛を極める。アウグスティヌスはパウロの示した**信仰・希望・愛の三元徳**をプラトンの四元徳の上位に位置づけ、合わせて**七元徳**といった。**新プラトン主義**とはプロティノスを祖とする3世紀か

ら6世紀頃の古代ギリシア最後の哲学潮流でプラトンの神秘主義的解釈に、ピタゴラス・アリストテレス・ストアなどの学説を取り入れその後のキリスト教思想に大きな影響を与えた。アリストテレスはプラトンの弟子としてアカデメイアで学びながら、次第に師のイデア論から離れ、真理を観念の世界ではなく現実の中に求めることを目指し、経験論的、科学的、合理的な真理探究の方法を探っていく。プラトン的な超現実的なイデア論は後に、ヘレニズム時代を経てユダヤ教やキリスト教の神学と結びつき、新プラトン主義となって現れてくるが、アリストテレスの体系的哲学は、イスラム世界を通じてヨーロッパに伝えられてキリスト教神学と結びついてスコラ哲学へと進んでいく。

## ［4］理想国家

プラトンにとって真実と言えるのはイデア界だけであり、現実世界はその影にすぎない、影しか知らない人びとをイデアへ導くのは哲人である。真実の世界であるイデア界があることを知っている存在、即ち哲人こそが人びとを導き国家を治めるのにふさわしい。そのような**哲人支配**の理想をプラトンは説く。

**哲人政治は、哲学者たちが国々の王となるか、あるいはいま王と呼ばれ、為政者と呼ばれている人びとが真実かつ十分に哲学するのでない限り、つまり、政治的権力と哲学が一つになるのでない限り、国々にとっても、そして人類にとっても、禍いが止むことはない。**

プラトンにとって国家は人びとがそれぞれの能力を発揮し、補い合って生きる共同体であった。プラトンは個人の魂の三つの部分に対応させて、国家のあり方を考察し、人びとを能力に即して**統治者・防衛者・生産者**の三つの階級に分けた。その上で、統治者が知恵の徳を習得し、その指導のもと防衛者が勇気の徳、生産者が節制の徳を発揮して、国家全体の秩序と調和が保たれる時、正義の支配する**理想国家**が出現すると考えた。

プラトンは「パイドロス」の中で理性・気概・欲望の三部分からなる人間の魂を譬えている。一対の有翼の馬とそれらを御する一人の有翼の御者

に譬え、気概的部分である一方の馬が天上をめざし、欲望的部分である他方の馬が地上に向かおうとするのを、理性的部分である御者が統御してそれらを天上へと導いて行くさまを描いている。

統治者階級は支配者層で通常の国ならば被支配者層よりも恵まれた暮らしが約束されるが、プラトンの理想国家ではそれが認められない。支配者層は共同生活をし私有財産が認められていない。妻や子供は自分のものではなく、皆で共有すべきものになる。女たちは全て男たちに共有され、同棲も結婚も認められない。生まれてきた子供は、親のもとで育てられるのではなく、託児所で国家のために育てられる（**妻女・子供の共有**）。

プラトンは経験主義のような、人間の感覚や経験を基盤にした思想を否定した。感覚は不完全であるため、正しい認識に至ることが出来ないと考えたためである。国家においては、詩歌や演劇のような芸術についても否定的である。視覚で捉えることが出来る美は不完全なものであり、完全な三角形や完全な円や球そのものは常在不変のイデアである。芸術はイデアの模倣に過ぎない現実の事物をさらに模倣するもの、さらには事物の模倣に過ぎないものに人の関心を向けさせるものである、として芸術に低い評価を下した（**詩人追放論**）。

## ［5］著作の伝承

紀元前4世紀のプラトンの著作はその大部分が現在まで残されている。古代思想家としては稀有である。35の対話篇と13の書簡からなるが、アカデメイアではパピルスの巻物にして保管されていた。一方アレクサンドリアの図書館ムセイオンで研究保管されていたためである。古代にトラシュロスによって編纂されたプラトンの著作は写本によって継承されてきた。一般に普及するようになったのは、ルネサンス期に入り、印刷術・印刷業が発達した15-16世紀以降である。スイスのヘンリクス・ステファヌスの印刷工房によって1578年に出版されたプラトン全集の完成度が高く現在でも**ステファヌス版**として標準的な底本となっている。これはギリシア語原文とラテン語訳文の対訳が印刷されている。

プラトンは「ティマイオス」の中の物語で、制作者「**デミウルゴス**」がイデア界に似せて現実界を造ったとした。この「デミウルゴス」の存在を「神」に置き換えることにより、1世紀のユダヤ人思想家アレクサンドリアのフィロンはユダヤ教とプラトンとを結びつけ、プラトンはギリシアのモーセであるといった。「ティマイオス」は西ヨーロッパ中世に唯一伝わったプラトンの著作であり、プラトンの思想は新プラトン主義の思想を経由して中世のスコラ哲学に受け継がれる。

25

# 第26章　アリストテレスと万学の祖

## ［1］アリストテレスの経歴

　アリストテレス（Alistotelēs, BC384-322）は紀元前384年マケドニア王国に、ニコマコスを父として生まれた。祖父はアレクサンドロス大王の祖父アミュンタス３世の侍医であった。幼少にして両親を失い、前367年17歳の時、アテネでプラトンの主催する学園アカデメイアに入門した。以後前347年プラトンが80歳で死去するまでアカデメイアに20年間留まる。プラトンはアリストテレスを学園の頭脳と呼んで讃えた。しかしプラトンの主張するイデア論、理想主義とアリストテレスの現実主義とは全く異質のものだった。**アリストテレスは、「私は師プラトンを愛する、しかし師にもまして真理を愛する」と述べている。**

　プラトンの死後、アカデメイアを去り、クセークラテスをつれて小アジア、ミュシアのアッソスに辿り着く。ヘルミアス王に厚遇され、姪のピュティアスと結婚する。アリストテレス37歳である。前345年ヘルミアス王がペルシア帝国に捕縛され、前342年42歳の時、マケドニア王の**フィリポス２世**の招聘で、当時13歳の王子であった、後の**アレクサンドロス大王（Alexandros, BC356-323）**の家庭教師となる。首都ペラの郊外にミエザの学園を作り、アレクサンドロスをはじめマケドニア王国の中核となる貴族の教育を行う。プラトンの哲人王の考えと、アレクサンドロスの全世界統一の野望を知り、アリストテレスは教育に熱心に取り組む。フィリポス２世暗殺事件が起こり、アレクサンドロスは20歳の若さで前336年王に即位する。王位に就くのがあまりにも早すぎ、まだ教えていないことが山ほどあった。「ギリシア人には仲間の指導者として、未開人には奴隷の王として振舞う」ことを告げる。前335年49歳でアテネに戻り、郊外に**学園リュケイオン**を作る。この学園は紀元後529年まで続く。リュケイオンはアレクサンドロスの援助で、長い列柱と回廊のあるペリパトスと呼ばれる

散歩道があり、この回廊を散歩しながら議論が行われた。以後アリストテレス学派は**ペリパトス派**（**逍遥学派**）と呼ばれる。

　アレクサンドロスは前333年の**イッソスの戦い**でペルシアの**ダレイオス3世**（Dareios Ⅲ, BC336-330）の大軍を破る。さらにインド遠征を企て、反対したパルメニオン将軍親子を暗殺する。占領地にはギリシア風の都市を建設しアレクサンドリアと名づけた。前327年インダス川に到達し、ヘレニズム文化が開花する。前326年帰国命令を出すが、スーサに辿り着いた時には、軍隊は四分の一にまで減っていた。アレクサンドロス大王はダレイオス3世の娘と結婚する。大遠征の結果、アレクサンドロス大王は病気になり前323年32歳で他界する。大帝国は3つの王国に分裂し、アテネではマケドニア人に対する迫害が起こる。アリストテレスは前323年61歳で母方の故郷のエウボイア島に避難し、前322年62歳で死去した。

## ［2］スコラ哲学とアリストテレスの再生

　**プラトン**（Platōn, BC427-347）は西洋哲学史上決定的に重要な人物で、28歳でソクラテスの死に遭遇して政治家になることを断念する。以後エジプトで天文学、イタリアでイデア論哲学、最後にシチリア島に渡ってアテネに戻り哲学者となる。アテネ郊外にアカデメイアを創設し、紀元後529年まで続く。視覚や聴覚で捉えられない永遠不変の真の実体を**本質イデア**と呼び、理性で捉えることが出来ると考えた。プラトンは**洞窟の比喩**で、現象界は洞窟の壁に映る影のようなもので、真の実在であるイデア界は天上にあると結論付けた。

　この考え方はキリスト教の教義と一致し、中世ヨーロッパにおいてプラトン哲学は隆盛を極める。キリスト教最大の**教父アウグスティヌス**（Augustinus, 354-430）は、人間は原罪ゆえに悪への自由しか持たず、神の恩寵によってのみ救済されると説き、信仰・希望・愛の三元徳はプラトンの知恵・勇気・節制・正義の四元徳の上位にあるとした。教会や修道院の付属の学校で神学が研究され、**スコラ哲学**が大成される。**トマス・アクイナス**（Thomas Aguinas, 1225-74）は「**神学大全**」を著す。このスコラ

哲学の拠り所とされたのが、アリストテレス哲学である。アリストテレスの著作は、一部はリュケイオンに保存されていたが、リュケイオンの閉鎖とともに多くは散逸していた。十字軍の遠征で意外なことにイスラム教徒がアラビア語でアリストテレスを研究しており、これがヨーロッパに逆輸入されることになりラテン語に翻訳され神学者たちが導入した。神学者たちは理性と信仰とどちらが優越するかというテーマに取り組んでいたが、トマス・アクィナスは信仰と理性の調和を説き、両者は相互補完の関係にあり、矛盾することは無い。恩寵の光を認識するのが信仰であり、自然の光を認識するのが理性である。あくまで信仰が上位であり恩寵は自然を破壊せず、かえってそれを完成させる。**哲学は神学の婢**（はしため）である。これ以後、万学の祖アリストテレスの知的体系全体が中世を通じて崇拝の対象になった。キリスト教により宗教的権威付けがなされた。アリストテレスの知的体系は網羅的で完成度が高く、1000年以上も無批判に受け入れられ、またアリストテレスを超える存在も現れなかった。アリストテレスの頭で作り上げられた思弁的理論は近代科学の出現まで続いた。

## ［3］形而上学

　アリストテレスは人間の本性が「知を愛する」ことにあると考えた。ギリシア語ではこれをフィロソフィアPhilosophiaという。フィロは愛する、ソフィアは知を意味する。アリストテレスの哲学は、知的欲求を満たす行為そのものと、その行為の結果の学問全てを含んでいる。形而上学とは形のあるものを超えたものについて思索する学問のことで、感覚や経験を超えた世界で、自然の研究の先に自然を超えた部分を考えるということである。

　プラトンが現象界とは別にイデア界があると考えたのに対して、アリストテレスは現実の事物はそのもののうちに本質が内在していると考えた。事物はそれが何であるかを示す**形相エイドス**とそれが何から出来ているかをあらわす**質料ヒュレー**からなる。木材であるヒュレーはエイドスである机に変化することで現実の個物になる。**ヒュレーはエイドスを目的とする**

のであって、現実の事物とその本質を切り離すことは出来ない。アリストテレス哲学では、木材は机の**可能態デュナミス**であり、机は木材の**現実態エネルゲイア**という。

　また職人による加工作業を机の**始動因**といい、机が何のために作られたかという事物の目的を**目的因**という。**目的論的自然観**とは、アリストテレスの考え方で、自然界の一切の事物は一定の目的によって合目的的に規定され、これが世界の主たる動因だという。**機械論的自然観**とは近代自然科学の自然観で、一切の事物の変化は原因と結果を結びつける因果関係によって引き起こされる。

　万物が可能態から現実態への生成のうちにあり、ヒュレーを持たない純粋なエイドスとして最高の現実性を備えたものは、**「神」（不動の動者）** と呼ばれる。中世のキリスト教神学者は、この「神」概念の影響を受け、キリスト教の神と同一視した。


## ［4］ニコマコス倫理学


　アリストテレスの著書を息子のニコマコスが編集した倫理学の古典的研究。正しい生き方の検討で、人間の**魂プシュケー**が目的とすべきエイドスは、ソクラテスやプラトンと同じく善で、あらゆる人間活動は何らかの善を追求しているという。プシュケーを善くするには、**徳アレテー**をよく知り十分に発揮することである。アレテーとは卓越性、優秀性という意味で、馬のアレテーは遠くまで速く走ること。ナイフのアレテーはよく切れることである。アリストテレスはアレテーを知性的徳と倫理的徳（習性的徳）の二つに分けた。**知性的徳**は学習によって習得できる判断力で、知恵ソフィア・技術テクネー・思慮フロネーシスがある。知性的徳の中で最も重んじられるのは**観想テオリア**である。**倫理的徳（習性的徳）** は人柄で、善行の実践・習慣化によって体得できる。善行とは過少と過剰を避けた**中庸メソテース**にかなった行為が善い行為である。メソテースは妥協を意味する訳ではなく、事柄の本質において最適な行為を指す。戦場では臆病でも無謀でも好ましくなく勇気がメソテースである。この二つの徳を身に着

けることが**最高善**であり、幸福であると考えた。

　目的論の立場をとるアリストテレスにとって、全てのものには目的がある。人生の目的はというと、**幸福エウダイモス**ということになる。幸福とはそのものが持っている本来の能力を発揮することにある。幸福とはそれ自体でよいもの、つまり最高善ということになる。幸福は快楽・名誉・富には存しないと考える。「**人間は生まれつき知ることを欲する動物である**」という。享楽的生活からは快楽が、政治的生活からは名誉が、真理を知りそのことに喜びを見出す**観想的生活からは幸福が得られる**という。人間は知を探求することにより幸福になれる。

　「**人間は社会的的動物である**」と考える。人間はポリスという共同社会に生き、ポリスという共同体を成立させるためには**友愛フィリア**と**正義ディケー**が必要である。友愛とは相互に相手の徳を尊重し、相手の向上を願うような関係において成立する愛をいう。メソテースの中でアリストテレスが最も重視したのが正義である。アリストテレスの正義論によれば、**全体的正義**とは社会の秩序を保つために全ての市民がポリスの法を守ることをいう。公正を保つためには状況に応じた正義である**部分的正義**が必要である。部分的正義は個人の地位・能力・功績に応じて報酬や名誉を各人にふさわしく配分する**配分的正義**と、利害得失の不均衡を是正する**調整的正義**からなる。調整的正義は、補償や刑罰を通じて各人がふさわしくないものを持っていたり、ふさわしいものを失った時に正義を回復するための原理である。

## ［5］政治学

　プラトンは師であるソクラテスを死に追いやったアテネ民主制を心から憎んでいた。知恵の無い民衆が国家のあり方を決めるのはもってのほかであり、知恵を有する哲学者が王として統治するか、王が哲学を学ぶような**哲人政治**が好ましいと考えていた。アリストテレスは現実主義者なので、理想の国家を思い描くのではなく、三種類の政治体制を挙げ比較している。

　一人の王が支配する**君主制**は素早い政治的決断が出来、優秀な王であれば国家は素晴らしく発展していく。しかし王が権力におぼれ独裁者になると歯止めの機構が無いので限りなく堕落していく。**貴族制**は少数者による支配で、独裁者が生まれるリスクは少ないが、派閥争いや権力闘争に夢中になって肝心の政治がおろそかにされてしまう。**民主制**はみんなで国家を支配するので一番公平な政治決断がされやすい。しかしみんなが政治に無関心で、公共性に欠けた民衆が集まると衆愚政治に陥る危険性がある。政治が腐敗し国家が堕落すると颯爽（さっそう）と英雄があらわれる。英雄はその圧倒的なカリスマと行動力で、革命を起こして衆愚制を転覆させ、国家の実権を握ることに成功する。アリストテレスははるか昔に、その後の2500年の人類の歴史を予測していたことになる。

　アリストテレスは、ある程度の財産と教養を備えた市民が中心となる共和制が、最も安定した政治制度と考えていた。少数の優秀な人間による政治よりも、多数の人間が参加する民主的な政治の方が安定度が高く、優れていると主張した。市民は一人ひとりをとれば、最も優秀とはいえないにしても、全体としては少数の優秀者より優れているのである。


［6］自然学


　現在に至る天文学・気象学・動物学・植物学・地学は万学の祖であるアリストテレスから始まっている。体系的に分類・整理し、古代ギリシア最大の学者、科学者であった。**自然の力はなんと偉大なことか！自然の仕組みは実にうまく出来ている。**ヘルミアス王に寄寓していた三年間、彼は生物学と博物学に没頭した。オスのナマズが卵の子守をすることを発見する。近づいてくる小魚を追い払う。卵が孵化するまでオスは10日間何も食べない。産卵の近いタコは自分の体よりも卵の量のほうが多い。10日ほどすると孵化して、小さな子ダコが沢山生まれる。しかし魚たちが近づいてきて多くを食べてしまう。ほんの僅かだけが大人になるのである。

　リュケイオンで鯨を魚ではなく、牛や馬の仲間であるという。肺があり、汐を吹き、子供を生むからである。イルカやアザラシも同類である。

鶏の有精卵を、日を追って解剖する。まず心臓が作られ、次に頭が、やがて体の各部分が作られ、ヒナが生まれる。アリストテレスが観察した動物の数は500種類といわれている。

　アリストテレスの**宇宙論**は同心円状の階層構造として論じられている。世界の中心に地球があり、その外側に、月・水星・金星・太陽その他の惑星が、それぞれ各層を構成している。これらの天体は、地上の四元素である火・空気・水・土とは異なる完全元素である第五元素**アイテール**から構成されている。アイテールから成るが故に、これらの天体は天球上を永遠に円運動している。さらに最外層には不動の動者である神が存在し、全ての運動の究極の原因であるとした。

　**コペルニクス**（1473-1543）はポーランドの天文学者であり司祭であった。彼は神が創造した宇宙を最も簡単に説明できる理論を認めて地動説に辿り着いたのである。「天体の回転について」は彼の死後出版され、ローマからはるか遠くのポーランドの地での議論は話題には上らなかった。**ブルーノ**（1548-1600）はイタリアの修道士で地動説とともに、宇宙が無限であると主張し、神の存在を否定することになり宗教裁判で火刑となった。地動説で処刑されたのは彼だけである。**ガリレイ**（1564-1642）は天体望遠鏡による観察で、「**天文対話**」で地動説を発表した。当時のアリストテレス学派は望遠鏡を「アリストテレスを侮辱する悪魔の道具」と見なし覗くことすら拒んだといわれる。宗教裁判で有罪とされ地動説の放棄を宣誓させられる。**ニュートン**（1643-1727）は万有引力の法則を発見し、宇宙の秩序は神が合目的的に創造したとする**目的論的自然観**から、「**自然という書物は数学の言葉で書かれている**」というガリレイの言葉に象徴されるように、**機械論的自然観**にパラダイムシフトしていく。

## ［7］四元素説と医学

　**四元素説**とは世界の物質は、火・空気・水・土から構成されるという概念である。4つの元素は、実際にその名で呼ばれている具体物を指す訳ではなく、物質の状態であり、様相であり、それぞれの物質を支える基盤の

ようなものだとされた。四元素説はエンペドクレス（BC490-430）が最初に唱え、絶対的な意味での生成消滅を否定し、四元素が様々に離合集散し自然界に変化が生じるとした。四元素の混合によって諸々の事象の生成が、分離において事象の消滅が説明される。但し当時の物理学は現在の物理学とは異なり全て直感によって築かれていた。アリストテレスは四元素を単純物体と呼び、ほかの物質はこれらで構成され、四元素の相互転化と考えた。エイドスも性質も持たない純粋なヒュレーに、熱・冷、湿・乾のうち2つの性質が加わることで、各元素が現れる。火は熱・乾、空気は熱・湿、水は冷・湿、土は冷・乾という性質から構成されており、性質のひとつが反対の性質に置き換えられることで相互に転化すると考えた。この考え方は**ガレノス（Galēnos, AD129-199）の医学の四体液説**に継承される。

**体には4つの体液があり、それが不調和に成ると病気が起こるという体液説**が考えられた。四体液とは血液・粘液・黄胆汁・黒胆汁でそれぞれ火・水・空気・土に対応する。また熱・冷・乾・湿の4つの性質と関連付けられる（**四性質説**）。血液は体内の熱が適当で、食べ物が完全に消化された時に生成され生命維持にとって重要であるとされた。粘液と胆汁は悪い体液と考えられた。体内の熱の過少によって粘液が生じ、熱の過剰によって黄胆汁と黒胆汁が生じる。**体液病理説は、患者の体全体を見る医学**だったので、**病名診断、病因除去という考えはない。自然治癒を重視し悪い体液を排出する**。刃物や蛭を使って悪い体液を排出する瀉血、下剤、浄化剤を用いる。黒胆汁が過剰であれば、その性質は冷なので過剰な黒胆汁を排出し、熱性の食べ物や薬草を摂取する。

興味深いのは古代中国の**陰陽五行説**である。陰陽説とは世界が陰と陽という二つのバランスによって支配されるという考え方で、五行説は世界を形成する**基本物質は木・火・土・金・水の五元素**で、これらの元素は相生相剋の関係にあり、お互いにどれかを生み出すか排斥していくという連鎖が存在する。診断治療学の基礎である弁証論治では古典的症候群である証を見極めた。熱証とは体や病気が興奮的・亢進的・炎症的な状態をいう。寒証は体や病気が萎縮的・衰退的・無力的な状態をいう。燥証とは体

内の水分が不足している状態で、湿証とは体内の水分が過剰な状態をいう。体液の不調は気血水の巡行の変調でもたらされる。**治療も偏向是正が主体で、偏った体の状態を元に戻すことにある。**

　紀元前の昔、洋の東西で医学の基本的な概念が一致している。アリストテレスの火・空気・水・土の四元素説、中医学の木・火・土・金・水の五行説。熱・冷・湿・乾の四性質説と熱証・寒証・燥証・湿証の弁証法。患者の体全体を見る医学で、病名診断、**病因除去**という考えは特に無く、体液の不調和を元に戻し気血水の巡行を改善することによってもたらされる**偏向是正**の考え方。自然治癒を重視し、体液の不調はその反対で治癒される、という考え方で一致している。

# 第27章　ユダヤ教と旧約聖書

## ［1］西洋思想の源流

　西洋思想には２つの母体がある。１つは古代ギリシア哲学で、最大の命題はロゴスを知ることであった。**理性ロゴスは宇宙を支配する理法**で、自然界が宇宙を支配する法則によって形作られるように、人間も自然の理法に従って調和して生きることが求められた。この**ロゴスへの信頼から合理主義的な人間観**が生み出された。アレクサンドロス大王（BC356-323）の東方遠征によってペルシア・インドに及ぶ巨大帝国が作られる。ギリシア文明は東方の文明と融合して普遍的な性格を帯びるようになる。この東方文化と融合したギリシア文化を**ヘレニズム**と呼ぶ。**プラトン（BC427-347）哲学**は物事の本質を踏み込んで議論した観念論で、感覚でとらえる現象（個物）は、時間的空間的存在であるが、知性でとらえる**本質イデア**は、超時間的・超空間的存在で永遠不滅・完全であり**天上界に存在する**と考えた。また人間の魂は理性・意志・欲望の３つの部分からなり、これらはそれぞれに対応する徳アレテーである、知恵・勇気・節制をもっており、これらがバランスよく調和する時、正義が実現する。この**知恵・勇気・節制・正義を四元徳**という。プラトンの哲学はその後のキリスト教の教義と矛盾することなく受け入れられ中世ヨーロッパで隆盛を極める。**新プラトン主義**とはプロティノスを祖とする３世紀から６世紀頃の古代ギリシア最後の哲学潮流でプラトンの神秘主義的解釈に、ピタゴラス・アリストテレス・ストアなどの学説を取り入れその後のキリスト教思想や人文主義の哲学・文芸に大きな影響を与えた。

　古代ギリシア哲学最大の哲学者で万学の祖とされる**アリストテレス（BC384-322）の哲学**の著作はアテネの学園リュケイオンの閉鎖により散逸していたが、意外なことに十字軍の遠征でイスラム教徒がアラビア語で研究していたことが分かり、ラテン語に翻訳されてヨーロッパに逆輸入さ

れた。当時の神学者たちは理性と信仰とどちらが優越するかというテーマに取り組んでいた。**トマス・アクイナス（1225-74）**はアリストテレスの哲学を受け入れ、この問題を解決して**スコラ哲学**を大成する。以後アリストテレス哲学にキリスト教の権威付けがなされ、無批判に1000年以上受け入れられた。

　もう1つはヘブライズムである。**ヘブライズム**とは、ヘブライ人の思想・文化をさしユダヤ教・キリスト教の思想の基をなす。**ヘレニズムとヘブライズムが西洋思想の二大源流となる**。古代ギリシアは多神教であったが、**ヘブライズムは一神教である**。その神は唯一神で絶対神である。神がこれほど偉いのであれば人間の能力は無に等しい。結果としてヘブライズムでは**人間は神の前ではみな平等**という発想が生まれた。古代ギリシアでは英雄的な人間を理想視したがこれとは異なる。

## ［2］ヤハウェの神と選民思想

　**イスラエル人（ヘブライ人）**は、もともとヘブル人（過ぎ行く人、歩く人）と呼ばれ羊の群れを追いながら暮らす遊牧民族であった。パレスチナ地方で周囲を砂漠に囲まれ、また大河や豊かな水に恵まれて、やがて開墾し農作物を栽培し家畜を放牧する生活を送るようになったが、周囲を強国に囲まれ、苦難の道を歩んでいた。**ユダヤ人**という呼称が用いられたのは、前6世紀のバビロン捕囚以降である。彼らは**ヤハウェの神のみを信仰する一神教**で、ユダヤ教はユダヤ人だけが信仰できる民族宗教である。ヤハウェはヘブライ語で「いつもそこにいるもの」という意味である。**ユダヤ教の大きな特徴は、神とイスラエル民族との契約を核心に据えている**ということである。ヤハウェはイスラエル人に語りかけて神の命令である律法トーラーを授け、律法を守れば万能の神は民族に恩恵を与え、救済をしてくれる。律法に背けば厳しく裁くと約束した**怒りの神、裁きの神**である。従ってどんな苦難も神がわれわれの信仰を試す試練として引き受けるべきであるとされた。

　**選民思想**とは、自らの民族が優秀だとするものではなく、神から選ばれ

た民族は、それだけ神の掟を守る高い義務を課され、神の命じたことに応じなければならないという考え方である。神の呼びかけに人びとが応答し、契約を仲立ちとして神と人とが人格的に交わるところに、ユダヤ教の信仰の特色がある。

　**旧約聖書**はユダヤ教の聖典で、ヘブライ語で書かれヤハウェがモーセを介してイスラエルの民と結んだ契約を指す。千年以上にわたって記述が続けられ、古いものは紀元前1500年頃に書かれた。大きくモーセ五書、歴史書、大預言書、小預言書、詩書からなり、紀元90年頃、イスラエル人学者がパレスチナ地方のヤムニアの地に集まり、聖書聖典の決定の会議を開き、ヘブライ語39書を集めて旧約聖書と定めたとされる。

## ［3］創世記

　**創世記**は神が天地を創造し、イスラエル人がエジプトで生活するまでの物語である。**神は混沌の中から天地を創造された**。第一日目は闇から光が生み出された。二日目には天、三日目に海・陸・植物、四日目には太陽・月・星、五日目には魚・鳥、六日目には、野生動物から家畜まで地上のあらゆる動物を造り、その後神の姿に似せて人を創造した。七日目はすべてが完成したことを祝して**安息日**とした。神は言われた。「我々にかたどり、**我々に似せて人を造ろう**。そして海の魚、空の鳥、家畜、地の獣、地を這うものすべてを支配させよう。」

　天地を創造した神は次に、**土アダマーから男アダムを造り**、土地を耕す者として**エデンの園**に置いた。アダムを助ける者として、**アダムのあばら骨から女イブ（エバ）を造った**。エデンの園には中央に命の木と善悪を知る知識の木の２本が植えられていた。神は「どの木の果実を食べてもいいが、知識の木の果実だけは食べてはいけない。食べると死んでしまう。」といった。邪悪な知識を持つヘビはイブをそそのかす。「決して死ぬことはない。それを食べると、目が開け神のように善悪を知るものとなることを神はご存じなのだ。」

　善悪を知ったアダムとイブは初めて自分たちが罪を犯したことに気づ

く。自分たちが裸であることに初めて気が付き、羞恥心が芽生え、イチジクの葉をつなぎ合わせて腰を覆う。神は怒り、夫と妻の対立、イブには出産と生活の苦しみ、アダムには食物を得る労苦を与える。この時永遠の命も奪われ、2人はエデンの園から追放される。この「**原罪**」は受け継がれ、人は様々な苦しみや悲しみから逃れられなくなる。

　アダムとイブは**カインとアベル**という2人の子供をもうけた。兄のカインは畑を耕し、弟のアベルは羊を飼って暮らしていた。神はアベルの捧げものをたいへん喜び、カインの捧げものには目もくれなかった。カインは神に愛された弟アベルに嫉妬し、アベルを原野に連れ出して殺してしまう。神は罰としてカインをエデンの東にあるさすらいの地ノドへ追いやり、カインはノドの地で妻を持ち息子エイクを得る。

　時が過ぎ地上に悪がはびこる。神は人を造ったことを後悔し、人を滅ぼそうとする。唯一正しい人であったノアとその家族だけは救うことにした。**ノアに3階建ての箱舟**を造らせ生き物を一つがいづつ船に乗せた。雨は40日間降り続け、150日目に引き始め、箱舟は1年以上の航海によりウルから800km離れた標高5144mのアララト山の山頂で止まった。ノアは鳩を放ち、鳩がオリーブの葉をくわえて帰ってきたので、地上の水が引いたことを知る。神は大洪水を起こしたことを後悔し、今後人類を絶滅させることはないと約束する。従って旧約聖書では人類の滅亡はありえないことになっている。チグリス・ユーフラテス川流域は何度か大洪水があったことが確認されている。

　大洪水を恐れた人びとは**バベルの塔**の建設に着手する。神は神を信じることなしに自らで解決しようとする傲慢さに腹を立て、今まで共通であった言葉を聞き分けられないようにして完成できないようにしてしまう。これが、人類が異なる言語を用いる理由とされている。バベルは混乱を意味する。メソポタミアの古代都市に造られた**ジッグラト高層神殿**が原型という。

　**イスラエル民族の父祖アブラハム**の話が始まる。ノアの息子セムの子孫のアブラハム（アブラム）はユーフラテス川下流のウルに住んでいたが、神にカナン（パレスチナ）の定住地を約束され、アブラハムの父テラはア

ブラハムと妻サラ（サライ）、孫のロトを連れて未知の土地へ旅立つ。**カナン**に定住すると、神はアブラハムに男の子が生まれ、その子孫は空の星のように増えると告げる。妻サラは高齢であったのでエジプト人の召使いであったハガルに子供を産ませようとする。この子は**イシュマエル**と名付けられる。このイシュマエルが後のアラブ人の先祖となる。宿敵とされるユダヤ民族とアラブ民族の祖先は異母兄弟である。アブラハムが100歳の時、90歳の妻**サラ**（サライ）が男の子を生み**イサク**と名付けられる。イサクは生後8日目に割礼を施される。神は時に人を試される。イサクを神へのいけにえとして焼き捧げること（**長子奉献**）を命じる。アブラハムは祭壇を造り、イサクを殺そうとした瞬間、天使の声が聞こえる。「その子に手を出すな。何もしてはならない。あなたが神を畏れる者であることが、今分かったからだ。あなたは、自分の独り子である息子すら、私に捧げることを惜しまなかった。」アブラハムはユダヤ教、キリスト教、イスラム教において等しく尊敬されている。

イサクの子孫12人は**ユダヤ12部族**の祖となる。イスラエル（神と闘って勝つ）と改称した**ヤコブ**には12人の息子がいたがとりわけ**ヨセフ**をかわいがっていた。ヨセフの兄たちは暗殺計画を立て、ヨセフは銀20枚でエジプトに売られてしまう。奴隷であったがファラオの信任を得てファラオに次ぐ地位にとりたてられる。カナンでは飢饉が続いていた。兄弟たちに父と共にエジプトに移住するように勧め、兄弟たちもあと5年飢饉が続くという彼の言葉を聞き入れ、一家を挙げてエジプトに移り住むことになる。

## ［4］モーセの出エジプトと十戒

イスラエル人たちがエジプトに移住してきて300年が過ぎた。「**出エジプト記**」はイスラエル人が、エジプトで迫害され奴隷として扱われているところから始まる。エジプト王はイスラエル人が多過ぎるので、新生児を皆殺しにするように命じるが、この時助かった赤ん坊が**モーセ**である。モーセはパピルスの籠の中で流されているところをファラオの娘に助けられ、

その後民族の敵であるエジプト人によって学問と高い教養を身に着ける。神はモーセを指導者に選び、ファラオであった**ラムセス２世（BC1290-1224）**から、強制労働に苦しみ奴隷同然であったイスラエル人をエジプトから、「乳と蜜の流れる豊かな土地」カナンへ脱出させる。モーセはアロンと共に10の災いを起こし、この奇跡で王族から囚人・家畜まで、すべてのエジプトの長子が死んだのでファラオは出国を赦す。

　脱出の後、ファラオの追撃を受け、**葦の海の奇跡**が起こる。壮年男子だけで60万人のイスラエル人が逃亡したことに怒ったファラオは600台の戦車を始め、騎兵や歩兵で追撃した。紅海は２つに割け、モーセは海底を渡った。渡り終えるやいなや、海は閉じられ、追撃してきたエジプト軍は海の藻屑と化した。荒れ野の旅は一向に飢餓をもたらす。**マナの奇跡**が起こり、神はモーセに食料を与える。人びとはカナンに到着するまでの40年間このマナを食べ続ける。

　ついに選ばれし者、**モーセはシナイ山で神から律法を授けられる**。「シナイ山は全山煙に包まれた。主が火の中を山の上に降りられたからである。煙は炉の煙のように立ち上り、山全体が激しく震えた。」モーセが山を登っていくと、**神は「十戒」を厳かに告げた**。

①私をおいてほかに神があってはならない。

②いかなる像も造ってはならない。

③主の名をみだりに唱えてはならない。

④安息日を心に留めて、これを聖別せよ。

⑤父母を敬え。

⑥殺してはならない。

⑦姦淫してはならない。

⑧盗んではならない。

⑨隣人について偽証してはならない。

⑩隣人の家を欲してはならない。隣人の妻を欲してはならない。

　　①から④までは宗教的な戒めで神とイスラエル人との関係、⑤から⑩までは道徳的な戒めでイスラエル人同士の関係である。

**モーセは神の言葉を聞き、最後に「２枚の掟の板、すなわち神の指で記さ**

れた石の板」を授かる（シナイ契約、契約の書）。石板はアカシアの木で作られた契約の箱に納められる。模範的な民族となれば神はユダヤ人を救い、永遠の繁栄を与えるが、破れば破滅という罰を与えると信じられた（**神の義**）。人格を持ち人間に語りかけるという神の姿はモーセの時代になって初めて現れる。一神教の誕生である。

　砂漠を40年間放浪したのち、約束の地カナンに至る。モーセはカナンを望むモアブの地で120歳の生涯を閉じる。死を前にしたモーセはイスラエル人に演説を行う。これが**申命記**である。「イスラエルよ聞け。あなたは心を尽くし、精神を尽くし、力をつくしてあなたの神、主を愛さなければならない。」

## ［5］ダビデの威光・ソロモンの栄華

　約束の地カナンには既にペリシテ人などの異民族が多く住み着いていた。モーセの後継者ヨシュア（ヘブライ語で救世主の意味）の指揮の下、人びとはカナンの地に入り、多民族との争いが続くことになる。イスラエルは士師に率いられた共同体から強固な王国となる。「**サムエル記**」は預言者サムエルが記した1世紀に渡る王国設立の歴史の記述である。サムエルはイスラエルの王は神であり、世俗の王は必要ないと訴えるが、結局は民衆の声に押されて王を立てることになる。意に反しながらも王を立て、**サウル**、ダビデに油を注ぐ。油を注ぐとは、国王に即位することをいう。

　油を注がれた少年**ダビデはイスラエル王国の2代目の王**で在位は、紀元前1011-961年である。国王サウルが宿敵ペリシテ人と戦っていた時、突然身の丈3メートルの**ゴリアト（ゴリヤテ）**がイスラエル陣営の前に仁王立ちになる。ダビデはゴリアトに石を投げ、剣を抜き、首を切り落とす。その後30歳になったダビデはユダとイスラエルの王となり、37歳の時イスラエルを統一する。33年間エルサレムとユダの全土を統治する。ダビデは神に支えられた偉大な**救世主メシア**となる。何不自由のない立場に立ったダビデ王は神を激怒させる失態を演じてしまう。ダビデ王は家臣のヘト人ウリヤの妻バト・シェバを愛してしまい、姦淫して懐妊させてしまう。律法

ではダビデの罪は死に値する。ウリヤを戦死させ、バト・シェバを妻とする。まもなく男子が誕生するが、預言者ナタンのいう通りまもなく重病にかかり死ぬ。次に生まれた男子がソロモンである。

ソロモン（在位BC960-922）はダビデの息子で、夢の中で神に好きなものを与えようといわれ「ただ善と悪をわきまえる心がほしい」と願い、神から「知恵に満ちた賢明な心」と「富と栄光」を与えると約束された。ソロモン王の前に1人の子供と2人の遊女が現れ、自分の子供であると主張する。ソロモンは「子供を割いて真っ二つにして2人に分けるよう」に言う。「相手に取られてもいいから、赤ん坊を殺さないで欲しい」泣いて嘆願したのが真実の母親であった。ソロモンの噂は広く知れ渡り、イスラエル人はソロモンを畏れ敬うようになる。ソロモンはイスラエル王国の最盛期を築く。

シェバの女王の訪問を受ける。シェバの女王の国はアラビア半島南西部、現在のイエメン付近にあった。エチオピアという説もある。ソロモンは女王の出す難問にすらすらと答え、持参した宝物のすべてを贈られる。ソロモンも女王の欲しがるものを何でも与えた。神殿と王宮を建設し「契約の箱」を移設する。神は喜ぶが、裏切れば「神に見捨てられた廃墟の神殿となり、あなたの息子の時代に王国を割いて取り上げる」という。

ソロモンには外交政策として700人の妻と300人の側室がいたが、故郷の神に祈りたい、という妻の願いを聞き入れ異国の神々を祭る神殿を造ってしまう。息子のレハブアムが王位を継承する。イスラエル王国は北のイスラエル王国、南のユダ王国に分裂する。南北分裂時代、イスラエル人はヤハウェ以外の神々を求め、偶像崇拝を行い、快楽にふけり、貧しい者を虐待し、神に選ばれた民にふさわしくないあり方に陥っていた。紀元前722年イスラエル王国はアッシリア帝国のサルゴン2世によって滅ぼされる。紀元前598年ユダ王国は新バビロニア王国のネブカドネザル2世によって滅ぼされ、70年間のバビロン捕囚が行われる。

紀元前539年アケメネス朝ペルシア帝国が新バビロニア王国を滅ぼし、バビロン捕囚のイスラエル人は開放されるが、帰国できたのは4万人であった。ペルシア帝国のキュロス王はユダヤ人に掟を提出させる。この

時、エズラが歴史物語を含めた聖書の原典を記述したとされる。旧約聖書は**律法トーラー**（モーセ五書）、預言書、諸書の3部からなる。ユダヤ人は危機に陥ることによって民族として団結する意識が高まった。律法を守ることを確認し聖典の編纂を行った。**ネヘミア**はエルサレムの城門と城壁の修復を行う。モーセの十戒に定められた安息日の遵守、異民族との結婚の禁止、神への信仰の立て直しに奔走する。

「**ヨブ記**」は真の信仰とは何かを問うヨブという人物の物語である。信仰心の篤いヨブは家畜を沢山持った大富豪であった。サタンに挑発された神はヨブに試練を与える。家族と財産を失い、自らもひどい皮膚病に侵されたヨブはこの世に生まれてきたことを呪い、神すら呪う。沈黙を守っていた神が現れ、「これは何者か。知識もないのに言葉を重ねて神の経綸（治国済民の方策）を暗くするとは。お前は私が定めたことを否定し、自分を無罪にするためにわたしを有罪とさえするのか。」いくら人間が考えても理解が及ばないことがある。故に我々が抱えている多くの苦難は、自分に罪を求めても仕方がないことだ。ヨブは神に対して心から謝罪する。

## ［6］預言者の登場とメシア信仰

**預言者とは未来の出来事を予知する予言者ではなく、神の言葉を預かる者の意味である。**預言書は、預言者が何らかの能力によって、神の預言を聞いたり、見せられたりしたことを、人びとに伝えた記録で、多くは詩である。旧約聖書には16巻の預言書がある。イザヤ、エレミア、エゼキエル、ダニエルは「**大預言書**」といわれる。その他は「**小預言書**」という。

**イザヤ**は紀元前8世紀後半、アッシリア帝国の最盛期にエルサレムに遣わされた預言者である。イザヤは、社会批判を展開、国王に直接意見を言うことができるほど身分も高かったが、おもに富める者が、貧しき者を搾取するのを糾弾した。

「それ故わたしの主が御自らあなたたちにしるしを与えられる。見よ、おとめが身ごもって、男の子を産み、その名を**インマヌエル**と呼ぶ。災いを退け、幸いを選ぶことを知るようになるまで彼は凝乳と蜂蜜を食べ物と

する」。この中のインマヌエルとは、「神がわれらとともにおられる」という意味であり、この言葉は、後のイエスの誕生を預言するものと考えられる。イザヤは、バビロンに捕囚されたユダヤ王国の民に、いずれは開放され、平和と愛に満ちあふれた**メシアの国が誕生する**という**輝かしい未来を預言**したのである。救世主メシアとは「油を注がれた者」を意味する。ユダヤ人の王が即位に際して油を注がれていた慣習にちなむ。

**エレミア**が生きたのはバビロニア軍の侵攻、神殿の破壊、バビロン捕囚とイスラエル民族にとってつらい時期だった。バビロニア軍によるバビロン捕囚とその後の開放を預言したエレミアは、人びとの偶像崇拝と宗教的な堕落を激しく糾弾したため、捕らえられ投獄される。将来エルサレムに戻ることを預言しつつ、人びとにバビロンへの連行を受け入れるよう説いた。「涙の預言者」ともいわれる。エレミアとイザヤはモーセに次ぐ高名な預言者である。

**エゼキエル**はバビロン捕囚のころの預言者で、「**枯れた骨の谷の幻**」を見る。バラバラの屍の谷の光景がある。それらの肉体は再び組み合わされ、息を吹き返す。これはユダとイスラエルが共に救済され国として再興することの象徴とされる。

旧約聖書の最後の時代から新約聖書の時代を迎えるまで400年間の空白がある。**沈黙の400年**といわれる。ペルシア帝国は前333年にマケドニアのアレクサンドロス大王によって滅ぼされ、その後ユダヤ人はエジプトのプトレマイオス朝に支配され、その後シリアのセレコウス朝に支配される。その後ユダヤ人はハスモン朝を樹立して何とか独立を果たすが、80年足らずで、ローマ帝国に征服される。紀元前1世紀にはユダヤ人はローマ帝国の過酷な支配を受ける。ローマの属領であったパレスチナを支配したのはユダヤ人の**ヘロデ**であった。**ヘロデ**はローマの有力者に取り入って前40年にユダヤ王の称号を与えられ、3年後にはパレスチナ全土を平定。約30年間独裁政治を行う。ヘロデはユダヤ人から支持された王ではなく、ローマに代わって重税を課すだけの独裁者であった。貧富の差は拡大する。非常に残忍で猜疑心が強く反抗するものは息子でも殺した。独立を求めるユダヤ人の間には**終末観思想とメシア信仰**が広がる。神が正しき者と

そうでない者を選別する**最後の審判**がいずれ訪れ、その終末の日にはメシアが訪れる、とされる。メシアが現れてユダヤ人を異民族の支配から解放し、新たな国をもたらしてくれるという期待が高まった。人びとはメシア降臨の日を待望することで苦難に耐え続けた。そしてついに、「**神の国は近づいた。悔い改めよ。**」と説き、自分がメシアであることを匂わせる人物が登場した。それが**イエス**である。

　ユダヤ教は砂漠の宗教で、非常に厳しい気候風土にはどうしても独裁的な指導者の存在を避けることができない。砂漠では自由が制限される。同じ砂漠の宗教であるイスラム教はユダヤ教に近い形で生まれ、一定の砂漠の地域に限定された宗教である。イエスは自由を説き、キリスト教は砂漠離れをして世界中に広まってゆく。

# 第28章　イエスとキリスト教の成立

## ［1］受胎告知とイエスの誕生

　イスラエルのガリラヤ地方の**ナザレ**という村に**マリア**という乙女が住んでいた。彼女は同じ村に住む**ヨセフ**という大工と婚約していた。マリアの前に**大天使ガブリエル**が現れる。

　「マリア、恐れることはない。あなたは神から恵みを頂いた。あなたは身ごもって、男の子を産むがその子をイエスと名付けなさい。その子は偉大な人となり、その王国は永遠に終わることはない。」と告げる（**受胎告知**）。マリアがイエスを懐妊したのは、聖霊が下って、マリアの体内に宿ったのである（**処女降誕説**）。マリアは驚き、夫のヨセフは処女であるはずのマリアが身ごもったので、悪い噂から彼女を守るためにひそかに縁を切る決意をする。1人の天使がヨセフの夢に現れ、「マリアは聖霊によって身ごもったのであり、マリアとの結婚を恐れるな。」と告げる。ヨセフは天使の言葉に従いマリアと結婚した。

　その頃ローマ帝国の統治下にあり、アウグストゥス帝が全領土の住民に人口登録の命令を出したので、人びとは皆、自分の生まれ故郷へと旅立っていった。彼ら夫婦はロバに乗り、ユダヤ地方の**ベツレヘム**を目指す。ベツレヘムに泊まれる宿はなく、馬小屋で夜を明かす。夜半、**マリアは男の子を産む。飼い葉桶に寝かせイエスと名付ける。イエス**（BC4-AD30）という名は「救いは神にある」という意味で旧約聖書のヨシュアと同じである。ここにおいて預言者のイザヤの「見よ、おとめが身ごもって男の子を産む。その名は**インマヌエル**と呼ばれる。」という預言が実現したのである。インマヌエルとは「主はわれらと共にいます」という意味で**イエス・キリスト**を指す名前である。イザヤはイエスが生まれる700年前にイスラエルに救世主が現れることを預言していた。マタイとルカの福音書によれ**ば、イエスはアブラハムからダビデにつながる家系で、ベツレヘムで生ま**

れたとあり、ダビデ王から数えてイエスは14代目とされる。ユダヤ教ではメシアはダビデ王の子孫でなければならず、ダビデ王がベツレヘム出身なのでベツレヘムで生まれなければならない。

　突然、まばゆいばかりの光に包まれて天使が現れ、イエスの誕生の知らせを告げた。それはベツレヘムの町で飼い葉桶の中にいる赤ん坊こそ、救世主メシアであるというものであった。東方の占星術の３人の学者（**東方三博士**）がエルサレムに辿り着く。当時のユダヤの国王ヘロデは王となる幼子が生まれたという評判を聞き学者を呼び寄せ、イエスを捜すように命じる。

　「彼らが王の言葉を聞いて出掛けると、東方で見た星が先立って進み、ついに幼子のいる場所の上に止まった。学者たちはその星を見て喜びにあふれた。家に入ってみると幼子は母マリアと共におられた。彼らはひれ伏して幼子を拝み、宝の箱を開けて、**黄金**、**乳香**、**没薬**を贈り物として捧げた。乳香は燃やして神に捧げるとよい香りのする樹脂のこと。没薬は埋葬する前の遺体に塗る樹液のことで、イエスの生涯を暗示する。

　学者たちは夢に現れた神のお告げにより、**ヘロデ王**のもとには戻らず、自分たちの国へ帰った。ヘロデ王は自分の地位が脅かされるのを恐れ、ベツレヘムとその周辺一帯にいた２歳以下の男の子を１人残らず殺すように命じた。天使がヨセフの夢に現れてヘロデ王がイエスを殺害しようとしているのでエジプトに逃げるように伝える。ヘロデ王が死ぬと再びヨセフの夢に天使が現れ、イスラエルに帰るよう命じたため、ヨセフ一家はガリラヤ地方のナザレという町に移住した。

## ［２］イエスの洗礼と荒れ野での誘惑

　福音書は良い知らせという意味で、４つありいずれもイエスの生涯を記録した物語である。「**マルコ福音書**」が最も古くマルコは12使徒の１人もしくはペテロの通訳者のマルコが著者。ペテロの宣教の旅に同行している。最も短くシンプルな内容。非ユダヤ人を対象に書かれている。「**マタイ福音書**」はマルコをもとに書かれ主にユダヤ人キリスト者を念頭に書か

れ、旧約の完成者としてのイエスを描いている。理路整然とした文章で書かれイエスが旧約聖書で預言されたメシアであることを示すことに力点がある。マタイは12使徒の１人である。「**ルカ福音書**」はマルコをもとに書かれ、主に異邦人キリスト者を念頭に置いて著され地中海世界がその視野に置かれている。ルカはパウロに同行したシリア人の医者で民族や思想を超えた人間性を問うものが多く、イエスの系図をアダムにまで遡っている。イエスの母マリアや女性信徒に関する記述も多い。この３つの福音書を**共観福音書**といい、現場に居合わせて記述した形式をとる。「**ヨハネ福音書**」はイエスの生涯における行いを再解釈してイエスの神秘を引き出し、イエスが神の子でありメシアであり、天と地を介在する存在として描き、キリスト教会を確立する理論を展開している。ヨハネは12使徒の１人である。

　イエスには４人の弟がいた。ヤコブ、ヨセフ、ユダ、シモンである。イエスは30歳になるまで、家業の大工仕事を手伝いながらナザレで過ごしたとされる。幼いころからナザレの**シナゴーグ会堂**でユダヤ教のラビ教師から、様々な律法や預言書を学んだ。ヘブライ語、アラム語、ギリシア語の３つの言葉を知っていた。12歳の時、**過越祭**〔すぎこしのまつり〕でエルサレムに行ったとき、神殿で高名な学者たちと議論をしていたという。

　30歳のころ、いとこのヨハネから洗礼バプテスマを受ける。ヨハネの父は祭司ザカリアで母はマリアの親戚のエリザベトである。「**バプテスマのヨハネ**」はイナゴと蜂蜜を食べ、ラクダの毛をまとい、紐の帯を腰に締めただけの身なりで、ヨルダン川で人びとに洗礼を施していた。「イエスは洗礼を受けると、すぐ水に中から上がられた。その時、天がイエスに向かって開いた。イエスは神の霊が鳩のようにご自分の上に降って来るのを御覧になった。その時「これはわたしの愛する子、わたしの心に適う者」という声が、天から聞こえた。洗礼は罪の赦しを受けキリスト教徒として信仰の生活に入る証であるが、イエスが洗礼を受けたのは、神の意を受け、メシアとしての活動を宣言する意味があった。ヨハネはイエスの前に道を整えるために神から遣わされた使者であると考えられている。

　宣教活動に入る前に荒れ野で40日間の断食をする。40という数字はエジ

プト脱出後40年後にカナンに辿り着いたことにちなむ。悪魔から3つの誘惑を受ける。

「神の子なら、これらの石がパンになるように命じたらどうだ。」

「人はパンだけで生きるものではない。神の口から出る一つ一つの言葉で生きる。」

悪魔はイエスをエルサレムの神殿の屋根の端に立たせてそそのかした。

「神の子なら、飛び降りたらどうだ。天使が助けてくれるだろう。」

「聖書にはあなたの神を試してはならないと書いてある。」

さらに悪魔は高い山の山頂に連れていき、世界中の国々とその繁栄ぶりを見せて、

「もしひれ伏してわたしを拝むならこれらの国々をみんなあげよう。」と誘惑した。礼拝すべきは神のみであると悪魔を一喝する。

「退けサタン。あなたの神である主を拝みただ主に仕えよ。」悪魔は離れ去り、天使たちが来てイエスに仕えた。この場面は悪魔が単独でイエスを誘惑したというよりも、神が悪魔を使ってイエスを試したと考えることもできる。

## ［3］十二使徒の誕生と山上の垂訓

イエスはシナゴーグ会堂で伝道活動を行う。「**時は満ち神の国は近づいた。悔い改めて福音を信じなさい。**」

ガリラヤ湖で4人の漁師に出会う。一晩中かけても一匹の魚もかからなかった網に引き上げられない程の魚をかけるという奇跡を起こす。「恐れることはない。私について来なさい。あなた方を、人間をとる漁師にしよう。」と呼びかけ、ペトロ（？-64頃）、ペトロの弟のアンデレ、ヤコブ、ヤコブの弟のヨハネの4人の漁師が初めの使徒となる。嫌われていた職業の徴税人のマタイを含め12人の使徒を選んだ。**十二使徒**とはイエスが悪霊退治や病気治癒の力を授け、自分の代わりに各地に派遣した12人の弟子のことである。12という数字はイスラエル民族を構成していた12部族に由来し、ユダヤでは神聖であり完全な数字とされていた。12部族の復興を暗示

している。

イエスの評判は高まり大勢の群衆が集まる。イエスはマグダラにあるアルベール山で山上の垂訓を行う。地上において蔑まれた人びとへの救いを説いている。信仰のあり方を刷新し、形式に傾いていたユダヤ教を魂の救いを求める民衆のものとした。

「心の貧しい（神の前で謙虚である）人々は幸いである。天国はその人たちのものである。悲しむ人々は幸いである。その人たちは慰められている。柔和な人々は幸いである。その人たちは地を受け継ぐ。」この教えはすべて逆説的に説かれており、悩んでいる人々にとっては、その悩みこそが神の国に入るための重要な条件になるのだという。

**「わたしが律法を廃止するために来たと思ってはならない。わたしはそれを完成するために来た。聖書の言葉は一字一句正しい。」**

イエスはヤハウェに与えられた律法を肯定しつつ、それについての解釈を改め正しい信仰を人びとに示した。

「人を殺そうと思ってはいけない。姦淫してはいけない。復讐してはいけない。誰かがあなたの頬を打ったら、反対側も差し出しなさい。敵を愛しなさい。施しをする時は隠れてせよ。明日のことを思い悩むな。求めよ、さらば与えられん。神の国には狭き門より入りなさい。」旧約聖書には「目には目を、歯には歯を」の記述があるが、イエスは復讐も償いも否定し、暴力に対して暴力で答えてはならないと説く。抑圧された人々が怒りと屈辱の中で耐え忍ぶ思いを語った。**「人にしてもらいたいと思うことは何でも、あなた方も人にしなさい」**という教えは黄金律と呼ばれる。律法を守れなくとも、自らの罪を神の前で認めれば赦された。イエスは人間が人間を裁く行為を批判する。裁きは神の手に任せ、敵を赦しそして愛する努力をしなければならないという。

イエスは神の祈り方も教える。

「天におられるわたしたちの父よ、御名が崇められますように。御国が来ますように。御心が行われますように、天におけるように地の上にも。わたしたちに必要な糧を今日与えて下さい。わたしたちの負い目を赦して下さい。わたしたちも自分に負い目のある人を赦しましたように。わたし

たちを誘惑に遭わせず、悪い者から救ってください。」

## ［4］イエスの奇跡

　聖書が書かれた時代、人びとは人間を超えた存在であれば、奇跡を起こすことができると信じていた。イエスの偉大さを示すためには、奇跡について記すことが一番分かり易かった。奇跡を起こすと信じられてしまうような、偉大なイエスが存在したということである。

　イエスは母マリアらと共に**カナの婚礼**に招かれる。そこで水甕《みずがめ》の水を上等のぶどう酒に変える奇跡を起こす。ハンセン病や中風の病を癒す。悪霊に取りつかれた狂人を正気に戻す。当時のユダヤでは病気はその人が犯した罪の報いとされ、病人は律法を遵守できない罪人とみなされていた。イエスはローマ軍の百人隊長の部下の病気も治す。イエスの癒しの奇跡は誰の上にも起こったのではない。真にイエスと神を信じた人だけにもたらされた。

　イエスは死者を生き返らせるという奇跡を行う。**ヤイロの娘とラザロ**である。イエスは5000人の群衆に食べ物を与える奇跡も行う。

　「イエスは五つのパンと二匹の魚を取り、天を仰いで賛美の祈りを唱え、パンを裂いて弟子たちに渡しては配らせ、二匹の魚も皆に分配された。すべての人が食べて満腹した。」

　イエスはガリラヤ湖で嵐を鎮め湖上を歩くという奇跡を行う。故郷に帰るとナザレの人びとは大工ヨセフの子ではないかと言って、だれもメシアとして尊敬しなかった。イエスは、**預言者が敬われないのは故郷、家族の間だけである**といい、ナザレでは何の奇跡も起こさず、人びとも救わなかった。

## ［5］民の価値観を覆したイエスの教え

　イエスの時代のユダヤは男性優位の社会であった。イエスは、弱者を含む**隣人愛**を説き女性に対しても平等に扱い、救いの手を差し伸べている。

マグダラのマリアは七つの悪霊に憑かれた病をイエスによって癒され、イエスに従う。イエスの足をぬぐった娼婦と同一人物とされる。磔刑にされたイエスを遠くから見守り、イエスの復活に最初に立ち会った。**姦通の女**は長老たちに捕らえられ、石打ちの刑にされそうになるが、イエスの「あなたたちの中で罪を犯したことのない者が石を投げよ」という言葉に救われる。**マルタとマリア**はベタニアに住む姉妹で、訪れたイエスを喜んで迎えた。兄弟にイエスが蘇りを実現させたラザロがいる。**サマリアの女**はユダヤ人に蔑まれた存在であったが、イエスの福音を聞き、サマリアでの伝道に貢献した。**カナンの女**は異教の女で悪霊に取りつかれた娘を救ってもらう。

レビという徴税人に声をかけ罪人たちと一緒に会食する。**「医者を必要とするのは健康な人ではなく病人である。私が来たのは正しい人を招くためではなく、罪人を招いて悔い改めさせるためである。」**

律法学者との討論で「隣人を愛せよ」とは誰の事かを尋ねられる。**善きサマリア人の譬え**を話す。盗賊に襲われ瀕死の人がいた。最初に通りかかったユダヤ人の祭司、次に通りかかった神殿に仕えるレビ人は無視して通り過ぎる。3番目のサマリア人は介抱し、宿屋に連れて行き、銀貨まで支払う。隣人になるということは、他者とともに悩み、重荷をともに背負うということである。サマリア人を登場させることにより神の愛がイスラエル人以外にも普遍的に与えられることを説いている。**放蕩息子の譬え**がある。金持ちに堅実な長男と放蕩息子の次男がいる。二人に財産を分与し、放蕩息子は無一文になって恥を忍んで帰ってくる。長男は激怒するが、父親は温かく迎える。大変な苦労をして失意と絶望を味わって悔い改めている次男を神は温かく迎えることを意味している。神は人間が神に背く存在であることを分かっていながら人間に自由意思を与えた。そして悔い改めた時には、喜んで受け入れてくれるのである。**種を蒔く人の譬え**がある。いくら神の言葉を伝えても、受け入れる土台のない人だと困難や迫害、欲望によってすぐにつまずいてしまう。神の教えはそれを聞く側の応答があって初めて伝わるものだ、という教えを説く者の心構えを示している。

ヨハネは悲劇的な最期を迎える。ガリラヤの領主で**ヘロデ王の息子**のヘロデ・アンティパスに捕らえられ投獄される。ヨハネが**アンティパス**を糾弾したためである。不倫の末に弟の妻ヘロディアを強引に妻にしたからである。しかしヘロディアはヨハネを恨(うら)んでいた。アンティパスの誕生日にヘロディアの娘の**サロメの踊り**が舞う。ヘロディアはヨハネの首を求めるようサロメに吹き込む。アンティパスは心を痛めつつヨハネの首を刎ねた。

## ［6］イエスの受難

イエスはユダヤ教の律法主義を批判した。とりわけ**パリサイ派**と対立した。パリサイとは「分離する者」という意味で、汚れた人々から離れて自らを清く保とうとした人々である。パリサイ派は律法の適合範囲を日常生活にまで広げ、あらゆる事柄に細かい決まりを設けていた。律法厳守や儀式の執行に明け暮れ、民衆とは遠いところにいた。パリサイ派は自分たちの正しさを誇り律法を守れない心の弱い人たちや異民族を「**地の民アム・ハ・アレツ**」と呼んで蔑んでいた。イエスによれば**律法**は人びとの心を正しい方向に導くためのもので、**律法の内面化**を目指した。売春婦は大変な罪人であるが、**姦淫の欲望を抱く者も同罪である**。安息日に麦の穂を摘んだと非難される。ダビデも空腹の時はパンを食べている。**安息日は人のためにあるもので、人が安息日のためにあるのではない**。律法とは神の教えであり、**無差別で平等な愛**にほかならない。**天の父は悪人にも善人にも太陽を昇らせ、正しい者にも正しくない者にも雨を降らせてくださる**。パリサイ派はイエス殺害を決意する。イエスの宣教活動はわずか1年半ほどであった。

イエスは自分がエルサレムに行き、長老、祭司長、律法学者から多くの苦しみを受け殺害されるが、3日目に復活すると予告する。6日後イエスはペトロ、ヤコブ、ユハナを連れてヘルモン山に登り、イエスは顔が太陽のように輝き衣服は光のように白い。預言者モーセとエリアが現れイエスはまさしく神の子であったという（**キリストの変容**）。ベタニアのマリアはラザロの姉で、訪れたイエスの足に高価な香油を塗り、自分の髪の毛で

その足をぬぐう。イエスはこの女性の行為をほめたたえる。イエスはロバに乗ったままエルサレムに入城する。民衆はしゅろの木を手に取って歓声を上げて出迎える。ユダヤの王がロバに乗ってエルサレムに入城する場面は、旧約聖書の中で預言されていたことであり、これをそのまま踏襲することで、イエスは自分がメシアであると世に主張したのである。「**人の子が栄光を受ける時が来た。はっきり言っておく。一粒の麦は地に落ちて死ななければ、一粒のままである。だが死ねば多くの実を結ぶ。**」

神殿での祭祀はすっかり形骸化していた。神聖な神殿は祭祀に当て込んだ商売の場となっていた。いけにえの動物を売る商人や両替商にイエスは激怒し「私の父の家を商売の家としてはならない」と言って商人たちを追い出し神殿内を清めた。自らの受難を予告したイエスの最後が近づきつつある中、弟子達はまだ教えを十分に理解していなかった。十字架に掛けられる前日、エルサレム東側の山麓にあるオリーブ園、**ゲッセマネの園**で、過越祭の**最後の晩餐**が行われる。ゲッセマネはヘブライ語で油搾りを意味する。「**汝らの一人われを売らん、なんぢがなすことをすみやかに為せ**」と言う。一同が騒然とする中、イエスはパンを取りぶどう酒の杯を取って、「**取って食べなさい。これは私の体である。飲みなさい、これは罪が赦されるように、多くの人のために流される血、私の契約の血である。**」と言う。ユダはパンを取るとすぐに出て行った。ユダはイエスが人びとを率いてローマを撃退するような英雄であってほしいと期待し、それが叶わないと知って裏切ったとされる。イエスが実行しようと考えていたのは「心の革命」であった。またユダはイエスが死刑になると知って後悔し、もらっていた30枚の銀貨を祭司長に返そうとするが拒否され、絶望のあまり首を吊って自殺したとされる。銀貨30枚は当時の奴隷1人の値段である。

晩餐が終わりゲッセマネの園に向かう。ユダはイエスに挨拶をし、接吻する。それがイエスを捕らえる合図であった。イエスは「**剣を鞘に収めなさい。剣を取る者は皆、剣でほろびる。**」と言って逮捕される。イエスの弟子たちはみな師を見捨てて逃げてしまう。最高法院サンヘリドンで**大祭司カイアファ**の裁判が行われる。イエスは自分がメシアであることを認めたため冒涜の罪として死刑を宣告され、**ローマ総督ピラト**（在任26-36）

のもとに送られる。ピラトはイエスが無罪であることを理解していたが、群衆に問いかける。

　最初人びとはイエスを熱烈に支持し彼こそがユダヤの王国を再建するメシアであると期待していた。しかしイエスの教えは**神への愛**と**隣人愛**であった。隣人愛は家族や地域、民族にとどまらない普遍的な愛の在り方である。迫害される弱者は相手を赦すことによって神の愛に近づく。さらに神の国はかつてのイスラエル王国のような現実の国家ではなく、人びとの内面に成立するものであった。**神の国は見える形ではなくまた「見よここに」とか「あそこに」というものではない。神の国はあなたたちの間にある。**人びとの期待は失望に変わった。群衆は「死刑だ、十字架だ。」と叫んだ。イエスは十字架を背負い、**ゴルゴダの丘**に引き立てられた。ゴルゴダとは、どくろの意味である。兵士たちはイエスを十字架につけ「これはイエス、ユダヤ人の王」と書いた板を頭上に掲げた。刑が執行されると暗闇が辺りを覆う。イエスは「すべてが成し遂げられた」とつぶやいて息を引き取る。イエスが息を引き取った時、神殿の垂れ幕が真っ二つに裂け、小さな地震が起こった。**イエスの磔刑**（たっけい）を見守ったのは、マグダラのマリア、ヤコブとヨハネの母マリア、イエスの母マリアである。

## ［7］ イエスの復活と使徒言行録

　ヨセフは、ローマ総督ピラトの許可を得て、イエスの遺体を十字架から降ろし、没薬（もつやく）と沈香（じんこう）を塗り亜麻布（あまぬの）で包んだ。そしてイエスの遺体を岩に掘った自分の墓に埋め、墓の入り口を大きな丸い石でふたをした。3日目の日曜日の朝、マグダラのマリアともう1人のマリアがイエスの墓に行くと、扉が開いていた。墓の中にはイエスの遺体はなかった。その場で泣き続けるマグダラのマリアは呼びかけられ、その人がイエスであると気づく。その日の夕方イエスは弟子たちの前に現れ、「父が私をお遣わしになったように、私もあなた方を遣わす」と告げる。ティベリア湖畔で漁をしていたペトロら7人の弟子の前にも現れる。**イエスは40日間に渡って弟子たちの前に現れ、神の国について伝え、食事を共にする。**「あなた方

は間もなく聖霊によって洗礼を授けられる」と告げ、その後イエスはオリーブ山より昇天し、雲に覆われて見えなくなる。イエスは昇天によって神の右側の座に着いた。**キリストの死と復活は、ここから神と人間との間に新しい愛の契約が始まる**というキリスト教信仰の核をなす出来事である。「イエスを信じることですべての人は救われる」という新しい契約に更新された。キリストの死をもって新しい宗教が誕生したのである。

　イエスが逮捕された時、イエスを見捨てて逃げた弟子は処刑の場にも姿を現さなかった。**イエスの復活**後、過越祭から50日目、最初の五旬節ペンテコステの日、十二使徒と信徒たちはエルサレムのある家に集まる。イエスが告げた通り彼らに**聖霊が降臨**する。「炎の舌」のような形をした聖霊が分かれ分かれに現れ、弟子たち1人1人に留まった。その弟子たちがイエスの死後、イエスの復活をみて、人が変わったように精力的な伝道活動を行う。どんなに迫害されても信仰を失わず、信徒を率いていく。復活したイエスに会った弟子たちは、エルサレムに残って集会を行った。これが最初のキリスト教会である。**原始キリスト教会**は、十二使徒とイエスの母マリア、マグダラのマリアなどの120名ほどの小さな集団で、一緒に住んで資産や持ち物を共有する共産体制だった。原始教会は**ペンテコステの聖霊降臨**によって発足したと位置づけられている。初期の教会は個人の家やシナゴーグに集まり神に祈り、神を賛美する歌を歌い、晩餐を共にするといったものであった。教会の指導は十二使徒のペトロとヨハネ、イエスの弟ヤコブを中心に行われる。ペトロの活躍は目覚ましく、数々の奇跡を起こして人びとを癒し、その説教で多くの人を回心させる。ペトロは聖霊降臨の際、教えを説いて3000人の信者を獲得した。ローマの百人隊長コルネリウスにも洗礼を施す。ローマに教会を創立する。

　キリスト教会の中には2つのグループがあった。**ヘブライスト**はヘブライ語を話すユダヤ人で、パレスチナ地方で生まれ育った、ペトロらのグループである。**ヘレニスト**は外国で生まれ育ち、ヘレニズム的思考や習慣を持ったギリシア語を話すユダヤ人である。ヘブライストが神殿や律法を尊重したのに対して、ヘレニストはイスラエルの神殿やユダヤ教の律法よりイエスの福音を信じることの方が大事であると考えていた。ヘレニスト

の代表が**ステファノ**で、神殿批判を行ったのでユダヤ教徒によって捕らえられ石打の刑でキリスト教最初の殉教者となる。**殉教**は迫害の中、信仰を貫いたために命を落とすことで、初期のキリスト教で頻繁に発生した。ヘレニストの信徒は迫害を逃れるためエルサレムを離れ、ユダヤ、サマリア、アンティオキアに散り、行く先々で宣教活動を行う。**フィリポ**はサマリアやエチオピアの高官にイエスの福音を伝え洗礼を行う。イエスの信仰さえあれば、割礼を受けていない異邦人でも救われることを明らかにして、エチオピアの高官を通してアフリカにもイエスの福音が伝えられる。こうしてキリスト教は各地に広がっていった。

　**パウロ**（ヘブライ語で**サウロ**、?-60以後）はパリサイ派に属する熱心なユダヤ教徒で親の代からローマの市民権を持っていた。律法を軽んじるキリスト教徒に敵意を抱き、キリスト教徒を捕らえては牢獄へ送っていた。ステファノの殉教にも加担した。パウロがキリスト教徒迫害のためダマスコに向かう途中、突然天からの光が彼を照らし、「サウロ、サウロ、なぜ私を迫害するのか」という声が聞こえる。「わたしはあなたが迫害しているイエスである。サウロは私の名を伝え広めるために私が選んだ器である。起きて町に入れ。そうすれば、あなたのなすべきことが知らされる。」サウロは起き上がって目を開けたが何も見えない。3日後、アナニアという人が来て、サウロに手を置いて言った。「主イエスは、あなたの目が見えるようになり、聖霊で満たされるようにと、私を遣わした。」サウロの「**目から鱗**」のようなものが落ち、サウロの目は見えるようになった。パウロは回心し洗礼を受けた。エルサレム教会は、活発な異邦人伝道を展開しようとアンティオキア教会に**バルナバ**を派遣する。バルナバの相棒がパウロである。パウロは伝道活動を始めるが、パウロを受け入れたことは教会にとって非常に意義があった。信徒たちは信仰心が厚いものの、教養が乏しく、一方パウロは律法や哲学に通じた一流の知識人であった。キリスト教会の教義はパウロによって理論的に深められていった。

　パウロはイエスの死について宗教的な解明を行った。**贖罪の思想**である。**原罪**とはすべての人間が宿命的に背負う罪で、アダムとイブに由来する。原罪は人類の始祖にまで遡る罪で、贖罪としてイエスはわれわれ人間

のすべての罪を文字通り十字架として一身に背負ってくれた。およそ人間の行う悪は原罪に由来する。人間は神の意志に背いて自己中心的な生き方をする存在であり、人間自身の力ではこの罪から逃れられないとする考え方を**原罪思想**という。いかなる人間も神の前では、罪人として平等なのである。弱い人間に代わってイエスが犠牲になることで、全人類は罪から解放された。その贖罪の死は神からもたらされ、神に背いた人間に神の方から和解の手が差しのべられ、神の子イエスが遣わされて犠牲に捧げられそのことによって人間の神への関係が正された。イエスの死に神の愛を見、その復活に永遠の命をもたらす神の救いを見た。だからこのイエスを神の子として信仰すべきであるという、**キリスト教が成立**した。キリストとはメシアを意味するギリシア語クリストス（油を注がれた者）に由来し日本語では**キリスト**と言われる。パウロは**信仰義認説**を唱える。人が義（正しい人）とされるのは律法の行いによるのではなく、信仰による。人間は自分の意志で善をなすことなどできない。イエスの死と復活に示された神の愛を信じ、神の恵みを受け入れ、ただひたすら神とイエスを信仰することによってのみ人は神によって義（正しい人）と認められる。さらにキリスト者にとって最も大事なものは**信仰・希望・愛の三元徳**であるという。新約聖書によると昇天したイエスは終末に再び地上に現れ**（再臨）**、**最後の審判**を行い、善人に永遠の命を与え、神の国を完成すると信じられた。

　**49年エルサレムで使徒会議**が行われる。ペトロを始めとするヘブライストはユダヤ教の一派としての思想を持っており、律法を遵守し割礼を受けた人々に宣教し、パウロを始めとするヘレニストはユダヤ教からは分離して、律法を守る必要はなく割礼を受けていない異邦人に宣教するという協定が結ばれた。割礼とはユダヤ人が行う儀式で幼児期に男性器の包皮を切り取るもの。パウロらのローマ、ギリシアへの宣教活動によりキリスト教は世界宗教となる。**パウロがいなければ、キリスト教はユダヤ教の一宗派で終わっていたかもしれない**。パウロは３回の宣教旅行を行い、苦難に満ちた旅の途中で、あるいは牢獄の中から各地の教会や信徒を励ますために手紙を送り続けた。パウロは１年半マケドニアのコリントに滞在し、キリスト教神学の精髄と呼ばれる「**ローマ信徒への手紙**」を書いている。新

約聖書に納められている使徒の書簡は大半がパウロのものである。58年頃パウロはユダヤ教徒の反感を買いエルサレムで逮捕されローマに護送される。ローマで2年間ほど宣教活動を行い、62-65年頃にローマで殉教した。

　当初、ローマ帝国はキリスト教を容認する姿勢をとる。イエスの死後百数十年の間に広大なローマ帝国全土にまで普及する。しかし皇帝崇拝を認めず、兵役を拒否し国家祭儀に参加しないキリスト教徒に嫌悪感が高まる。キリスト教徒は迫害を逃れて**カタコンベ地下墓地**で礼拝する。64年**皇帝ネロ（在位54-68）**はローマの美観を取り戻すためローマに放火する。民衆の不満を逸らす為、キリスト教徒を放火犯として迫害する。多くのキリスト教徒がローマの格闘技場でライオンに殺される。ペトロ（ペテロ）はネロの庭園で逆さ十字架に掛けられ、パウロはローマ市民権を持っていたので斬首にされたという。ペトロ（ペテロ）殉教の場所にバチカンの聖ピエトロ大聖堂が建てられたという。

　**紀元66年と70年にユダヤ教徒はエルサレムでローマの圧政に対して反乱を起こす。**メナヘムの率いる熱心党が、ローマ兵のいるマサダの要塞を攻撃する。しかしローマ軍にたちまち鎮圧される。これによりエルサレム原始教会は姿を消す。135年第二次ユダヤ戦争が起こる。エルサレムは略奪され神殿は破壊され、多くのユダヤ人は殺害されユダヤ人はイスラエルの地を追われ母国を失う。**ユダヤ教会と対立していたキリスト教会は、この時ユダヤ教の呪縛から解放された。**エルサレムへの立ち入りを禁じられたユダヤ人は、ヨーロッパ各地に離散する。これより1948年のイスラエル建国まで、ユダヤ人は国を持たない民族として世界を流浪することになる。

　**新約聖書は180年頃には書かれていた。**新約聖書の最後は**ヨハネの黙示録**である。黙示録とは神の計画の記録という意味である。ドミティアヌス帝（在位81-96）のキリスト教徒迫害の時代に書かれた。7人の天使が神の怒りを注ぎ世界に終末が訪れる。キリストが地上を訪れサタンを幽閉して千年間君臨する**千年王国**の時代が訪れる。殉教者たちも復活する。サタンが再び現れ人々を惑わすが、神の前に敗れ去る。この世の終末がやってくるとすべての死者が復活して**最後の審判**が始まり、天国に行く者と地獄に落ちる者への振り分けが行われる。新しい聖なる都エルサレムが降臨

し、再臨したキリストが支配する国が永遠に続く。もともとキリスト教には地獄の概念はないが、伝道の際に恐ろしい地獄のイメージを示し、悔い改めない者の末路を示すことが必要だったとされる。イエスの死後すぐにでも起こるかと思った終末や千年王国はなかなかやって来なかった。4世紀になると、終末や千年王国は現実に見える形で起こるのではなく、人びとの心の中で起こるものだ、という声がキリスト教会の主流を占めるようになる。この世で繁栄し、ゆるぎない地位を確立した教会にはもはや終末論は必要なかったのである。

　はじめは奴隷や下層市民に普及していたキリスト教も3世紀末にはローマの指導層にも普及していく。**313年コンスタンティヌス帝はミラノ勅令によってキリスト教を公認する。380年にはローマの国教となり、391年キリスト教以外の宗教はすべて異端とされる。325年ニケーア公会議**が開かれる。キリスト教会が主催する会議を公会議という。イエスを神の子とする**アタナシウス派**が正統とされ、イエスの神性を否定するアリウス派は異端とされる。**三位一体説が確立**され正統教義の根本となった。神である天の父と、子であるイエスと、神の意志である聖霊は本質的に同一だとされる。三位一体説は教会の権威を高めるのに大いに役立った。イエスは神であると同時に人でもあるとされた。**アリウス派**は北方ゲルマン民族に広まる。395年ローマ帝国は西ローマ帝国とビザンツ（東ローマ）帝国に分裂する。**397年カルタゴ公会議**で、現在の27書が新約聖書聖典とされた。**新約聖書は福音書、使徒言行録、書簡、ヨハネの黙示録からなる。**旧約聖書は歴史的な色彩が濃いが、新約聖書は宗教的色彩が濃い。**431年エフェソス公会議**でキリストの神性と人性を分離して考える**ネストリウス派**は異端と宣告されたが、後にササン朝を経て唐代の中国に伝わり景教と呼ばれた。476年西ローマ帝国は滅亡し、ビザンツ帝国は1453年まで存続する。西方教会はゲルマン人に聖像を用いて巧みに布教し教皇権は次第に強化される。西方教会の公用語はラテン語で、倫理・実践的な信仰を中心に置いていた。その代表的な神学者が**教父アウグスティヌス（354-430）**である。

# 第29章　キリスト教の展開

## ［1］教父アウグスティヌスと神の国

　**教父**とは、教会公認の神学者で、その著書は「聖書と同等またはそれに次ぐ権威」と教会から認められた神父のことである。**アウグスティヌス（354-430）**の時代、キリスト教会はローマ帝国から公認されて日が浅くキリスト教の正統教義の確立に尽力する教会指導者を求めていた。396年アウグスティヌスはヒッポ（アルジェリアのアンナータ）の司教に42歳の若さで任命される。以後彼は75歳で亡くなるまで、「**神の国**」「**告白**」「**三位一体論**」などを書き著し正統教義の確立に尽力する。

　アウグスティヌスは354年ローマの属州北アフリカのタガステに農園地主で市会議員であった父と敬虔なキリスト教徒の母の間に生まれた。16歳の時、修辞学を学ぶためカルタゴに向かう。カルタゴは異教の文化に満ち、マニ教に惹かれる。**マニ教**は古代バビロニア宗教、ゾロアスター教、仏教などの教義を取り入れた混合宗教である。二元論を根本として、この世界は光と闇、善と悪、霊と肉に分かれて対立しており、地上はその対立の場であると説く。人間は肉体の中に魂を持ち、悪の中に善を持ち、つまりは魂が肉体からの解放を求めていると説く。彼は16歳で奴隷女との間にアデオダトゥスという男子を設ける。4年後故郷に帰り、後ミラノ市の修辞学の教授になる。30歳である。ミラノのアンブロシウス司教によりキリスト教に教化され、また母モニカがミラノに来て、母の説得によりカルタゴの女とは離縁し名家の娘と婚約するが10歳と若く、別の愛人を作ってしまう。386年、32歳の時聖書の「ローマ人への手紙」を読み、「享楽と泥酔、淫乱と好色、争いとねたみを捨てて、昼歩くように、つつましく歩こうではないか。あなた方は、主イエス・キリストを着なさい。肉の欲を満たすことに心を向けてはならない。肉の求めるものを断てば、魂は神とつながる。」に心打たれ回心する。387年ミラノのアンブロシウス司教から洗

礼を受ける。彼の子供は17歳で亡くなり、聖書の研究に没頭する。391年ヒッポの助祭となるが、バレリウス老司教の死後、42歳で司教となる。以後教父としての活動が始まる。

　アウグスティヌスはギリシア哲学への造詣が深く、新プラトン主義の潮流の影響を強く受けていた。つまりキリスト教の信仰をギリシア哲学により補強した。**プラトン（BC427-347）哲学**は物事の本質を踏み込んで議論した観念論で、感覚でとらえる現象（個物）は、時間的空間的存在であるが、知性でとらえる**本質イデア**は、超時間的・超空間的存在で永遠不滅・完全であり**天上界に存在する**と考えた。また人間の魂は理性・意志・欲望の３つの部分からなり、これらはそれぞれに対応する徳アレテーである、知恵・勇気・節制をもっており、これらがバランスよく調和する時、正義が実現する。この**知恵・勇気・節制・正義を四元徳**という。アウグスティヌスはパウロの示した**信仰・希望・愛の三元徳をプラトンの四元徳の上位に位置づけ、合わせて七元徳**といった。**新プラトン主義**とはプロティノスを祖とする３世紀から６世紀頃の古代ギリシア最後の哲学潮流でプラトンの神秘主義的解釈に、ピタゴラス・アリストテレス・ストアなどの学説を取り入れその後のキリスト教思想に大きな影響を与えた。

　**三位一体説を確立し、正統教義の根本とした。**神である天の父と、子であるイエスと、神の意志である聖霊は本質的に同一だとされる。三位一体説は教会の権威を高めるのに大いに役立った。イエスは神であると同時に人でもあるとされた。

　**原罪**とはすべての人間が宿命的に背負う罪で、アダムとイブに由来する。原罪は人類の始祖にまで遡る罪で、贖罪としてイエスはわれわれ人間のすべての罪を文字通り十字架として一身に背負ってくれた。およそ人間の行う悪は原罪に由来する。人間は神の意志に背いて自己中心的な生き方をする存在であり、人間自身の力ではこの罪から逃れられないとする考え方を**原罪思想**という。いかなる人間も神の前では、罪人として平等なのである。人間は**自由意志**を持つがそれは**悪への自由**でしかない。人間に善をなす自由などない。そんな人間が救われるためには、**慈悲深い神による恩寵に期待する以外にはない。**神の愛を信じ、神の恵みを受け入れ、ただひ

たすら神とイエスを信仰することによってのみ人は神によって義（正しい人）と認められる。

　**恩寵の予定説**を説く。神によって恩寵が与えられる人つまり救われる人とそうでない人は、予め決定されている。つまり努力や信仰で救いを獲得することは出来ない。そもそも人間はだれ一人救われる価値のない存在であるため、そんな人間でも救われ得ることに感謝すべきだとされた。その救いは神の代理者である教会を通じてのみ与えられる。この考えは神の絶対性とカトリック（普遍的な）教会の権威を基礎づけた。この予定説の考え方は、後の宗教改革の指導者カルバンに影響を与えた。

　アウグスティヌスが生きた時代はローマ帝国が滅亡する時代で、神が造った世界に何故悪が存在するのか、蛮族によってキリスト教国のローマ帝国が蹂躙されているのにキリスト教は無力ではないか、という疑念が寄せられた。

　アウグスティヌスのキリスト教哲学は次のようである。かつてローマ人の信じていた神々は彼らに道徳を与えなかった。そのためローマは道徳的に堕落し、性の乱れや暴力が横行した。キリスト教が広まる前のローマに自然災害が多かったのも、真の神への信仰が足りなかったせいである。歴史は神による世界創造から終末に向かって進んでおり、そこでは善と悪という2つの原理がせめぎ合っている。この2つは「**神の国**（神を愛し自己を蔑む国）」と「**地上の国**（自己を愛し神を蔑む国）」と言い換えることもでき、それぞれ「神への愛」と「自己愛」によって支配されている。永遠の愛である神のもとへと人々が導かれるまでの過程が歴史である。悪魔が暴れだし地上の国をさまよう連中と手を組み、神の国との激しい戦いになる。これが世界最終戦争、**ハルマゲドン**である。**キリストが再臨し最後の審判が下される歴史の終末に「神の国」が実現される。教会は地上における神の代理者である。**この考え方は教会制度の確立につながった。

## ［2］西ローマ帝国の滅亡と
## ローマカトリック教会の成長

　テオドシウス帝の没後、395年ローマ帝国は東西に分裂する。兄がコン

スタンチノープルを首都とするビザンツ（東ローマ）帝国、弟がローマを首都とする西ローマ帝国を相続する。**東方教会は皇帝の強力な支配下に置かれ、皇帝教皇主義が定着する。**国家と教会の力関係は明白で東方教会は**オーソドックス（ギリシア語で正統な）教会**と呼ばれる。200年に及ぶゲルマン民族の大移動で**西ローマ帝国は476年滅亡**し、西方教会は当初、ビザンツ皇帝の保護を受けながらゲルマン人に布教した。

　西方教会は**カトリック（普遍的な）教会**と呼ばれ、使徒ペテロ殉教の地であるとされるローマの司教はペテロの後継者を自任し**教皇（法王）**として権威を高めていた。迫害がなくなって貴族化した聖職者や教会に対して、「純粋な信仰生活への復帰を」「荒野に逃れよ」といった修道生活への回帰を願う運動が起こる。6世紀から世俗を離れた修道院活動が広がる。ベネディクトゥス（480-547）はイタリアのモンテカシノに529年**ベネディクト修道会**を開き、「清貧・純潔・服従」の厳しい戒律と「祈りかつ働け」の精神を修道士に課し、以後各地に広がった。フランチェスコ修道会、ドミニコ修道会は民衆の中に入って教化したので、托鉢修道会と呼ばれる。

　ローマ教会はゲルマン人への布教の手段としてキリスト像やマリア像を用いていたが、**726年ビザンツ皇帝のレオン3世は聖像禁止令**を出す。ゲルマン諸王国はアリウス派の異端であったが、アタナシウス派のフランク王国が台頭し、カールマルテルは756年トゥールポワティエの戦いで勝利しイスラム軍をキリスト教世界から駆逐し、その子ピピン（在位751-768）はラベンナ地方を教皇に寄進し、これが**教皇領**の始まりとなる。ローマ教会とフランク王国の関係はピピンの子、カール大帝（在位768-814）の時代に最も深まる。**800年、教皇レオ3世はカール大帝に西ローマ皇帝の帝冠を与える。**カールの戴冠をもって中世ヨーロッパ世界の成立という。西ヨーロッパ世界は政治的・文化的・宗教的に独立した。

　ここからローマ教会はビザンツ帝国の支配から独立する。ノルマン人の侵入に共闘しようという教皇レオ9世の申し出を、東方教会の総主教ケルラリオスが黙殺したことに教皇は激怒し、**東方教会の聖職者の妻帯を非難する。1054年教皇レオ9世と総主教ケルラリオスは互いに破門状を叩きつけ、東西教会は分裂する。**ローマ帝国以来存続した地中海世界は、西

ヨーロッパ世界・東ヨーロッパ世界・イスラム世界に三分された。西方教会と東方教会の交流が回復するのは1965年である。カトリックは全世界の教区がどの国であっても教皇に直属しているが、オーソドックスはギリシア正教会、ロシア正教会など、地域ごとの独立組織となっている。

　中世の封建社会では、王権が貧弱で統一的権力になれなかったのに対して、ローマカトリック教会は西ヨーロッパ世界に普遍的な権威を及ぼした。教皇を頂点に大司教・司教・司祭・修道院長など、聖職者の序列を定めたピラミッド型の**階層的組織**がつくられ、大司教や修道院長は荘園領主でもあった。教会は農民から**十分の一税**を取り立て、教会法による独自の裁判権も持っていた。高位の聖職者が諸侯と並ぶ支配階級となると、皇帝や国王などの世俗権力は本来聖職者でない俗人を聖職者の地位に任命し教会に介入するようになった。聖職売買が行われた。国王や諸侯が、司教や修道院長の任命権を握っていたため、教皇の座は権力争いの道具となり、900年から999年の100年間に27人の教皇が入れ替わった。

　クリュニー修道院出身の教皇**グレゴリウス7世**（在位1073-83）は神聖ローマ皇帝**ハインリヒ4世**（在位1084-1105）との間に**聖職者叙任権闘争**を起こす。教皇は皇帝を破門し、ドイツ諸侯は破門解除がなければ、皇帝を廃位すると決議する。ハインリヒは教皇のいるカノッサ城内で雪の中3日間裸足無帽に粗毛の修道衣一つで立ち続ける。その場にいたクリュニー修道院長ユーグが罪を悔い改めた人間を赦すのも司祭の務めと口添えし、4日目に教皇は接見して破門を解く（**1077年カノッサの屈辱**）。ハインリヒはドイツに戻ると態勢を立て直す。教皇の2度目の破門は効果がなく1081年大軍でローマを占拠しグレゴリウス7世を追放し、クレメンス3世が新教皇となり、1084年ハインリヒ4世はクレメンス3世によって正式に神聖ローマ帝国皇帝となる。その後対立教皇と正統派教皇の並び立つ時代は、**1122年のボルムス協約**によって解消される。

## ［3］十字軍Crusades

　西ヨーロッパは1000年から300年間は安定と成長の時代であった。東

ヨーロッパではイスラム勢力が台頭し、セルジュクトルコは**1071年エル**
**サレムを占領し**1081年にはコンスタンチノープルから百キロのニケアまで
進出する。ビザンツ皇帝は教皇に救援を要請する。教皇はあわよくば東西
教会統一を画策する下心があったという。

　**1095年クレルモン公会議でウルバヌス２世**（在位1088-99）は聖地回復
の聖戦を提唱する。教皇はセルジュクトルコが聖地エルサレムを占領し、
キリスト教徒をいかに迫害しているかを民衆に訴える。民衆はイスラム教
徒への怒りに燃えて熱狂し**十字軍派遣**が決定される。しかし**実際には聖地**
**エルサレムにおけるイスラム教徒によるキリスト教徒の迫害**など、ほとん
どなかったといわれている。イスラム教徒にとって十字軍による突然の攻
撃は、侵略に他ならなかった。イスラム教徒側は十字軍との戦いを聖戦ジ
ハードとみなし、多くのイスラム教徒が戦いに参加した。

　十字軍の遠征は200年間に渡って７回行われ、最終的には失敗に終わっ
た。**第１回十字軍は1096-99年**である。ウルバヌス２世は**アデマール司教**
を総司令官にする。正規軍が数か月後コンスタンチノープルに到着する。
ビザンツ皇帝アレクシスは奪還した旧ビザンツ領はすべてビザンツ帝国に
返還するように申し渡す。アンテオケの総攻撃で十字軍は一方的に勝利し
虐殺と略奪を行う。チフスが発生し、アデマール司教はチフスで死ぬ。
1099年ヨーロッパを出て３年3000キロ、十字軍はエルサレムに辿り着く。
騎士1500、歩兵２万余である。十字軍兵士は１週間の内にイスラム教徒、
ユダヤ教徒数万人を殺戮した。略奪し金貨、金銀調度品など莫大な戦利品
を持ち去った。ロレーヌ人軍団のゴドフロアが**1099年エルサレム王国を**
**建国**する。ゴドフロアの病死により弟が1100年正式なエルサレム王として
ボードワン１世となる。周辺にエデッサ伯国、アンテオケ公国、トリポリ
伯国ができる。しかしヨーロッパに帰国した諸侯、騎士も多く、エルサレ
ム国家全体は安定とはほど遠かった。教皇ウルバヌス２世はエルサレム奪
還の報を聞くことなく没している。エルサレム突入時、キリスト教徒がイ
スラム教徒を大量虐殺したことが、却ってイスラムの団結を呼んだ。1144
年エデッサ伯国が陥落する。

　**第２回十字軍**（1147-49）が編成される。ドイツ皇帝軍とフランス王軍

が参加するがほぼ全滅する。イスラム側の最高指導者に**サラディン（在位1169-1193）**がなる。1187年ハッティンの戦いでキリスト教側に勝利しエルサレムを残すのみとなった。フランス貴族バリアンが軍使となりサラディンに交渉し、キリスト教徒はエルサレムを退去し、サラディン軍は無血入城する。

第3回十字軍（1189-92）はエルサレム陥落の知らせに組織される。赤ひげ王・ドイツ皇帝フリードリヒ1世、威厳王・フランス王フィリップ2世、獅子心王・イギリス王リチャード1世が参加する。フリードリヒ1世は水死しドイツ軍の大部分は帰国する。フランス軍とイギリス軍は海路でアッコンを占領、サラディン軍の海からの物資補給を断った。英仏は本国が不仲であったので、この勝利を機にフランス軍は帰国してしまう。リチャードとサラディンはエジプトで1192年3年間の休戦協定を結ぶ。キリスト教徒のエルサレムへの自由な巡礼が保障され、アッコン王国が成立した。聖地は回復されなかった。

第4回十字軍（1202-04）はインノケンティウス3世（在位1198-1216）によって提唱される。神聖ローマ帝国皇帝フリードリヒ1世の死去によりローマ教皇の権威は絶頂に達し、「**教皇権は太陽のごとく皇帝権は月のごとし**」と言った。フランス軍を主力としたが、資金不足のため、ベネチア商人から借金し、ベネチア商人の依頼で、当時ハンガリー王に奪われていたツァラの町を攻撃しエジプトには向かわなかった。その後ビザンツ亡命皇帝の王子アレクシウスからの依頼でコンスタンチノープルを攻撃する。教皇はツァラ攻撃の十字軍を破門するが、コンスタンチノープル占領後に赦免する。**1204年十字軍によってコンスタンチノープルは占領**され、略奪が繰り返され、東ローマ帝国は滅亡する。ギリシア正教はローマに戻された。フランドル伯のボードワン1世が帝位に着き**ラテン帝国が成立**する。ラテン帝国では東方教会にローマ式の礼拝を強要し、従わない者は処刑した。1261年ミカエル8世がコンスタンチノープルを奪還してビザンツ帝国は再建された。

**1212年少年十字軍**が組織される。フランス少年エチエンヌとドイツ少年ニコラウスにエルサレム奪還のイエスのお告げがある。ローマに着いた

2万人の少年たちは教皇に説諭され帰国するが、マルセイユ港に着いた3万人の少年少女十字軍は7隻の船に分乗して出航する。2隻は沈没し5隻はエジプトのアレクサンドリアに入港する。マルセイユの船主たちの悪巧みにより奴隷商人に売り渡されてしまう。

第5回十字軍（1228-29）はフリードリヒを嫌っていたグレゴリウス9世の命により**ドイツ皇帝フリードリヒ2世**が出陣する。1227年シチリア王でもあったドイツ皇帝フリードリヒ2世のもとにサラディンの甥アルカミールから使者が来る。アルカミールは弟と対立しており、フリードリヒに援助を求めてきた。イスラム文化とイスラム教に理解が深く、同盟の相手として格好であり、援軍を出せばエルサレムを譲り渡すとの内容である。1228年フリードリヒはイタリア・ブリンディンを出発するが、弟のアルムアッザムの急死の報に接し、アルカミールから援軍は要らないといわれる。5か月間の交渉で、スルタンにドイツ皇帝がエルサレムを統治することを認めさせる。しかし**フリードリヒの無血による外交的勝利**も教皇には理解されなかった。教皇の意を汲んだ十字軍は1239年に出発するが、現地ではイスラムとの休戦が続いていて戦いなど起きようがなかった。

第6回十字軍（1248-54）はフランス王ルイ9世によって行われ、サラディンが建国したエジプトのアイユーブ朝（1168-1250）を攻撃目標にする。しかしルイ9世はイスラム軍の捕虜となり、莫大な身代金を支払う。

第7回十字軍（1270）もフランス王ルイ9世によって強引に起こされ、北アフリカチュニスに上陸するがチフスにかかり病死して挫折する。1291年エルサレム王国最後の拠点アッコンが陥落しシリア、パレスチナは完全にイスラム教徒の支配下におかれた。

十字軍は民衆の宗教的情熱によってだけではなく、参加者それぞれの動機が複雑に絡み合って起こされたものである。教皇はこれを機会に東西両教会を統一しようと企て、諸侯は領地や戦利品を望み、イタリア諸都市は商業的利益を拡大しようとした。十字軍は結局失敗したが、その後の西ヨーロッパ世界に重大な影響を与えた。初期には聖地回復によって教皇の権威は絶頂にまで高まったが、相次ぐ遠征の失敗により、末期には一気に衰退を招くことになった。逆に遠征を指揮した**国王の権威は高**まった。ま

た十字軍の輸送により、イタリア諸都市は大いに繁栄し、地中海貿易による東方との交易が再び盛んになりだした。これにより東西間で人と物との交流が活発になると東方の先進文明圏であるビザンツ帝国やイスラム世界から文物が流入し、西ヨーロッパ人の視野は拡大した。十字軍をきっかけに中世ヨーロッパは様変わりすることになる。

## ［4］スコラ哲学

　中世ヨーロッパでは教会や修道院の付属の学校で神学が研究され、**スコラ哲学**が大成される。**トマス・アクイナス（1225-74）**は「**神学大全**」を著す。このスコラ哲学の拠り所とされたのが、アリストテレス哲学である。アリストテレスの著作は、一部はアリストテレスの学園であるアテネのリュケイオンに保存されていたが、リュケイオンの閉鎖とともに多くは散逸していた。十字軍の遠征で意外なことに、アレキサンドリアの図書館に保存されておりイスラム教徒がアラビア語でアリストテレスを研究していた。これがヨーロッパに逆輸入されることになりラテン語に翻訳され神学者たちが導入した。神学者たちは理性と信仰とどちらが優越するかというテーマに取り組んでいたが、トマス・アクイナスは信仰と理性の調和を説き、両者は相互補完の関係にあり、矛盾することは無い。恩寵の光を認識するのが信仰であり、自然の光を認識するのが理性である。あくまで**信仰が上位であり恩寵は自然を破壊せず、かえってそれを完成させる。哲学は神学の婢**である。これ以後、万学の祖アリストテレスの知的体系全体が中世を通じて崇拝の対象になった。キリスト教により宗教的権威付けがなされた。アリストテレスの知的体系は網羅的で完成度が高く、1000年以上も無批判に受け入れられ、またアリストテレスを超える存在も現れなかった。アリストテレスの頭で作り上げられた思弁的理論は近代科学の出現まで続いた。

　アリストテレスは現実の事物はそのもののうちに本質が内在していると考えた。事物はそれが何であるかを示す**形相エイドス**とそれが何から出来ているかをあらわす**質料ヒュレー**からなる。アリストテレス哲学では、木

**355**

材は机の**可能態デュナミス**であり、机は木材の**現実態エネルゲイア**である。万物が可能態から現実態への生成のうちにあり、ヒュレーを持たない純粋なエイドスとして最高の現実性を備えたものは、**「神」（不動の動者）**と呼ばれる。中世のキリスト教神学者は、この「神」概念の影響を受け、キリスト教の神と同一視した。

## ［5］教皇のバビロン捕囚

　十字軍により教皇の権威は失墜し、各国の諸侯・貴族が落命したり経済的負担で没落したため国王の中央集権化は強まった。力を蓄えたフランスの**フィリップ4世（在位1285-1314）**は**教皇ボニファティウス8世（在位1298-1303）**に対して、聖職者や修道院に課税する。教皇は国王を破門し国王は教皇の廃位を要求する。アナニにいた教皇は捕らえられ幽閉されるが、間もなく胆石で病死する。「カノッサの屈辱」の裏返しのような1303年の「**アナニの屈辱**」はヨーロッパの教会社会に衝撃を与えた。フィリップ4世はボルドー大司教をクレメンス5世として教皇に選出させると、教皇庁を南フランスのアビニョンに移してしまう。以後7代、70年間教皇はフランス王の影響下に置かれた。ローマ教皇とアビニョン教皇が共に正統を主張する「**教会分裂（シスマ）**」が起きてしまう。**1409年ピサ公会議**で両教皇を排して新教皇を立てるが、ローマ、アビニョン共に認めず、3人の教皇が並び立つ事態となる。

　教会の分裂は教皇の権威をさらに失墜させ、互いが支持の確保に奔走した結果、金権と腐敗がさらに進んだ。イギリスの**ジョン・ウィクリフ（1320-1384）**は聖書こそが最高の規範であり、著作の中で教会を「サタンの会衆」、教皇を「反キリスト」と呼んだ。ボヘミアの**ヤン＝フス（1370-1415）**は、聖書中心主義に立って、カトリック教会を非難、教会改革を訴えた。フスの支持が大きくなり、ローマ教会は**コンスタンツ公会議**にフスを召喚、自説の撤回を迫ったが、フスは拒否し異端とされ火刑に処せられた。ウィクリフの説も異端とされ、遺体が掘り起こされ、著作と共に焼かれてテムズ川に捨てられた。この公会議でローマ教皇が正統であると認

められ統一新教皇マルティヌス5世（在位1417-31）が選出された。しかし教会改革の声はやまず、宗教改革の足音は近づいて来る。

　ルネサンス最大の人文学者であるオランダの**エラスムス**（1466-1536）は1509年「愚神礼賛」を出版し、カトリック教会の腐敗と堕落を批判する。発明されたばかりの活版印刷により大量に出版され大評判となる。愚か者の女神が主人公で自画自賛し、教会を含めた人間社会の愚かさを風刺した作品である。カトリック教会は激怒し禁書にする。ルターとは良好な関係であったが、エラスムスは人間の自由意志を擁護し、神の恩寵や神への信仰を主張するルターは人間が自由な意志を持つという考え方には否定的で論争し対立する。

　**1453年オスマントルコはコンスタンチノープルを攻略しビザンツ帝国は滅亡する。**東方教会（ギリシア正教会）はロシアに亡命した最後の皇帝コンスタンティヌス11世の姫ゾーエーがロシア皇帝イヴァン3世の妃となることによって**ロシア正教会**へと引き継がれた。

## ［6］ルターと宗教改革Reformation

　**ルター**（1483-1546）は敬虔なキリスト教徒である。18歳でエルフルト大学に入学し4年後に修士の学位を与えられる。22歳の時修道院に入る。2年後司祭に任命され、翌年神聖ローマ帝国のビッテンベルク大学で神学と哲学の講義を受け持つ。27歳の時ローマを訪れ聖職者の僧職売買、金権と腐敗を目にする。ドイツに戻り神学の研究に励み，神学博士の学位を得て大学教授になる。聖書の研究に打ち込む。ローマでは**メディチ家出身のレオ10世が教皇となり、サンピエトロ大聖堂**（1452-1667）の建設の資金調達のため贖宥状（免罪符）を発行させる。贖宥状はキリスト教の教えを守らなかった罪を赦すためにローマ教会が信者に発行した証書である。教会への喜捨などの善行を積めば、その功績で過去の罪が赦されると説明した。ドイツは政治的に分裂していたため、教皇による政治的干渉や財政上の搾取を受けやすく「ローマの牝牛」と言われていた。マインツ大司教に白羽の矢が当てられた。

ルターは1517年ビッテンベルクの教会の扉に「**95箇条の論題**」を張り付ける。これが宗教改革の発端となる。キリスト教信者は信仰があれば贖宥状を買わなくとも罪は許される。教皇が教会を建てるという瑣末な理由で、汚らわしい金銭を貧しい信者から集めるのではなく、教皇自らの資金で行えばよい。論題は 2 週間の内に神聖ローマ帝国中に知れ、 1 か月後にはヨーロッパ中に広がった。1518年ルターは教会の取り調べのためアウグスブルクに呼び出される。取り調べは 3 日間行われる。教皇は始め、ルターをローマに呼び出そうとしたが、ルターを支持する貴族や皇帝の反対にあって神聖ローマ帝国内でルターに忠告を与えた。1519年神聖ローマ皇帝マクシミリアン 1 世が逝去し、後継者問題からこの問題は棚上げとなった。神聖ローマ帝国皇帝にはスペイン王であったカルロス 1 世がなりドイツでは**カール 5 世（1500-1558）**と呼ばれた。その後ライプチヒ公開討論会が行われる。教皇側は神学教授**ヨハンエック**が立ち、18日間行われたが決着がつかなかった。ルターの人気は高まり、ルターは1519年に50冊、1520年に133冊の印刷物を出版した。1520年ルターは宗教改革の文書を出す。教皇や僧侶の権限が聖書や教会を支配しているのはいけない。カトリック教会の儀式は洗礼などを除いてやめるべきである。キリスト教の信仰は自由である。

　教皇は60日の間に誤りを認めなければ破門するという。**ルターは教皇の破門状を焼き捨てる。**1521年ルターはウオルムス帝国議会に呼び出され、取り調べの後、カール 5 世により神聖ローマ帝国から追放される。**ザクセン選帝侯はルターを密かにワルトブルク城にかくまう。**ルターは**新約聖書のドイツ語訳**を完成させ、印刷出版されて神聖ローマ帝国中に広がる。初めて聖書が一般の人々にも読めるようになった。ルターの主張は、

　**信仰義認説**：人は内面的な信仰のみで義（正しい人）と認められる。

　**聖書中心主義**：信仰の拠り所としての教会や聖職者を否定。

　**万人司祭主義**：神の前ではすべての信者は平等で聖職者の宗教的特権を否定。

　**職業召命観**：世俗の職業はすべて神の召命（使命）。

　ところがルターの宗教改革は思いもよらない方向に進む。**ドイツ農民戦**

争（1524-25）である。ミュンツァーは農奴制の廃止を要求し、暴徒と化した農民は教会に押し入り、僧侶を縛り上げ、乱暴を働く。殺人強盗団になってしまう。ルターは初め農民蜂起に同情的であったがやがてこれを弾圧する諸侯の側につく。翌年農民軍は平定される。カール5世はオスマントルコのウイーン包囲を受けルター派を認める。3年後戦いが有利になるとルター派を禁止する。これに抗議したことから**プロテスタント新教**と呼ばれることになる。**1555年アウグスブルクの和議**が成立する。諸侯は**旧教**と新教のいずれをも採用することができるが、領民個人には信仰の自由はなく、それぞれの諸侯の宗派に従うという原則が確立する。

**カルバン**（1509-64）はスイスのジュネーブで宗教改革を行う。アウグスティヌスが唱えた**恩寵予定説**を強調する。誰が救われだれが救われないかは、世界の主宰者である神が予め予定している。信仰に生き禁欲的な生活を送り続けるならば自分が救われるという確信を得ることができる。神の栄光のために勤勉で禁欲的生活をするよう説いた。**職業召命観**を強調する。自分の世俗的な職業は神によって与えられた使命であり、すべての職業は等価値である。**職業の利潤は神による恵み**である。マックスウエーバーによれば、利潤追求が宗教的に正当化されたことにより資本主義の発達を思想的に後押ししたという。

ローマカトリック教会でも**対抗宗教改革（反宗教改革）**がおこなわれる。**1545-1563年トリエント公会議**で教皇の至上権の再確認、腐敗防止、禁書目録、宗教裁判所による思想統制を行った。スペインの**イグナチオ・デ・ロヨラ**（1491-1556）は**イエズス会（耶蘇会）を結成**。日本に来たフランシスコ・ザビエル（1506-52）も参加する。カトリック教会の勢力回復に貢献し、南ヨーロッパへの新教の進出は阻まれ、南ドイツの多くの地域も新教徒から奪回された。海外にも積極的な宣教活動を広める。

宗教改革という社会的緊張の高まりの中で、16-17世紀を最盛期に**魔女狩り**が行われる。自然災害、疫病の発生、家畜の病気、性的不能、不妊。これらは悪魔に魂を売った魔女が起こしているに違いない。こうした妄信から魔女狩りが始まった。ルターも魔女を糾弾する文章を残しており、魔女狩りに積極的に関わっていたとされる。15世紀に著された「魔女の槌」

という悪魔学の本は、教皇の推薦文付きで各国に配布され、魔女裁判の教科書とされた。魔女はほとんどが女性、特に貧しい1人暮らしの老婆。社会的に後ろ盾のない弱者が狙われた。拷問によってひたすら自白が強要され、自白すれば火あぶりに処せられた。犠牲者数はヨーロッパだけで数十万から数百万人と言われている。

## ［7］日本のキリスト教史

　イエズス会の宣教師たちは世界各国で布教活動を行っていた。1549年**フランシスコ・ザビエル（1506-52）**は、鹿児島に上陸し九州や四国で宣教活動を行った。布教活動は南蛮貿易と一体化して行われた。スペイン人・ポルトガル人の南蛮人は中国の生糸・鉄砲・火薬をもたらし日本の銀と交易した。鉄砲は戦国大名の間に新鋭武器として急速に広まった。大友宗麟（1530-87）・有馬晴信（1567-1612）・大村純忠（1533-87）のキリシタン3大名は**1582年天正遣欧使節**をローマ教皇の下に派遣する。教皇グレゴリウス13世に謁見し1590年帰国する。庶民は病院や孤児院などの福祉施設に惹かれたという。織田信長（1534-82）は仏教勢力を抑えるのに好ましいと考えていた。

　豊臣秀吉（1537-98）は初めキリスト教の布教を認めていたが、1587年九州平定の折、**バテレン（宣教師）追放令**を出して宣教師の国外追放を命じた。**1596年サン・フェリペ号事件**が起こる。土佐に漂着したスペイン船サン・フェリペ号の乗組員が、スペインが領土拡張に宣教師を利用していると証言したことから宣教師・信者26名を捕らえて長崎で処刑した（**26聖人殉教**）。この26人は後にローマ教皇から聖人に列せられる。

　徳川家康（1542-1616）は初めキリスト教を黙認していた。1600年オランダ船フーリデ号が豊後（大分県）に漂着する。イギリス人**ウイリアム・アダムス（三浦按針1564-1620）を江戸に招いて外交・貿易の顧問に**した。オランダは1609年に、イギリスは1613年に幕府から貿易の許可を受け、肥前の**平戸に商館**を開いた。オランダ人とイギリス人は南蛮人ではなく紅毛人と呼ばれた。彼らはカトリックではなくプロテスタントであっ

た。家康はスペイン領メキシコとの通商も求めている。**東南アジアとは朱印船貿易**を行った。しかしキリスト教の布教がスペイン・ポルトガルの侵略を招く恐れを強く感じ、信徒が信仰のために団結することも考えられたので、徳川秀忠の時代には1612年禁教令を出し信者に改宗を強制した。**1637年天草四郎が島原の乱**を起こす。島原半島と天草諸島は、もともとはキリシタン大名の領地で、キリスト教徒が多かった。**原城跡**に立てこもった3万人余の一揆勢に幕府は九州の諸大名ら12万の兵力を動員して1638年鎮圧する。1639年徳川家光は鎖国政策を実施する。以後キリスト教徒根絶のため、**踏み絵**を強化し、寺院が檀家であることを証明する**寺請制度**を設けて**宗門改め**を実施する。1873年明治政府は**キリスト教を解禁**する。

# 第30章　デカルトと方法序説

## ［1］デカルトの生涯

　ルネ・デカルト（René Descates, 1596-1650）は、中部フランスのアンドレ・エ・ロワール県のラ・エールに生まれた。父はブルターニュの高等法院の法服貴族で、母は病弱でデカルトを産んで、13ヵ月後に亡くなる。デカルトも病弱で夭折を予告されていた。1606年、デカルトが10歳の時、イエズス会のラ・フレーシュ学院に入学する。イエズス会は信仰と理性は調和するという考えから、スコラ哲学をカリキュラムに取り入れ、また自然研究などの新発見にも積極的であった。1610年ガリレオ・ガリレイが初めて望遠鏡を作り、木星の衛星を発見したとの知らせに、学院で祝祭が催されるほどであった。従順で優秀な生徒であり、哲学科クラスで教えられる学問（アリストテレス論理学、自然学、形而上学）だけでなく、占星術、魔術などの書物も読み、とりわけ数学を好んだ。

　1614年18歳で学院を卒業し、ポワティエ大学に進み、法学・医学を修めた。1616年20歳で法学士の学位を受け卒業する。学園を卒業すると、「**世界と言う大きな書物を読む**」という有名な言葉を残して、軍隊を志願し、1618年22歳の時、オランダに赴きナッサウ伯マウリッツの軍隊に加わる。休戦協定のため実際の戦闘はなかった。

　1618年オランダで、医者であり自然学者の**イザーク・ベークマン**に出会い懇親となる。その後、ドイツ・イタリア・フランスを訪れ観察や経験を積んで行く。デカルトの理解者であるド・ベリュル枢機卿から哲学の思索に励むことを勧められ、1628年オランダに移住し、最も人口の多い町で得られる便利さを欠くことなく、「孤独な隠れた生活」を20年間送り、哲学的思索を続ける。**1637年方法序説**Discours de la méthode刊行。1643年、プファルツ選帝侯フリードリヒ5世の長女**エリーザベト**との書簡のやり取りを始める。1649年スエーデン女王クリスティーナの招聘を受ける。冬は

避けるように言われたが、1650年1月朝5時からの講義を初め、2月に風邪をこじらせ肺炎を併発して死去する。53歳没。

## ［2］世界論と普遍学

　ヨーロッパでは中世の時代、世界は神を中心として成り立っており、神が定めたことが真理であると信じられてきた。神の教えが記された聖書が唯一絶対の真理であり、キリスト教は人々の思想だけでなく、政治や哲学も支配していた。11〜13世紀の十字軍の遠征が失敗に終わり、14世紀にはルネサンスが開花する。古典研究に裏づけられた人間性開放の運動である。神中心主義から人間中心主義への転換が起こる。16世紀にはルター（1483-1546）により宗教改革が行われる。

　16〜17世紀には自然学に大きな発展がみられた。キリスト教の司祭であったポーランドの**コペルニクス**（1473-1543）は自分の死後に著書「天体の回転について」の中で、**地動説**を提唱する。**ケプラー**（1571-1630）は観測データをもとにコペルニクスの地動説を支持し、1619年惑星の**楕円軌道の法則**を発見する。ガレリオ・ガリレイ（1564-1642）は1604年**落体の法則**を発見する。アイザック・ニュートン（1642-1727）は1665年**万有引力の法則**を発見する。宇宙の秩序は神が合目的的に創造したもので、自然もまた固有の目的を実現するように秩序づけられているとする**目的論的自然観**は、宇宙や自然は数学的な調和や秩序に貫かれていると言う**機械論的自然観**に変わっていった。

　デカルトはカトリックの熱心な信者であったが、これらの数学や自然学などの近代科学をまとめ、その英知を結集させて「**世界論Le Monde**」（この本はデカルトの死後1664年公刊される）を出版しようと計画する。ところが1633年ガリレオ・ガリレイの地動説が宗教裁判で異端として有罪判決を受け、地動説の破棄を命ぜられる。世界論はガリレオの地動説を肯定した上で成り立つものであった。デカルトは世界論の出版を見合わせ、1637年「**方法序説および三試論**」を発表する。三試論とは屈折光学、気象学、幾何学のことで、方法序説はこの三試論の序文として書かれている。

本の正式名称は「**理性を正しく導き、学問において真理を探究するための方法の序説。加えてその試みである屈折光学、気象学、幾何学**」である。この本は一般人向けにフランス語で書かれている。

　デカルトの「**哲学の原理**」によれば哲学全体は一本の木に例えられ、根に形而上学、幹に自然学、枝に諸々の学問が当てられ、そこには機械学、医学、道徳という果実が実り、哲学の成果は、枝に実る諸学問から得られると考えた。デカルトの哲学体系には人文学系の学問は含まれない。デカルトが歴史学、文献学に興味を持たず、もっぱら数学・幾何学の研究によって得られた**明晰判明**（明らかで疑い得ないもの）さの概念の上にその体系を考えたことが原因として挙げられる。

　デカルトは確実な知識体系を持つ学問はまだ存在していないと考え、書物による学問を捨てる。デカルトが求めていた学問は、第一に全てに通用する「普遍性」、第二に実生活に役立つ「実用性」、第三に誰にも活用できる「確実性」である。医者であり自然学者であったベークマンとの交流において数学の持つ確実性を応用して全ての学問を統一する「**普遍学**」をつくろうという思いに至った。デカルトは、普遍学は良識ある人間がひとりで築き上げるほうがより確実であること、学問の基礎を固めるにはこれまでの認識や先入観を全て取り除くこと、理性を正確に使って真偽を判断し基礎を固めた上で新しい学問を築き上げることが良いと考えた。

## ［3］方法の規則と道徳の規則

　従来の論理学に替わって理性を正しく導く方法として、**自分の精神が受け入れうるあらゆる事柄の認識に達するための真の方法を探究するための方法の4つの規則**を提示する。

　第一の規則は「**明証性の規則**」。注意深く独断と偏見を避けること。明証的に真であると認めたもの以外は、決して受け入れないこと。ひとつひとつの物事を明らかにする。

　第二の規則は「**分析の規則**」。考える問題を出来るだけ小さい部分に分けること。問題が確実に解けるように分類する。

第三の規則は「**総合の規則**」。明らかになったものを積み重ねて行く。認識されやすい対象から複雑な対象へと、順序に従って進むこと。もっとも単純な要素から始めてそれを演繹していけば最も複雑なものに達しうるという、還元主義的・数学的な考えを規範にしている。

　第四の規則は「**枚挙・吟味の規則**」。何も見落とさなかったか、全てを見直すこと。間違いがなかったか再確認する。何も見落としていないと確信できるよう全体の通覧をいたるところで行うこと。

　デカルトは規則を正しく導くために多くの経験を積むことが必要であると考えた。そしてその間の実生活をなるべく穏やかに過ごすことが出来るように暫定的な道徳を定めた。「**3つの格率**（個人的な行為の原則、私的なルール）」を定めた。

①政治・宗教的な立場は保守主義をとり、そのほかの事柄は中庸の意見に従う。

②自分の意見には決然とした態度で迷わずに従う。きっぱりと一貫した方向に向かう。

③自己に打ち勝つことに努め、世界の秩序よりも自己の欲望を変えることに努める。


## ［4］方法的懐疑とコギト・エルゴ・スム


　ヨーロッパでは中世末期から科学や技術が進歩し、自然に対する見方が大きく変化し、自然科学が誕生した。信仰と理性の調和を説くスコラ哲学は現実から遊離した議論と考えられるようになった。過去の伝統にとらわれない新しい学問の方法が探求された。**デカルト**（1596-1650）は理性ロゴスを知識の源泉と考えた。デカルトは普遍的に妥当な、絶対に確実な真理を得るために、まず全てを疑い、感覚、学問、数学的真理、身体の存在さえも疑った。これを**方法的懐疑**という。

　まず疑ったのは感覚で、視覚・聴覚・触覚・嗅覚・味覚という感覚に依存して物事を認識しているが、果たしてそれは認識した通りに存在しているのか。特に目の錯覚はしばしば起こりうる。

次に疑ったのは推論で数学や幾何学のような、一つしか答えのないものでも自分の推論が真であると自分では検証できないと考えた。

　さらに「目覚めている時の思考」で現実は本当は夢ではないのか、夢の思考が幻想としても現実の思考も夢ではないかと考えた。全てを疑うデカルトには結局何も残らなかった。ここでどんな懐疑論者でも崩すことのできない確実な真理に到達した。

　全てが疑わしいと考えている間も、そう考えている私は存在しなければならないという事実である。これを「**我思う、故に我あり。Je pense donc je suis. Cogito ergo sum. コギトエルゴスム**」という。これをデカルトは**哲学の第一原理**とした。考える理性としての「私」と「私」が考える世界のみが絶対確実な原理であると定義づけた。デカルトによる「考える私」の発見は、主体的に思考する近代的な個人の自覚のあらわれであり、西洋思想における近代的自我（西洋近代思想）の目覚めとされる。

　その後、方法の規則を当てはめて、問題を明らかにして、推論を展開し明晰判明な真理を導き出すこととした。明晰判明の規則は存在証明によって絶対確実な信念を持って適用され、さらに物体の本質と存在が証明された後で、明晰判明に知られる数学的・力学的知識はそのまま外部に実在を持つことが保証される。結果、数学的・力学的世界として、自然は理解されることになる。

## ［5］心身二元論

　デカルトは、ただ考えている自分は精神であり、物質でも物理的存在でもない。これを**思惟実体**という。一方、物体は精神とは区別された存在、独立した実体であると考えた。物体の本質は感覚によらない別のもの、時間や空間の中で数量的な広がりをもつもの。空間的な広がりを本質とする物体や身体は**延長実体**と呼ばれる。肉体と精神は別のものであり、二つの独立した実体から世界は成り立っていると考えた。これを、**物心二元論**、**心身二元論**という。

　精神は考えることが本質であるから身体がなくても存在しうる。だが身

体は考えるという、いわば霊的な性質を持たず、精神がなくても延長することによって存在する。

1643年5月公女エリーザベトから、「**人間の精神はなぜ身体を動かすことが出来るのでしょうか。**」という書簡を受け取る。デカルトは自身の哲学において実在的に区別される思惟実体（精神）と延長実体（身体）がどのようにして相互作用を起こしうるのかという質問を受ける。この質問は心身の厳格な区別を説くデカルトに対する本質的な核心をついた質問であった。これは自我と身体、精神と物体という2つの独立した実体がいかに交渉するかという哲学上の難問である。

これに対してデカルトは心身合一の次元があることを認める。「心身二元論は学問上の理論であり、日常生活の場面においては心と身体は合一しているのです。」と返事をする。「**情念論**」において、デカルトは人間を精神と身体が分かちがたく結びついている存在として捉えた。現実問題としてそれは常識である。**実生活ではほとんど心身が合一している状態である**と考えた。デカルトは身体に発する情念を精神の力で統御すべしという。こうした能力、**高邁の精神**が人間には確かにあり、そこにこそすべての徳のカギがあるという。デカルトは自ら自由な意志によって外部の影響から生まれた受動の作用である情念を制御し最善と判断したことを実現しようと意志することが**高邁の精神**であると説いた。

**生得観念**とは人間が生まれながらに持っている観念で、神の観念や善悪の観念がその例とされる。デカルトは無限な実体である神、有限な精神的実体（精神）と物質的実体（物体）を生得観念とした。

コギトエルゴスムという真理。そこから人間が理性的に認識したものは確実に存在するという。近代哲学の科学的な合理論が誕生したのである。確実に認識したもの以外は認めないというデカルトの科学的精神はこれまでの目的論から脱却して近代科学の第一歩を踏み出すことになる。

この考え方は近代には支配的となり、現代にまで受け継がれている。欧米で臓器移植が定着した背景には、キリスト教の伝統や心身二元論があるといわれる。キリスト教の伝統のもとでは、一人ひとりの命は神からの贈り物であり、心身二元論のもとでは、身体はモノであり、その所有権は本

人にあり、身体に関する決定を行う権利は本人にあると考えられている（自己決定権）。

## ［6］大陸合理論とその展開

　方法序説は、「**良識bon sens（理性）はこの世で最も公平に分配されている。**」という言葉で始まる。良識とは一般に健全な常識をさすが、デカルトは物事を正しく判断し、真と偽を識別する能力を示しており、理性と同じ意味である。理性は皆に平等に備わっているという主張である。理性とは感情や欲求に流されず道筋を立てて物事を判断する能力をさす。意見の食い違いが起こるのは理性の使い方に問題があると考えた。

　合理論とは確実な知識の源泉を理性による思考に求める考え方である。確実な真理を獲得するためには、経験よりも理性による合理的推論に頼るべきであると主張する。**合理的推論と言うのは演繹法**のことで、明証的な原理から、論理的な推理によって確実な知識を導き出す演繹法を真理探究の方法とする。合理論の創始者であるデカルトを**近代哲学の父**という。

　演繹法では理論的な必然性が必要で、例えば、前提としてすべての人は死ぬ、ソクラテスは人間である、といえば故にソクラテスは死ぬ、と結論を得る事が出来る。この演繹法は主に大陸で受け入れられ**大陸合理論**といわれる。論理的に正しく過ちがない代わりに、**未知の事実を発見することはできない。**ベーコンの唱えた**イギリス経験論**の**帰納法**と対比される考え方である。

　デカルトの時代すべての学問の基礎は形而上学であり、形而上学の基礎は神と精神であった。そこでデカルトは**神の存在証明**を行うことになる。神は完全なる存在であり、だから存在という性質も持っているはずである。ゆえに神は存在する（アンセルムス以来の証明）、という。また私は不完全な存在で独立して存在する訳ではなく、完全なる神の存在に依存して存在している。我々は神なしには一瞬たりとも存在できないという。神の存在証明によって自身の存在を確立し、神から与えられた観念を元に、明晰判明に認識したものはすべて正しいと結論づけた。

パスカル（1623-62）は早熟の天才で、神の存在証明などと言うのは「哲学者の神」で真の神ではないと憤激する。パスカルは数学や物理学で重要な業績を挙げた科学者であると同時に、深い信仰家でもあったので、**精神は幾何学の精神と繊細の精神から成る**とした。幾何学の精神は世界を客観的・分析的に把握し論証するもので、デカルトの演繹的推論に相当する。繊細の精神は全体を直観（じかにとらえる）する心情の論理で信仰や愛を指す。信仰や愛は分析したり証明したり出来ないものである。パスカルは人間を**考える葦**だという。

　デカルトの合理論で重要なのは心身二元論である。デカルトは無限実体を神とし、有限実体として精神と物質と言う2つの実体が存在するとしたが、**スピノザ**（1632-77）によると、これらはいずれも神という究極の実体の現れに過ぎない。この世に存在する全ては神そのものであるとした。実体は神のみで、**神すなわち自然**という一元論である。この立場を**汎神論**という。世界を創造したのが神で、世界の外部に神がいるというのがキリスト教の考え方で、スピノザはキリスト教から異端視された。

# 第31章　イギリス経験論

## ［1］ベーコンとノヴム・オルガヌム

　中世ヨーロッパではアリストテレスによる自然観が支配的で、自然や宇宙は神によって調和と秩序がもたらされ、**自然ピュシス**はそれ自身の内に生成の原理を持ち、人間や私は自然の一部として生まれ死ぬものであった。自然は固有の目的を実現するように秩序づけられている**目的論的自然観**が支配しており、宇宙の秩序は神が合目的的に創造したものとされてきた。

　十字軍の失敗とルネサンス、宗教改革を経て人々は神を中心とした価値観から開放されようとしていた。コペルニクス（1473-1543）は地動説を唱え、宇宙は数量的に計測可能であり、数学的秩序を持つことを示した。ガリレオ・ガリレイ（1564-1624）は物体の自由落下の法則を確立し、自然には実現しない状況を人工的に作ることによって自然法則を見出す、自然への能動的働きかけとして実験の重要性を訴えた。「**自然という書物は数学の言葉で書かれている**」という**機械論的自然観**が生まれ、事物の運動を機械論的な因果関係に還元した。

　17世紀になると西洋近代哲学には二大潮流が生まれる。一つは経験論で、感覚で捉えられた経験を重視し、帰納法により法則を導出するもので、主にイギリスで発展した。もう一つは合理論で理性による合理的推論を重視し、演繹法による推論を行う。これは主に大陸諸国で発展した。

　**フランシス・ベーコン**（Francis Bacon, 1561-1626）はイギリス国王ジェームスⅠ世の側近で大法官（最高裁判所長官）まで勤め、子爵となるが、収賄の容疑をかけられ失脚する。その後近代的な学問の方法の確立に専念し、観察と経験に基づく経験論を確立し、**経験論の祖**と呼ばれる。アリストテレスの演繹的三段論法の論理学「**オルガノン**」に対抗して「**ノヴム・オルガヌムNovum organum（新機関）**」を1620年に刊行する。**経験**

論では知識の源泉は感覚によって捉えられた経験にあるという。人間の知識、認識の起源を経験とみなす哲学上の立場をいう。感覚的経験のみが認識成立の唯一の契機であり、従来の認識の形而上学的客観性を否定している。自然の探求方法としてアリストテレスの法則から事実を予見する演繹法に対して、実験や観察から法則性を発見する帰納法を提案した。

　学問の目的は自然を支配する知識を手に入れて、自然を改良し人間の生活を便利で豊かなものに改良していくことにあると説いた。自然はある原因から一定の結果が生まれるという因果法則に従って動いている。科学的な知識は自然を支配する技術として応用することが出来る。「**知は力なり**」とは、人間の知識と力は合一するという意味である。自然はある原因があって、そこから結果が生じるという因果関係に従って動いている。この関係を知ることが自然に服従するということである。それによって得られた**知識を、自然を支配する技術として応用し、人類に福祉をもたらし、人間の生活を改善していこうというのが、ベーコンの姿勢である**。実際にはベーコンが望んだ自然探求の成果が人々の生活に直接恩恵をもたらすようになったのは18世紀に入ってからであった。

　**帰納法とは観察された経験的な事実から、共通する事柄を取り出し、そこから一般的な法則を見つけ出す方法である**。アリストテレスの帰納法は自説に都合のいい事実をピックアップしたり、膨大な事実をただ集めるだけに終始している。ここで言う経験とは、個人的なあるいは私的な経験を言うのではなく客観的で公的な実験や観察をさす。新しい哲学はあたかもハチが材料を花から集めながらハチミツを作りだすように、自然の観察や実験によって見出された材料をもとにして知性によって自然の法則を見出す。ニュートン（1646-1727）は自身の科学的態度を実験哲学であるとみなし、ベーコンの帰納法を推奨した。ニュートンは実験から引き出し得ないものは全て仮説であるとみなし、「**我は仮説を作らず**」と標榜した。

　**自然の仕組みを探求するためには、まず自然をありのままに観察しなければならない**。そのためには、人間の精神から、知識の獲得を妨げる偏見や先入観を取り除く必要がある。このような偏見を**イドラ**（idola 幻影・偶像）と呼び４つに分けた。

①**種族のイドラ**　人間という種族に共通する目や耳の錯覚や、自分の考えと矛盾する事実を無視しがちな傾向など、人間の本性に根ざした偏見。自然を擬人化して捉える誤りの喩え。

②**洞窟のイドラ**　個人特有の性格・好み・体験・読書・教育などにより生じる偏見。洞窟のような狭い世界に閉じ込められ、光が遮られていることにより生じる誤りの喩え。

③**市場のイドラ**　言語を使用することによって生じる偏見。多くの人が集まる市場で噂が飛び交い、デマが流れそれに惑わされることによる誤りの喩え。

④**劇場のイドラ**　権威や伝統に盲目的に従うことによって生じる偏見。劇場で演じられる芝居や手品を盲信することによって生じる誤りの喩え。

## ［2］ロックと人間知性論

　ジョン・ロック（John Locke, 1632-1704）は、ピューリタン革命期の議会軍騎兵隊長を父に持つ。オックスフォード大学で哲学と医学を学ぶ。ホイッグ党の領袖であったシャフツベリ伯爵の愛顧を受けロンドンに移住する。1682年シャフツベリ伯爵が反逆罪でオランダに亡命し、翌年ロックもオランダに亡命する。1688年名誉革命が起きると翌年帰国し、人間知性論と統治二論を出版する。統治二論は名誉革命後のイギリスの体制の理論的支柱となった。統治二論の社会契約や抵抗権の考え方はアメリカ独立宣言・フランス人権宣言に大きな影響を与えた。72歳没。

　ロックは「**人間知性論**」を著し、**イギリス経験論の父**と呼ばれる。**生得観念**（innate ideas）とは人間が生まれながらに持っている観念で、神の観念や善悪の観念がその例とされる。デカルトは無限な実体である神、有限な精神的実体（精神）と物質的実体（物体）を生得観念とした。ロックの認識論によれば人間の心は生得観念を有していないという。人間の心は生まれた時は**白紙の状態、タブラ・ラサ**（tabula rasa　空白の書字板）であるといい、生得概念を否定した。**観念ideaの起源はあくまで経験であり、我々の側にあるのはせいぜいそれを認識し加工するだけであ**

る。観念や知識の起源は外部の世界の感覚と自らの内部の反省という二つの経験である。さらに経験から得られたこれ以上分解できない「単純観念」からは「複雑観念」が複数の原子から分子が作られるかのように形成され、我々の知識から得られた諸観念の結合と一致・不一致と背反<ruby>背反<rt>はいはん</rt></ruby>であるとされた。

物体の性質は外物に由来する測定可能な客観的な「第一性質」と主観的な色や香りなどの「第二性質」に区別した。デカルトの物体規定をそのまま継承したことになる。

ロックはあくまで経験は観念の供給源でしかないと見ており、ベーコンのように実際に自然を観察したり実験したりしたことはない。

## ［3］バークリーと人知原理論

ジョージ・バークリー（George Berkeley, 1685-1753）は「人知原理論」を著し、経験の源である知覚を一層重視する立場から、「**存在するとは知覚されることである（To be is to be perceived. Esse est percipi）**」と述べ、意識から独立した物質の存在を否定した。バークリーは聖職者であり客観的事物を認めない。主観のみがあり、主客問題は存在しない。

彼が存在を認めるのは、精神の唯一の対象としての観念と、この対象を知覚する唯一の実体としての精神のみである。

バークリーは抽象観念を認めない。バークリーによれば「抽象観念とは、普遍的代表の機能を負わされた、それ自体としては一個の特殊な感覚的記号」である。抽象観念の起源はプラトンにまで遡るが、その存在を肯定する立場のイデア論と否定する立場の唯名論に分かれる。

現実は心によって知覚される限り存在し、心を離れて外の世界が実在することを否定した。これは知覚する心のみが実在するという**唯心論**の立場である。バークリーは元々司教であり、アイルランド国教会の主教であった。観念の起源は神であると考えていた。無限の力と知恵を持つ神が真の観念を我々の心に植え付けてくれたと考えていた。わたしの目の前の机も私の身体も世界すらもわたしが知覚する限りにおいて「わたしの心の中に

存在する」のであって、実体とはこのような同時的なる観念の束であり、その原因は神である。彼は物質を否定し、知覚する精神と神のみを実体と認めた。バークリーは聖職者であり、宗教的見地から魂の不滅と神の存在を結びつける必要があった。

## ［4］ ヒュームと人間本性論

デイヴィッド・ヒューム（David Hume, 1711-1776）は、エディンバラ大学に入学するが、哲学以外に興味を持てず退学し、以後は自宅で哲学の研究に没頭した。生涯独身で子供もいなかった。65歳没。

「**人間本性論**」を著し、デカルトが実体として挙げた精神と物質のうち、バークリーは物質を否定したが、ヒュームは精神と物質の両方を否定した。ヒュームは心の実在性を否定し、**知覚されたもの以外に、客観的な世界は存在せず、自我さえも知覚の束にすぎない**という。さらに**自然科学が重視する、原因と結果の因果法則は、観念についての習慣的な連想から生まれた結びつきにすぎないとして、その法則性を否定した**。

因果関係とは、原因と結果という二つの観念間の、接近、継起、恒常的連接である。ヒュームはこれだけでは因果関係のもつ必然性は生まれないと考えた。蓋然性、確からしさのみである。特徴的なのは、ロックが消極的に認め、バークリーが否定した物体的実体の否定と、そして自我という実体の否定である。**ロックにおいては神、心、物体的実体が、バークリーにおいては神と心が認められたが、ヒュームに至っては、ついに神と心さえも認められなくなってしまった。**ヒュームの議論は懐疑主義の色彩が濃い。知識の起源を知覚によって得られる観念にあるとした。確実な知に人間本性が達することが原理的に保証されていないと考えるものの、数学を唯一の論証的に確実な学問と認める比較的緩やかな懐疑論を打ち立て、結果的に人間の知および経験論の限界を示した。

この世に存在しているのは「知覚の束であるにすぎない」という。人格とか物体はない。実体も存在しない。そんなものは、感覚から与えられた「印象」から作り出した「観念」の一つにすぎない。認識はまず、「印象」

が外的知覚としての「感覚」と内的知覚としての「反省」によって、心に直接いきいきとしたものとして与えられる。それで、観念は印象が消えた後に、「記憶」または「想像」によって鮮明さを欠いたものとして心に残る。まず印象があり、観念はその後。全ての認識の源泉は「印象」である。目の前にあるのはただ「知覚の束」、神も魂も実体も存在せず、神の永遠とか魂の不死などもありえない。

　ヒュームの倫理学は独特である。倫理的判断は理性によらない。倫理は情念から生まれる。人間という種は集団で生活する中で共感という作用を通じて他の人と感情を共有することが出来る。こうした共感を通じて倫理が生じるのであり、人間の倫理性はこうした感情的な基盤を持っていると考えた。そもそも道徳の成立の原因を利に求め、自分の利を確保するために統治機構や倫理を人工的に作ったという。ある種の徳、不徳は自然であり、正義は人工的なものだとした。

　生前よりヒュームは懐疑論者、無神論者として槍玉にあがっており、「人間本性論」は「印刷所から死産した」と自ら評した程、当代の人々の注目を浴びなかった。

# 第32章　カントとドイツ観念論哲学

## ［1］カントの生涯

　**イマヌエル・カント**（Immanuel Kanto, 1724-1804）はプロイセン王国の首都ケーニヒスベルク（現ロシア領カリーニングラード）に馬具職人の四男として生まれた。生涯のほとんどをその地で過ごして没した。1740年ケーニヒスベルク大学に入学する。

　1755年、31歳でケーニヒスベルク大学の私講師となる。講義内容は多方面に渡り、哲学・地理学・自然学・人間学などを担当し、講義は機智に富みユーモアにあふれ人気を博した。1764年、カントはそれまで、何も知らない下層民を軽蔑していたが、ルソーの「エミール」を読み耽り、ルソーが私の誤りを指摘してくれた。目をくらます優越感は消え失せ、私は人間を尊敬することを学んだ、と書いている。青く小さな輝く瞳を持った小柄な人物で、身体は骨格・筋力ともに貧弱。有名な規則正しい生活習慣など健康管理に心を配り、顔色も良く、最晩年まで大きな病気とは無縁であった。

　1770年46歳の時にケーニヒスベルク大学論理学・形而上学正教授に任命される。1776年哲学部長に就任する。三批判書と言われる、純粋理性批判（1781）、実践理性批判（1788）、判断力批判（1790）が出版される。**ドイツ観念論哲学の祖**とされる。

　1786年ケーニヒスベルク大学総長に就任するが、同年啓蒙君主であったフリードリヒ大王が崩御し、ヴィルヘルム二世が即位する。1794年カントの宗教論が有害だという勅令が出され、カントは宗教・神学に関する講述を禁じられてしまう。

　生涯独身であった。ニュートンは仕事に忙殺され恋愛の暇がなかったため独身であったとされるが、カントは女性と距離を置き、積極的な求婚をしなかったためとされる。1804年没、79歳。

## ［2］理論理性とコペルニクス的転回

　17世紀になると西洋近代哲学には二大潮流が生まれる。一つは経験論で、感覚で捉えられた経験を重視し、帰納法により法則を導出するもので、主にイギリスで発展した。もう一つは合理論で理性による合理的推論を重視し、演繹法による推論を行う。これは主に大陸諸国で発展した。その後ロックやヴォルテール、ルソーなどの啓蒙思想の影響を受けて、イギリス・フランスでは相次いで市民革命が起こり、絶対王政の打倒に成功した。しかしドイツは小国家の集まった連邦国家だったため封建諸侯が連立したままで、革命の機運やそれと結びつく啓蒙思想は盛り上がらなかった。

　ドイツではイギリスやフランスのような外面的な社会改革を目指す思想よりも、内面的な道徳世界の確立を目指す思想が発展していく。**精神の革命ともいうべき、心の中に理想の世界を打ち立てておく、ドイツ観念論哲学が誕生する。**観念論とは物質と観念のうち、観念の方が根源的であるという立場をいう。自我の自由と自律という理想をどこまでも追及しようとする哲学を示す。

　**カントの批判哲学の批判とは、徹底的に吟味する、**という意味である。認識の仕方を解明するために、認識が成立する条件を探り、人間の認識能力の及ぶ範囲、その可能性と限界を明らかにしようとした。この試みを批判と呼び、自らの哲学を批判哲学と名付けた。

　**「純粋理性批判」の中で、カントが始めに行ったのは経験論と合理論の統合である。**合理論は経験的な事実を無視して不確実な前提の上に積み上げられたドグマ（教条）を無批判に受容する独断論に陥っていると課題設定する。次に普遍的に妥当な真理というものは確実に存在するのに、経験論がいかなる真理も確証できずに、客観的な真理を認識できることを疑う懐疑論に陥っている、と課題設定する。

　**カントによれば人間の認識能力には、先天的に経験的な能力である感性（素材の状況を捉える能力）と合理的な能力である悟性（分析能力）が備わっている。**事物は必ず次の順序で認識される。

①まず感性が感覚的に素材の状況を捉える。この働きを**直観**という。直観の働きだけではデータは断片的である。

②次に感性の捉えた素材を悟性が分析判断する。分析の基本は因果関係であり、原因と結果の関係で、二つの事柄がある場合にはそれらを結び付けて判断する。**思惟**の働きによりバラバラのデータを悟性がまとめ上げて一つの概念として把握する。

③最終的に**理論理性**が両者をまとめ上げ、認識につなげる。**感性の働きを直観、悟性の働きを思惟と呼び、直観と思惟によって認識が成立する。**感性と悟性の協働として認識の成立を説明することにより経験論的要素と合理論的要素を統合したのである。感性が認識の素材を時間・空間において直観として受容し、また悟性が認識の素材を量・質・関係・様相という形式（枠組み、カテゴリー）において思惟により整理する場合に、**経験に先立った、つまりアプリオリな認識の形式が必要である。アプリオリ a priori**とは、**時間・空間・カテゴリーは経験に先立って人間が備えている生得的な認識の形式を示す。カントは因果性や同一性といった原理を生得的アプリオリな原理と呼ぶ。**ヒュームは因果関係を否定したが、カントによれば人間は思惟する時、必ずこの因果性のカテゴリーを用いざるを得ない、という。

またこの考え方に従えば、**理論理性は経験可能な世界しかとらえることができず、理論理性には限界があるということになる。つまり感性で捉えられないものは認識できないことになる。**従来の認識論の基本は、認識が対象に従う、であった。カントは対象が認識に従うと考えた。

**カントによると、認識とは心の外にある客観的な事物（物自体）をとらえることではなく、能動的な認識作用によって感性と悟性が認識の素材に働きかけ、心のなかで対象を構成することだとされる。つまり、認識が対象に従うのではなく、対象が認識に従うのである、これをコペルニクス的転回という。**

**物自体Ding an sich**とは対象のあるがままの姿、**現象Erscheinung**とは私たちに対して現れる姿をいう。私たちが認識する対象は「物自体」ではなく「現象」に過ぎない。カントは感性のアプリオリの形式を、空間と時

間と考えた。これは物体そのものを消し去っても空間と時間は消し去ることができないと考えたからである。悟性のアプリオリの形式をカテゴリーと考えた。これはアリストテレスの「存在論」における基本概念の一つで、分量・性質・関係・様相などの様々な要素が含まれる。人間の認識は単に受動的なものではなく、能動的・主体的なものである。

　人間が認識できるのは五感で捉えられる経験可能な現象界だけであって、頭で考えることしかできない、経験を超えた神や霊魂などの英知界については認識できないことになる。デカルトやスピノザは神の存在証明を行っている。カントによれば神は理性的認識の対象外であり、カントが伝統的形而上学（形を超えたものについて思索する学問）にとどめを刺し、精神の革命を遂行したことになる。**カントは人間が認識するものを現象と呼び、現象の背後にある物自体は知り得ないと論じた。**そして認識できないものについては、知り得ないとして理性が経験によらず推理することを戒めた。実在性を欠いた虚構（仮象）に陥る危険性がある。その上で、**神や霊魂、自由などの認識できないものは、認識に関わる能力としての理性、理論理性ではなく、実践に関わる能力としての理性、実践理性によって探求されるべきであると考えた。**

## ［3］実践理性批判

　**純粋理性批判のテーマは「人は何を知りうるかWas kann ich wissen?」という認識論であった。実践理性批判では「人は何をなすべきかWas soll ich tun?」という道徳哲学が論じられている。**

　人間は生物としての様々な欲求や感情を持つ。しかし、私たちに「人間として善く生きよ」と呼びかけてくる良心の声こそ、実践理性の声なのである。カントによれば無条件に善いものは善意志だけである。**善意志だけが常に善いものである。**善意志とは人間としてなすべきこと、義務を義務として行う意志のことである。**カントの道徳論は、行為の道徳性は結果ではなく動機によって判断される動機主義である。動機は主観的な善意のようなものではなく、普遍的に妥当する道徳法則を尊重し、それを目指す善**

意志に基づかなければならない。アリストテレス以来の幸福追求の倫理思想が揺るがされることになる。

　自然界に自然法則が存在するように、道徳の世界にも万人が従わなければならないような普遍的法則としての道徳法則がある。これは法則だから無条件のものでなければならない。「〜ならば〜せよ」というような条件付きの仮言命法（かげんめいほう）は、ある目的を達成するための人間の意志を規定するものである。端的に「〜せよ」という無条件の定言命法（ていげんめいほう）でなければならない。

　道徳法則として、「**汝の意志の格率（個人的な行為の原則、私的なルール）が、つねに普遍的な立法の原理として妥当し得るように行為せよ**」という。万人に妥当する格率だけが道徳法則の名に値するという。

　理性的な存在としての人間は、実践理性によって、自ら法を立て、それに従うことができる。カントはこの**実践理性による自己立法・自己服従を意志の自由と呼び、これが真の自由であると論じた**。**自律**とは自分の意志で自分の欲求や行為を規制することで、そうすることで、人間は自然法則の支配から脱して自由になると考えた。

　自律的な存在としての人間を**人格**と呼んだ。「**汝の人格および他のあらゆる人の人格のうちにある人間性を、いつも同時に目的として扱い、けっして単に手段としてのみ扱わないように行為せよ**」。人間は人格として、一人ひとりかけがえのない絶対的な尊厳を持っているのであるから、人間を道具のように扱ってはならない。**互いの人格を目的として尊重し合う理想の共同体を、目的の王国と呼んだ**。目的の王国においては全ての人は理性の道徳法則に服従するから、王国の成員であり、同時にその道徳法則は自らの理性が自己立法したものだから、その点では全ての人が元首である。またそこでは、全てのものは価値か尊厳のいずれかをもつが、価値をもつものは等価物と交換できるものであり、等価物があり得ない人間の人格のみが尊厳を持つ。

　カントは「**永遠平和のために**」を著作する。全ての人格が目的として尊重される目的の王国こそ、人類が地球上に建設すべき理想社会であると考えた。各国は国際平和を実現するために常備軍を廃止すべきであるとされ、戦争を防止するための国際機関の創設が説かれている。国際連盟や国

際連合は、20世紀の悲惨な世界大戦の後に作られた。これは国家を一つの人格として国家が互いに尊重しあう国際機関ではない。

　カントの立場は、人格に最高の価値をおく人格主義であり、ルネサンス以降のヒューマニズムの一つの到達点である。

## ［4］実践的形而上学

　カントは人間が認識するものを現象と呼び、現象の背後にある物自体は知り得ないと論じた。そして認識できないものについては、知り得ないとして理性が経験によらず推理することを戒めた。実在性を欠いた虚構（仮象）に陥る危険性がある。

　認識能力の範囲は現象界に留まるものだったのに、その領域を超えて英知界の魂・自由・神にまで認識を広げようとしたのが従来の形而上学であった。**理性Vernunftとは判断された諸対象から推論によって世界の全体像に迫るとする能力である。**カントは「われわれの認識は感性に始まり悟性に進み理性に終わる」という。理性とは推論の能力であり、人間の理性は認識の体系統一のために「無制約者」を求めるという本性を持っている。無制約者とは他の何ものによっても制約されずそれ自身によって存立するものをいう。具体的に理性が求めるのは、魂・自由・神の3つで、人間の理性はこれらの形而上学的な事柄について根元的で完全な答えを求める本性を持っている。従来の形而上学の誤りは、決して経験の範囲内に見出すことのできない「無制約者」を理性が認識できると思い込んでしまった結果である。

　**二律背反（アンチノミー、Antinomie）とは、論理的にも事実的にも同等の根拠をもって成り立ちながら、両立することのできない矛盾した二つの命題間の関係をいう。**カントは「世界は時間的にも初めがあり、空間的にも限られたものである」「世界は時間的にも空間的にも無限である」という二つの命題は二律背反であるという。これは、理性の自己矛盾であり、そのような問いに答えることが人間の知的能力の限界を超えているからであるとした。

認識能力としての理論理性は二律背反に陥り、理論理性によっては物自体の認識は出来ない。しかし人間の意志を規定する能力としての道徳律の実践理性の領域においては物自体を見いだせると考えた。道徳法則には自由意志が備わっている。また道徳法則には経験的な要素は全く含まれていない。意志の自由がある。ついにカントは理論理性によって認識不可能としていた物自体の世界への展望を開いたのである。**実践理性によって物自体の存在は確実となり、カントの新しい実践的形而上学が可能になった。**

　カントにとって霊魂の不滅と神の存在は絶対的な信仰の対象であった。**カントは無限者的立場からの形而上学を人間的立場における人間的形而上学に転換し、人間的事実を踏まえて道徳界についての形而上学を基礎付けようとした。**この世界において最高善を実現することは、道徳法則によって想定され得る意志の必然的対象である。**理性が最高善の実現を目指すとき、人間の意志は神のような完全性を持つことができる。カントは人間が完全性を手に入れることは不可能でも無限にそれに近づく努力をすることは可能であるとした。**そしてこのような無限の進行は人間が人格的存在者として無限に存続すること、すなわち魂の不滅を前提にすることによって可能だと考えた。魂の不滅は実践理性の要請である。最高善とは徳と幸福の事である。

　カントは人間の力では道徳と幸福を一致させることはできないと考えていた。この二つの一致が可能となるのは唯一全能の存在、神の存在を考えなければならない。カントの倫理学にとって最高善の実現のためには、神という存在者が必要になる。こうして**魂の不滅と神の存在**を認めたカントはこの実践理性の領域において、形而上学の神・不死・自由の理念の復活を成し遂げた。

　人間があくまでも人間の立場から魂の不滅や神の存在を認めなければならないのは、人間が自らでは最高善を実現できない有限者だからである。人間は決して神のような完全な道徳性に達することはできない。しかし人間は道徳法則を認識することができ、端的に何がよいことなのかを知っている。だから我々は「道徳的完全性」という最終目的を目指して一日一日を道徳的に生きなければならない。

# ［5］判断力批判

　「**判断力批判**」は第三批判とも呼ばれる。悟性と理性の中間にある判断力の先天的原理が究明されている。

　第一部は美的判断を趣味判断として論じ、第二部では崇高や合目的性を論じている。判断力に理性と感性を調和的に媒介する能力を認め、これが実践理性の象徴としての道徳的理想、神へ人間を向かわせる機縁となることを説く。「**自然の合目的性**」という概念を規定的判断力と反省的判断力から考えている。

　大自然の壮大な力に直面した時、人間は**崇高の念**を覚える。崇高においては想像力と理性の間には矛盾がある。崇高美とは、それとの比較において一切が小さいところのものであり、感性の一切の基準を超える純粋理性そのものにおける愉悦である。そして日常的な些細な事柄に比べてより**大きな使命**があることに人は目覚め、日々の気遣いを超えた何かを望むようになる、という。

　美はいわば道徳的なるものの象徴である。道徳的本質としての人間の現存は、みずからに最高の目的そのものを持つ。神の概念を見出したのは理性の道徳的原理であり、神の現存の内的な道徳的目的規定は、最高原因性を思惟すべきことを指示して自然認識を補足するものである。

# 第33章　ヘーゲルと弁証法

## ［1］ヘーゲルの生涯

　ゲオルク・ヘーゲル（Georg Wilhelm Friedrich Hegel, 1770-1831）は歴史や国家を精神の現れとして考え、**ドイツ観念論を完成**させた。

　神聖ローマ帝国の領邦国家ヴュルテンベルク公国の首都シュトゥトガルトのプロテスタントの官吏の息子に生まれる。1788年チュービンゲン大学に入学。ギリシア文化・カント哲学・フランス革命の影響を受ける。卒業後家庭教師を経て、1801年イエナ大学の私講師となる。1807年「**精神現象学**Phaenomenologie des Geistes」を出版。折しもイエナ会戦でプロイセン軍がナポレオン軍に敗北し失職。ヘーゲルはフランス軍によるイエナ占領のなか行進中のナポレオンを目撃し、ナポレオンを「**馬上の世界精神**」と評している。ヘーゲルの構想した世界精神が馬を進めており、ナポレオンによって国民の自由を実現する理想国家が誕生することを期待した。

　ニュルンベルクのギムナジウムの校長を経て、1811年都市貴族の娘と結婚し幸福な家庭生活を享受し二人の男子をもうける。1816年ハイデルベルク大学正教授、1818年ベルリン大学教授となる。1821年「**法の哲学**Grundlinien der philosophie des Rechts」を出版。プロイセン改革を積極的に支持したので、政府の好感を得て、**1829年ベルリン大学総長**。**近代哲学の完成者**とされ、人類の歴史を精神の展開と見る「精神現象学」や「法の哲学」などの壮大なヘーゲルの弁証法は同時代の熱狂的な支持を受けた。1831年当時猛威を奮っていたコレラで急逝。61歳没。

## ［2］歴史と絶対精神

　カントは実践理性批判において、自由を個人の道徳的な生き方として考察した。ヘーゲルはフランス革命の現実を受けて、自由を歴史や社会の問

題として考察した。ヘーゲルによれば**カントの自律は内面的自由**であり、行為を伴う必要はなく、常にそういう心構えでいるべし、という内面規範に留まる。**ヘーゲルの自由は行為の自由、自己の外化である。**ヘーゲルは人間の自由を目指す行動の積み重ねが、社会や歴史を発展させてきたという歴史観を明確に持っていた。

精神は一人ひとりの心の働きではなく、人類の歴史を動かす主体となるものである。世界を成り立たせ、その歴史を動かすのは精神である。精神はカントの理性のような単に個人的なものではなく、個人を貫いている普遍的なものである。はじめ何も知らない精神は、成長を続けるに従って、自然や物質の性質・対人関係・自我や社会の形成・芸術・宗教など様々な事象の原理の一切を知り尽くして完成した精神である、**絶対精神（世界精神）**となる。絶対精神は宇宙の根源にある大いなる精神・理性で、自由を本質とする神のような存在である。絶対精神は、人間の精神を介して自由を実現する。その際、自己の理念と一致する人間を繁栄させ、そうでない人間を没落させるというやり方で、歴史を押し進める。これを**理性の狡知（こうち）**と呼ぶ。

精神は自己の抱く理念、理想を現実の世界のうちに表現し、実現していく。これを**自己外化**という。例えば画家は、自分の考えを描くことで、始めて画家になる。それ故、精神はあらかじめ確立しているのではなく、自己の理念を現実に形にすることで、形成され実現される。精神の理念は現実のものとして実現され、現実のものは精神の理念が実現されたものである。**理性的であるものこそ、現実的であり、現実的であるものこそ、理性的である。**

さらに精神は自由を本質とする。精神が自己の理想を実現することこそ真の自由である。それゆえ、歴史とは自由が実現される過程である。**世界史は自由の意識の進歩である。**自由の意識の進歩とは、ただ自由の範囲が拡大するだけでなく、自由の意味が明らかになり精神の自由の自覚が深まっていくことである。東洋では専制君主だけの気まぐれな自由であり、古代ギリシア・ローマでは少数者のポリスの市民が自由であり、近代のヨーロッパでは万人が自由である。このように世界史は、人間が自由を意

識し、それを実現していく過程である。**絶対精神は世界史において自らの本質である自由を実現していく。**

## ［3］弁証法的論理学

弁証法とは本来は対話術の意味で、ソクラテス・プラトンではイデアの認識に到達する方法であった。アリストテレスは多くの人が認める前提からの推理を弁証的と呼び、学問的論証と区別した。ヘーゲルは人間の現象や全ての現実を弁証法的な運動として説明する。絶対精神を完成するために経なければならない過程が弁証法である。

ヘーゲルは歴史の法則として、**弁証法Dialektikという考え方を唱えた。歴史にはテーゼ正命題These、それと矛盾するもしくはそれを否定する反対のアンチテーゼ反命題Antithese、それらを本質的に統合したジンテーゼ合命題Syntheseという3つの段階がある。**全てのテーゼは己のうちに矛盾を含んでおり、それによって必然的に己と対立するアンチテーゼを生み出す。この**矛盾こそが事物の運動の原動力である。**この二つは互いに対立しあうが、同時にその対立によって互いに結びついている（相互媒介）。この対立・矛盾を高次において統一することを**アウフヘーベン（aufheben、止揚）**という。アウフヘーベンによってジンテーゼが生まれる。アウフヘーベンは否定の否定であり、一見二重否定のようであるが、テーゼのみならずアンチテーゼも保存される。Aufhebenは捨てる（否定する）と高める（持ち上げる）という互いに相反する二つの意味を持ち合わせている。対立・矛盾二つのものを共に生かしながら、より高い次元で統合することである。

テーゼとアンチテーゼがアウフヘーベンしてジンテーゼが生まれ、ジンテーゼは新たなテーゼとなって新たなアンチテーゼが現れ、再びアウフヘーベンの結果、新たなジンテーゼが生まれる。

ヘーゲルによれば、初め人間は自己中心的なものの見方や考え方しかできない。自分の見方とは違った立場に気付かず、自分の立場から自己中心的にしか物事を見ることができない。このような**「私の視点」**が第一の

テーゼである。この段階は自分自身の考え方の中に無自覚のままにあるので、即自（そくじ）と呼ばれる。

　そこに、自分とは異なった他者の考えが対立し、自分とは違った他人の見方や考え方があることに気付くようになる。そこでは、他人の意見を素直に認めれば、自分の意見が通らず、かといって、他人を無視して自分の意見だけに固執すれば、他人と共存できないという矛盾と対立が起こる。このような対立の中で、私たちはそれしかないと思っていた自分の考え方が、実は相対的で狭く限られたものであることを知る。こうして自分の考え方の限界に気付かされ、自己中心的なものの見方の絶対性が否定される。このような**「他人の視点」というアンチテーゼ**が登場する。ヘーゲルは自他が対立する矛盾の段階に積極的な意義があると考えた。他者との対立を通じて、他者でないものとしての自己が明らかになり、他者でないものという形で、自己が自己に対して自覚的になる。そのような意味でこの段階は**対自**（たいじ）と呼ばれる。

　最後に自分と他人の立場をつき合わせて、対立を否定するとともに、両者をともに生かして総合し、より全体的な立場へと自分の立場を高める**止揚アウフヘーベン**が行われる。このように自分のものではあっても、他者の意見や立場を取り入れ、より広い視野から全体的に、普遍的に物事をみることができる**「我々の視点」が第三のジンテーゼの段階**である。

　弁証法は精神が他者との対立を通して、本来の自己自身へと自覚的に立ち返る運動の論理である。すべての人の自由は、私たちが自己中心的な狭さを抜け出して、社会的な視野を備えた、広い我々のものの見方ができる精神へと成長していくことによって実現する。この弁証法的運動の限りない連続が絶対精神に繋がるとされる。

# ［4］人倫と国家

　ヘーゲルは全ての物事が弁証法に従って運動すると考えた。精神の運動には、主観的精神（人間の意志など）・客観的精神（人間の意志が外化したもの）・絶対精神の三つの段階がある。そして客観的精神にも、法・道

徳・人倫の三つの段階がある。

　**人倫とは法と道徳を統一した客観的自由であり、共同体において成立する**。道徳は人間を内的に規律するもので、法は人間を外的に規律する。ヘーゲルによれば、各人が主観的な自由を追求しているだけではダメで、自由は現実の社会制度の中で具体化される必要がある。個人の主体的な自由と、社会の客観的な秩序が結びついた共同体を人倫という。人倫とは共同体の各メンバーの意志と共同体そのものが、有機的に機能している状態を意味する。

　第一段階が家族で、最も基礎的な共同体で、ヘーゲルはこれを**自然的人倫**と呼んでいる。家族は愛という強い絆で結ばれているが、そこには個人の自立が欠如している。子供は成長して親から独立して家族を離れて市民になる。

　第二段階の市民社会は独立した人間からなる共同体で、そこでは人々は自立した個人として扱われる。人々は自分の利益を求めて競争し、その結果、対立や不平等が生じる。**欲望の体系**と呼ばれる、人々が自分の欲望だけを追求する社会である。**人倫の喪失態**で、家族で成立していたような絆は失われている。

　第三段階は国家である。競争社会の中で分裂した市民を、再び共同体の秩序にまとめるものが国家である。国家は個人の独立を保ちながらも、社会全体の秩序と統一を回復する人倫の最終段階である。

　家族と市民社会の二つの人倫を弁証法的にアウフヘーベンするのが国家である。理性的な法の秩序をそなえた国家においては、法はそれを制定した理性のあらわれであるから、個人が法に従うことは、自らの理性に従うことになり、個人と共同体の対立は解消される。人々は国家の一員として生きると同時に、独立した個人として扱われる。国家では家族における絆の強さも市民社会における個人の独立も実現している。この**国家こそが人倫の完成態である**。個人が結合して国家が設立されるのではなく、国家が成立して個人が結合する。国家の一員であることが、個人の最高の義務であり、個人に対する国家の優位を唱えた。

　カントが個人の道徳を問題にしたのに対して、ヘーゲルは共同体の倫理

を問題にした。ヘーゲルは道徳的な自由を強調したカントを批判して、真の自由は人倫において実現されると主張した。ヘーゲルは「**全体性が真理である**」と述べ、理性は個々のものごとを、生成・発展する全体の真理の一要素として捉え、理性は全体的な真理があらわれる道筋を認識するものだと説いた。

33

# 第34章　キルケゴールと死に至る病

## ［1］キルケゴールの生涯

セーレン・オービエ・キルケゴール（1813-1855, Søren Aybye Kierke-gaard）は、実存主義の先駆者とされる。デンマーク、コペンハーゲンの裕福な絹取引業の大商人の七人兄弟の末っ子として生まれた。父ミカエル・キルケゴールは敬虔なプロテスタントの信者であった。セーレンはその英知あふれる才能を父親に見出され、一人厳しい英才教育を受け、18歳でコペンハーゲン大学に入学し、神学と哲学を学んだ。ミカエルはセーレンに徹底的に倫理学を教え込み、牧師にしようとした。セーレンは抑圧的な父の教育を受け入れ、成績はずば抜けていたが、いつも地味な格好で孤独な存在で、「小さな老人」と呼ばれていた。

その頃キルケゴールの家庭に不幸が重なる。母親アーネ・ルンの死と長男を除く兄2人と姉3人の死である。1835年父ミカエルはセーレンに罪の告白をする。キルケゴールはこの告白を「大地震」と呼んでいる。ミカエルは、元は貧しい荒地の農奴で、その土地の司祭の畑を耕し細々と生計を立てる苦しいだけの生活であった。ミカエルはユートランドの丘で神を呪う。いつも祈り続けているのに、自分だけが一人貧しい小作人で、もう神は信じない。神など消えてなくなるがいい。その日を境に、幸運に恵まれる。伯父の家業を継ぎ、絹取引業で、コペンハーゲン屈指の商人となる。1803年のナポレオン戦争の災禍を免れ、商売は成功を続け子供を7人もうけ、順風満帆であった。しかし前妻クリスティーネ・ロイエンが肺炎で死ぬ直前に、下女の家政婦アーネと暴力的な性的交渉を持って得た家庭であった。

ミカエルはこの成功が神を呪った代償であると考えた。これらの罪に神は贖罪を求め、セーレンもキリストの亡くなった34歳までに死ぬと確信する。セーレンを神の下に仕えさせれば家族の死を免れると思っていたが、

それも無理である。セーレンにもう無理をして勉強する必要はないと告げる。厳しく敬虔な神の信者だと思っていた父親、自分の強烈な尺度であった父親。「大地震」と呼ばれるこの告白は衝撃的であったが、この考えをセーレンは引き継いでしまう。事実34歳までに死ぬと確信していたセーレンは34歳の誕生日を迎えた時、信じることが出来ず、教会に自分の生年月日を確認に行っている。「大地震」のあと、セーレンは急に退廃的な生活を送るようになる。酒場で騒ぎ、往来で煙草をふかし、売春宿に向かう。しかし勃起不全で先天的な性障害があり、絶望はさらに深まる。許されざる絶望の中であと数年をどう生きればいい。その本来の罪を痛みと共に抱いて、償いを続け、孤独に歩むことこそが私の使命である。絶望の罪、自分自身の存在と向かい合おうとする。

　その後父親の死の間際にようやく父親と和解し莫大な遺産を手にする。セーレンはキリスト者として規則正しく生き、大学の勉強にも精を出す。社交の場にも顔を出す。24歳の時、14歳の**レギーネ・オルセン**（1823-1904）に出会い、一目惚れする。可憐で聡明なレギーネ。親交を深め、1840年大学を卒業したセーレンは、17歳のレギーネに求婚し婚約する。しかし11ヵ月後、彼女に一言も相談しないまま婚約を解消してしまう。セーレン自身が先のない罪を背負うべき人間であり、うららかな乙女であったレギーネを憂愁の呪縛に引きずり込まない思いと、性的身体的理由が原因とされている。しかしお互いを深く愛し合ったままの別れであった。キルケゴールは遺言書の中で、レギーネを「私のすべての相続人」に指定していた。レギーネは遺産の相続は断ったが、遺稿の引き取りには応じている。1855年キルケゴールはデンマーク教会の改革を求める教会闘争の最中に道端で倒れ、その後病院で亡くなった。42歳没。

## ［2］自己疎外と主体的真理

　ソクラテスの「善く生きる」以来、西洋哲学のテーマは常に「人間とはこう生きるべきだ、社会はこうあるべきだ」であった。19世紀のヨーロッパは産業革命の時代で、所得水準は上がり、物質的に豊かになり、社会の

規模も拡大した。しかし社会の規模の拡大はそれだけ社会に占める「個」の比重を薄めてしまった。自分が仮にいなくても自分の代わりはいくらでもいる。自分が気付いたら自分は社会の中に埋没させられていた。人間が本来あるべき姿からどんどん遠のいてしまうことを「**自己疎外**」という。このひずみから人間のあり方をとらえ直すことを目指したのが実存主義である。**実存主義とは、現実存在としての人間の生き方を考える哲学である。**

　この世界の事物は、すべて本質と実存を備えている。**本質essence**とはあるものの核心的性質のことであり、偶然的な性質は捨象（しゃしょう）されている。**実存existence**とはあるものの現実のあり方を意味しており、あらゆる偶然的な性質もそこに含まれる。もし人間を本質において捉えようとするならば、本質に組み尽くせない実存（個性）は切り捨てられてしまうことになる。**キルケゴールは人間が自分の生き方にかかわっていくことを実存と呼び、それが本来のあり方であると考えた。**現代は水平化の時代である。人間が画一化・平均化され、誰もが横並びで個性を失っている。人々が自分の生き方を世間に委ね、自ら考えるのを放棄してしまっていることを自己喪失であると批判した。**人間が自己を失って生きることを絶望と名づけ、それが「死に至る病」であるとした。今ここに生きるこの私にとっての主体的真理、この私だけに当てはまる主体的真理を重視した。「私にとっての真理であるような真理を発見し、私がそれのために生き、そして死にたいと思うような理念イデーを発見することが必要なのだ」**。人生の傍観者となるのではなく、生きる情熱を取り戻すことを説いた。

　私たちは人生において、「あれか、これか」の選択を迫られる中で、自分の意志で決断し、行動する主体的な生き方を通して、真実の自己を見出す。自己を自ら選ぶことによって、「これがわたしの人生だ」という確信が生まれ、自己の実存はより確かなものへと高められる。ただ他人に流され、現実に妥協し、あいまいに生きていては自分を見失うだけである。

　キルケゴールの著作は膨大であるが、デンマーク語で書かれていたため、20世紀までデンマーク国外ではほとんど知られていなかった。1909年、ドイツの神学者シュレンプ（Christoph Schrempf, 1860-1944）がドイツ語による翻訳全集を出版し、実存主義のハイデガー、サルトル、文学者

34

のドストエフスキーの「罪と罰」「カラマーゾフの兄弟」などに影響を与えた。

## ［3］実存の三段階

　キルケゴールは人間が自己の本来的なあり方を取り戻す道を模索した。実存は深化してゆき自己の生成は三段階に分けることができ、最終的に宗教的実存に至ると考えた。

### ①第一段階　美的実存

　「あれも、これも」と快楽を追求することで、人生を充実させようとする。快楽や美を求め無限の可能性に浸り感覚的に生きる段階。官能的な生き方を求め、日常の表層的な部分だけで自分の人生の全てを占めようとする刹那的な生き方である。世間の苦労など自分には関わらず、自分は世間の人とは違うのだとでも言わんばかりに自由を謳歌する。けれども現実から離れてしまうことにより、かえって自分を見失い虚無感に陥ってしまう。欲望や享楽の奴隷となり、自己を見失ってしまう。美的実存では自分の人生に根をしっかり持つ生き方が出来ない。

### ②第二段階　倫理的実存

　「あれかこれか」と選び取ることで、自己を実現し自由を獲得する。享楽を捨て自己の良心に従って義務を果たそうとする。定職に就き、結婚し、子供を作り、友情も結んで生きる良心的な生き方である。

　すべて自分の責任で自分自身を選ぶ。自分が望む自分自身になるためには、自分一人の力でただ前に向かって進まなければならない。けれどもあまりに厳しく自分の正義を追及すればかえって自己中心に陥る。そもそも理想と現実は常に断絶しているため、義務を果たし切れない無力さに直面し、挫折し、最後は絶望に陥る。

### ③第三段階　宗教的実存

　1843年からキルケゴールは著作活動に専念する。著作活動に空しさを感じ、田舎の牧師になって、静かな生活を送りたいと望んだが、風刺新聞「コルサル（海賊）」に彼の作品と人物について誤解と中傷に満ちた批評

が載り、新聞と激しく争ううち、再びキリスト教徒としての新たな精神活動と著作への意欲が生じる。

　キルケゴールによれば、神は個々の人間を、かけがえのない独自な存在としたが、人間はそのことを自覚せず、世間の価値観に従って生きる限り、絶望の中にとどまる。ここで信仰への飛躍が必要になる。それは自己を厳しく問い直すという点で「恐れとおののき」ではあるが、自己を根底で支えているものとの関係の中で自己のあり方を見つめなおし、自己の根拠との関係を回復する可能性が開かれることである。**宗教的実存において、人間はただ一人の単独者として、神の前に立ち、かけがえのない独自な存在としての本来的自己を回復し、絶望から開放される。**神は絶対的な完全者である。この世に無駄なものを作るはずはない。ならば神を信じ切ることが出来れば、その神が自分を必要なものとして作ってくれたことにも確信が持てる。

　人間は死によって可能性がなくなり、絶望するのだから、死をも乗り越える可能性が用意されればいい。神は全てが可能であると信じることで、絶望することなく生きることが出来る。**絶望から逃れるためには、理性で汲み尽くせない不条理な神を信じ切ること、そして教会の一員としてではなく、単独者としてたった一人きりで神と向き合う宗教的実存しかない、と考えた。**本来の自己を見失って絶望する人間は、理性によっては根拠付けられることのない信仰への決断によって、本来の自己を回復できる。キルケゴールの神への信仰は「信じることによって救われる」というキリスト教の信仰とは異なり、「絶望の淵に追いやられた末に、信じることに可能性を見出す」というような最後の最後の「可能性の形」と言うべきものである。**キルケゴールの絶望からの突破口は、信仰による単独者としての飛躍で、誠実に自己の苦しみに耐え、神の殉教者になる、信仰の果てこそが絶望の終焉の日であった。**

## ［4］絶望と死に至る病

　キルケゴールの死生観は極めて明瞭で、人間には必ず死が訪れる。どん

な人生を送ろうといつかは死ぬ。だから人間はいつも絶望している。**死に至る病とは絶望のことである。**死によって限界づけられる人間は、「絶望する存在である」と考えた。絶望とは自分自身の自己を見失うこと。自己が自己である責任を放棄してしまう病を絶望と言う。絶望とは自分が自分自身を選ぼうとしないこと、自分が望む自己であろうとしないことである。

　キルケゴールは絶望を２つのパターンに分けて考察した。

## ①無限性の絶望、有限性の絶望

　無限性の絶望は「想像的なもの」「空想的なもの」と規定される。人類・歴史・運命といった無限なものに自分を一致させようとする。たとえば宗教や社会改革、芸術などの理想を追い求めても自分の存在が具体性のない抽象的なものになって、自分の存在が稀薄になって絶望する。**無限になったつもりでいる人間の生き方、あるいはただ無限でのみあろうと欲する人間の生き方**はすべて、いや、人間の生き方が無限になったつもりでいるかあるいはただ無限でのみあろうと欲する瞬間瞬間が、絶望なのである。

　**有限性の絶望は**「騙〔だま〕り取り」「狡猾な欺く者」である。有限性の絶望は逆に、現実のうちへと落ち込むことを意味している。**人は自己自身であろうとするのではなく、他の人々と同じようにしているほうが気楽で安全だと思い込んでしまう。**こうした絶望に対して世間は気付いていないし、それゆえにこそ世間の人々は器用に立ち振る舞うことが出来る。

## ②可能性の絶望、必然性の絶望

　人間は可能性によって生きられる存在である。どんな惨めな生活をしている人間でも、将来にさまざまな可能性があることで、現在の生活も決してみじめなものと感じることなく生きることができる。ところが一旦、**可能性がなくなると全てが必然、つまり変わることのない状態になって絶望に追い込まれる。**

　キルケゴールによると**必然性の絶望は、可能性、つまり「あるべき自己」を見失っている状態で、**決定論あるいは宿命論の形を取って現れる。決定論は一切を必然的とする見方であり、宿命論は一切が日常茶飯事であ

るとする見方である。

　自己の本質を知っている絶望は、自己の本質と向き合おうとする人間の絶望であり、二つに分けることが出来る。**本来的な自己になろうとしない絶望は、自己を選べる自由と責任の不安から逃れようとする絶望、嘆きの絶望である。**変化を恐れて自分を忘れる振りをしたり、自分自身に引きこもり、心を閉じる。自分が望む自分になれていない事実は本人から離れることはなく、常に苦しみは続き、いつしか肉体的な死を意識するようになる。**本来的な自己になろうとしない絶望は、自己疎外的な逃避型の絶望である。**

　**非本来的な自己になろうとする絶望は、自己を選べる自由と責任に抗<ruby>抗<rt>あらが</rt></ruby>おうとする絶望、怒りの絶望である。**自己の本質を否定し、自分には本来的な自分になる責任はないと憤り、今の変化できない自分の苦しみは他者から与えられたものだと思い込んで、返ってその苦しみを手放そうとしない。自分が被害者の立場であるからこそ他者を攻撃してもいい正当性を得られると信じ込んでいるから、常に憎悪の中にあり、自分以外の全てを攻撃したいと思い、自分が傷ついた分、他の誰かを傷つけても構わないと思う。**非本来的な自己になろうとする絶望は被害妄想的な反抗型の絶望である。**

# 第35章　ニーチェと弱者・強者

## [1] ニーチェの生涯

　フリードリヒ・ヴィルヘルム・ニーチェ（Friedrich Wilhelm Nietzsche, 1844-1900）は、実存主義の代表的思想家でプロイセン王国ザクセンに生まれた。父カールはルター派の裕福な牧師で弟妹がいた。1846年父が死去、翌年弟が亡くなった。伯母や祖母も死ぬ。

　1858年から1864年までプフォルタ学院の給費生として、古代ローマやギリシアの古典・哲学・文学等を全寮制・個別指導で鍛え上げられ、模範的な成績を残す。詩*の執筆や作曲も行う。1864年ボン大学に進学、神学部と哲学部に籍を置く。哲学部の古典文献学に興味を持ち、牧師になることを願っていた母の期待を破り、信仰を放棄して神学の勉強を止める。

*　　秋　　　　　　　　ニーチェ（生田長江訳）

今は秋。

その秋の尚ほ汝（な）の胸を破るかな！

飛び去れよかし！飛び去れよかし！

太陽は山に向ひて匍（は）ひ、攀（よ）ぢ且つよぢて

一歩（ひとあし）毎（ごと）に休息す。

如何（いか）にして世界はかくも萎（しな）びはてしぞ！

疲（つか）れ弛（ゆる）みし絃（いと）の上に

風はその歌を奏（かな）でいづ。望みは逃（ゆ）げ行きてー

彼はそれを惜しみなげくなり。

今は秋。

その秋の尚ほ汝（な）の胸を破るかな！

飛び去れよかし！飛び去れよかし！

ライプチヒ大学に転学する。1865年ショーペンハウエルの「**意志と表象としての世界**」を偶然購入し、その哲学に心酔する。1868年リヒャルト・ワーグナーと面識を得て、その邸宅に23回通う。31歳年上のワーグナーに対するニーチェの心酔振りはワーグナーを狂喜させた。

**1869年24歳で、博士号も教員資格も取得していないのに、バーゼル大学から古典文献学の教授として招聘される。1879年激しい頭痛で体調を崩し、大学教授を10年で辞職する。**極度の近視、偏頭痛、胃痛、1868年の落馬事故、1870年のジフテリア罹患が悪影響を与えた。**以後在野の哲学者として、気候の良い土地を求めて住み、執筆活動に専念する。**バーゼル大学からの年金のほかに友人からの財政支援を受けていた。1882年友人パウル・レーを通じてルー・ザロメと知り合う。**ザロメ**に恋をして求婚するが断られ、レーも求婚するが断られる。結局ザロメとレーはニーチェを置いてベルリンへ去り、同棲生活を始める。失恋による傷心、病気による発作の再発、ザロメを巡って母や妹と不和になったための孤独、自殺願望に取り付かれた苦悩などの一切から開放されるため、ニーチェはイタリアのラパッロへ逃げ、わずか10日間で「**ツァラトゥストラはかく語りき**」の第一部を書き上げる。

1886年、妹のエリーザベトは反ユダヤ主義のベルンハルト・フェルスターと結婚しパラグアイに「ドイツ的」コロニーを設立する計画を立て旅立つ。書簡の往来は対立と和解であった。

1888年「**アンチクリスト**」を脱稿する。1889年1月3日トリノのカルロ・アルベルト広場を散歩中に、老馬が御者に鞭打たれるのを見て、突然馬の首にしがみつき、泣き崩れてしまった。2人の警察官の手によってバーゼルの精神病院に入院した。44歳である。母のフランシスカは、イエーナの精神病院で治療したが、統合失調症で回復の見込みがなく、1890年退院してナウムブルクの実家に連れ戻した。ニーチェは自著に自分は子供の頃から幻聴や幻覚があったと記している。1893年妹のエリーザベトが帰国した。コロニーの経営に失敗し、夫が自殺したためであった。ニーチェは1900年、誰にも看取られることなく肺炎で死亡した。55歳没。

エリーザベトはニーチェの死後、遺稿を編纂して「**力への意志**」を刊行

した。エリーザベトの恣意的な編集はナチスに売り渡されナチスのイデオロギーに利用された。

## ［2］ニヒリズムと価値のない人生

ニーチェの実存主義は、「この人生を肯定するには自分はどんな存在になるべきか」がテーマであり、**人が何かを頼り主体性を失って弱体化すること**を危惧していた。当時19世紀にヨーロッパで流行していたのが、**ニヒリズム（虚無主義、Nihilism）で、この世界、特に過去および現在における人間の存在には意義、目的、理解できるような真理、本質的な価値などがないと主張する哲学的な立場**である。今まで最高の価値と人々がみなし、目的としていたものが無価値となった歴史的事態のことを言うときが多い。

現代的ニヒリズムでは、

① 宇宙論的ニヒリズムー宇宙に意味はなく、人間に宇宙の本質を掴むことは出来ない。人間が見出した宇宙の価値と無関係に宇宙は存在するという主張。

② 実存的ニヒリズムー人間存在は無意味であり不条理である。例え何かの意味を見つけたとしても、最終的には死が待っている、という考え方。

当時のヨーロッパにはヘーゲルを完成者とする西洋近代哲学があり、圧倒的な権威で社会を席巻していたキリスト教があった。世界史は自由の意識の進歩である。理性的なものは現実的であり、現実的なものは理性的なものである。神がいれば必ずこの不公平な世の中を公平にしてくれる。ニーチェはこの地上には平等などはなく、弱者と強者があるのみであると考えていた。

一般的に形而上学とは、現実的な物の世界を超えた超自然的なものを設定し、それを真の実在とする立場である。現象の世界を超えたプラトンのイデア、現世を超えた宗教的な神や彼岸、ヘーゲルなどの近代的な理性、それらは形を変えながら変奏されている。ニヒリズムとは理想や価値を喪

失した無意味な状態を指す世界観である。理想や希望を失い絶望している状態である。本来何もないところに架空のもの、形而上学的なものを立てるため、必然的にその希望は叶わず破れ、必然的に絶望することになる。イデアの本質は現実逃避である。ヨーロッパの思想史の発展が、理念イデアという虚構への耽溺とその潜在的なニヒリズムという終局に至る運動そのものであり、その終局をニーチェは「**神は死んだGot ist tot**」という言葉によって表現した。

## ［3］アンチクリスト

　強者は自分の行為が絶対に良いと考え、自分の欲望のままに生きることを積極的に楽しむ事が出来る。弱者は自分の行為が良いとは考えられず、強者に対して**ルサンチマン**（ressentiment、恨み、妬み）を持っている。弱者はルサンチマンの感情を原動力に、強者の人間的価値を引き下げ、自分の価値を相対的に高めようとする。つまり、「強者は悪い」「弱者は良い」と考えるようになる。ローマ人に対するルサンチマンを抱えたユダヤ人が「強者のローマ人は悪い」「弱者のユダヤ人は良い」とみなし、受け入れがたい現実を打ち消そうとしたとしたところからキリスト教は始まる。

　ニーチェによると、キリスト教は不健全な、肉食獣に襲われた草食獣が円陣を組んで抵抗するように、弱者が強者から身を守ろうとする**畜群本能**、即ちルサンチマンに由来する、ローマ帝国の奴隷にまず普及した**奴隷道徳**としてのキリスト教である。キリスト教の道徳は奴隷が主人に復讐するような奴隷道徳である。キリスト教には全体的に弱者美化の傾向が見られる。キリスト教は大変な迫害を受けながら形成された。迫害される弱者たちは、現実世界での救いや希望が一切ないために、空想の世界で強者たちに復讐するべく、キリスト教とその神を造った。キリスト教では天国は貧しき者の見方である。金持ちが天国に行くにはラクダが針の穴を通るより難しい。価値観の転倒と、ない価値の捏造がある。自分の弱さや無能さを正当化しようという不健全で歪んだ発想である。

ニーチェはニヒリズムの原因はキリスト教の道徳にあるという。弱く従順な者たちが神に救われるという信仰によって、想像の世界で強者への復讐が成し遂げられる。現実の世界を生きる力のない弱者は、神への服従や清貧・正義・節制・勤勉を好み、禁欲の道徳によって自分の弱さを正当化し、天国という宗教的な想像へと逃避するのである。宗教や道徳は弱者が生き延びるために、ニヒリズムを覆い隠し、人生を偽装するために作られた誤謬・虚偽・幻想であり、**偽りの仮面**である。**パウロの原罪の思想は自己の価値否定**であり、教義に取り入れられ、キリスト教の発展と共にニヒリズムはどんどん深化していく。

　しかしキリスト教は科学の発展と共に次第に不要とされるようになっていった。つまり神は人々によって造られたが、いまや用済みとなってしまった。善悪にもっともらしい体裁を与えるために捏造されたのが神である。善悪の発生のメカニズムが明らかになった以上、神はもう必要ない。**「神は死んだGotto ist tot」**とニーチェは宣告するのである。神の死とともに、伝統的な価値や善悪の区別は意味を失う（**善悪の彼岸**）。

　ニーチェは釈迦を尊敬しており、忌み嫌う西洋文明と対比する形で仏教等の古代インド思想を礼賛し、「ヨーロッパはまだ仏教を受け入れるまでに成熟していない」と語っている。発狂した後までも「自分は仏陀である」と語っている。


## ［4］ツァラトゥストラはかく語りき

　ニーチェによれば、ニヒリズムにおいて私たちが取りうる態度は大きく分けて2つある。

①何も信じられない事態に絶望し、疲れきったため、その時々の状況に身を任せ、流れるように生きるという態度。弱さのニヒリズム、消極的受動的ニヒリズム。ショーペンハウエルの主張。**厭世主義ペシミズム**。

②全てが無価値・偽り・仮象ということを前向きに考える生き方。自ら積極的に仮象を生み出し、一瞬一瞬を一所懸命生きるという態度。強

さのニヒリズム、積極的・能動的ニヒリズム。ニーチェは、積極的ニヒリズムを肯定し、永劫回帰の思想の下、自らを創造的に展開して行く。鷲の勇気と蛇の知恵を備えた超人になることを勧めた。

若きニーチェが心酔したショーペンハウエルは、この世界にある個体は自らが生きようとする盲目的な意思の表象<sup>ひょうしょう</sup>（あらわれ）であるとする「生の哲学」である。ニーチェの「力への意志」はこれを肯定的に受け継いだものである。

この人生を肯定するには自分はどんな人間になるべきか。能動的ペシミズムでは「**力への意志Der Wille zur Macht**」によって新たな価値を自ら創造する**超人Übermensch**としての生き方が求められる。力への意志は、人間の生の本来のあり方を取り戻す機会なのである。「悲劇の誕生」では人間の生をアポロン的なものとディオニュソス的なものとの対立の過程として捉えた。アポロンはギリシア神話で光明の神、つまり予言（合理性）を、一方ディオニュソスは酒の神、つまり陶酔（反合理性）を意味し、後者が人間の精神を突き動かす根源的なものであるとされた。ギリシア文化への非合理的部分の混在に着目することによって、従来一般に流布していたギリシア人のイメージを打ち壊した。

「**ツァラトゥストラはかく語りきAlso sprach Zarathustra**」は超人の生き方を文学的、散文的に書いた哲学書である。ツァラトゥストラはゾロアスター教（拝火教）の開祖ザラスシュトラのドイツ語読みである。

山中で10年間の修行をしたツァラトゥストラは説教のため山を下りる。道中で出会った隠遁者との対話で神の死を知り、民衆に語りかけ、超人の思想を伝えようとするが失敗する。美徳を論じる偽善者、プラトン主義や伝統的な形而上学を論じる背面世界の論者、身体の軽蔑者をツァラトゥストラは批判する。ツァラトゥストラは魂を重視するがあまりに肉体を軽蔑する論者に対して、肉体が内包する根本を明らかにしようとする。ツァラトゥストラにとって肉体そのものが一つの大きな理性であり、精神は肉体の道具にほかならない。様々な民族がそれぞれ独自の価値観を掲げ、それぞれの勝利のために争ってきたことを確認する。キリスト教の価値観である隣人愛の精神が自分自身への逃避であると指摘する。本来あるべき態度

とは未来に出現するものへの遠人愛であると説く。ツァラトゥストラは弟子を得る事が出来たが、再び弟子を遠ざけて一人孤独な生活へと回帰する。

## ［5］永劫回帰と運命愛

　アルプスの麓に滞在していたニーチェは、森の中を散歩中に、世界は意味も終局の目的もない永遠の回帰であるという思想を思いつき、これこそ到達点も目的もないニヒリズムの極限の姿であると考えついた。この世が意味も目的もなく、同じものが無意味に繰り返される**永劫回帰の世界**だと考えた。これまでキリスト教の時間軸は天地創造の起点から最後の審判の終点に向かう直線で進んでいた。しかし神の死はその時間軸から起点と終点を消してしまった。神の死を境に直線運動から円環運動に変わってしまった。歴史は未来に向かって進むのではなく、無限ループに陥って無価値な人生が何度も永遠に反復されることになる。意味もなく同じことの繰り返しという永劫回帰の世界においては、未来への希望もなく、一切が空しくなる。永劫回帰はニヒリズムの最高形態である。超人とは神なき時代に神に代わりうる力強い人間の理想像である。**超人は無価値な時代に価値を見出せる力への意志の体現者である。超人さえ現れれば、人々はその超人に憧れ、そこに近づこうと努力する。超人は希望である。価値なき時代にも、価値の高い人間はありうるのだと示すことが、人々の支えとなる。**キリスト教や民主主義にこの考え方はない。価値の高い者への妬みやみんな平等を求める思想は、高みをめざす人間の存在を許さない。

　過酷な運命を背負わされると、運命を呪いたくなる。でもその過酷な運命をむしろ自分が望んだものだと、積極的に肯定して断言する「**運命愛**」、勇気と力強さがあれば、その人は本当に輝かしい人生を送れるだろう。ツァラトゥストラは、意味のない世界から逃げることをせず、ありのままの世界を肯定すべきことを説く。「**これが人生だったのか、さればもう一度**」。ニーチェは超人に至る道を3つの精神にたとえた。まず、ラクダの精神は伝統的な価値や義務に服従していたが、ライオンの精神は、「われ

欲す」と自由を主張し、「汝なすべし」という価値観に戦いを挑む。しかしこのような抵抗は既成の価値を否定することでしかなく、新たな価値を創造することではない。これに対して、幼児の精神は、何ものも求めることなく、思うがままに自由に戯れ、創造しそれを肯定する。

## ［6］ニーチェ哲学とナチスドイツ

　兄ニーチェを尊敬していたエリーザベトはニーチェの死後、遺稿を編纂して「**力への意志Der Wille zur Macht**」を刊行した。エリーザベトの恣意的な編集はナチスに売り渡されナチスのイデオロギーに利用された。ワーグナーは反ユダヤ主義者で、ニーチェもユダヤ教を嫌っていたが、ユダヤ人を差別していた訳ではなかった。

　力とは権力者、能力者という意味で必ずしも、政治的、国家権力への意志を意味するものではなかった。ヒトラーは読書家であったが、ニーチェを愛読していた訳ではない。ムッソリーニは読書家でニーチェを愛読し、「ニーチェは19世紀最後の4半世紀で、最も意気投合できる心の持ち主である」と礼賛している。

　ヒトラーがニーチェに心引かれたのは、ニヒリズムの世界において必要なのは強者の思想で、人生を自分の思うままに自由に生き、自己表現を図るべきだと考え、貪欲に生きることを肯定する。このように自己の能力を最大限に伸ばした人間を**超人Übermensch**という。

　力への意志のせめぎあいとして「生」が展開する。生は相手を打ち負かそうとする力、自分の支配権を拡大しようとする意志のせめぎ合いとして展開する。ニーチェの教えは攻撃的な本能と意志を動態化する。それ故、現行の様々な運動が自分たちの運動にこれらの動態化して「用途から解き放たれた」意志と本能を持ち込むのである。

　ここに**超人Übermensch**としてのヒトラーが登場する。超人は無価値な時代に価値を見出せる力への意志の体現者である。弱者たちは超人さえ現れれば、人々はその超人に憧れ、そこに近づこうと努力する。超人は希望である。価値なき時代にも、価値の高い人間はありうるのだと示すこと

が、人々の支えとなる。

　1934年ナチスドイツのニュルンベルク党大会「**意志の勝利Der Triumph des Willens**」が開催される。この題名はもちろんニーチェの力への意志から取られたものである。映画を見ると、この荘厳で美しく芸術的な映像に出てくるドイツ人たちはみないきいきと快活で明日への希望に満ち満ちている。ナチスは農民と労働者を重視する。階級のない社会を目指しているのである。これは資本家を狙った階級のない共産主義の社会ではない。個人よりも全体主義を狙った階級のない社会である。ヒトラーの掲げるヨーロッパの新秩序は人種ヒエラルキーである。ゲルマン人（ドイツ・オーストリア）、ラテン人（南ヨーロッパ）、スラブ人（東ヨーロッパ、ロシア）、ユダヤ人の順である。

　ニーチェは実存主義者で、「力への意志」の核心は個人主義にあるが、ナチスではそれが全体主義に置き換わってしまった。宗教的道徳を捨て、力を信じて、ヒトラーの言うがままをなせと教え込まれた。

35

# 第36章　サルトルと実存は本質に先立つ

## ［１］サルトルの生涯

　ジャン-ポール　サルトル（Jean-Paul Sartre, 1905-1980）はフランスの哲学者・小説家・劇作家。**実存主義Existentialisme**の代表的思想家。人間の実存を哲学の中心に置く思想的立場。あるいは本質主義Essentiaに対する現実主義Existentiaの優位を説く思想。内縁の妻はシモーヌ・ド・ボヴォワール。右目に強度の斜視があり、1973年それまで読み書きに使っていた左目を失明した。自分の意志でノーベル賞を拒否した最初の人物である。

　1905年パリ16区に生まれる。父が生後15ヶ月で死去し、母方の祖母であるドイツ系フランス人のチャルル・シュヴァイツァー（1844-1935）の家に引き取られる。３歳で右目をほぼ失明する。1915年アンリⅣ世校に入学し、ラ・ロシェル高等中学校に転校する。12歳の時母が再婚。養父とは折り合いが悪く、母親の金を盗んだことで祖父から見放され、少女を口説こうとして失敗する。1928年アグレガシオン（１級教員資格、哲学）に落第する。翌年主席の成績で合格する。

　1929年**シモーヌ・ド・ボヴォワール**（1908-1986）と２年間の契約結婚を結ぶ。彼女は主著「第二の性」で「**人は女に生まれるのではない、女になるのだ**」というフェミニスト活動家で20世紀の女性解放思想の草分けとされる。女性らしさは人為的に作られたもので、実存としての女性の自由な生き方を訴えた。二人は自由意志に基づく個人の選択を重視することから、婚姻関係や子供を持たず、互いの性的自由を認めながら生涯を共に生きる。1933-1934年、ドイツのベルリンに留学し、フッサールやハイデガーを学び「存在と無」「弁証法的理性批判」などの哲学論文を書く。これにより現象学の権威、実存主義の代表者と言われる。

　**1938年「嘔吐La Nausée」を出版して名声を博する**。実存をテーマに

サルトルの分身アントワーヌ・ロカンタンの日記形式の小説である。主人公の存在に対する嫌悪感は「吐き気」として表され、ただ単に何の意味もなくそこにある存在は嫌悪すべきものであり、不条理なものであった。人生とは存在とは何かを正面から追及してゆき、最終的にはあらゆる存在に必然性はなく、ただそこに偶然にあるだけだという発見を主人公がするところで終わる。第二次世界大戦のため兵役召集されるが、1940年捕虜となり、1941年偽りの身体障害証明書によって、収容所を釈放された。

　**戦後、サルトルの実存主義は世界中を席巻する**。アンガージュマンの知識人として、自らの政治的立場をより鮮明に打ち出し、共産党の強力な支持者となる。無神論的実存主義とマルクス主義の総合を試みて世界的な影響、とりわけ戦後の混乱期の若者たちに強烈な影響を及ぼす。アルジェリア戦争の際にはフランスからの独立を目指す民族解放戦線を支持する反スターリン主義の毛沢東主義者主導の学生運動を支持する。

　**1964年ノーベル文学賞に選出されるが辞退する**。レジオンドヌール勲章も辞退する。1966年来日。1980年肺水腫により74年の生涯を閉じた時にはおよそ5万人がその死を弔った。


## ［2］実存は本質に先立つ


　自由を実現するために過去、多くの政治闘争が繰り広げられた。ところがサルトルによれば、人間は何もしなくても元々自由なのである。これは西欧の伝統的思考法を180度転換することによって生まれた考えである。

　サルトルは20世紀を代表する哲学者で、無神論者である。サルトルがこだわったのは、実存主義者としての人間のあり方、とりわけ**人間の自由と責任**である。サルトルによれば人間は自分のおかれた状況に条件づけられ、拘束されているが、同時にあくまでも自由な存在である。ただその自由は、開放的で前向きで明るいものではない。「我々は重苦しい自由の中で、その自由に伴う責任を果たしながら生きていかなければならない」と考えた。

　プラトンやトマスなどは、天体でも動物や人間でもどんなものにもまず

「そのものは何か」という本質が決まっており、その後そのものが存在すると考えた。**モノは本質が実存に先立つ。**モノは本質があらかじめ与えられており自己を超えることはない。ペーパーナイフの本質は紙を切ることであり、ハンマーの本質は釘を打つことである。これらの道具の本質は、道具として実存するよりも以前から定められていた。

　サルトルの実存主義は、神の存在を否定した上で内容が説明されている。神の存在を根拠にして世界を考えてはならない。神よりも人間を大切にするべきだという主張である。もし神がいるならば、人間を創造する際、最初に「人間はこういうものにしよう」と人間の本質を決めて現実存在としての人間を造るはずである。しかし人間はまず実存し、その後自らの本質を自分の手で作らなければならない。医師になろうと努力して医師になることが出来、弁護士になろうと努力して弁護士になる。自分がどのようにありたいのか、またどのようにあるべきかを思い描き、目標や未来像を描いて現実に向けて行動する自由を持っている。

　**人間は実存が本質に先立つという。人間は自ら作るところのもの以外の何ものでもない。**自らの本質を自らの手で、自らの人生の中で作っていく。キルケゴールの説く実存はあくまで自分にとっての真理の追及であり、ハイデガーの実存は死を意識して生きるという死に向かう実存、しかも個人主体の実存ではなく民族の実存である。サルトルの実存は自由である人間は本質を後から自分で作らなければならないという実存である

## ［3］自由と責任

　収容所から釈放後、ドイツ占領下のパリで代表的な哲学上の著作「**存在と無L'Être et le néant**」をまとめ、終戦前の1943年に発表する。これは「実存は本質に先立つ」という命題から出発、神なき世界における人間の自由を追求した、いわゆる無神論的実存主義の記念碑的な大作である。副題は「現象学的存在論の試み」で、若者が熱狂し実存主義のブームが起こる。フッサールの現象学の立場に立ち、ハイデガーの影響を受けた「存在」について論じたものである。

モノは**即時存在**であり、自分の存在を意識しないので、自分の存在に意味があるとも、無意味だとも思わない。人間は**対自存在**で、自分の存在を意識して、自分を無意味だと思って無化してしまう。人間は絶えず自分の存在を否定する（無化）が、だからこそその現状の不満をバネに、未来に向けて自分を乗り越えようとする存在であるともいえる。人間はモノと違って、自分を見つめ直すことが出来るからこそ、あるべき姿を目指して自分を変えて行くことが出来る。つまりネガティブな自分からポジティブな自分に変えて行く時、選択の自由がある。人間は自分のあり方を選択する自由のある存在である。**人間の本質は始めから決まっている訳ではない。**人間の本質、つまり自分と言うものは自由に作り上げていけばいいのである。実存としての人間は、自らその在り方を選択し、自らを未来の可能性に向かって投げかけること（**投企**）によって、自分がなんであるかという自己の本質を作り上げていく存在である。

　本質を規定する神がいない以上、我々は完全に自由である。サルトルの自由は、どこまで行っても我々に重くのしかかり、決して我々を離してくれず、逃げ出そうにも逃げ場所さえ与えてくれない**自由の刑**である。**自由な存在である以上、その行動の責任はすべて自分に降りかかってくる。**人間は自由であるが故に、「人間はこういうものだから……」的な言い訳は一切出来ない。神がいないことで**全ての行動**は**自己責任**になる。サルトルはこれを**自由と責任**と呼んだ。

## ［4］ 自由という名の終身刑

　「自分とは何か」という自己の本質を自ら定義する自由とは、どのようなものだろうか。サルトルによれば、人間が自由であるのは、人間の実存に、「こういうものである」という定義があらかじめ決まっていないからである。私たちは自ら選んだ行動によって、裏切り者にも、人々を救う英雄にもなれる。このように人間がまず実存し、その後で自分がなんであるかという本質を作り上げていくことを、サルトルは「実存は本質に先立つ」という言葉で表現した。実存主義の考える人間が定義不可能であるの

は、人間は、最初は何ものでもないからである。人間はあとになって初めて人間になるのであり、人間は自らが作ったところのものになるのである。

　自由である運命からは逃れられない。**自由という名の終身刑に処せられた囚人**である。この自由があまりにも重いため人はしばしば自分を偽る。忙しさや運命に翻弄されて**自分には選択の自由がないと自分を騙す**。サルトルはそういう自由からの逃げ方も許さない。**そういう欺瞞を不実の罪と呼んで糾弾する**。

　自己の選択に対しては全面的に責任を負わざるを得ない。人間は自由であることから逃れることは許されず、責任を分け合う「共犯者」もいない孤独のなか、言い逃れもできず、不安に耐えて自己の現実を選び取るほかないという**自由の刑**に処せられている。

　人間はなんの助けもなく世界に投げ出されて、与えられた状況の中で選択し、その自分のなすことに責任があるとして、その意味で人間は「自由の刑に処せられている」「**自由であるとは、自由であるように呪われている**」ともいい、自由の重荷を表現している。

　サルトルの考える自由は多くの制約のついた自由である。「自立して生きなさい」「これからは自分一人で生きなさい」という主張と、「他人の人格を尊重しなさい」「個人は自由だけれども、生きている人間全員に対しては、敬う気持ちを持って行動しなさい」という制限のついた自由である。

## ［5］アンガージュマン

　我々が自由であることと、それに伴う責任から逃げられない以上、その自由と責任を全うする生き方をするしかない。サルトルは「私はどのように生きるべきか」の問いの答えとして**アンガージュマン（engagement、社会参加）**という概念を提示する。アンガージュマンは自分の中に閉じこもらず、「主体的に関わる」という意味である。自由な選択として、自分の立ち位置を社会の中に**自己拘束**する職業選択という意味である。社会状

況に制約されながらも、新しい歴史や社会の創造へと参加する。それが「自由を生きる」ことである。

　サルトルは自らのアンガージュマンの実践を通して次第に社会的歴史的状況に対する認識を深め、マルクス主義を評価するようになっていく。実存主義をマルクス主義の内部に摂取することによって、史的唯物論の再構成を目指した。「**方法の問題**」によれば、ソ連をはじめとする共産党の指導者たちが、マルクス主義理論を教条化することによって、それにあわない現実を切り捨てていったからである。「彼らは教条を経験の及ばぬところに置いた。理論と実践の分離はその結果として、実践を無原則な経験主義に変え、理論を純粋で凝結した知に変えてしまうことになった」という。

　サルトルによって広まった実存主義はサルトルのアンガージュマン（他の実存と共に生きるための自己拘束）の思想に見られるようにマルクス主義者としての社会参加色が強く、それに呼応しない者には説得力はなかったが、1960年代の学生運動の思想的バックボーンとなった。第二次世界大戦直後のヨーロッパでは、巨大な歴史の流れの中での人間存在の小ささが意識され、戦前までの近代思想や既存の価値観が崩壊し、人々の多くが心の拠り所を喪失しかかっていた。サルトルの思想は、実存に新たな光を当て当時の人々の根元的な不安を直視しそれに立ち向かい、自由に生きることの意味を追求し、人間の尊厳を取り戻す術として人々に受け入れられることになった。

　単なるモノは自分の存在の意味なんか問えない。これを**即時存在**という。**人間は対自存在で自分の存在の意味を問える存在である。**対自存在である人間は、自分の存在の意味を問い、その上で、**自分がある所のものであらず、あらぬところのものである。自分は本来あるべき姿ではなく、あるべきでない姿になっている**と結論づける。

　つまり**対自存在は自分の現状に満足していない。常に自分を未来に投げ出し、今の自分を作り変えようとする。**現状を本来の姿と思っていないから、変革を求め続けるのは当然だ。

　人間は色々な形で社会参加する。**社会参加をした状態の中で自己を変え**

ようとする。社会参加した人間がその中で自己を変えようとすれば、大な
り小なり必ず自分が参加した社会に影響をもたらす。つまり**我々の自由
は、社会全体の変革にもつながってきている**。ならば自由な実存の果た
すべき責任とはその**社会を正しく変革する**ことである。

　もしも「**社会の仕組みが気に入らなければ（無意味に感じるなら）、組
み替えていけばよい**」と世界中に訴えた。アンガージュマンに正解がある
と考えていたサルトルはその理想をマルクス主義に求めて共産主義を支持
する。そのことで作家のアルベル・カミュやメルロー・ポンティら友人と
論争の末訣別する。構造主義者たちから大きな批判を浴びることになる。

　サルトルのこの「**社会参加と正しい社会変革**」という考え方は、社会主
義思想と結びつき、1960年代の学生運動と結びついて、当時の左翼系の運
動を大いに盛り上げた。

　サルトルの実存主義は、戦争によって価値観が崩壊したドイツ・フラン
ス・日本などの青年層に圧倒的に支持された。どう生きるかは自分が選
ぶ、自分が行動することで自分が自分を作り上げてゆくという思想は、混
乱していた若者に希望を与えた。やがて戦後の混乱を脱した1960年代以降
になると現実は変えることができないという**構造主義**が現れ、実存主義は
衰退してゆく。

　運動は盛り上がりすぎると弾圧される。度を越した学生運動は、次第に
社会の反発を招き、政府から弾圧され、フランス共産党や左翼系の文化人
までもが弾圧を支持し、フランスでは次第に実存主義への幻滅が広がって
行った。晩年にはほとんど現実的な影響力を失い、輝かしい名声にも拘わ
らず、最後の数年間は決して幸福なものではなかった。

# 第37章　マルクス理論と共産主義国家の出現

## ［1］産業革命と資本主義の発達

　イギリスでは18世紀の後半から、新しい機械が発明され生産が大きく伸び**産業革命**が起こった。一方地主による囲い込みで、農民は農地を取りあげられ都会の工場で働くため、次々と農村を離れて行った。紡績工場、製鉄工場、炭鉱、造船所で働くようになった。**資本家階級ブルジョワジー**は大金持ちとなり、上流階級の仲間入りをして、贅沢な暮らしを享受した。一方**労働者階級プロレタリアート**という新しい階級が生み出され、資本家にお金で雇われ厳しい労働条件と低い賃金に縛られ苦しい生活にあえいでいた。炭鉱では爆発事故が続いた。1833年イギリスでは工場法が制定され、労働時間を1日12時間以内とする事、9歳以下の子供の就業禁止などが決められた。しかし普通選挙は行われず労働者の意見は政治には反映されないまま、資本家と労働者の対立は激しくなっていった。産業革命は19世紀中頃からアメリカ、フランス、ドイツでも始まり、日本やロシアでは19世紀の終わりから始まった。**資本主義**とは生産手段を所有する資本家階級が、自己の労働力以外に売るものを持たない労働者階級から労働力を商品として買い、それを使用して生産した**剰余価値**を利潤として手に入れる経済体制を言う。労働者に働かせて資本家が得る利益は労働者に支払った賃金以上であり、資本家は労働者を搾取することになる。剰余価値に基づく資本主義経済の法則が、労働者階級の開放と階級の廃止という共産主義運動の目標に理論的根拠を与えている。

## ［2］マルクスの社会主義理論

　近代の思想は自由で民主的な社会を求めてきた。しかし産業革命以降に現れたのは、極度の貧富の格差と植民地争奪戦という過酷な現実だった。

マルクスと**エンゲルス**は、これは人間の意志を離れた勝手な運動であり、人々を本来の労働のあり方から疎外すると考えた。資本の自立的な運動が促進される背景には私的所有と市場経済があり、これらを廃止して経済を自らのコントロールの下に置くことで、人々が互いに協力し合う自由で対等な社会が実現するという大きな社会変革の見取り図を描いた。

**マルクス**（1818-83）は1867年「**資本論**」を著わして、資本家と労働者の不平等を生み出す資本主義の矛盾を解明した。マルクスによれば**労働**は人間の本質的な営みであり、労働とは**自己実現**の営みにほかならない。労働を通して他者と連帯し、社会の共同体の中に生きる類的存在である。人間が労働によって生み出す生産物は、自己が発揮した能力や努力の成果であり、自分自身を確認し、やりがいや達成感を得る事が出来る。しかし現実の資本主義社会をみると、子供が毎日15時間以上の労働を強いられるような悲惨な状況にあり、本来喜びであるはずの労働が**苦役**に成り果てていた。労働が単なる生活を維持するための手段に成り下がり、労働者が作った生産物は資本家の手に渡り、労働者が働けば働くほど資本家に富が集中して、労働者はますます疲弊し、貧しくなるといった資本主義の矛盾があった。

本来労働者のものであるべき生産物は、労働者から引き離されて資本家の手に渡り、労働者を支配する資本の力を増大させて、労働者の生活をますます非人間的なものへと追いやる、**労働の疎外**が起こっている。マルクスによれば労働の疎外には４種類ある。第一は労働者が作った生産物が労働者の手を離れて資本家に渡る生産物からの疎外、第二は労働そのものが自分自身のためのものではなくなる労働からの疎外、第三は労働者の社会的な連帯が失われる類的存在からの疎外、第四はこのようにして人間が人間の本来のあり方から疎外される人間からの疎外である。

マルクスはこのような労働の疎外を克服するために、私有財産制度を否定し、生産手段を全て社会全体の共有にして人々が平等に働く社会主義を唱えた。

# ［3］ マルクスの唯物史観

　**唯物史観**とは人間生活の現実的前提は物質的諸条件であり、歴史もその中から見出されなければならず、歴史は階級闘争の歴史と総括される。マルクスによれば人間が生産物を作り出す経済的な構造が土台（下部構造）にあって、それにふさわしい政治・法律・学問・宗教などの精神的な活動の産物（上部構造）が作られる。このようなマルクスの実践的唯物論は、歴史を通して人類の精神が自己発展すると説いた、ヘーゲルの観念論とは反対の立場である。当時の人々は法律を変えたりすれば社会を正すことが出来ると考えていた。マルクスによれば、社会の仕組みは人間の意識から独立した物質的な構造を持っており、これが土台となって人々の意識を規定している。従って土台を変えずに上部構造だけを変えるというのは困難である。生産手段を独占する支配階級と、搾取される被支配階級との間には、利害の対立から闘争が起こり、それが社会を変革し歴史を動かす原動力になる。人類の歴史は、自由民と奴隷、貴族と平民、領主と農奴など抑圧する者と抑圧される者との**階級闘争**の歴史である。マルクスは人類の歴史は階級闘争の歴史であり、労働者が革命を起こして社会主義を実現することは、**歴史の必然的な歩み**であると説いた。共産主義社会の配分の原則は、低い段階即ち**社会主義**では「能力に応じて働き、労働に応じて受け取る」、高い段階すなわち**共産主義**に発展すると「能力に応じて働き、必要に応じて受け取る」という基準を満たすほど豊かになるので争いも無くなり国家という格組みもなくなってしまうという。

　マルクスは**エンゲルス**（1820-95）と共に1848年「**共産党宣言**」を出版している。資本主義は個々の資本家の強欲さの問題ではなく、経済システムの問題である。問題解決のためには、資本主義の仕組みを**革命**によって丸ごと転換するしかなく、その担い手は抑圧されている労働者階級以外にはない。労働者階級の利害は国境を越えて万国共通であるから、団結は可能であるし団結すべきである。「**万国のプロレタリアートよ！団結せよ**」。共産党宣言はこの言葉で締めくくられている。ブルジョワジーから政治権

37

力を奪取し、生産手段などの資本を社会全体の財産に変えることによって、社会の発展が進むにつれて、階級対立も、諸階級の存在も、階級支配のための政治権力も消滅し、一人ひとりの自由な発展が全ての人の自由な発展の条件となるような共同社会が訪れる。来るべき共産主義社会では国家も階級も廃絶され、万人が自由で平等な社会が訪れるので、この階級闘争は労働者階級だけのためのものではなく、**全人類の解放**のためでもある。エンゲルスは1880年出版の「**空想から科学へ**」の中で、唯物史観と剰余価値説によって社会主義は科学になったとし、自らの立場を**科学的社会主義**と称した。共産主義社会の詳細な構想を語るのではなく、**資本主義社会の科学的分析によって共産主義革命の歴史的必然性を示そうとするところにマルクス主義の大きな特徴がある**。

　エンゲルスの死後、正統派のマルクス主義者とされていた**ベルンシュタイン**（1850-1932）は党機関紙に「**プロレタリアートは非合法的手段による国家権力の奪取ではなく議会制民主主義を通じた社会改良を目指すべきだ**」という従来と異なる見解を発表する。激しい論争が起こり「修正主義」と呼ばれて**カウツキー**（1854-1938）によって批判される。しかしドイツ社会民主党は実際には議会制民主主義のもとで勢力を伸ばしており、敵に打ち勝って政治権力を獲得する戦略が実行されたことはなかった。カウツキーもその戦略を具体的に提示することなく、好機の到来を待つ姿勢に留まった。そのためマルクス主義を教条としてのみ擁護し、実践的には生かさなかったという意味で、カウツキーの見解は**教条主義**と呼ばれる。

## ［4］レーニンとロシア革命

　**レーニン**（1870-1924）は「**帝国主義論**」を著し、「**帝国主義とは資本主義の最高段階である**」と述べている。帝国主義とは、国家が権威を背景として世界の分割支配を行うことをいう。獲得した植民地はその国の独占的な資源と市場になる。競争相手がいないので、本国では原料と労働力を安くして大量生産によって生産コストを削減する。植民地では、安く資源を獲得して市場として無理やり生産物を買わせる。多くの利潤を追求する

ことが出来る。

　20世紀の初めまでロシアには議会は無く、ロマノフ朝のニコライ2世（1868-1917）が貴族と共に多くの農民や労働者を支配していた。労働者のストライキや農民の反乱が多発していた。社会の変革が求められ、レーニンはロシア社会民主労働党を指導した。1905年「血の日曜日事件」が起こり、ロシア革命が始まる。戦艦ポチョムキン号の反乱、日露戦争の敗北を経て、皇帝は革命家の弾圧を強める。第一次世界大戦に突入し東部戦線では兵士が逃亡し、1917年ペテルブルクでは24万人のデモが起こり兵士も加わり、臨時政府とソビエト（代表者会議）が作られる。レーニンは亡命先のスイスのチューリッヒからペテルブルクに帰国した。この時大戦中でありロシア人がドイツ国内を通行することは出来ない。そこで極秘裏にドイツ当局と交渉し一切ドイツ人と交渉しない「封印列車」でドイツ領内を通行する条件で認めさせた。ドイツはロシアの東部戦線からの離脱を画策したのである。大群衆を前に「**すべての権力をソビエトへ**」の演説を行い金持ちの支持する臨時政府から権力を奪うことを主張する。臨時政府とソビエトは同盟者ではない。目指すべき目標は議会制共和国ではなく、下から成長してくる全土の労働者・雇農・農民代表のソビエト共和国なのである。**共産党ボリシェビキ**は1918年憲法制定議会のための選挙を行うが、ボリシェビキは第一党にはなれず、議会を通じて革命的政策は実現できなくなった。レーニンはボリシェビキの武力を動員してボリシェビキ独裁を実現させる。共産党以外の政党は禁止され、議会政治も否定される。共産党臨時政府を支持していた**ケレンスキー**（1881-1970）は倒され、レーニンは地主から土地を取り上げ農民に分配し、ウクライナを割譲して戦争をやめてドイツとの単独講和を行う。ロシア革命の成功に資本主義諸国は驚愕し、イギリス、フランス、アメリカ、日本、さらにロシア内部の反革命軍（白衛軍）が出兵するがレーニン政権の打倒は果たせなかった。1918年から1921年まで戦時共産主義の体制を強め、農民生活に大きな犠牲を強いて革命政権の維持を図った。戦時共産主義は多数の餓死者まで出す深刻な事態を招き、ボリシェビキのないロシアを掲げた反乱が起こる。レーニンはロシア革命が資本主義の発達が遅れた地域における革命であったので、**新**

経済政策ＮＥＰを実行する。レーニンは国有化をゆるめ、穀物徴発をやめて、農民に余剰農産物の自由販売を認め、中小企業の私的営業も許した。共産党一党体制や銀行・大企業・外国貿易の国家管理を変えなかったが、一定の範囲で資本主義的な営業や市場経済を復活させて、生産活動を促した。国民経済は回復に向かい、まもなく生産は戦前の水準に達した。レーニンはペテルブルクからモスクワに首都を移し、1922年ソビエト社会主義共和国連邦の成立を全世界に宣言した。レーニンは1924年死亡、54歳であった。経済建設が端緒に取り掛かった所で死去してしまった。

　スターリン（1878-1953）は、レーニンが党書記長に登用しながら最晩年にはそこからの解任を図った人物である（レーニン最後の闘争）。スターリンはレーニン死後の権力闘争の過程でトロツキーなどの反対者を次々と弾圧する一方、苛烈な農業集団化や計画経済体制への移行を通じて、人類最初の社会主義国家建設に成功したと宣伝した。ソ連は1928年から第一次五カ年計画を実施し、生産を増し工業国化への基礎固めが進む。スターリンは農業集団化を強引に進め、農民の抵抗が激しくなると、1930年「共産主義が実現するにつけ国家権力は死滅へと向かう」というマルクス以来の国家死滅論を事実上否定し、「共産主義へ向かえば向かうほどブルジョワジーの抵抗が激しくなるので国家権力を最大限に強化しなければならない」とした。1936年から1938年には大粛清が始まり、共産党幹部を含めた数百万人の人々が犠牲になった。

　スターリンが政権を掌握し1941年には日ソ中立条約が結ばれる。1941年ヒトラーはドイツのソ連侵攻を開始する。この独ソ戦によって戦争の性格が帝国主義戦争からファシズム対民族主義の戦争へと変化した。ドイツ軍は、モスクワ侵攻の失敗、スターリングラードの敗戦を経て1945年無条件降伏する。ドイツは４カ国分割管理が行われ、東ドイツはソ連が管理する。ベルリンは共同管理であったが、1948年ソ連はベルリン封鎖を行う。東ドイツはドイツ民主共和国として独立する。第二次世界大戦後、ソビエト連邦の威信により、アジア・東欧・アフリカ・カリブ海域に多くの社会主義国が生まれた。1953年スターリンが死亡する。この年、東ベルリン暴動が起こり、東欧最初の反ソ暴動となる。スターリンが死んだ３年後の

1956年フルシチョフ（1894-1971）はスターリン批判を行いスターリンの権威を失墜させ世界中の共産党に大きな衝撃を与える。中国はソ連の変質を修正主義として批判し、ソ連も毛沢東の独裁を非難して中ソ対立となる。1968年にはチェコスロバキアで「プラハの春」の改革の動きがあるが、ワルシャワ条約機構軍によって鎮圧される。

　1970年代に入り経済発展の面で西側先進国からの立ち遅れが顕著になり政治的な抑圧体制も広く知られるようになり、次第にその権威が失墜する。ベルリンの壁が1989年に崩壊し1990年東西ドイツが統合されドイツ連邦共和国が誕生した。1991年のソ連崩壊に前後して多くの社会主義国が姿を消した。ソ連・東欧の共産主義政権崩壊の理由としては、社会主義国の経済停滞が長く続き、西側から大きく引き離されたこと、ゴルバチョフの情報公開グラスノスチによって共産貴族の腐敗の実態が暴露されたこと、衛星放送などで国民が西側の豊かな生活を知ってしまったことがある。経済停滞の原因は、一党独裁・中央集権による官僚主義ノーメンクラツーラや非効率、西側の封じ込め政策である禁輸、過度の軍需・重工業優先による民生部門（軽工業・流通・サービス・農業）の立ち遅れがある。

　ベトナムは、1986年ドイモイ政策を掲げて市場経済を部分的に導入して経済を発展させ、憲法に「ホーチミン思想」を明記し、共産主義をベトナムの事情に合わせて解釈する独自路線を採用した。アメリカ・日本との関係改善、中国との和解も成立している。北朝鮮は経済が破綻し、深刻な飢餓により数百万人の死者を出したといわれる。

　西側諸国は冷戦期には社会主義に対する脅威があり、労働法制の強化や社会保障の充実など労働者の権利が大きく認められた。現在は新保守主義（新自由主義）が台頭し、再び資本主義国の労働者が過酷な境遇に追い立てられているという。現在でもマルクス・レーニン主義を掲げる国は、中華人民共和国・ベトナム・ラオス・キューバ・朝鮮民主主義人民共和国である。資本主義国でも共産主義を掲げる共産党や共産主義の思想や運動は存在する。

37

## ［5］毛沢東と中華人民共和国の成立

　中国の清朝は1911年の辛亥革命によって倒され、翌年**孫文（1866-1925）**を臨時大総統とする中華民国が成立した。日本の大陸進出に孫文は1919年中国国民党を組織する。また、1921年中国共産党が組織された。この中に若き**毛沢東（1893-1976）**の姿もあった。1919年に成立したソビエト政権は、世界の革命運動を援助するためにコミンテルンをつくり、その指導の元で中国共産党は誕生した。コミンテルン代表のマーリンは列強の進出を防ぎ、軍閥を倒すために国民党と共産党の団結、国共合作を主張する。孫文旗下の**蒋介石（1887-1975）**は反対するが、1924年第一次国共合作が成立する。毛沢東は故郷の湖南省で農民運動に力を注ぐようになる。**毛沢東の革命の理論は、農民に依拠し農村を革命根拠地にするというものである。**1925年孫文59歳で死去。蒋介石が国民党を率い、1926年国共合作の中華民国が新政府樹立を武漢で宣言する。1927年国民党は共産党を武力弾圧し、毛沢東は1931年中華ソビエト共和国臨時政府を樹立し主席に選ばれる。蒋介石は100万の大軍で紅軍討伐を行い、毛沢東は１万2000キロの長征を行って延安に逃れる。1937年第二次国共合作で日本軍との日中戦争を行う。共産党軍は広大な農村地帯を中心に抵抗運動を続け解放区を広げて行く。解放区とは地主たちから土地を取り上げ農民に分配した地域をさす。**毛沢東はこの時、「力の70％は勢力拡大、20％は妥協、10％は日本軍と戦うこと」**という指令を発している。毛沢東は裏で日本軍と手を結び蒋介石と日本軍を戦わせて漁夫の利を得ていた。延安で八路軍が栽培していたアヘンの販売で日本軍と結託していた。占領区内の日本軍と手を結び、積極的に商売を行い日本製品があふれていたという。南京が陥落した時、毛沢東は大喜びし祝杯をあげ大酒を飲んだ。中共指導者と日本派遣軍最高司令部の間で長期間連携を保っていた。毛沢東の代理人は南京の岡村寧次大将総本部隷属の人物であった。1945年日本が降伏、1946年から蒋介石は共産党の解放区を攻撃し内戦が始まった。しかし中国民衆の支持を受ける共産党は人民解放軍と呼ばれ、蒋介石は台湾に逃れ、**1949年毛沢東**

は北京で中華人民共和国の成立を宣言した。建国時の臨時憲法には人民民主主義国家であり共産党の指導や社会主義という文言はなく、主要ポストの半分は非共産党員であった。

　中国は1950年ソ連と中ソ友好同盟相互援助条約を結び、この軍事同盟は1980年まで続き、ソ連との蜜月時代が訪れる。1950年土地改革と呼ばれる地主制の解体が行われる。思想構造運動として、三反五反運動（さんはんごはん）がおこなわれる。官僚主義・汚職・浪費の三反、贈賄・脱税・国家資材の横領・原料のごまかし・経済情報の窃盗の五反の中国四千年以来の諸悪の追放が行われる。三反運動は行政組織のスリム化と透明化を目指すものであったが、五反運動は事実上民族資本家や金融関係者が対象となり、商工業者に深刻な打撃を与えた。

　1952年建国当初、穏健で秩序ある改革を進めていた毛沢東は突如社会主義への移行を表明する。1953年毛沢東は第一次五ヵ年計画をスタートさせ、農業の集団化などの社会主義政策を推進した。重化学工業への投資で高い経済成長を達成して、当時の中国のGDPは日本のGDPを上回った。

　1956年第20回ソ連共産党大会でフルシチョフによってスターリン批判が行われる。毛沢東はソ連を修正主義として批判し、中ソ技術協定を破棄する。1960年には中国に派遣されていたソ連の技術者が全員引き揚げる。中国共産党に対する党外からの積極的批判を歓迎するという「百花斉放百花争鳴」運動を展開する。しかし多くの知識人から共産党の独裁化を批判されると、これを弾圧するために1957年反右派闘争を開始し少なくとも全国で50万人以上を失脚させ投獄した。

　1958年から第二次五ヵ年計画が始まる。自力更生路線として、大躍進が行われ、農村では原始的製造法の「土法高炉」で使い物にならない鉄くずが大量に生産された。人民公社が設けられるが、この農業の集団化により労働生産性が低下し労働意欲を削いでしまう。無謀な生産目標に対して実際よりも水増しされた報告書が中央に届けられる。人海戦術による雀の駆除によりイナゴが大発生して、数年で2000万から5000万人以上の餓死者が出た。結果は失敗で毛沢東は失脚する。1966年から文化大革命が起こり、学生を中心に紅衛兵運動が始まる。当時国家主席であった劉少奇（りゅうしょうき）・鄧小平

の実権派に矢面が向けられる。実権派は経済政策を重視していた。経済の重視が貧富の差を生み出す。これは社会主義の理想に反するもので、資本主義に行くものとして**走資派**として非難される。結局毛沢東・林彪（りんぴょう）体制が1969年には確立する。紅衛兵による大量の殺戮が行われる。劉少奇らの指導者、知識人、中国国民党と係わり合いのあった者など、**革命無罪**、文化浄化の名の下、犠牲者は数百万から数千万人に及んだ。統制不可能な状況に陥り、学生たちの農村への下放を指示した。

　中国は国際社会に復帰する。1971年国連代表権が台湾から大陸の中華人民共和国に交替する。1972年アメリカのニクソンが訪中し、アメリカの中国承認が行われる。1972年には日中共同声明が出され、日本と中国との国交回復が行われる。1976年周恩来の死をきっかけに毛沢東政治への大衆反乱とも言える天安門事件が起こる。この年、周恩来・朱徳（しゅとく）・毛沢東が亡くなる。毛沢東の死の直後、腹心の江青ら**四人組**（こうせい）は逮捕・投獄され文化大革命は事実上終結した。

　**鄧小平**（とうしょうへい）**（1904-97）**が不死鳥のように蘇える。1978年日中平和友好条約が結ばれる。鄧小平は経済を重視し、4つの現代化として国防・工業・農業・科学技術を挙げる。1989年民主化運動の天安門事件が起こるが武力で制圧される。発達した資本主義経済から社会主義経済へ移行するというマルクスの経済発展学説に基づき、**社会主義市場経済**が打ち出される。レーニンが腐心した、**新経済政策ＮＥＰ**が根拠になっていると思われる。市場原理の導入によって経済を発展させ、それを基に社会主義社会を通して共産主義を目指すとしており、現在は資本主義から社会主義への過渡期であると主張している。中国は著しい経済成長を達成し今日に至る。しかし鄧小平による改革開放路線採用以降、民工などの過酷な労働者の搾取が存在し、貧富の差が増大するなど、その路線の問題点も指摘されている。

　毛沢東の死後、経済は発展するが、所得格差の拡大や党幹部・官僚の腐敗といった社会矛盾が顕著になる。困窮に苦しむ人々は「毛沢東は平等社会を目指した」と叫び、毛沢東の肖像や毛沢東語録を掲げて抗議活動を行なったり、「毛沢東万歳」と叫びながらデモが行われる。1945年日本共産党の野坂参三は毛沢東に書簡を送る。戦後毛沢東が日本の天皇制を批判し

たことは無い。野坂参三が広範なファシスト分子の摘発を訴えたことに反対し、特高警察や思想警察でさえ「一部の積極分子のみ」に限定するのがよいと言った。1964年日本社会党の佐々木更三は毛沢東と会見し、過去の日本との戦争について謝罪すると、毛沢東は「何も謝ることは無い。日本軍国主義は中国に大きな利益をもたらしてくれた。これのおかげで中国人民は権力を奪取できた。日本軍なしでは不可能だった」と返した。沖縄返還を要求する日本人民の愛国闘争を支持すると人民日報で述べていた。日中戦争で中国は1000万人の死者を出したが、日中戦争が終結した時、毛沢東はこれを喜び、一人の日本人も傷つけることなく祖国に引き揚げさせた。「革命とは、客を招いてごちそうすることでも無ければ、文章を練ったり、絵を描いたり刺繍をしたりすることでもない。そんなお上品でおっとりした雅やかなものではない。革命とは暴力である。一つの階級が他の階級を打ち倒す、激烈な行動なのである。」

## ［6］マルクス理論の誤りと共産主義国家の実態

　マルクスの理論は魅力的であった。資本を社会の共有財産に変えることによって、労働者が資本を増殖するためだけに生きるという賃労働の悲惨な性質を廃止し階級のない社会を目指す。搾取されている社会の大部分を占めるプロレタリアにとってこれほどに魅力的な考え方はない。洗脳される思想家は絶えない。

　マルクスによれば資本主義が高度に発達して、植民地獲得競争に走っている資本主義国家において歴史の必然として起こるはずの共産革命が、実際には専制君主制の後進国のロシアで革命が起こり、地主による農民支配の続く農業国の中国で革命が起こってしまった。資本主義の生産力を社会主義・共産主義が更に発展させると言っていたが、低下下降するばかりで、むしろ資本主義を導入した社会主義市場経済の**新経済政策ＮＥＰ**によりかろうじて経済は上向きになった。実際にはソ連はアメリカ・日本に比べ生産力では三流国になってしまった。

　労働者が国の指導権を握り労働者は解放されるといわれたが、実際には

ソビエト共産党の独裁体制となり、一党独裁・中央集権による**官僚主義ノーメンクラツーラ**により労働者は弾圧されてしまった。プロレタリアート独裁という言葉は綺麗だけれども、実際には労働者が不平不満を持っている相手をつるし上げる形での独裁しかありえない。結局は共産党員という名の一部のエリートが支配し、言論の統制・信教の自由の統制、思想・良心の自由の統制がなされる体制となった。権力を集中させると腐敗を生むことは歴史がすでに証明していたものであった。

**アダムスミス**（1723-90）が国富論の中で「神の見えざる手によって導かれる」といったのは、自由放任が良いというのではなく、それぞれの人が、自分たちの知恵、才能を発揮して経済活動をするほうが、誰か特定の人が決めた経済法則で国家運営するよりもうまくいく、ということである。各人が力を出し切れるように、規制などはなるべくかけないようにして、繁栄への道を開いて行くということである。マルクスの言う経済の一元管理は誤っていた。マルクスは**「富の総量は変わらない」**と考えていた。**「生産性の向上」**という概念が欠けていた。ソ連や中国のような農業国では、労働が生み出す価値、１時間の価値についての考え方が、まだ生産性の高まらない段階での人間の労働を前提としていたからである。ところが創造性が加わってくる仕事では１時間あたりの価値は人によって10倍の開きがある。

マルクスは貧困を政治的権力に使った。数としては貧困者の方が多いので、悪人たちが、あなた方が手にすべき財産を搾取しているからあなた方は貧しいのだ。搾取している悪人たちを追放し、搾取されている側が統治者となればよいのだ。さらに貧困を救済するためには暴力革命もやむをえないとしている。この暴力の肯定が反対勢力を粛清したり、嫌な人達を隔離したり、強制収容所送りにしたりする理論の基礎を作った。異質なものを排除した。

共産主義は階級や貧富の差を一気に無くす革命思想として誕生した。殺戮が始まる。支配者階級を皆殺しにしなければ済まなくなった。自由主義者も平等主義者も邪魔になった。自由でいることは不平等を生むからだ。共産主義には共産主義的人間しか必要とされない。共産主義の国では他の

人と同じでよいと思う人間だけが必要だからである。

　マルクスは資本主義が発達すると資本家は蓄えた富を設備に変えるので、設備が増えて人間が必要なくなり、失業者が増え購買力が低下して破滅すると考えた。実際には教育を受けた労働者はそうでない労働者より何倍も価値があり、先進国は労働力が豊富であり先進国の製品は最新のものが多かった。

　国を安定させるためにカリスマ的指導者が必要で、皆が平等な貧乏な国になる。国民の間では、闇市場が形成される。政府による上意下達が徹底され、言論の自由はなく秘密警察が横行する。どんなに努力しても給料が上がらず、労働意欲を欠いた生産性の低下が起こる。国中にプロパガンダがあふれている。

　国の指導者はインテリ出であるが、同じ知識人層を国の発展のために活用するよりも、危険分子として弾圧する。反体制分子のレッテルを貼られると、思想改造と称して農作事業や肉体労働に送られる。地域ごとの伝統・文化・風習だったり旧来からの家制度といったものには古き悪習として大衆動員をかけてまで破壊する。大衆動員は反体制分子排除や自由主義陣営への批判、中央の権力抗争の時にも行われる。貧しい労働者を貴族や富裕層からの搾取から開放する存在であった共産党は、いつの間にかかつての貴族や富裕層と同じことをしている。レーニンは**「宗教は大衆のアヘン」**といって、宗教を否定し排斥したが、国家のイデオロギーが宗教化している。謎の死を遂げる人物が現れる。

## ［7］おわりに

　マルクスは経済学の分野で大きな貢献をしている。しかし現実世界に与えた影響という点では、古今東西の思想家の中でも群を抜いており、イエスやブッダに引けをとらないほど巨大な人物である。結果的には世界中に大きな暴力革命を巻き起こし、数千万人が革命の犠牲者となり、さらに冷戦構造を引き起こした。

　ソビエト連邦崩壊の直前にゴルバチョフ書記長が来日した時、「日本に

は理想の共産主義がある」といったと伝えられている。焦土となった日本を再興し、1950年から1990年までの高度経済成長を遂げ、世界一の大国となり、**一億総中流**といわれるほどに平等な社会を築き上げてきたからである。国家のブレインである霞ヶ関の官僚は、不夜城といわれる霞が関で国の発展に尽くした。吉田茂、池田隼人、佐藤栄作、田中角栄と、政治家は体を張って政治に邁進した。企業経営者も逸材が輩出して国を豊かにし国民や従業員を豊かにすることを自分の最高の喜びとした。従業員たちも終身雇用制度の中で、共同体への依存を高め会社のために粉骨砕身の努力をした。敗戦後の復興は世界に例を見ないほどに偉大であった。

37

# 第38章　理性批判の哲学

## ［1］西洋近代哲学

　中世末期のヨーロッパでは、封建的束縛から解放されて自己を肯定して自由に生きる人間中心主義ヒューマニズムの時代が訪れる。ルネサンス文芸復興、宗教改革、近代自然科学、啓蒙思想、社会契約説を経て、理性万能主義の時代が到来する。不合理、迷信、偏見、野蛮といった要素を克服して自由で豊かな民主社会の実現をめざす。人々は理性が発達して、科学技術が進歩すれば、あらゆる問題が解決して、人類の幸福が実現すると信じた。

　イギリス、フランスではベーコンのイギリス経験論、デカルトの大陸合理論、啓蒙思想、社会契約説を背景に相次いで清教徒革命・名誉革命・フランス革命が起こり、人々はそれなりの自由を謳歌していた。ドイツでは封建諸侯はまだ相当強力で、革命の気運やそれと結びつく啓蒙思想は盛り上がらなかった。したがって外面的な社会変革を目指すというよりも内面的な道徳世界の確立をめざす思想が発展していく。観念論とは唯物論の対語で物質と観念のうち、観念のほうが根源的であるという立場で精神的実在を世界の根源とみなすというもの。**カント（1724-1804）**はドイツ観念論の祖でプロイセンのケーニヒスベルク大学の哲学教授である。理性の及ぶ範囲と限界について吟味・検討することを批判哲学という。カントは実践理性批判の中で、個人の道徳的な生き方について考えた。善意志だけが常によいものである。善意志とは人間としてなすべきことを義務として行う意志である。「あなたの意志の格率（行為の原則）が常に普遍的立法の原理として妥当しうるように行為せよ」と**道徳法則**を定め、自分の感情や欲求にとらわれない、常に**無条件の定言命法**（常に〜すべし）とした。また自分の意志で欲求や行為を規制することを**自律**といい、自己立法・自己服従を**意志の自律**と呼び、**これが真の自由である**と論じた。自由とは自分

431

勝手ということとはまるで異なる。自律的に善を行う道徳的な主体を人格という。カントの提唱したドイツ観念論は理想主義である。カントにとって理性は内面にのみあるものであった。

　ヘーゲル（1770-1831）はフランス革命の現実を受けて自由を考察した。ヘーゲルによれば、世界を成り立たせ、その歴史を動かすのは精神である。精神はカントのような個人的なものではなく、普遍的な絶対精神である。歴史とは精神が自己の理念を実現する過程にほかならない。**世界史は自由の意識の進歩である**。最終的には人倫（じんりん）と呼ばれる理想の共同体に近づく。人倫とは国家によって調停される人と人との間に共同的な道徳や秩序を持ちお互いの自己実現を目指せる社会である。歴史の法則として**弁証法（べんしょうほう）Dialektik**がある。人間の意識には常に矛盾した二項対立の原理が働く。**テーゼ**がありそれに対立矛盾する**アンチテーゼ**が生まれる。両者は**止揚（しよう）アウフヘーベン**してより高次に昇華（しょうか）した**ジンテーゼ**に飛躍し歴史は発展する。ヘーゲルはドイツ観念論の完成者で、ベルリン大学総長となり、その壮大な哲学は近代哲学の完成者として同時代の熱狂的な支持を受ける。**理性的であるものこそ、現実的であり、現実的であるものこそ、理性的である**。しかし次の20世紀に入ると世界は今まで経験したこともない世界大戦を2度までも経験する。**現代哲学の主要テーマは理性批判である**。

## ［2］モラリストの登場

　近代ヨーロッパが形成される過程で、カトリックとプロテスタントの間で行われたユグノー戦争や大航海時代に行われた先住民族の殺戮に接して人間はどうあるべきか、どう生きるべきかについて**モラリスト達は鋭い人間観察を行った**。**モンテーニュ（1533-92）**は思想や宗教を絶対化する人間の思い上がりから戦争という野蛮な行為が生まれると、随想録「**エセー**」の中で批判した。人間は独断的で偏狭だから自分たちの信じるもの以外を否定する。**懐疑主義**の立場から、人間の理性は不完全なものであるから普遍的な理性を認識することが出来ない。理性の傲慢を戒め独断を避けて、より深い真理探究の道につくべきだと主張した。ソクラテスの「無

知の知」に範をとり「ク・セ・ジュQue sais je? 私は何を知るか」と自問して人間が不当に自説に固執することに問題があり、宗教的な寛容の精神を主張した。**パスカル**（1623-62）はデカルトがあらゆるものを理性で合理的に把握しようとしたことに批判的で、**近代的理性への反省**、という点で先駆的であるとされている。デカルトの演繹的推論による**幾何学の精神**以外に、信仰や愛といった全体を直観でとらえる**繊細の精神**が不可欠であると主張した。パスカルは「**パンセ**」のなかで、人間は厳しさと優しさ、強さと弱さ、偉大さと悲惨さ、こうした両極端を揺れ動く**中間者**のようなものである。強いばかりでなく弱いばかりでもなく、時に強かったり弱かったり、ぐらぐらと揺れ動く不安定な生き物、だからいつも不安に襲われている。不安だからそれを直視せず一時でも忘れるために**気晴らし**をしている。またそうした情けない存在である事実を反省することの出来る存在でもある。そこで、パスカルは人間を「**考える葦**」と呼び、考える謙虚さを主張しまたそこに人間の尊厳を見出した。

## ［3］二つの世界大戦

　19世紀末になると、ドイツ・オーストリア・イタリアは三国同盟を結び、イギリス・フランス・ロシアは三国協商を結んで対峙した。バルカン半島ではゲルマン系の民族とスラブ系の民族の対立が激化して、セルビア人によるオーストリア皇太子の暗殺、サラエボ事件が起こり、**第一次世界大戦**が勃発した。戦死者は連合国側が515万人、ドイツなど同盟国側が338万人で負傷者は2000万人を超えた。1919年ベルサイユ講和会議が行われたが、敗戦国は出席できず、ドイツに国家予算の20年分に相当する1320億マルクの賠償金が課せられた。ロシアでは1917年にロシア革命が起こり、それまでマルクスの社会主義がまだ理論であったものが、レーニンの武力闘争によっていきなり共産主義国家が出現した。ドイツ皇帝はオランダに亡命しドイツ共和国が造られた。アメリカのドーズ案によりドイツ経済は回復し始めたが、1923年のフランスのルール地方占領を契機に経済は混乱し失業者があふれ、**ヒトラー**（1889-1945）の国家社会主義ドイツ労働者党、

ナチスが台頭することになる。

　わが闘争の執筆、ゲルマン民族の優秀性、共産主義の打倒、ベルサイユ条約の破棄、突撃隊、親衛隊、アメリカからの財政援助で経済・国防予算を得て43歳で首相になり、さらに全権委任法を可決し、首相と大統領を兼ねる総統となる。国会議事堂放火事件で共産党を弾圧し、1933年からユダヤ人の迫害、国際連盟からの脱退、再軍備宣言、第三帝国の栄光。領土問題でソ連と不可侵条約を結んでポーランド進攻。1939年**第二次世界大戦**が始まった。優秀なドイツ民族のアーリア人種的純潔を守るためユダヤ人の国家的な殺戮が開始された。ユダヤ人の財産は没収され、600万人が強制収容所に送られた。

## ［4］フランクフルト学派

　フランクフルト学派は1920年代のフランクフルトで活動を始めた思想派グループで、多くはユダヤ人からなり、その後亡命生活を送ることになる。彼らはユダヤ人の絶滅を狙い、ヨーロッパ文明を崩壊の危機に追いやったナチズムが何故生まれてしまったのかという問題を思想的に究明しようとした。

　古来人間は死への不安や不確定な未来への恐怖をキリスト教に頼ることで精神的な安らぎを得ていた。自由に生きる人間中心主義ヒューマニズムの時代が訪れ、自由で豊かな民主社会の実現が目指された。**フロム**（1900-80）によれば、自由を獲得した大衆社会は孤独や不安、無力感に耐えかね、「**自由からの逃走**」を図るようになるという。強大な権威にすがろうとする大衆心理は、権威への服従を求めてしまう。全体主義とは、個人よりも国家を優先させる思想で、共同体への帰属意識を失い、孤立化した大衆はファシズムにすがろうとした。全体主義ファシズムは、一部の者が大衆を操作しようとして作ったものではなく、ドイツ国民の大衆心理が独裁者ヒトラーに心酔したものである。さらに主体的な意志を持って行動する**生産的性格**と、外部の権力で内面の空しさを満たそうとする**非生産的性格**とを有しているという。

ホルクハイマー（1895-1973）とアドルノ（1903-69）の「啓蒙の弁証法」によれば、理性によって人間本来の生き方を見つめ直そうと考えたのが近代哲学であった。人間は自分の頭脳を使って善く生きる方法を探し始めた。科学技術が発達し生活は便利になったが、理性はいつの間にか現実を無批判に受け入れ、現実社会の目的や価値について考察することを忘れ、合理主義の名のもと、人間や自然を抑圧して効率的に管理する**道具的理性**へと転落してしまう。効率性を追求するあまり、人間を道具のように扱う非人間的管理社会においては、社会を支配する強い権威に服従し、弱いものをいじめ、排斥しようとする**権威主義的パーソナリティ**を持つ人間があらわれる。この道具的理性は与えられた目的を合理的に実現する手段を追求する道具であり、外部の自然のみならず、人間の感情や欲求といった内部の自然をも操作しようとするが、それはかえって個人の自由や自律を喪失させ、野蛮な衝動を爆発させるという結果を招いた。目的そのものを問うことの無い道具的理性は、ナチスの**ユダヤ人虐殺ホロコースト**のような野蛮にすら服従してしまうのである。ナチズムは近代科学という啓蒙をへた**新しい野蛮**なのであって、人間は理性によって残虐になれるといういわば啓蒙の必然的帰結である。アドルノによればこれはナチズムに限らず、アメリカの資本主義やソ連の社会主義も、啓蒙の自己崩壊という点で同根だと厳しく批判している。現在のアメリカのトランプ大統領のいうアメリカファーストと、ヒトラーのいう世界に冠たる我がドイツとの間にどのような違いがあるのかは、よく分からない。

　**マックスウエーバー**（1864-1920）は近代化を、与えられた目的を合理的に達成しようとする**合理化**としてとらえた。近代の官僚制度は、合理的な目的遂行を目指したものであるが、かえって個別の事情を配慮しない形式主義や、組織全体の行為に対する無責任といった不合理な結果を生み出してしまう。**マルクーゼ**（1898-1979）は高度化した産業社会で画一的な管理に慣れきり、批判的精神を失った現代人を**一元的人間**と名づけた。批判的理性が思索され道具的理性を排除して本当の理性を取り戻すことが唱えられるが、何ら解決の糸口が見出せないままでいた。

　フランクフルト学派の第二世代とも言うべき**ハーバーマス**（1929-）は

「コミュニケーション行為の理論」の中で、近代的理性にはお互いの主張の妥当性を吟味しあう討議によって合意を形成することが出来る**対話的理性**の側面があり、合意形成能力があるという。理想的なコミュニケーションの状況というものはどのような時に可能なのか、現代社会では技術的な支配を受け、技術的な指示に従うようになる。その結果、人間は社会への参加意識を失い、社会の統合が揺らぐことになる。この事態をハーバーマスは**生活世界の植民地化**という。道具的理性は完全に一方的な関係だから、明らかに相手を支配しようとする抑圧的な性格を強く持っている。この状況下で、異なる意見を持つ人々が集まって、対等な立場から自由に討議し合意を形成していく。本当の民主的な関係を築けるかどうかは、まさに対話の実践にかかっている。最強国のアメリカと同盟国アライアンスとの間に現在存在している対話的理性が今後も継続し得るかどうかが今後の世界情勢を左右する。

## ［5］ 日本人の戦争体験と無責任性

　和辻哲郎（わつじてつろう）（1889-1960）によれば、日本の風土と日本人の古代思想は切り離せないという。モンスーン型風土なので、四季折々の自然は非常に豊かで恵み深く湿潤で、豊かな自然環境と調和した農耕生活を営んできた。しかし時として猛威を振るう台風などの自然環境の中で一種の諦めの意識も抱かれ、受容的・忍従的態度が培われた。多くの場合、人は生まれ育った村落共同体で生涯を送りそこで死んでいった。死後の霊魂も村落共同体を取り囲む山や海にいると考えられた。心情的にも短く咲き誇って散る桜の花を愛でるように、感情の高ぶりを重んじつつ、それがしつこく引き延ばされるのを嫌う気質が培われた。激情的でありつつ、しめやかな情緒をもち、淡白で諦めのいい性質が形づくられた。

　信仰も自然界のあらゆる事物に、精霊・魂が宿るという自然崇拝アミニズムで、**八百万の神**（やおよろずのかみ）が考えられた。日本ではおよそ理解できないものが全てカミの名で呼ばれた。和辻哲郎は日本の神話の分析から、究極的な神、絶対神が存在しないことを見出した。究極の神を問うのではなく、疫病な

どの災厄として現れたそれぞれの神に、その都度対応して祭祀を行うというのが、日本神話における神祀りの特徴である。究極的なものを探求するより眼前の事柄に対応しようとする姿勢が見出される。未来の目的より、今のなりゆきが重視される。

　時代は下って文明開化の時に、**福沢諭吉（1834-1901）**は「学問のすすめ」「文明論之概略」で西洋にあって東洋にないものが２つある。それが独立心と数理学（物理学や経済学などの実学）であると説いた。**独立自尊（一身独立して一国独立す）**の精神で事業を起こし慶応義塾を開いた。しかし**丸山眞男（1914-96）**によれば、結局日本では自己の信条に基づき責任を持って行動するような主体性が育まれなかった。近代の日本では、全ての国民が自己の私情を捨てて上の者に仕えることがよしとされ、階層の頂点に立つ天皇さえも、万世一系の皇統を権威とする限り、伝統に束縛され、自由な主体者ではありえなかったため、誰も主体性をもって現実にかかわることの無い、無責任の体系が成立していたのだという。「**超国家主義の論理と心理**」の中で、超国家主義の流れに飲み込まれた要因は日本人一人ひとりが責任ある主体としての個人を確立できていなかったことで、日本社会の問題はむしろ近代的自我がいまだ未成熟な点にあると指摘した。日本には今のなりゆきを重視し、主体性の確立を阻むような思考のパターンがあると論じた。

38

# 【索　　引】

**439**

442

**445**

**451**

# あとがき

　哲学のテーマは、ソクラテス以来常に「如何に善く生きるか」ということで、「如何に善く死ぬか」という事には無関心というよりも積極的に避けてきた。死はすべての価値の喪失を意味するとされてきたからで、最も身近で大切な「死の受容」に関する哲学は多くはない。ハイデガーのいう「死への存在」は、死は避けられない根源的事実であることを直視して人間に本来的生き方を呼びかけるものである。

　歴史的には３つの偉大な「死の受容」についての考え方がある。一つは釈迦の仏教、一つは古代ギリシア哲学のストア派の考え方、一つは厭世主義者のショウペンハウエルの「意志と表象としての世界」である。この三つは極めて類似しており、大賢人が突き詰めてものを考えると、場所と時間を問わず、同じ答えが導き出される。

　古代ギリシアでは宇宙を支配する法則をロゴスといった。ストア派のゼノンは自然と一致して生きることを説き、人間も宇宙の一部としてその理法を分有しており欲望や快楽を抑えて、自然の理法と調和して生きることを理想とした。釈迦は禅定と瞑想により宇宙を支配する法則の根源を極め無常無我を悟る。梵とはブラフマンでロゴスとほぼ同一、自我アートマンが宇宙と究極的に同一であることを梵我一如という。ショペンハウエルによれば意志は物理法則を含めて生命体が持っている生存欲求である。意志にはいかなる目標も限界もない。常に努力し続け闘争を繰り広げる。休むことなく不断の努力を続けるので癒されない渇望に似ている。生は苦悩である。生への執着がある限り生の苦悩は続く。ストア派では、生への執着、地位・名誉・財産への執着をアディアフォラと呼び、自然の摂理に従わない欲望と考えた。仏教では煩悩といい、涅槃寂静が解脱の境地とされた。達磨禅師は生への執着と五欲五蓋を断つのは坐禅しかないと考えた。

　しかしこの三つの哲学を極めても「死の受容」は訪れない。日本人には特有の死生観がある。生物的生命が終わっても、心残りとしての人格的生命を霊性的に思惟しなければならない。このことの配慮が大切である。日

本人の道徳を二千年間支配してきた儒教思想を無視することもできない。孔子は家族を何よりも大切にすべしと説き、血縁の孝悌（こうてい）という自然な情愛を大切にしてきた。日本の風土に根差した気質も大切で、自然には恵みと暴威とが重なり、受容的・忍従的となる。花は桜木といわれるように、短く咲き誇って散る桜の花を愛でる（め）ように、感情の高まりを重んじつつ、それがしつこく引き延ばされるのを嫌う気質がある。嘘偽りなく純粋で澄み切った清明心（せいめいしん）、正直（せいちょく）の徳が重んじられる。

　明治維新によりかつての藩の領民が国民となると国民国家の誕生と共に愛国心が鼓舞され、かつては武士のものであった武士道精神が国民一般にも広く行き渡る。新渡戸稲造（1862-1933）が、人は武士といったように正義を貫き、勇を重んじる。仁の精神を養い、二言なき誠を大切にする。西国立志伝が広まると、若き血の燃ゆるがままに青雲の志を抱いて乾坤一擲（けんこんいってき）の思いで雄飛してゆく。そこに人生の意義と価値とを見出す。

　これらの日本人的思いを本書では取り入れて「死の受容」を作成した。深くて難解な内容なので、「まえがき」ではできるだけ平易に書き下した内容を心掛けた。また最終章に「死の受容のまとめ」を設けたので、この章とまえがきを初めに読んでいただいてから、各章に進んで頂ければと思っている。

　老年期に至れば、良い人生であったという満足に自己を肯定して、幸福に人生を終えることが出来る。人生そのものにはもはや執着のない関心があるだけである。明治の元勲たちは一代の名誉栄達だけで、一門の後継者などはつくらなかった。

　著者は先年門脈血栓症で緊急手術となり、家族には側副血行路がなければ、助からないという話であった。九死に一生を得て、再びこの世に呼び戻された。厚生省の統計では、70％の日本人がきみまろの言うピンピンコロリの最期を希望しているそうである。著者は残りの30％を希望している。死期を悟れば、それなりに自分の人生を回顧し、感慨に耽る。家族に今までの礼を述べて、欣然（きんぜん）として瞑目（めいもく）し、死出の旅に赴きたいと思っている。

## 大賢人たちと死の受容　　●定価 2,860円（本体 2,600円+税）

2022年11月30日　初　版第1刷発行

| | | |
|---|---|---|
| 著　　者 | 泉　　義　雄 | |
| 発 行 者 | 新　堰　辰　雄 | |
| 発 行 所 | 医　薬　出　版 | |

〒341-0018

埼玉県三郷市早稲田5-5-1-801

TEL 048-957-0507　　　　FAX 048-957-0580

振替口座　00140-1-15518

E-mail　yakuritorin@ab.auone-net.jp

U R L　https://www.iyakushuppan.jp

組版・印刷　　富士リプロ

ISBN978-4-9912130-1-4　　　　　　　　©IYAKUSHUPPAN 2022　Printed in Japan

# 医学フランス語会話

著者：泉 義雄（東海大学教授）　ミッシェル・アグノー（パリ大学ラリボワジエール病院神経内科　前教授）

● 明治維新以来、初めての本格的医学フランス語の教科書が誕生しました。
● 病院で必要な例文1,462、専門用語2,944を診療科別に掲載。
● 情報満載のこの一冊で、もうどなたでもフランスに医学留学することが可能になりました。

## 特 徴

1．フランスの医療事情を22項目に分けて解説しました。
2．フランスの医薬品を日本の医薬品と対比して解説しました。
3．全ての例文、単語にはカタカナで発音が表記されています。
4．留学依頼の手紙、履歴書、各種文書の書き方、学会発表の仕方も掲載。
5．医師免許証、専門医認定証、戸籍謄本などの翻訳の仕方も掲載。
6．留学先となるパリの病院の住所、奨学金の取得の仕方なども掲載。

ISBN978-4-9900940-0-3　A4判409頁　定価（本体4,500円＋税）

# 改訂版・神経内科のスピード学習と専門医学習

著者：泉 義雄（東海大学教授）　五十棲一男（足利赤十字病院神経内科　部長）

－改訂第2版－

● バージョンアップにより、最強最短の神経内科テキストが完成しました。
● 専門医学習編では五者択一問題を395題から513題に増やしました。

## 特 徴

1．日本神経学会などの治療ガイドライン、分子生物学的遺伝子最新情報を大幅に掲載しました。
2．臨床実地問題にすぐ役立つ薬剤の一般名、商品名、投与量を記載しました。
3．遺伝子診療、Parkinson病、神経病理、脳循環代謝、精神医学を独立した章として詳述しました。

ISBN978-4-9900940-2-7　B5判813頁　定価（本体12,000円＋税）

# 現 代 漢 方 医 学

著者：泉　義雄（東海大学教授、東海大学病院東洋医学科）

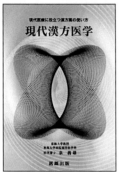

●古典的な漢方医学の解説にとどまらず、過去20年間の漢方医学関連の論文を渉猟し、臨床治験、動物実験、生薬の最新薬理知見も紹介しました。
●漢方医学の歴史、上海中医薬大学留学記、中国への留学の仕方なども紹介しました。

## 特　徴

1．これから漢方薬を治療薬の１つに加えようと考えておられる先生方、既に漢方薬は使用しているがより多くの漢方方剤を使用したいと考えておられる先生方のために書かれました。
2．古典的な方剤生薬解説と同時に、過去20年間の漢方医学の論文を渉猟し、現在、漢方薬は科学的にどこまで明らかにされてきているのかを解説しました。
3．捉え所のない高齢者の多愁訴、冷え症と末梢循環障害、更年期障害、心身症、神経疾患など、多くの先生方が漢方方薬を治療薬選択の一つに加えて頂ければ、幸いに存じます。

ISBN978-4-9906739-1-8　B5判358頁　定価（本体4,000円＋税）

# 大賢人たちと死の受容

著者：泉　義雄（東海大学前教授）

●人は両親の熱望によって祝福されてこの世に生を受けます。死の床にあって絶望に対する最も効果的な薬は、家族から大切に思われていることを感じることです。
●生物的生命が終わっても人格的生命が残ります。死を受け入れる家族や親しい友人・知人には「心残り」の感情があり、遠く隔たっていても誰よりも近くにいると感じることが出来るのです。
●一生を貫く仕事を持ち、人生の喜びと生きる目的を果たした後、老年期には老いを受容し死の自覚が訪れます。いい人生であったと満足できると幸福に人生を終えることができます。この世に生を受けたことに感謝できます。
●人生とは長さではなく質で評価されます。「長生きをした」と思えるような生き方はただ一つ、人生を生き尽くすことです。人生はいつまでもしがみつくようなものではなく、命とはどんな犠牲を払ってでもすがるものではありません。
●財産や地位、名誉に対する執着を捨て、生きることへの愛着を徐々に減らしていくことが必要です。享楽的生活や美的実存はある時点でもう十分だと感じる段階に達します。
●自分が存在しなくなる恐怖がありますが、死ぬことも人生に課せられた義務の一つです。勇敢に死ぬことが必要であり、従容として死出の旅に赴かなくてはなりません。

ISBN978-4-9912130-1-4　A5判456頁　定価（本体2,600円＋税）